아랍의 종교

—유대교와 기독교 그리고 이슬람—

008 아랍이슬람총서

아랍의 종교

— 유대교와 기독교 그리고 이슬람 —

공일주 저

세창출판사

아랍이슬람총서 008

아랍의 종교 — 유대교와 기독교 그리고 이슬람

초판1쇄 인쇄 2013년 7월 25일
초판1쇄 발행 2013년 8월 5일

저자 공일주 | **펴낸이** 이방원
편집 강윤경 · 김명희 · 안효희 · 조환열 | **디자인** 손경화 · 박선옥 | **마케팅** 최성수
펴낸곳 세창출판사
출판신고 1990년 10월 8일 제300-1990-63호
주소 120-050 서울 서대문구 경기대로 88 냉천빌딩 4층
전화 723-8660 | **팩스** 720-4579
이메일 sc1992@empal.com
홈페이지 http://www.sechangpub.co.kr

ISBN 978-89-8411-422-7 94200
978-89-8411-272-8 (세트)

값 30,000원

잘못 만들어진 책은 바꾸어 드립니다.

국립중앙도서관 출판시도서목록(CIP)

아랍의 종교 : 유대교와 기독교 그리고 이슬람 / 저자: 공일주. --
서울 : 세창출판사, 2013
p. ; cm. -- (아랍이슬람총서 ; 008)

색인수록
ISBN 978-89-8411-422-7 94200 : ₩30000
ISBN 978-89-8411-272-8(세트) 94080

종교(신앙)[宗敎]
아랍(지명)[Arab]

209.18-KDC5
200.956-DDC21 CIP2013012736

머리말

아랍의 종교들에는 유대교, 기독교, 이슬람과 그 밖의 종교들이 있다. 오늘날 아랍의 이슬람은 종교적 외식과 양극화, 극단화, 이슬람주의가 주요 쟁점으로 부상하고 있어서 소수 종교에 대한 이슬람의 관용은 더욱 입지가 좁아졌다. 아랍인들은 이슬람을 믿는 사람들을 '무슬림'이라고 하는데 이슬람을 사회와 정치 생활을 인도해 주는 이데올로기로 보는 '이슬라미(이슬람주의)'가 유행이다. 아랍 이슬람 국가에 사는 유대교인들은 시온주의를 반대하지만 일부 무슬림들은 그들을 이스라엘의 스파이라고 하고 아랍 이슬람 국가에 사는 기독교인들은 무슬림들 앞에서 반이스라엘을 표명하지만 가끔 친시온주의자로 오해받았다. 유대교는 인종적 유대인에 대한 전통과 예배를 포함하는 것인데 유대인은 유대 어머니에게서 태어났거나 유대교로 개종한 사람을 가리킨다. 유대인들은 오늘날 이스라엘 국가가 구약의 예언대로 성취된 것으로 믿고 이런 종교적인 열망에서 민족운동으로 발전한 시온주의가 있는데 시온주의는 유대인 중심의 종교적 민족적 운동이다. 이런 유대 민족의 종교 운동과 맞서는 이슬람주의는 이슬람이라는 종교가 정치, 경제, 사회를 인도해야 한다는 정치적 운동이다. 현대 이슬람주의는 대중적 정치운동으로 발전하였는데 그것이 아랍 혁명 이후 새로운 정치질서 속에서 각 아랍 국가에서 이슬람주의자들의 활약이 두드러졌다. 아랍 각국에서 이슬람주의 운동이 체계적으로 동원된 곳은 대학과 고등학교였는데 이들의 모임을 이집트에서는 칼리야khaliya(세포)라고 불렀고 수단에서는 우스라usrah(가족)라고 불렀다. 수단의 이슬람주의자들은 1970년대 사우디아라비아나 걸프국가의 자본을 영입하여 이슬람은행을 설립하고 무슬림들이 이 은행에 자카zakah나 기부금을 낸 것으로 이슬람주의자 학생들이 해외에서 공부할 수 있도록 학자금을 주었다. 이들은 해외에서 미디어, 언론, IT 기술 등을 배워 이슬람 국가로 돌아와 이슬람주의자들의 활동을 도왔다. 이집트에서는 2013년 무르씨 대통령이 축출된 뒤, 과도 정부의 아들리 만쑤르 대통령은 3명의 여성장관(정보, 보건, 환경)을 포함하여 35명의 장관을 임명했는데 그중에 이슬람주의자는 단 한 명도 없었다. 그러나 이슬람주의는 이슬람 종교 안에서 종파 간의 충돌뿐만 아니라 이념과 신앙 간의 갈등으로 확대되었다.[1] 이슬람주의 무슬림들은 아랍 사회가 이미 세속주의 사회로 변질되었다고 보고 국가를 장악하여 이슬람율법을 적용해야 한다고 생각했다. 1970년대 이후 산유국의 이슬람 자금이 사우디아라비아와 걸프 국가에서 다른 아랍국가로 흘러가면서 이슬람주의 운동이 활력을 얻었다. 사우디아라비아의 이슬람주의는 그들의 손을 뒤로 감추고 있고[2] 카타르는 알자지라 언론을 통하여 아랍 언론의 방향을 주도하였다.

2012년 이슬람주의 대통령이 주도한 헌법 개정 과정에서 "어떻게 샤리아(알라의 율법)를 적용하느냐" 그리고 "이슬람을 어떻게 정의하느냐"를 두고 의견이 갈렸다. 이슬람주의자들이 중심이 되어 만든 헌법 조항 중에 "이슬람율법의 원리들mabādī이 입법의 주요 근거"라는 말에 대하여 무슬림들 중 알아즈하르와 무슬림 형제단[3]은 동의했으나 살라피 무슬림들은 여기서 '원리'라는 말은 이슬람율법의 즉각적인 적용을 하지 않겠다는 의미라고 해석한 뒤 '이슬람율법의 원리'라는 말 대신에 '이슬람율법의 법규들ahkam'이라는 말로 바꾸어야 한다고 했다. 이

1_ 이슬람 시아파 안에는 100여 개의 분파firaq가 있고 순니파 안에는 10여 개 분파, 수피 무슬림 안에는 27여 개 분파 그리고 정치 조직으로는 30여 개가 있다(Salāh Abū al-Sa'ūd, al-Firaq wa al-Jamā'āt wa al-Madhāhib al-Islāmiyyah, 2005, 303-315).

2_ 2013년 아랍 언론보도에 의하면 중국에 이어 세계에서 두 번째로 사형을 많이 집행하는 나라는 이란이고, 그다음이 이라크, 그다음이 사우디아라비아이다.

3_ Muslim Brothers 혹은 Muslim Brotherhood라고 하고 아랍어로는 al-ikhwan al-muslimun 알이크완 알무슬리문이라고 한다. 아랍어 어휘 그대로 번역해 보면 '무슬림 형제들'이란 말이고 그동안 한국에서는 '무슬림 형제단'이라고 했다.

슬람을 믿는 무슬림들이 이슬람4을 어떤 시각에서 보느냐에 따라 이슬람에 대한 이해가 다르다. 아랍인들에게 특정 관점이 형성되는 데는 꾸란을 어떻게 이해하느냐와 텍스트에 대한 서로 다른 해석에서 비롯되었다. 현대 아랍의 소수종교(유대교, 기독교 등)들은 이슬람 국가 안에서 자신들만의 공동체 역사를 가지면서 일부 어휘에서는 종교 간의 의미 차이를 보여주었다. 예를 들면 아랍 기독교인들은 '마시히'라는 말을 명목상 기독교인이란 의미로 사용하고 예수 그리스도를 구주로 믿고 그의 몸된 교회의 일원이 된 사람을 '무으민(믿는 자)'이라고 하였으나 무슬림들은 꾸란에서 기독교인들을 '나싸라(나사렛 사람들)'라고 불렀다. 오늘날 무슬림들은 '이스라엘'이란 나라가 지구상에 존재해서는 안 된다고 주장한다. 그렇다면 무슬림들끼리는 서로 갈등과 충돌이 없는가? 2000년대 이전만 해도 아랍에서 무슬림들을 만나면 '그건 무슨 소리냐, 절대 그렇지 않다'고 했으나 지금 무슬림들은 자신들이 여러 갈등을 겪고 있다는 것을 자인한다. 아랍 세계가 종파나 인종에 따라 분리하려는 갈등이 증가하여 예멘은 남북으로 나누려고 하고 이라크는 쿠르드족이 북부에 그리고 순니파가 중부의 여러 지역을 중심으로 독립하려고 하고 시리아의 알라위파는 해안지역을 중심으로 자치를 하려고 한다. 이런 아랍 국가들이 더 작은 나라(두와일라트)로 나뉘려는 것은 아랍 혁명 이후에 더욱 분명해지고 있다. 또 아랍 혁명 이후 아랍의 종교적 흐름이 크게 변화하고 있다. 정치적 이슬람은 아랍 이슬람 세계에서 폭풍의 눈이 되고 있다.

이 책을 쓰면서 계속 머리를 떠나지 않는 한 가지 생각이 있었다. 이슬람이 7세기에 시작되었지만 중세 때 이슬람이 철학과 신학 등의 도움을 받아 어느 정도 체계화되었으나 시대가 바뀌면서 시대정신에 따라 일정 시기가 지나면 개혁의 주기를 반복해왔다는 것이다. 그리고 지금이 그 변화의 한 획을 긋고 있어서 이슬람의 본래 모습을 알기에

4_ '이슬람'은 '알라가 무함마드에게 내려준 종교'이므로(아랍어 사전, al-mu'jam al-wajīz, 2004, 319) 이 책에서 이슬람 혹은 이슬람교라고 한다.

가장 좋고 특히 아랍 혁명이 일어난 아랍의 봄 국가에서 더욱 그러하다. 지금은 아랍 국가 안에서 서로 다른 이데올로기들이 갈등을 일으키고 있다. 무슬림들은 서구적 컨텍스트에서 온 사상운동을 세속주의라고 한다. 지금은 이런 세속주의 무슬림과 이슬람주의자 무슬림 간의 양극화가 첨예화되고 있다. 게다가 무슬림들끼리 꾸란과 하디스(무함마드의 언행록)에 대한 해석이 달라서 동일 사안에 대한 파트와(이슬람 법적 견해)가 이슬람 법학자마다 달라졌고 이것이 이슬람 세계를 혼란에 빠뜨리기도 했다. 요르단의 무슬림들은 사우디의 이슬람이 정통이 아니라고 하고 이집트의 시민들은 2012-2013년 정권을 잡았던 무슬림 형제단의 이슬람이 올바른 이슬람이 아니라고 했다. 이 정도면 이슬람이 어디에 와 있는지 알 수 있다. 이슬람은 여러 시기마다 그 독특한 색깔을 만들어냈는데 어느 시기의 이슬람을 언급하느냐에 따라 이슬람의 특징과 이슬람이 보는 타 종교에 대한 이해가 서로 다르다. ① 무함마드와 동시대 무슬림들의 이슬람, ② 이슬람제국 시절의 이슬람, ③ 십자군과 몽고 침입 이전의 이슬람, ④ 근대 서구와 접촉 이후의 이슬람, ⑤ 아랍 혁명 이전의 이슬람, ⑥ 아랍 혁명 이후의 이슬람.

아랍 이슬람 국가에서 무슬림들은 2015년이 되면 4억의 인구가 된다고 하는데 오늘날 아랍의 유대교(이스라엘의 유대인 제외)는 3만 명 정도 살고 있고 아랍의 기독교는 1700-2000만 명인데 그중 1200만 명이 이집트에 살고 있다. 아랍의 대부분 기독교인들(정교회와 장로교회 등)은 성경의 예언을 영적으로 해석한다. 그렇다면 다수가 무슬림인 아랍 국가에서 소수 종교인들에게 어떤 문제들이 있는가? ① 아랍 기독교인들은 이슬람을 전공할 수 없다. ② 이슬람 국가에서 교회와 회당은 국가의 허락 없이 건축할 수 없다. ③ 이슬람 국가에서 무함마드(이슬람의 예언자)를 비난할 수 없다. ④ 아랍 기독교인 여성은 무슬림과 절대로 혼인하지 않는다. ⑤ 이스라엘이나 시온주의와 관련된 말을 무슬림 앞에서 사용하지 않는다. ⑥ 무슬림 남성과 혼인하면 그들의 자녀는 호적상으로 무슬림이 된다. ⑦ 이슬람 국가에서 타 종교인들은 국가의 최고

위직, 대학총장, 정보부장, 군참모총장 등을 할 수 없다. ⑧ 모스크에서 여성은 남성을 가르칠 수 없다. ⑨ 남편의 허락 없이 무슬림 여성은 자유롭게 여행할 수 없다. ⑩ 순니 이슬람 국가에서 시아 이슬람을 순니 무슬림에게 전도해서는 안 된다. ⑪ 아랍인들은 정부가 발행한 신분증에 종교 구분란이 있다.

오늘의 이슬람과 7세기 이슬람이 많이 달라졌다. 7세기 이슬람을 그대로 지키자는 살라피의 이슬람과 다르게 역사를 통하여 개혁이 된 이슬람을 믿는 무슬림들이 오늘날 동시대에 살고 있다. 지난 34년간 줄곧 아랍학과 이슬람학을 전공하고 아랍인들에게서 아랍의 종교를 배웠는데 한 가지 큰 줄기를 하나 발견했다. 그것은 '의미와 해석'의 문제였다. 아랍어와 히브리어와 아람어 그리고 헬라어와 콥트어를 배우면서 언어에서 의미가 얼마나 중요한가를 배웠고 유대교, 기독교, 이슬람교를 연구하면서 잘못된 해석이 서로에게 등을 돌리게 되는 원인이 될 수 있다는 것을 알았다. 아랍어 '사이두나'는 기독교 아랍인들에게는 '예수 그리스도'를 가리키고 아랍 무슬림에게는 '무함마드'를 가리킨다. 어휘나 문장에서 정확한 의미를 찾지 못하면 본래 의미가 뒤틀리고 성경이나 꾸란의 구절들이 더 큰 단락에서 어떤 의미를 갖는지를 찾아내지 못하면 결국 종파나 교파로 나뉘고 종교 간의 갈등을 일으키기도 한다. 이 책에 사용되는 용어는 아랍인들이 발음하는 대로 가령 '수니'가 아닌 '순니sunni'로 '히즈볼라'가 아닌 '히즈불라Hizb allah'로 그리고 '무슬림 형제단'은 본래 아랍어로는 '이크완 무슬리문'이므로 우리말로는 '무슬림 형제들' 또는 '무슬림 형제단'으로 썼고 '알카에다'는 아랍어 원음에 가깝게 '알까이다'로 썼다. 또 한국 언론이 표기한 '오사마 빈 라덴'은 문학아랍어(현대 표준아랍어)로 '우사마 븐 라딘'이라고 하고 이집트인들은 '오사마 빈 라딘'이라고 하는데 이 책에서는 문학아랍어 표기법에 따랐다.

여러 책들을 매년 저술하면서 동일 내용을 반복하지 않으려고 하다보니 필자의 책 안에는 독자에 따라 어느 부분에서는 어렵게 느낄 수 있다. 만일 어렵다고 판단되면 필자의 다른 책들 『한국인과 소통을 위한 아랍 문화』, 『이슬람의 수피즘과 수쿠크』, 『꾸란의 이해』, 『아랍어의 이해』, 『이슬람문명의 이해』 등을 보면 도움이 된다. 이 책은 아랍 땅에서 여러 학자들과 이슬람 전문가를 직접 찾아가 묻고 대화하면서 집필하였는데 헬완 대학교 아흐마드 바힛딘 교수, 호삼 나일 <계절> 지의 편집부장, 무슬림 형제단의 훈련 부장 무함마드 알비실라위, 이집트 국영 신문 알아흐람지의 정치부 편집장 아부 바크리와 국제 정치 선임연구원 칼리드 하나피 박사, 이집트 신문 알미스리 알야움의 정치부 기자 따리끄 살라흐와 정치적 이슬람의 선임연구원 마흐무드 샤으반, 알아흐람 재단의 민주주의 저널의 편집장 바시르 압둘팟타흐 그리고 역사학 박사 파라그 마기드였다. 이 책이 한국의 독자들에게 읽혀질 수 있도록 출간을 맡아 준 세창출판사 그리고 이 책에 대한 서평을 써 주시고 교정을 봐준 아내 그리고 자료들을 보내주신 분들께 깊은 감사를 드린다.

2013년 7월
중동아프리카 연구소
공일주

차 례

CHAPTER 01 아랍 종교의 이해

CHAPTER 02 이슬람 교리와 율법

CHAPTER 03 이슬람주의

CHAPTER 04 현대 아랍 국가의 이슬람

CHAPTER 05 유대교, 기독교, 이슬람의 경전 주석

CHAPTER 06 비무슬림의 개인적 지위와 종교 간 대화

CHAPTER 01

아랍 종교의 이해

1 아랍의 종교 연구를 위한 관점

2011년 아랍 혁명 이후 아랍인들은 그 이전보다 더 많이 이슬람을 알 수 있었다. 이슬람은 역사를 거쳐 오면서 각국의 상황 속에서 개혁을 시도해왔다. 종교로서의 이슬람과 문화로서의 이슬람이 주로 한국인들에게 그동안 알려져 왔으나 사회와 국가로서의 이슬람은 그동안 깊이 다루지 못했고 특히 이슬람에 대한 글들이 한국인의 인식구조에서 그 논리를 펴고 있어서 아랍인들이 믿고 실천하는 이슬람에 대한 책들은 그리 많지 않았다. 아랍의 이슬람은 나라마다 독특한 양상을 보이면서 동시에 아랍 국가 간의 공통된 면도 있지만 현지에서 살아보지 않으면 해당 국가의 독특성을 파악하기 어렵다. 한국의 이슬람 연구는 너무 한 가지만을 일반화하려는 경향이 많았다. 이슬람을 다양한 시각에서 다양한 이슬람 국가의 실제에 근거한 글들이 필요했다. 한국인, 아랍인, 서구인의 시각과 관점에 따라 이슬람과 아랍 종교에 대한 이해가 다르다. 이 장에서는 동시대적인 관점과 역사적인 관점, 정치와 종교,

이성(아끌)과 전통(나끌), 사회학적인 접근과 문화인류학적인 접근, 그리고 어휘에 대한 사실적인 의미와 상징적인 의미, 개인과 커뮤니티의 관점에 따라 이슬람에 대한 이해가 어떻게 달라지는지 살펴보려고 한다.

(1) 경전의 텍스트 안과 밖

아랍인의 종교는 텍스트(경전) 안과 밖의 요인에 따라 그 해석이 달라진다. 이스마엘(성경) 또는 이스마일(꾸란)이 누구인가에 대한 서술에는 다양한 요인들이 작용하는데 경전 안의 논리와 경전 밖의 요인들, 즉 사회 정치적, 종교적, 문화적 관점에 따라 그 해석이 달라진다. 이슬람도 경전인 꾸란과 꾸란 밖의 요인들, 즉 정치와 사회, 문화적 요인과 시대별 주요 사건들에 따라 경전에 대한 이해가 달라진다. 더구나 주석과 해석의 과정이 주로 꾸란과 하디스만을 근거로 하느냐 혹은 주석서들에 의존하느냐에 따라 의미가 달라진다. 꾸란 주석가 자신뿐만 아니라 그들이 살았던 시대적 배경도 그들의 꾸란 주석에 영향을 주고 있어서 꾸란 본래의 텍스트 의미가 온전히 전달되고 있는지 확인해 보아야 한다. 한마디로 무슬림 꾸란 주석가들의 주석과 해설을 완전히 신뢰하기 어렵다. 그러므로 우리는 텍스트 안의 언어적, 문법적인 연구 이외에도 텍스트 밖의 상황(정치적, 사회적, 문화적, 종교적 요인과 시대정신 등)에 대하여 깊이 통찰해 보아야 한다. 그러나 어떤 특정한 해석이 나온 텍스트 외적인 요인을 금방 찾기 어려울 때도 있다. 그런 경우 역사(이슬람 이전 혹은 이슬람 이후)를 통하여 기록된 여러 자료들을 찾아보아야 한다.

아랍의 주요 종교는 유대교, 기독교, 이슬람이다. 그런데 '아랍의 종교'를 이슬람이라고 하는 사람들이 있다. 그러나 역사 속에서 이 세 종교의 태동 과정을 보면 아랍인들에게는 유대교가 제일 먼저 있었고 그다음이 기독교 그리고 나중에 이슬람이 등장했다. 또 동시대의 자료와 역사 속의 자료들을 조사해 보면 유대교 이후에 기독교와 이슬람이 등장하여 어떤 사회적, 신학적, 정치적인 이슈를 만들었는지 이해할 필요가 있다.

가령 아브라함을 예로 들어보자. 유대교에서는 랍비들의 아브라함에 대한 이해와 이스라엘이 하나님의 선택된 백성이란 개념이 아주 중요했고 기독교에서는 예수 그리스도를 구주로 믿으면 아브라함의 자손이고 아브라함에게 하나님이 주신 약속의 언약과 복을 상속받는다고 했다. 그러나 이슬람은 이스마일을 통한 이브라힘의 자손이라는 개념을 강조하여 알라가 선택한 움마가 무슬림들이라고 했다. 결국 세 종교는 동일 사건에서 서로 다른 해석을 남기게 되었고 후세에는 다음과 같이 이들이 갖는 역사적인 자료가 연구자들의 논술 방향을 결정짓는 계기가 되었다.

㈀ 유대교, 기독교, 이슬람이 갖는 각기 경전 원본의 진실
㈁ 세 종교의 필사본과 시대가 흐르면서 이들 각 종교가 내놓은 주석서
㈂ 경전 이외에 신학적, 정치적, 사회적, 문화적인 이슈와 그 영향

세 종교가 역사 속에 내재되고 그 역사를 전해주는 자료들을 가지므로 그것을 역사적인 자료로서 사용할 뿐만 아니라 텍스트에서 발견된 난제를 해결하기 위한 해석학적인 도구로서 사용했다. 그러나 문제는 텍스트 연구에서 주석과 해석학적 결과와 문화적 혹은 이데올로기적인 해석을 서로 구분하여 텍스트가 갖는 본래의 의미를 찾아보아야 한다는 것이다. 또 경전 해석의 역사적 확실성과 해석학 사이의 상호관계를 살펴야 한다. 과거 해당 경전이 갖는 역사성과 그 경전을 해석한 사람들과의 관계를 알아 그 경전 해석의 본래 취지를 살피는 것이다. 단순히 아랍어만 안다고 꾸란 해석에 덤벼들 수 없다는 것이다.

세 종교를 연구하려면 경전의 구절을 해당 경전이 쓰인 언어와 그 문법적인 원리에 따라 주석을 해야 하는데 때로는 해당 종교를 믿는 사람들의 정치적, 사회적, 신학적인 이해가 반영되기도 한다. 금세기 이슬람학자들이 전자보다는 후자에 너무 치중하여 꾸란의 바른 해석에서

크게 벗어나 있고 자신이 속한 집단이 이해하는 이슬람과 그들이 해석한 이슬람율법이 진짜라고 주장하는 일이 자주 발생했다.

(2) 이스라엘에서 유대교, 기독교, 이슬람교

역사를 통하여 유대교, 기독교와 이슬람 사이에 정치와 종교가 서로 얽힌 대표적인 사례 중의 하나가 팔레스타인과 이스라엘 문제이다. 1936년 팔레스타인의 대혁명에는 가난한 농민들이 동원되었다. 정치적인 동력이 전문직 종사자와 사회 유지층에서 시골 농부에게로 옮겨가자 당시 팔레스타인 기독교인들이 속해 있던 엘리트 계층의 영향력이 줄어들었다. 그러나 기독교인과 무슬림 간의 종교 간 분리의 징후는 그때까지만 해도 거의 나타나지 않았다.

팔레스타인의 성공회 교회는 교회와 선교기관을 통하여 당시 식민지 국가였던 영국과 깊은 교류가 있었기 때문에 농민들의 폭동은 그들에게 심각한 문제를 야기시켰다. 팔레스타인에 있는 영국 성공회 지도자들은 이런 적대적인 행위가 이 지역에 퍼진 원초적인 종교 간의 갈등이 표면으로 분출된 것으로 보았다. 이 폭동의 본래 성격은 종교적이었고 팔레스타인의 무슬림들은 본질적으로 기독교 영국의 위임통치를 반대하고 기독교와 유대교에 저항하는 것이었다. 영국의 팔레스타인 위임 통치 전에는 아랍과 유대인 간의 평화적인 관계가 지속되었으나 영국의 위임령 이후 유대인들의 팔레스타인 유입이 증가하면서 아랍인과의 긴장관계가 증가되었다.

한편 대부분의 아랍 기독교인들은 성경의 예수 그리스도가 영적 이스라엘을 가르쳤다고 강조하면서 팔레스타인이 유대인의 민족적인 고향이란 주장을 부인했다. 다시 말하면 그들에게 팔레스타인이 유대인의 민족적 고향이 되도록 하려면 구약의 예언서들에 근거해서는 안되고 뭔가 다른 근거가 필요했다. 그래서 성공회 기독교인들은 하나님의 뜻에 의하여 팔레스타인이 유대인들의 고향으로 정해졌다는 견해를 받아들이지 않았다. 하나님의 약속은 그리스도 안에서 성취되고 인종과 민족nation을 초월하는 것이 하나님 나라에 대한 기독교적인 개념의 필수적인 부분이라고 생각했다. 팔레스타인을 유대인의 고향으로 만들려는 시도는 하나님의 계시된 뜻에 충실한 것이 아니라고 했다.[1] 아랍 성공회와 정교회는 캔터베리 대주교에게 보낸 서한에서 기독교 아랍인은 아랍 커뮤니티의 일부이므로 소수 종교minority로 인식되는 것을 바라지 않는다고 했다.

영국이란 이미지를 벗으려고 아랍 성공회는 앵글리칸anglican이란 말 대신에 에피스코팔리언Episcopalian이란 단어를 그들의 명칭으로 사용하였고 아랍 성공회는 아랍 민족주의 운동과 유대를 강화시켰다. 팔레스타인에 있던 성공회의 대부분 교인은 아랍인이었으므로 그들에게 시온주의는 위협적인 것이었다. 그들의 반反시온주의적 입장은 성공회 교인들 일부가 아랍 교인이었기 때문이다. 아랍 기독교인들은 아랍 정부가 팔레스타인에 세워지면 그들이 핍박과 박해를 유대인 국가보다 덜 받을 것으로 생각하여 아랍인 국가가 되기를 원했다. 그러나 영국 식민주의자 관료들의 입장에서는 아랍 기독교인들이 시온주의를 별로 반대하지 않는다고 생각하고 무슬림 국가보다는 유대 국가를 세우는 것이 더 낫다고 생각했다. 아랍 기독교인은 기독교적인 신앙의 원칙과 민족주의적인 감정 사이에서 큰 딜레마에 빠지게 되었다. 당시 팔레스타인 사람들에게 선교사는 정치적인 대리인으로 간주되었고 선교사는 팔레스타인을 유대인의 고토로 만들고자 하는 일과 관련된 사람으로 인식되었다. 그리고 개신교인들은 당시에 인글리지(영국인)로 불렸다.

1947년 유엔에 보낸 전문에서 아랍 팔레스타인 기독교인들은 아랍의 대의를 지지한다고 선언했다. 1947년 팔레스타인의 유엔 분할안이 발표되었고 영국이 팔레스타인을 떠나자 아랍성공회는 법적, 정치적, 문화적 정체성에서 애매해졌고 성공회에 환멸을 느낀 아랍 기독교인들은 팔레스타인을 떠나 미국이나 호주 등으로 이주하거나 이슬람으

1_ Laura Caroline Robson, The Making of Sectarianism: Arab Christians in Mandate Palestine, Yale University, 2009, 281-282.

로 개종해 버렸다.[2] 성공회가 식민지 국가였던 영국의 종교라는 사실 때문이었다. 나중에 유대인들의 시온주의에 힘입어 그 땅에 유대인 국가가 건설되었다. 1948년 성공회의 많은 주요 리더들이 교회를 떠났고 팔레스타인에 남은 개신교 리더들은 난민 사역에 집중했다. 더구나 1948년과 1967년 그 땅에서 쫓겨난 아랍 무슬림들은 팔레스타인으로 돌아가려는 정치적인 노력들과 더불어 아랍 기독교인들을 쉽게 시온주의자로 매도하였다. 아랍 기독교인들은 이런 정치적인 이스라엘과 성경의 이스라엘을 구분해야 했다. 대부분의 아랍 기독교인들은 영적 이스라엘israil rūhī이란 말을 사용하여 영적 이스라엘은 지금 이스라엘 국가와 시온주의를 가리키지 않는다고 명시했다. 이스라엘에 대한 이해가 서로 달라졌던 것이다.

(3) 언론의 자유와 바른 정보

아랍의 봄 이후에 북아프리카에서 이슬람주의 물결tayyar islami이 확산되었고 2012년 튀니지는 언론의 자유를 어느 정도 허용했으나 이집트에서는 이슬람주의 무르씨 정권이 언론사 사장들을 이슬람주의자들로 교체했다. 이집트 시민들은 정치인들이 자신들이 믿는 이슬람을 국민들에게 강요하고 있다고 주장했다. 평범한 무슬림들 중에는 알라를 사랑하는 마음으로 남을 사랑하면 되는데 굳이 정치인들이 종교를 들먹거리면서 종교의 본질에게 벗어난 짓을 하고 있다고 비난했다.

지금은 무슬림들 안에서 이슬람에 대한 이해와 이슬람율법에 대한 이해가 서로 달라서 여러 종파적 갈등을 일으키고 있다. 아랍 혁명 전에는 일부 무슬림들이 국가와 종교를 분리하여 '종교는 알라Allah에게 국가는 모두에게'라고 했으나 아랍 혁명 후 이슬람주의자들은 정치 전면에 등장하여 그들이 이해하는 이슬람(종교)을 국민들에게 강요하였다. 그 결과 아랍 무슬림들은 각 나라마다 이슬람주의자와 마다니(비

2_ 위의 글, 290.

이슬람주의 시민세력)로 나뉘어 상대를 혐오하는 양극화 현상이 현저하게 나타났다.

아랍 혁명이 제일 먼저 시작되었던 튀니지에서 2013년 튀니지의 총리는 국회의 신임을 얻은 뒤 튀니지가 이집트처럼 양극화가 심화되고 정치권이 양분되는 현상이 빚어지고 있다고 했다. 튀니지 알마르주끼 대통령은 튀니지의 이슬람주의 정당 알나흐다는 중도 이슬람을 표방하므로 민주주의와 인권이 존중되고 있다고 했다. 튀니지 알나흐다당은 2011년 튀니지가 혁명에 성공한 것은 카타르의 알자지라 위성 방송이 중요한 역할을 했다고 했으나 튀니지 야당과 일부 국민들은 알자지라가 튀니지의 내정을 간섭했다고 불만을 토했다. 그러나 튀니지 정부는 이를 계속 부인했다.

이집트에서도 이슬람주의자 무함마드 무르씨가 대통령이 되고 나서 이집트는 현대 민주주의 시민국가를 지향한다고 했으나 이것 역시 언론 보도용일 뿐이었다. 그가 집권한 지 몇 개월도 못 되어 이집트 국민들은 그가 시민국가가 아닌 무슬림 형제단 국가를 만들고 있다고 비난했다. 무르씨 대통령이 일부 위성 채널을 폐쇄시키고 국민들을 무슬림 형제단화하기 시작하였다.[3] 국민들은 대통령이 무슬림 형제단의 사람들을 공직에 등용하기 바빴고 높은 자리에 앉은 사람은 자기 배 채우기에 급급했다고 비난했다. 무르씨 대통령 취임 이후 알아흐람, 알아크바르, 알주므후리야 등 국영 신문사 사장들을 모두 무슬림 형제단 출신으로 교체해버렸다.[4] 과거 무바라크 정부 때도 이들 언론사들은 모두 친무바라크 정부 인사가 임명되었는데 당시 이들이 내놓은 자료는 역시 정부를 홍보하기 위한 자료들이 많았다. 이런 경우 객관적인 학술 연구를 위해서는 이런 자료들을 재평가하는 작업이 필요하다.

3_ 2012년 6월 무슬림 형제단의 회원수는 50만 명이었고 전문 직종에 종사하는 무슬림 형제단 회원은 75,000명이었다.

4_ 2013년 7월 2일, 무르씨 대통령에 대한 불복종tamarrud 운동이 성공한 후 이 세 국영신문은 정부가 지시하는 대로 논설을 쓰지 않겠다고 했다.

이라크의 말리키 총리는 한국의 기자와의 인터뷰에서 이라크 안에는 순니와 시아 간의 종파적 갈등은 없다고 했으나 이라크는 레바논, 바레인처럼 종파적 충돌이 가장 심각한 문제가 되었다. 무슬림 형제단이 이집트에서 집권한 후 새 헌법 논의과정에서 이슬람율법의 적용을 헌법에 명시하고 그 헌법을 국민투표에 부쳤을 때 무슬림 형제단에 속하지 않는 이집트 국민들은 이슬람율법(샤리아)의 시행을 극구 반대했다. 그들은 이슬람율법이 헌법에 명시되면 무슬림을 얽어매는 족쇄가 된다고 생각했다. 무슬림들끼리 이슬람율법에 대한 시각이 달랐다. 그러나 이런 논의 과정에서 알마니(세속주의)[5]로 몰린 무슬림 정치인들은 자신들이 왜 알마니인지를 이슬람주의자들에게 되묻기도 하였다. 여기서 잠시 세속주의를 살펴보자.

세속주의 사상을 받아들인 아랍인들은 유럽 사상의 영향을 받았는데 당시 종교는 제외시키지 않았다. 다만 여러 종교에 속한 사람들이 한 국가에 살면서 서로 완전히 동등하게 정치적 권력을 향유할 수 있는가에 관심을 두었다. 아랍 이슬람 국가는 대부분 국가의 정체가 부분적 세속주의이다. 이슬람 국가를 표방하고는 있지만 국가가 세속적인 통치 체제를 갖고 있다. 그 한 예로, 이집트에서는 이슬람력 21년에 이집트의 모든 생활이 이슬람율법(샤리아)의 지배하에 놓였고 이슬람율법에 따라 입법과 재판을 했다. 19세기 초 프랑스가 이집트에 들어온 후 첫

5_ 아랍어 알마니almani라는 말은 1828년 카타르에서 프랑스 아랍어 사전을 만들었던 루이스에 의하여 처음으로 사전에 올라갔고 제일 먼저 샴지역(시리아, 레바논, 팔레스타인과 요르단 북부)에 퍼졌다. 그리고 19세기 말에 외국인 선교사들이 레바논에 들어오면서 널리 퍼지게 된 말이다. 이집트에는 이 어휘가 20세기 초에 퍼졌다. 국가와 교육과 윤리에서 국가와 종교를 분리하자는 세속주의는 인간을 구원할 근거는 종교가 아니고 이성이라고 했다. 세속주의는 두 종류가 있는데 완전한 세속주의와 부분적 세속주의이다. 프랑스, 아타튀르크 시절의 터키 등은 종교를 배제한 완전한 세속주의인데 사회와 국가가 세속화되어 종교를 실제생활과 법적 생활에서 제거하였다. 부분적인 세속주의는 사회는 세속화하지 않고 국가만 세속화하였다. 즉 종교는 관습과 전통에 그대로 두어 기도, 금식, 순례를 하게 하고 이 밖의 것과 국가의 행정은 종교에 근거하지 않는 법에 근거한다(Wail Muhammad Yusuf, al-Dawlah bayna al-Islamiin wa al-Almaniin, al-Maktab al-Misri al-Hadith, 2013, 38).

번째 세속주의가 들어왔고 무함마드 알리 시절에 유럽에 파견한 유학단들이 이집트로 돌아왔을 때 서구적인 세속주의가 들어왔다. 세 번째 물결은 영국의 식민주의자들이 이집트에 들어오면서 세속주의가 퍼져 갔고, 네 번째 세속주의 물결은 일부 이집트 국민들이 표방하는 세속주의와 서구 식민주의를 통해 들어온 세속주의였다. 2011년 아랍 혁명 이후 이슬람주의자들은 세속주의 무슬림들을 이집트 사회를 타락시키는 자들이라고 비난했다.

2011년 아랍 혁명 후 아랍 국가들은 언론의 자유를 통제했고 이집트 이슬람주의자들은 마다니(비이슬람주의 시민세력)들의 공격에 대응하기 위해서 이슬람주의 성향의 TV 채널 3개와 2개의 신문을 창간하는 것을 서둘렀다. 이처럼 국영 신문과 TV는 야권 성향의 매체와 보도 성향이 달랐고 국민들은 이런 언론 보도의 영향을 크게 받았다. 아랍 혁명 후 정치권에서는 언론 규제를 하고 보도 내용을 감독하려고 자신들의 색깔을 대변할 인사들을 심었고 언론인의 자유가 제한되었다. 2013년 이집트 언론인들이 "우리를 죽여라, 그렇지만 입은 막지 못할 것이다. 무슬림 형제단은 거짓말쟁이다"라고 외치면서 언론의 힘을 약화시키는 무슬림 형제단 정부에 대항하는 시위를 벌였다. 이들은 이집트의 실질적인 통치자는 무르씨 대통령이 아니고 그는 단지 얼굴 마담일 뿐 실제 정치는 무슬림 형제단의 종정 무함마드 바디으와 사업가 카이라트 알샤띠르가 한다고 했다. 그러나 이집트 정부의 보도 내용은 무르씨 대통령이 국정의 최고 결정권자라고 하면서 그런 사실을 극구 부인했다. 그리고 무함마드 바디으와 하마스의 정치국 책임자 칼리드 미쉬알이 회동한 내용을 보도한 언론인들이 무슬림 형제단의 공격을 받았다.

아랍의 대표적인 위성채널인 알아라비야 채널과 알자지라 채널은 각각 사우디아라비아와 카타르에 본사를 두고 있어서 이 두 나라의 입장이 두 채널을 통해 아랍 국가에 영향을 주고 있다. 이집트에서는 아랍 혁명이 진행되는 동안 알자지라 방송이 선동적인 장면을 자주 흘려보내 이집트인들의 반정부 시위를 부추겼다. 아랍 뉴스를 객관적으로 시청하려면 아랍 각국의 TV 뉴스는 물론 BBC 아랍어 방송과 해외 언론사들의 보도 내용을 동시에 시청하는 것이 좋다. 또 아랍 국가들이 자국의 언론사에 배포하는 뉴스 내용은 아랍의 다른 국가에서 취재한 내용과 다르기도 했다. 따라서 어떤 사건 사고에 대하여 다른 언론사들이 뭐라고 보도하는지 주변 아랍 국가의 신문 방송을 확인해 보면 좀 더 균형 있는 시각을 가질 수 있다.

한 가지 예를 들어보자. 알자지라 TV의 '샤리아와 삶'이란 프로그램에 오랫동안 출연했던 유수프 알까라다위를 이집트에서는 이슬람율법을 삶의 모든 영역에 적용하고자 힘쓰는 이슬람주의자라고 했으나 그에 대한 아랍 각국의 시청자들의 평가는 달랐다. 그는 이스라엘에 대한 팔레스타인의 저항과 순교를 허용하는 파트와를 발행해서 무슬림들의 인기를 얻었고 0.05%의 알코올이 들어 있는 음료는 무슬림이 먹을 수 있다는 파트와 그리고 이란의 시아 이슬람이 순니 무슬림에게 전파되는 것을 금하는 파트와를 냈다. 그래서 그를 리버럴 무슬림, 근본주의 무슬림, 극단주의 무슬림, 반 리버럴 무슬림, 개혁 살라피, 근대 살라피 등 여러 가지 수식어가 붙었다. 그는 서구에서 사용되는 민주주의와 인권, 정의 등의 어휘들을 모두 이슬람화하였다.[6] 그는 이슬람이 민주주의와 양립하고 인권을 높이고 정의를 증진시킨다고 설명했다. 그러나 그의 민주주의는 이슬람식 민주주의이고 정의와 인권 역시 이슬람식 정의와 인권을 가리킨다. 다시 말하면 자유 민주주의 사상에 젖어 있는 사람들이 수용가능한 방식으로 이슬람학자들이 이슬람을 설명하기 때문에 이슬람의 실상을 바로 포착하기 어려울 때가 있다.

콥트어와 아랍어 이집트 기독교인을 콥트Copt라고 하는데 이슬람 이전에는 이집트인들이 콥트어를 사용했었다. 오늘날 콥트교회에서 사용하는 콥트어는 24개의 그리스어 문자와 7개의 파라오 문자로 되어

6_ Said Fares Ahmed Hassan, Reaching from within, University of California, 2011, 126.

있다.[7] 콥트 기독교인들은 파라오 시대부터 내려오는 콥트어를 사용하였고[8] 이슬람이 정복하기 전 일부 문서는 콥트어-그리스어로 기록되었다가 아랍어가 들어오면서 콥트어-아랍어 두 언어로 문서가 기록되었고 아랍어를 배우는 콥트인과 콥트어를 배우는 아랍인들이 늘어갔다. 13세기와 14세기 이집트의 상당수 주민들은 아랍어로 대화하였다. 콥트인들은 재정적인 압박과 종교적인 박해 때문에 이슬람으로 개종하였다. 7세기 이슬람에게 정복당하기 시작하면서 인두세(지즈야)를 1815년까지 콥트 기독교인들이 무슬림들에게 내야 했다. 이슬람으로 개종한 콥트인들은 당시 기독교인의 언어이었던 콥트어를 점차 잃어가기 시작했으나 무슬림이 된 콥트인은 아랍어를 배워야 했다. 그리고 아랍어와 콥트어가 섞인 새로운 방언이 이집트에서 사용되기 시작했다. 그러나 공공장소와 관공서, 집이나 사생활에서 콥트어를 버리고 아랍어만 사용하라는 알하킴 비아므릴라(996-1020)의 명령 때문에 아랍어가 급속하게 퍼졌다. 그 당시 무슬림들이 콥트어를 하는 사람들의 혀를 잘랐다. 북부 이집트에서는 콥트어가 10세기까지 사용되었고 남부 이집트에서는 17세기까지 콥트어가 대화에 사용되었다. 그러나 그 뒤부터 지금까지 콥트어는 콥트교회의 예배의 언어로만 사용되고 있다. 19세기부터 콥트교회의 설교는 교인들이 금방 알아들을 수 있는 이집트 대중

7_ Shakir basilius Mikhail, I'rif Kanisatak , I'rif lughatak, Cairo, 1991, 8.

8_ Coptic 콥트라는 말은 이집트인을 가리키는 말이다. 이집트인들은 콥트라고 발음하지 않고 '입뜨'라고 한다. 그리스어 Eigyptos에서 온 말이고 이 말은 고대 이집트어 E-Kaptah에서 왔다. 오늘날 이집트에서는 이집트 기독교인들을 콥트라고 하고 이집트 무슬림들을 콥트라고 부르지 않는다. 콥트 정교회는 예수의 70명 중 한 제자이자 신약의 마가 복음을 기록한 마가가 알렉산드리아에서 예수를 전도하여 교회를 세웠는데 로마, 안디옥, 예루살렘 교회와 더불어 가장 오래된 교회로 간주된다. 마가는 서기 3년에 리비아에서 태어났고 부모와 같이 예루살렘으로 이사했다. 2세기 말에 이집트에서 기독교는 널리 알려져서 델타 지역에는 40개 교구가 있었고 남부 이집트와 사막 지역에도 많은 기독교인들이 있었다. 4세기 말 알렉산드리아 교회는 수도원제도, 박해, 학교 등으로 유명했다. 수도원 운동의 아버지로 불리는 안토니(251-356)가 유명하고 수도원 운동은 이집트 기독교의 영적 부흥의 상징이고 4세기 이후 박해와 침입과 순교로 수도원 운동이 약화되기 시작했다.

아랍어로 하고 나머지 예배 순서는 주로 콥트어로 하고 아주 일부만 아랍어로 진행되고 있다. 그런데 콥트어를 모르는 젊은 세대의 이집트인들은 콥트어로 진행되는 예배의 내용을 잘 몰랐다. 또 예배 중 십자가와 예수 그리스도의 성상을 들고 교회 안을 돌 때 성도들이 십자가에 손을 대고 복을 빌었고 아랍어로 하는 설교는 비교적 짧았다.

이집트에서 아랍어는 피진[9]화되는 과정을 거쳤다. 아랍어가 이집트에 7세기에 들어와서 17세기에 남부upper 이집트에서 콥트어가 사라졌기 때문에 콥트어는 천년이라는 갈등의 시기를 겪었다. 오늘날 이집트 대중 아랍어가 콥트어의 영향을 많이 받은 것도 이런 언어적인 만남 때문이었다. 고대 이집트 파라오 시대부터 아랍이 정복할 때까지 이집트인의 언어는 상형문자, 성용문자(상형문자의 초서체), 민용문자, 콥트어 등 4단계를 거쳤다. 콥트어와 이집트 대중 아랍어 간의 공통된 어휘들이 있지만 통사적(문장 구조상)으로는 서로 다른 경우가 많다. 예를 들면 고전 아랍어는 지시대명사가 명사 앞에 오는데 콥트어와 이집트 대중아랍어는 명사 뒤에 온다.

한편 시리아와 이라크 등지에서는 이슬람 이전에 시리얀어syriac를 사용하였다. 기독교 신학적 용어가 콥트어[10]나 시리얀어, 아르멘어로 듣고 배웠을 때에는 이들 지역에 사는 기독교인들이 그들의 신학적 이해에서 큰 어려움이 없었다. 그러나 이슬람이 이 지역에 7세기에 들어와서 아랍어 사용이 강요되면서 이들 토박이들은 자신들의 언어를 버렸고 이제는 시리아, 이라크 등지에서 소수의 사람들만 시리얀어를 교회 신학용어로 사용할 뿐 예배의 언어는 아랍어로 바뀌었다. 그 땅에 사는

9_ 피진pidgin은 같은 언어로 말하지 못하는 그룹 간의 소통을 용이하기 위하여 사용되는 접촉contact 언어이다. 다른 언어를 사용하는 사람들을 경제적으로 사회적으로 지배하는 사람들의 언어와 세력의 불균형을 겪었다. 가장 잘 성문화된 언어가 지배적인 언어가 된다. 접촉하는 그룹의 필요를 만족시켜 주기 위하여 해당 지역의 어휘가 혼합되고 상당한 음운변화가 생기고 해당 언어의 어휘와 문법이 단순화된다.

10_ 콥트어는 그리스어 알파벳에서 수정된 25개 글자와 이집트의 민용글자에서 온 7개 글자로 되어 있다.

기독교인들의 후손은 기독교 신학에 대한 이해에서 어려움에 봉착하게 되었다. 그들이 학교와 사회에서 배운 이슬람 종교적인 의미를 갖는 아랍어 어휘가 기독교 성경의 어휘에 그대로 사용되면서 아랍 기독교인들은 기독교 성경이 갖는 본래의 의미를 찾아내는 데 서툴렀다.

오늘날 이집트 대중 아랍어의 까프 /q/가 북부 이집트에서 함자/'/로 바뀌고 치간음 /Θ, δ/가 각각 /t. d/로 바뀐 것은 아랍어의 영향이었다.[11] 오늘날 농업과 어업에 관련된 어휘에 콥트어가 가장 많이 남아 있고 이집트 대중 아랍어는 콥트어와 개인 방언의 영향이 컸다. 역사를 거치면서 기독교인들과 유대인들의 수효가 급격하게 감소되었고 이제는 무슬림이 다수인 아랍 이슬람 사회 속에서 유대인들과 기독교인들은 주변 무슬림들의 영향을 크게 받았다. 그중 하나는 무슬림들이 사용하는 어휘가 아랍 기독교 교회 안에서 버젓이 사용되었고 이제는 많은 아랍 기독교인들이 깊은 기독교 신학을 연구하지 않는 한 무슬림들이 사용하는 그 어휘의 의미와 성경에 사용되는 어휘 의미에서 서로 차이가 난다는 것을 모르고 자라나게 되었다.

아랍어의 다양한 의미와 해석 2013년 아르헨티나 출신의 새 교황 프란체스코 1세 교황이 탄생되던 날, BBC 아랍어 방송에서는 새 교황은 가톨릭교회의 전도에 대하여 말했다고 했을 때 '전도'라는 말을 아랍어로 '다아와와 타브시르'라고 했다. 그런데 아랍 교회에서는 일반적으로 전도의 의미로 '다아와'라는 단어를 사용하지 않는다. BBC 아랍어 방송이 무슬림을 대상으로 하는 프로그램이라서 무슬림들에게 익숙한 '다아와'라는 말을 쓴 것으로 보이나 만일 아랍 기독교인들을 대상으로 한다면 '타브시르'라는 말을 사용해야 한다. 그래서 아마 이 두 단어를 동시에 사용했을 것이다. 다시 말하면 그 아나운서는 전도라는 말이 아랍 기독교인과 아랍 무슬림 사이에서 서로 다르게 이해되고

11_ Mary Soliman, Arabic Dialectology and the Influence of Coptic on Egyptian Arabic, Florida Atlantic University, 2007, 50.

있다는 것을 알았던 것이다.

아랍 기독교인들이 사용하는 타브시르(복음 전도) 혹은 키라자(복음의 전파)라는 말을 아랍의 무슬림들이 싫어한다.[12] 그러나 이집트 기독교인 나스랄라는 타브시르가 탄씨르(상대를 기독교로 개종시킴)[13]와 달라서 타브시르는 무슬림들을 복음으로 초대한다는 의미라고 무슬림들에게 다시 알려주어야 한다고 했다. 다시 말하면 무슬림들에게 타브시르는 무슬림들의 다아와와 같은 의미라고 설명한다는 것이다. 사실 무슬림들이 자주 사용하는 '다아와'의 문화적인 의미는 '어디에 참석하도록 요청함, 회의나 음식, 마실 것에 초대함'이란 뜻이고 이슬람율법적인 의미에서는 '어떤 교리나 신앙, 종파를 따르도록 촉구하는 것'을 말하므로 이슬람을 전하는 것을 가리킨다. 초대하는 행위와 진리를 주장하는 것을 서로 결합시킨 것이다. 이슬람의 다아와는 알라와 무함마드에게로 사람들을 초대하는 것이다. 무슬림 형제단이 다아와(무슬림 형제 운동의 이념을 따르도록 촉구하는 것)로부터 시작하고나서 그들이 정치에 가담하면서 현재는 무슬림 형제단이 다아와와 정치 두 가지를 겨냥하고 있다. 그런데 다아와와 타블리그tabligh가 선을 행하고 악을 금하는 것과 서로 관련되면서 이슬람 윤리적인 의미가 함축된다. 타블리그는 꾸란에 나오는 단어는 아니지만 메시지의 소통이란 의미를 갖는다. 현대 우르두urdu어에서 타블리그는 전도와 개종을 의미하는데 본래 의미는 메시지를 소통하는 데 책임을 다한다는 것이다.[14] 다아와(이슬람전도) 운동은 전 세계 무슬림이 있는 곳에서 활발하게 진행되고 있고 무슬림들은 종교를 받아들이려면 까나아(만족)가 있어야 한다고 했다.

12_ 1980년대 이집트의 장로교 신학교를 졸업한 후 각 지역으로 나간 전도사들을 무밧시르(전도사)라고 했는데 그 후 이집트 정부가 이 어휘가 좋지 않다고 하여 그 뒤부터 이집트 기독교인들이 무슬림 앞에서 이 어휘 사용을 자제하였다.

13_ 2013년 5월 사우디아라비아에서 사우디 여성을 기독교인으로 만들려는 사우디인과 레바논인에게 사우디아라비아 법정은 매질과 감옥형을 언도하였다.

14_ Waqas Hameed Butt, The Anthropology of Islam by Way of a Transnational Piety Movement, University of California, 2011, 25-27.

무슬림이 기도에 참여하는 과정에서 그들의 매일 삶이 이슬람율법의 의무와 책임과 관련된다. 다아와와 타블리그를 강요하지는 않지만 무슬림들은 이런 윤리적인 행동이 개인과 커뮤니티에 대한 관심을 갖게 한다고 말한다. 선행을 명하고 악을 금하는 것은 현대 타끄와 운동의 핵심주제이다.

일반적으로 아랍어 어휘는 사실적인 의미와 상징적인 의미를 갖는다. 한국어로 쓰인 아랍어 교재 중에서 아랍 무슬림들끼리의 인사말 중에 '앗살라무 알라이쿰'이 있는데 이것을 '너희들에게 평화가 혹은 평화가 너희들 위에'라고 직역하여 그 어휘적인 의미를 주는 경우가 많다. 그러나 이 말은 아랍 무슬림들에게 '무슬림들끼리의 인사말'이라는 사회적인 의미로 받아들이므로 우리말로 '안녕하세요'라고 해야 한다. 또 '쿨루 싸나 와안타 따입'이라는 말이 있다. 이 말의 어휘적인 의미는 '매년 그리고 너는 잘 있다'라는 말이다. 일부 한국의 아랍어 책에서는 이것을 '새해 복 많이 받으세요'라고 번역하는데 실제 아랍인들이 이해하는 사회 문화적인 의미는 '(내년에도) 모든 일이 잘되고 건강하기를 바란다'는 의미이다. 사실 아랍 무슬림들은 이 표현을 새해보다는 이슬람의 여러 명절에 사용하고 있기 때문이다. 또 이집트에서는 가므이야(자므이야)를 기독교인들이 교회와 유사한 기능을 하는 장소를 가리키는 어휘로 사용하는데 원래 이 단어의 의미는 특별한 목적과 공통된 사상을 위하여 모인 회원들을 가리킨다. 그러나 이와 발음이 유사한 가마아(자마아)의 사회적인 의미는 국가의 허가를 받지 않고 모인 사람들을 가리키는데 어휘적인 의미는 한 가지 목적을 가지고 모인 많은 사람들을 가리킨다. 결국 아랍어에 대한 어휘적인 의미와 상징적 의미, 사회적 의미 등을 고려하지 않으면 문맥에 따라 달라지는 아랍어의 의미를 정확하게 파악하기 어렵다. 다시 말하면 아랍어에 대한 이해가 표면적인 이해에 그치면 아랍인과 원만한 소통이 어렵다.

아랍 무슬림과 아랍 기독교들이 사용하는 용어에서도 동일 어휘가 서로 다른 의미로 사용되는 경우가 많다. 아랍어가 갖는 종교적인 의미를 고려해야 하는데 가령 <타끄와, 비르, 와히> 등이 무슬림과 아랍어 성경이 서로 다른 의미로 사용된다. 아랍 무슬림들은 <타끄와>를 알라를 두려워하여 알라가 명령한 것은 행하고 금한 것은 피하는 것이란 의미로 사용하나 우리말 성경에서는 이 어휘가 경건(디모데 전서 4:7-8)이라고 번역되어 있다. 그러나 아랍어 성경에서는 타끄와는 올바른 신앙과 태도가 반영된 행동으로서 하나님이 원하신 대로 살아가는 것을 가리킨다. 그런데 유대인들의 타끄와는 율법에 의해 통제되고 억제되는 것으로서 신이 만든 질서를 존중하는 것이고 기독교인들에게 타끄와는 하나님을 진실되게 공경하여 하나님을 의식한 행동을 하는 것을 말한다. 무슬림들은 이 땅에서 선행birr과 타끄와taqwa가 뛰어나기를 힘쓰는데 이 두 가지는 율법과 관련되어 있다. 그러나 성경은 갈라디아서 2:16에서 "사람이 의롭게 되는 것은 율법의 행위로 말미암음이 아니요 오직 예수 그리스도를 믿음으로 말미암는다"고 했고 예레미야서 23:6에서는 "주님은 우리의 의"라고 했다. 성경은 아무도 율법으로 말미암아 의롭게 되지 못할 것이 분명하니 이는 의인은 믿음으로 살리라(갈라디아서 3:11)고 한다.

아랍 무슬림에게 '비르'는 재물이나 유익한 것을 의미하나 아랍 기독교인들에게 비르(의, righteousness)는 하나님 말씀에서 세운 기준에 합치되는 것을 가리킨다. 그래서 비르는 하나님의 뜻을 따르고 하나님을 기쁘게 하는 인간의 올바른 행동을 의미하기 때문에 하나님의 심판 앞에서 그가 바르게 선다는 것이다. 성경의 의는 '우리가 믿음으로 의롭다 함을 얻었으니'(로마서 5:1) '곧 예수 그리스도를 믿음으로 말미암아 모든 믿는 자에게 미치는 하나님의 의'(로마서 3:22)이다. 그리스도인이 갖는 의는 율법에서 난 것이 아니요 오직 그리스도를 믿는 믿음으로 말미암은 것이니 곧 믿음으로 하나님께로서 난 의다(빌립보서 3:9). 그렇다면 이슬람의 의는 율법에서 나오는 의이고 기독교의 의는 예수 그리스도를 믿는 믿음에서 나온 의라고 할 수 있다. 그런데 밀러Miller는 그의 책에서 무슬림들이 알라의 뜻에 따라 사는 것이 두 가지 단어로 요약되는데 그 두 단어를 타끄와와 비르라고 했고 이들 각각을 경외piety와 의righteousness라고 번역했다.[15] 다시 말하면 그의 이슬람 어휘 풀이에서 기독교의 용어와 혼동하고 있다는 것을 알 수 있다. 아랍 기독교인들에게 그 어휘가 갖는 의미와 아랍 무슬림에게 그 어휘가 갖는 의미가 다르다는 것을 몰랐던 것이다.

아랍어 타크피르takfīr라는 말은 기독교와 이슬람에서 서로 다른 의미 영역을 갖는다. 꾸란에서 (알라와 무함마드에 대한) 믿음이 없는 것을 쿠프르kufr라고 하는데 타크피르는 (사람을) 믿음이 없는 자(카피르)로 생각한다는 말이라서 2003년 이후 이라크에서 순니 무슬림이 시아 무슬림을 그리고 시아 무슬림이 순니 무슬림을 카피르라고 하였다. 꾸란에서 카피르는 수라 64:2에서 '믿지 않는 자' 혹은 '신의 존재를 부인하는 자dahri'이다. 꾸란은 카피르를 무으민의 반대말로 제시했고 일부는 인간이 태어날 때 무으민과 카피르가 운명적으로 정해졌다고 했으나 대부분의 무슬림들은 무으민과 카피르가 출생 후 생겨났다고 했다. 그러나 꾸란 주석가들은 공개의 카피르와 비밀의 카피르 두 가지가 있다고 했고 수라 22:55절의 주석에서는 카피르가 사탄(이블리스)이라고 했다. 무슬림들에게 카피르는 지옥에 간다고 믿는다. 따라서 알라와 무함마드를 믿지 않는 사람이 카피르이지만 오늘날에는 무슬림들이 기도나 금식 등을 하지 않는 사람 혹은 자신의 신앙집단이 아닌 사람들도 카피르라고 한다.

성경에서 타크피르는 'atonement(속죄)'인데 속죄는 그리스도가 인류의 죗값을 지불한 것으로서 거룩한 하나님의 의righteous justice를 만족시키는 지불이나 희생을 가리킨다. 예수 그리스도가 죽음의 형벌로 고통을 받으심으로 우리의 죄를 속죄하였다. 타크피르atonement는 죽음의 벌을 받고 죄에서 자유로워지는 것이다.[16] 아랍어 성경에서 타브리

15_ Roland E.Miller, Muslims and the Gospel: Bridging the Gap, Minnesota: Lutheran University Press, 2005, 37.

16_ 죄에 대한 속죄가 구원의 기본이다. 어떤 사람을 해방시키기 위하여 지불하는 몸값이

르tabrīr(justification)는 죄책감과 죄의 벌로부터 자유롭고 하나님의 의를 받아들인 것을 말하는데 우리말로는 칭의라고 한다. 그러나 아랍어 사전에는 '(그것을) 깨끗하게 하고 그것이 정당하다는 원인을 언급하다'의 의미이므로 무슬림들이 타브리르의 성경적 의미인 칭의를 이해하기 어렵다.

아랍어 어휘들 중에 일부는 한국어나 영어로 그 상응어를 찾아내기 어려워 아랍어가 갖는 본래 의미에 가장 가까운 어휘를 찾아 번역해낸다. 그러다 보니 학술적인 연구에서도 아무 생각 없이 이런 종교적인 어휘와 신학적인 어휘들을 아랍어 사전에서 찾아 그대로 사용해버린다. 예를 들면 아랍어 성경에서 '알피다'는 종살이 하는 노예를 사서 그를 해방시키는 것이고 '알캅파라'는 죽음의 벌에서 해방시켜 하나님과 화평하게 되는 것이므로 알피다와 알캅파라를 한 단어로 번역해 낼 수 없다. 지금까지 한국어로 번역된 꾸란의 책들이 번역과 해설에서 7세기에 사용된 그 아랍어의 의미가 오늘날 21세기 아랍인들이 사용하는 그 어휘의 의미와 다른 것이 있다는 것을 지적하지 않았다. 그래서 현대 아랍어를 배운 학도들이 꾸란의 고전 아랍어를 그들의 현대 아랍어 지식으로 번역하면서 여러 오류를 빚었다. 우리말에서 회개라는 말은 잘못을 뉘우치고 고친다는 의미이다. 구약에서는 슈브shub[17]와 다른 단어가 사용되었는데 슈브는 하나님과의 언약에 충성하도록 하나님께로 되돌아오라는 것이었다. 하나님과 분리되는 것이 죄라는 것이다. 이스

피드야이고 사람이 율법의 저주로부터 자유로워지는 것은 속전(ransom, fidya)인데 죄의 권세로부터 우리를 해방시킨 속전은 그리스도의 죽음이다. 그리고 '속량'(redemption, fidā')은 다시 사는(매수) 것을 가리키고 예수의 죽으심의 값으로 우리를 속량하신다. 우리가 하나님께 순종하는 대신에 우리의 길로 가면 우리의 죄와 벌에 우리 자신을 파는 것이 된다. 하나님은 우리를 사랑하사 그분 자신을 위하여 그의 죽음으로 값을 치르고 우리를 다시 사셨다. 속량은 죄의 노예로부터 그리스도의 피로 값을 지불하여 자유의 상태가 되는 것이다.

17_ 부르트베인E. Wurthweinn에 의하면 구약에는 '회개'에 메타노에오metanoeo 혹은 메타노이아metanoia에 해당하는 단어가 하나도 없다고 했다. 메타노이아의 히브리어 슈브shub 대신에 니함niham으로 번역했기 때문에 70인 역에서 이런 단어를 찾기가 어렵다고 했다. 슈브에 대한 번역어는 에피스트레포epistrepho이므로 메타노에오와 구별된다.

라엘은 하나님과 특별한 관계를 가지고 있었기 때문에 죄는 그들에게 더욱 심각한 문제였다. 구약에서 회개하라고 한 요구는 야훼와 언약 관계에 있는 민족에게 향한 것이었다. 예언자들이 그들에게 돌아오라는 말은 그들이 이미 맺은 관계relationship를 갖는 하나님과 교제fellowship를 갖기 위하여 돌아오라는 것이었다. 신약에서는 세례요한 시절에 유대교가 돈 버는 종교로 타락했다. 하나님은 과거에도 앗수르와 바벨론을 이용하여 이스라엘을 심판하셨는데 이런 타락과 부패는 하나님의 심판이 임하므로 세례요한은 이런 유대교로부터 사람들을 불러내고자 하였다. 그는 유대교 안으로부터의 변화가 너무 늦었다고 보았다. 예루살렘으로 들어가 그들에게 영향을 주기보다는 그가 광야로 나아가 그들을 유대교로부터 불러내려고 했다. 드디어 그들의 일부가 유대교 밖으로 광야로 나왔다. 그러나 그들을 유대교와 분리되고 단절시키기 위해서는 그들은 회개가 필요했고 물세례를 받아야 했다. 만일 그리스도인이 유대교인이 되려고 하면 그는 세 가지가 필요했다. 첫 번째는 예루살렘에 희생제물을 가져와야 하고 둘째는 남자인 경우 할례를 받아야 하고 셋째는 물세례를 받아야 했다. 물세례는 새로운 정체성identity을 갖게 하였다. 그는 옛 것과 단절되고 새 것과 연결되었다. 만일 유대교를 버리려고 하면 물로 세례를 받아야 했다.

그런데 아랍어 사전에서 타우바는 '되돌아오다, 개종하다, 알라의 자비로 돌아오다'는 의미를 갖는다. 하디스에 나오는 타우바는 후회(슬퍼함)나 통회의 의미를 갖는다. 또 이슬람의 타우바는 쉬르크(뭔가를 알라와 동등한 것으로 받아들임)를 버리고 알라에게 돌아오다라는 의미를 가지므로 그때의 타우바는 개종의 의미를 갖는다. 무함마드는 자신이 '나는 타우바의 예언자'라고 했다. 무슬림들이 이해하는 타우바의 개념을 정리하면 첫째, 과거의 잘못된 일을 통회하고 슬퍼하고 후회한다(심리적이고 감정적인 체험)는 의미와 둘째, 알라가 없는 곳으로부터 알라에게로 돌아간다(심리적 · 공간적 방향 전환)는 의미를 갖는다. 꾸란의 타우바와 구약의 슈브는 되돌아온다는 의미에서는 같으나 꾸란에서는 언약적 개념이 없기 때문에 꾸란은 다신 숭배자가 알라를 믿지 않았다가 알라를 믿게 되었다는 개종의 의미가 강하고 구약의 슈브는 이미 하나님과 관계를 가진 이스라엘 백성이 죄를 지었을 때 다시 하나님과 교제를 위하여 다시 하나님께 되돌아간다는 의미가 강하다. 구약에서는 슈브가 하나님을 버렸다는 부정적인 의미를 갖지만 꾸란의 타우바(24:31)는 알라에게 되돌아오라고 하거나 알라를 향한다(66:8)고 하여 긍정적인 의미를 갖는다. 결론적으로 알라는 타우바 안에서 자비의 행위를 통하여 인간이 타락할 때 그에게 돌아오라고 호소하고 인간은 부분적으로는 후회하면서 타우바 안에서 반응한다. 그리고 알라는 타우바 안에서 측은하게 생각하고 그를 받아들인다. 그러므로 꾸란에서 타우바는 알라와 인간이 타우바에 서로 참여한다[18]는 것이고 기독교에서 회개는 죄를 깨닫고(지) 죄를 후회하며(정) 그리고 죄로부터 떠난다는 마음의 결단(의)이 포함된다. 성경의 회개는 믿는 자와 믿지 않는 자 모두에게 해당되지만 회개는 구원의 조건이 아니고 성화sanctification의 조건이다.

아랍어 어휘의 일반적인 의미로서 '와히'는 비밀을 전해 주는 것이란 의미이고 이슬람 교리학에서 '와히'는 메시지, 책, 알라의 말 그리고 알라의 메시지를 전달해 주는 천사 등의 의미를 갖는다. '와히'의 방법으로는 알라가 무싸Musa에게 한 말 그리고 천사가 가지고 온 메시지와 이브라힘의 꿈으로 전달된다. 그런데 아랍어 성경에서 '와히'는 영감inspiration이란 말로 많이 사용되고 영감은 성경 기자의 마음에 성령의 초자연적인 행하심을 가리킨다. 무슬림들은 '와히'란 말을 영어로 번역할 때 'revealation계시'라고 하기 때문에 기독교와 이슬람 교리의 차이를 모르면 서로를 이해하지 못하게 된다.

꾸란에 나오는 루흐 알꾸두스(지브릴 천사)와 아랍어 성경에 나오는 알루흐 알꾸두스(성령) 역시 한국의 무슬림들이 잘못 이해하는 대표적인 어휘들 중의 하나이다. 오늘날 일부 아랍 무슬림들은 이 두 단어

18_ Atif Khalil, Early Sufi Approaches to Tawba: From the Qur'ān to AbūṬālib al-Makkī, University of Toronto, 2009, 27-28.

(루흐 알꾸두스와 알루흐 알꾸두스)를 같은 단어라고 생각하지만 아랍어 사전에서는 루흐 알꾸두스(성령)는 지브릴 천사를 가리키고 성경에 나오는 알루흐 알꾸두스는 기독교의 세 번째 위격으로서 하나님을 가리킨다. 알꾸두스는 루흐 알꾸두스의 동의어다.[19] 그래서 수단의 기독교인들 일부는 알루흐 알꾸두스를 루흐 알꾸두스라고 잘못 쓰기도 했다. 아랍 무슬림들이 사용하는 사전에서 알루흐(혹은 루흐)는 몸에 생명을 주는 것이고 나프스와 같은 의미이다. 그러나 아랍어 성경에서는 나프스는 혼soul이고 루흐는 영spirit을 가리킨다. 예수 그리스도를 영접한 인간의 루흐는 오감의 도움 없이 하나님의 루흐와 소통하고(로마서 8:16) 하나님의 형상으로 인간을 창조하였으므로 인간의 루흐는 선악을 알게 하는 양심과 관련된 윤리적인 영역이다.[20] 성경에서 나프스는 생각, 감정, 의지의 진원지이고 가끔은 개성personality을 나타낸다. 구약에서 마음(레밥)은 흉곽, 감정의 자리, 욕망의 자리, 정신, 의지, 영 등을 나타낸다. 흔히 사람들이 마음의 치유라는 말을 쓰지만 기독교에서는 영혼의 돌봄[21]이라는 말을 더 자주 사용하여 성령의 도움으로 변화되는 것에 관심이 높다. 덴버신학대의 하워드 베이커Howard Baker는 영혼의 돌봄

19_ Al-mu'jam al-wajiz, 이집트 아랍어 학술원, 2004, 492-493.

20_ 기독교에서 영혼의 돌봄Soul Care은 하나님과 사람과 화목하게 하고 그들을 치유하고 유지하고 상담하는 일을 가리킨다. 즉 성령 안에서 거룩한 관계를 형성하고 유지시키도록 각 사람을 돕는 것이다. Soul care는 인간은 누구인가를 확인하고 영성을 형성하고 spiritual formation 개인이 위기를 맞을 때 긴급하게 지원하는 것을 포함한다(Michael Thomas Schlittler, Reaching as a Soul Care with Emphasis on the Effects of style, Asbury Theological Seminary, 2000.12). 그런데 영혼의 돌봄은 내적 치유, 영혼의 치유라고도 불리고 Judith MacNutt는 내적 치유는 현세의 여정의 각 단계마다 변한 죄와 트라우마의 결과를 치유하기 위한 하나님의 변화시키는 능력이라고 했다. Dennis Bennett는 내적 치유는 우리의 삶 속에 성령이 일하시지 못하도록 막는 것을 주님이 제거하고 치유하도록 주님께 맡기는 것이라고 했다. 결국 영혼의 돌봄은 깊은 내적 치유와 감정적 치유 심지어 영적 형성과 변화를 포함하므로 영적 돌봄의 결과로서 육체가 치료된다고 말할 수 있다. 영적 돌봄은 성령의 열매를 맺어 영적 성숙으로 인도하는 데 그 목적이 있다(Suzanne Natalie Smith, Developing a Soul Care Ministry in the Local Church, Regent University, 2006, 12).

21_ 공일주, 한국인과 소통을 위한 아랍 문화, 세창출판사, 2012, 212.

은 교회 역사를 통하여 이해되듯이 그리스도를 믿는 사람들에게 그리스도의 성품character을 형성하게 하는 것이라고 했다. 영혼의 돌봄은 그리스도 안에서 참다운 변화를 받을 수 있는 성령을 통하여 성품이 형성되므로 기독교 컨텍스트 안에서만 이뤄진다. 따라서 하나님의 음성과 행하심 그리고 임재를 깨닫고 반응하는 사람이 주님과 깊은 교제를 갖는다.

(4) 커뮤니티와 개인 그리고 남

국제 이슬람 대학교International Islamic University(자미아 알울룸 알이슬라미야 알알라미야)가 아랍 국가 곳곳에 세워졌고 이슬람율법의 가르침에 따라 학문과 신앙과 윤리로 학생들을 무장시켰다. 더구나 아랍의 일반 대학들은 사회, 문화, 윤리 영역에서 연구들이 제한되었고 사우디아라비아 등 걸프 국가에서는 인문학, 사회과학, 교양 과목의 영역이 이슬람 때문에 보수적이고 권위주의적인 색깔을 더 띠게 되었다. 인문학에 속하는 이슬람 종교학[22]은 과거로 회귀하는 현상을 몰고 왔고 이데올로기화되었다.[23]

종교로서의 이슬람은 개인의 신앙이기도 하지만 이슬람의 성격상 커뮤니티의 종교이다. 과거 한국에서 이슬람에 대한 정확한 이해가 부족했던 이유는 이슬람을 개인적인 종교나 문화로 이해하였기 때문이다. 아랍어 사전에서 이슬람이란 순종이나 복종의 의미이지 평화라는 의미는 아니다.

꾸란 주석가 이븐 카시르(1301-1373)는 '알라와 함께한 종교'는 이

22_ 2013년 아랍 대학 연합회에 가입된 회원 국가는 19개이다. 이들 대학 중에서 이집트의 알아즈하르 대학교의 학생수가 315,533명(2010년)으로 가장 많았는데 교수 1인당 학생 수는 50명이었다.

23_ EU는 1990년부터 템푸스Tempus라는 프로그램을 통하여 EU 주변 국가들 발칸 서부, 동유럽, 중앙아시아와 북아프리카와 중동을 포함한 27개국의 고등교육을 현대화하고 협력하기 위한 지원을 실시하고 있으나 아랍 혁명 이후 혼란한 사회 분위기는 연구 풍토가 약화되었다.

슬람이라고 하면서 이슬람은 기본적으로 알라의 한 분 되심을 인정하고 진지한 헌신으로 행동하는 것이고 부차적으로는 무함마드 커뮤니티에 연류되어 알라가 전해준 규범이라고 이해했다. 한마디로 이슬람을 개인이 믿는 이슬람과 커뮤니티가 표현하는 이슬람을 둘 다 합쳐서 이슬람으로 정의했다는 것이다.[24] 이처럼 이슬람을 개인의 종교와 무함마드를 믿는 커뮤니티와 연결하지 않으면 이슬람에 대한 이해는 불완전한 것이 된다. 그렇지만 그동안 이런 시각으로 이슬람을 서술한 책이 많지 않았다.

무슬림은 이슬람 사회 속에서 안정감을 갖고 종교적인 정체성을 나누기 때문에 무슬림들은 무슬림이 아닌 '남'에 대한 신뢰도가 매주 낮다. 그래서 몇 마디 인사를 무슬림과 나누면 거의 대부분은 종교가 뭐냐고 묻는다. 상대방의 정체성을 통하여 남인가 아닌가를 확인하려는 것이다. 전통적인 정체성은 사회적, 문화적, 종교적 성격을 갖는다. 종래 아랍의 종교에 대한 연구는 종교만을 다루었으나 아랍인의 정체성을 밝히기 위해서는 사회학적 측면과 문화 인류학적 접근이 필요하다. 사회적 그리고 문화적 표현들이 이슬람 세계에 너무 많다. 무슬림 사회에 영향을 주는 종교나 역사뿐만 아니라 사회적 제도들도 고찰해 보자는 것이다. 단순히 종교나 역사로 이슬람을 이해하기보다는 문화나 사회 구조적인 측면에서 이슬람을 연구하는 것이 오늘날 이슬람을 더 잘 이해할 수 있고 또 이런 이해를 돕는 다양한 요인들을 분석해 낼 수 있다. 한마디로 이슬람 사회의 다양성diversity을 염두에 두자는 것이다.

가족 간의 결속력이 사회적 활동으로 연장되는데 아랍의 가부장적 가족 제도가 그 핵심에 있다. 아랍 청소년들에게 가족의 중요성은 그들의 미래와도 연결된다. 이집트 청년들의 82%는 종교와 가족의 유대에서 온 전통과 관습을 지키려 한다.[25] 이집트 청년들 중에서 도시 거주자, 중산층, 여성들이 비교적 종교적 열심이 많았다. 90%의 젊은이

24_ 공일주, 한국인과 소통을 위한 아랍 문화, 188-189.

25_ Egypt Human Development Report 2010, 70.

는 자신이 종교적이라고 생각하고 알라가 매일 삶에서 존재한다고 믿었다. 종교적 외식religiocity은 고학력자로 갈수록 더 심했고 교육이 종교적인 가치를 전하는 데 가장 중요한 요소라고 했다. 이집트 젊은이들의 종교적인 삶에 가장 큰 영향을 준 것은 운명론이었다. 69%의 젊은이들이 모든 것이 운명적으로 정해져서 절대 피할 수 없으므로 자신의 운명을 자신이 결정할 수 없다고 답했다. 단지 7%만 자신들의 운명을 자신들이 결정할 수 있다고 했다. 25%는 운명론과 자유선택 간의 중간적인 입장을 취했다. 운명론적 성향은 여성들에게 그리고 교육을 덜 받을수록 심했다. 응답자의 1/5은 매일 기도하는 장소에 가고 1/4은 일주일에 한 번 모스크에 간다는 사람과 한 달에 한 번 혹은 어떤 특별한 경우에만 모스크에 간다는 사람들이 나머지였다. 종교적인 성향은 실제 행동보다는 말에서 더 자주 나타났다. 젊은이들의 눈에는 모스크와 같은 종교기관이 4가지 역할을 한다고 했는데 윤리적인 문제를 해결해주고 심리적인 필요를 채워준다가 67%, 나프스(혼)의 필요를 채워준다가 64%, 가족과 커뮤니티의 문제를 돕는다가 각각 60%, 55%이었다.[26]

이집트 젊은이들의 44%가 이집트에 입국하는 외국인의 수를 제한해야 한다고 했는데 그 주된 이유는 외국인이 자신들 대신에 취업을 하기 때문이라고 했다. 커뮤니케이션의 발달로 남을 의심하고 불신하는 일이 늘었는데 응답자의 16%만 남을 신뢰한다고 했다. 응답자의 95%는 가족을 완전히 신뢰한다고 하고 45%가 인도주의 단체나 자선기관을 신뢰하고, 44%는 개인적으로 아는 사람만을 신뢰한다고 했다. 그리고 이웃(43%), 텔레비전(20%), 아랍 연맹(12%), 처음 만난 사람(2%), 종교가 다른 사람(2%), 다른 국적의 사람(1%) 순으로 신뢰를 하지 않는다고 했다.[27] 이처럼 사회적인 관계의 친분에 따라 남을 신뢰하는 정도가 달랐고 이슬람이 아닌 다른 종교를 가진 사람을 가장 많이 신뢰하지 않았다. 이슬람 국가에서 무슬림들에게 남으로 인식되는 사람들은 유

26_ 위의 글, 72.
27_ 위의 글, 74.

대교인과 기독교인이다. 가령 이집트에서 국가가 발행하는 신분증에는 유대인을 '야후디'라고 쓰고 콥트인을 '마시히'라고 쓴다. 그런데 기독교인과 무슬림 간의 싸움이 생기면 언론에서는 낍띠(콥트)와 무슬림 간의 문제가 있었다고 보도한다. 2013년 이집트의 유대교 커뮤니티Jewish community의 회장 마그다 샤하타 하룬은 자신은 유대교 이집트인Egyptian Jews이고 자신의 종교는 유대교라고 했다. 이집트의 유대교 커뮤니티는 대부분 나이든 여성들이고 수입이 없기 때문에 이집트 정부가 1년에 9만 파운드의 지원금을 주었다. 이집트의 유대교인들은 종교는 유대교이지만 이스라엘이 아닌 이집트를 위하여 충성을 해왔다고 한다. 물론 일부 무슬림들이 유대인을 이스라엘의 스파이 혹은 배신자로 보기 때문에 유대교인들은 자신들이 유대교인이라는 것을 남이 알까봐 두려워한다. 대부분의 이집트인들은 이집트에 유대인이 살고 있는 것에 대하여 얼굴을 찌푸린다. 개인 신분증에 유대교인이라고 쓰인 것을 본 무슬림들은 그가 이집트인이냐 아니냐를 먼저 묻는다고 했다. 이집트 TV 등 언론 매체들은 유대교인과 기독교인을 공격하기도 하는데 그런 경우 무슬림들은 종교로서의 유대교Judaism와 이스라엘 국가를 서로 구별하지 못한다. 이집트의 일부 사회과 교사들은 유대인들을 '개dog'라고 부르는데 유대인들은 이웃끼리 살면서 서로의 종교를 묻지 않고 자녀들이 같이 뛰어놀 수 있기를 기대했다.

아랍 이슬람 국가에 사는 유대교인들은 시온주의를 반대하고 무슬림들 앞에서 이스라엘 대사관과 긴밀한 관계를 갖고 있지 않다고 말해왔다.

(5) 정체성과 정치 세력

20세기 후반에 아랍 국가들은 세계에서 인구 증가율이 가장 높은 국가들 중의 하나였다. 1975-1980년 아랍 여성들의 가임률은 6.5명이었는데 아랍 여성들이 평균 6명 혹은 7명의 자녀를 낳았다. 그러나 2000-2005년에는 3.6명으로 급격하게 줄어들었지만 인구 유지 수준

2.1명에 비하면 아직도 높은 편이다. 2010-2015년에 아랍의 인구 증가율은 1.9%가 될 것이고 유엔의 통계에 의하면 2015년 아랍 전체의 인구는 3억 8500만이 된다. 1970년대는 아랍인들의 도시 인구는 38%이었으나 2005년에는 55%였고 2020년에는 60%가 될 것이라고 했다. 아랍 국가의 인구 통계에서 가장 괄목할 만한 부분은 젊은 층이 가장 빨리 증가하고 있다는 점이다. 아랍 국민의 60%가 25세 이하이므로 세계에서 가장 젊은 사람들이 사는 지역들 중의 하나이다.[28]

아랍의 집단적인 정체성과 개별적인 정체성은 사회생활의 구성요소가 되고 이것이 갈등이나 충돌을 낳기도 했다. 이라크에서 쿠르드 족이 아랍 족과 충돌하고 모로코, 알제리, 튀니지의 베르베르인(아마지기)들이 아랍 엘리트들과 역사 속에서 자주 갈등을 일으켜 왔다. 아랍인은 여러 정체성을 갖는데 가령 모로코인은 아랍인이나 아마지기인, 무슬림이나 유대인, 아프리카인이나 지중해 사람들이고 수단인은 아랍인이거나 아프리카인, 무슬림이거나 기독교인들로 나뉘고 레바논에서는 마론파 기독교인, 드루즈, 순니 무슬림이나 시아 무슬림들로 나뉘어 있다. 이집트인은 순니 무슬림이나 콥트 기독교인이나 바하이, 아랍인이나 아프리카인이나 터키인, 베르베르인이나 누비아인 등이다. 가족의 정체성은 사람들 간의 가족의 유대를 강화시켜주고 인간 안보[29]를 지지해준다. 이런 정체성들 중의 하나가 아랍 개인의 주요 정체성이 되겠지만 다양한 커뮤니티들을 이동할 때 여러 정체성을 가질수록 안전지역에 있다는 생각을 많이 갖는다. 일부 정치학자들은 어느 아랍인이 어느 특정 그룹으로 정의되는 것은 이들 특징들이 상속됐다고 보기보다는 사회적인 배경과 아랍 개인 간의 상호작용을 통하여 획득된 지적 견해나 정치적인 소속, 이데올로기처럼 그들이 살면서 획득하고 구축된

28_ Arab Human Development Report 2009, 36.

29_ 안보의 궁극적인 대상을 인간으로 보고 유엔 개발계획UNDP이 새로운 안보개념으로 제시한 개념인데 인권, 환경보호, 사회 안정, 민주주의 등이 보장되어야 세계 평화가 가능하다는 것이다.

것이라고 주장했다. 그들이 강조하는 것은 아랍인의 정체성은 개인이나 그룹의 고정된 소유물이 아니고 여러 선택권 중에서 유동적인 선택 사항이라고 했다. 그런데 서구 정치 역사에서 인종적, 문화적 그리고 언어적 다양성을 관리하는 데 가장 많이 기여하는 표준적인 개념은 시민권citizenship이다. 시민들은 국가의 법 아래에서 동등하다고 생각하고 시민들이 공통의 책임을 갖는다는 것이다. 시민은 이런 보편적인 권리와 책임을 가져다주는 공통의 정체성에서 개인들이 능동적 혹은 수동적으로 참여하는 것이 시민권이다. 개인이나 그룹이 어떤 정체성들을 갖느냐에 상관없이 시민권은 해당 사회에서 모든 개인들이 공유하는 공통 분모가 된다. 성숙한 민주주의 사회에서는 시민권의 개념이 다인종, 다문화 사회에서 소수 종교minority의 복합성을 수용하는 가장 계몽된 형태로 발전한다. 그러나 아랍 국가들은 소수 종교인이나 소수민에 대한 존중은 물론 국가 통치에서 완벽하게 좋은 통치 스타일을 보여주지 못하고 있다. 그동안 여러 아랍 국가들은 다양성을 관리하는 첫 단계로서 해당 국가의 법 아래 시민권을 채택하고 적용하기 시작했다. 시민권이 발전하는 주된 열쇠는 국가에 대한 수직적인 관계와 시민들 간의 수평적인 관계를 발전시키는 것이다. 같은 시민으로서 국가에 대한 책임을 다하는 것이다. 그러나 정치가 종교의 일부라고 생각하는 이슬람주의는 시민권을 중요한 의제에서 밀어냈다. 결국 2013년 이집트와 같이 이슬람주의가 정권을 잡고 있는 상황에서는 여성과 소수 종교가 자신의 권리들을 찾기 어렵다. 아랍 국가에서 일련의 사건들은 내적 갈등에 나타난 정체성의 이슈들이 다양하다는 것을 보여준다. 그러나 이런 이슈들을 형성하는 데에는 단 한 가지 패턴만 있는 것이 아니다. 일부 경우에는 이런 충돌의 중심에 정체성이 자리하고 있다. 이렇게 충돌하는 상대가 인종적 혹은 문화적인 그룹으로 구별되지 않을 때 그들 사이에 다양한 정치적 비전에 따라 나뉘었다. 그것이 아랍 혁명 이후 아랍 세계가 겪고 있는 혼란의 현장에서 나타나고 있는 이슈들 중 하나이다. 아랍의 여러 국가에서 정체성에 대한 논쟁이 일어났는데 그것은 국가와 일부 이슬람주의 그룹 간의 논쟁이었다. 이것은 이들 국가에서 특정한 정치적인 정체성을 부과하려는 데에서 빚어진 결과이다. 과거 경험으로 보면 아랍 국가들 중에서 국민이 동질적이지 않은 나라에서는 종족적, 종교적, 종파적, 언어적 차이로 끊임없는 집단 충돌이 있어왔다. 그 예로 이라크, 레바논, 수단 등이 있었고 인종적, 종교적, 그리고 부족적 충성이 커뮤니티들을 모으거나 나뉘는 데 동원되었다. 이런 충돌이 외국인들의 개입을 불러일으켰다. 그러나 일부 학자들은 정체성 그 자체가 이런 충돌이나 서로 다른 그룹 간의 갈등의 원인이 아니라고 했다. 정체성이라는 이름으로 표면에 나타났을 뿐 사실 그 근거는 정치 세력이나 부를 가지려는 욕망 때문이라는 것이다.

아랍 무슬림들의 정치적인 조직(단체)이나 정치 운동은 이슬람의 교리를 잘못 이해하였거나 이슬람의 밀라millah al-islam(인종 종교적 집단)에서 벗어난 그룹들이라고 말한다. 역사를 거치면서 어떤 그룹은 그 이름이 사라졌으나 그 사상과 내용은 그대로 남아 있는 경우도 있고 아예 사라져 버린 단체도 있다. 각 시대마다 일부 무슬림들이 자신들이 믿는 이슬람이 진짜 이슬람이라고 주장하는 사람들이 늘 나타났고 그들은 자신들이 새로운 사상을 가진 새로운 마드합(학파)이라고 했다.[30]

2 아랍인의 종교와 2등 국민

오늘날 아랍은 아라비아반도에서 북아프리카에 이르는 지역[31]에

30_ 이슬람의 정치 조직으로는 와하비(또는 와하비야), 바하이, 울라마 알자자이르(알제리의 이슬람 학자), 알타블리그, 알이크완 알무슬리문(무슬림 형제단), 알타크피르와 알히즈라, 알지하드, 히즙 알타흐리르, 울라마 알이슬라흐(개혁의 이슬람 학자), 파타흐(팔레스타인의 국민 해방 운동), 팔레스타인 해방 기구, 카타입 슈하다 알악싸(알악싸 순국자 집단), 하마스(이슬람 저항 운동), 카타입 알샤히드 잇즈 알딘 알깟삼, 팔레스타인 해방 군대, 탈레반(딸리반) 알카에다(알까이다) 등이 있다.

31_ 이 지역의 아랍인들은 지역별로 달력의 월명이 다르다. 가령 1월을 대부분의 아랍국가에서 야나이르이라고 하나 아랍의 마그립(리비아, 모로코, 알제리, 튀니지) 지역에서

퍼져 아랍 국가들이 20여 개가 넘는다. 오늘날 무슬림 아랍인muslim Arabs은 아랍인들 중에서 93%에 해당하고 대부분은 순니 무슬림이다. 그러나 나머지 7%의 아랍인은 기독교, 드루즈, 바하이, 유대교인들이다. 아라비아반도와 북아프리카에 살고 있는 비아랍인들은 이슬람을 믿기도 하고 믿지 않기도 한다. 아랍 국가에 사는 베르베르, 누비아, 앗시리아, 쿠르드, 시르카시아, 체첸(아랍어로 시샨), 페르시아, 누에르, 딩카, 풀라니, 벵갈리, 발로치, 소말리, 무잡, 투아레그, 베자, 투르크멘, 소코트리, 잔지바르, 튀르크인들이 있지만 이들 역시 아랍인들이 아니다.

아랍 무슬림들은 지상의 국가들을 이슬람 국가(빌라드 알이슬람)와 비이슬람 국가(빌라드 알쿠프르)로 나눴다. 아랍 무슬림들은 이슬람 국가를 아랍 신앙의 국가(빌라드 알이만 알아라비)라고 불렀다. 이슬람 국가는 아랍인이 믿는 알라가 통치하는 국가라는 것이다. 이슬람 이전에 '알라'는 아랍 기독교인과 유대인들의 신 이름이었다. 그러나 이슬람이 7세기 아랍에서 시작되면서 아랍어 '알라'는 꾸란과 무슬림들에게 사용되었다. 그리고 이슬람의 확장과 더불어 '알라'라는 단어가 서남아시아로 퍼져가고 북아프리카를 지나 스페인 그리고 페르시아, 아프가니스탄, 중앙아시아, 동부 아프리카로 퍼져갔다. 그런데 터키 기독교인들은 이슬람의 '알라' 대신에 하늘의 신을 가리키는 탄르Tanri를 사용하고 성경의 예수를 이싸로 사용한다. 말레이시아에서는 정부의 치안부서가 '알라'는 오직 무슬림에게만 해당된 어휘이므로 다른 종교인들이 '알라'를 사용하지 못하도록 하였다. 2007년 치안국은 말레이시아의 가톨릭 주간 신문이 '알라'를 사용한 이유 때문에 신문발행을 금지시켰다.

그러나 아랍 국가에서는 무슬림과 기독교가 모두 '알라'를 신의 이름으로 사용한다. 기독교와 이슬람이 한 분의 신을 대상으로 한다는

는 프랑스어의 1월 장비에janvier에서 따온 장비janfi라고 하고 샴지역(요르단, 시리아, 레바논, 일부 팔레스타인)에서는 1월을 카누니 알사니라고 하는데 이집트 달력에서는 1월을 뚜바tūbah라고 한다.

점에서 둘 다 '알라'라는 어휘를 사용한다. 그러나 신학적인 면에서 정교회, 가톨릭, 복음 교회의 신론이 삼위일체 하나님을 믿기 때문에 이슬람의 신론과 서로 다르다. '아랍인의 신앙'은 이슬람 이전에 기독교와 유대교, 그리고 우상 숭배자들이었으나 7세기 이슬람이 등장하고 나서는 아랍인의 종교는 기독교, 유대교, 우상 숭배자, 그리고 '이슬람'이 되었다. 이슬람교는 아랍적인 요소를 전 세계로 가져갔고 이제는 전 세계 모스크에서 아랍어로 예배를 드리고 아랍어로 쓰이지 않으면 꾸란이라고 하지 않는다. 이슬람은 아랍인과 떨어져서 설명하기 어렵고 아랍어를 배우다보면 이슬람을 자연스럽게 배우게 된다.

(1) 아랍 기독교인과 기독교 아랍인

아랍 기독교인Arab Christians과 기독교 아랍인Christian Arabs은 무슨 차이일까? 전자는 종교가 기독교인 사람이 중심개념이고 후자는 아랍인이라는 말이 중심개념이다. 그래서 Arab Muslims은 종교가 이슬람인 아랍인을 가리킨다. 그 앞에 아랍인이라고 한 것은 언어, 인종, 지리적 요인을 내포하는 아랍어, 아랍인, 아라비아 땅을 가리킨다. 그런데 기독교 아랍인은 아랍인이라는 정체성을 더 강조하는 표현이다. 모든 기독교인들은 이슬람 이전에 기독교로 개종한 아랍 부족의 후손이 아니다. 여러 종족에서 온 기독교인들의 아랍화가 13세기까지 계속되었다. 이집트의 콥트 기독교인들은 모두 아끄바뜨(콥트인들)라고 하는데 이들은 조상이 파라오라고 하고 요르단의 일부 기독교인들은 조상이 모압이라고 한다.

만일 아랍인들의 종교를 연구하고자 한다면 기독교 아랍인이란 말이 더 적절하다. 아랍인들은 동방sharq이라는 말을 '아랍'을 가리키는 말로 사용했다. 교회사에서 제2차 공의회(381년) 때 아라비아 지방을 대표하는 5명의 비숍이 이 회의에 참석했다. 4차 공의회에는 고위 성직자 17명이 참석했고 5세기에 기독교 아랍인 부족으로 가장 유명한 갓산ghassan족이 아라비아의 로마령 지역을 점령했는데 그 수도가 부스라

Busra였다. 역사가들은 타밈, 라비아, 타글립 등 아랍 종족에 기독교인들이 있었다고 전한다.[32]

아랍인 혹은 아랍화된 사람, 그리스인 혹은 그리스인화된 사람, 콥트인 혹은 아람인의 자손들이 5세기 근동의 기독교인들을 3개의 종교 그룹으로 나눴는데 그 이유는 교리의 불일치, 문화적인 차이, 정치적인 갈등 때문이었다.[33] 그 세 개의 교회는 네스토리아Nestorians, 말키melchites, 야곱Jacobites이었다. 3개 공동체의 종교적 · 역사적인 정체성은 경쟁과 교리의 불일치 때문이었으나 서로 완전히 문을 닫고 살지는 않았다. 그들은 점차적으로 아랍 문화에 동화되어가고 있었다. 그들의 신학적인 차이에도 불구하고 이들의 엘리트들은 같은 언어를 사용하고 있었다. 아랍어를 사용하는 그들은 소통의 수단을 넘어서서 서구세계의 라틴어처럼 아랍어가 그들을 서로 통합하는 요인으로 작용했다. 역사를 거치면서 특히 오늘날에는 이슬람 이전의 유산에 뿌리를 두었던 기독교 교파와 이슬람 이후 이슬람 안에서 기독교의 정체성을 가진 교파 간에 서로 나뉘었다. 아랍의 기독교 교파들로는 네스토리아, 동양의 앗시리아(아슈르), 말키(멜키), 롬(그리스), 야곱, 수르얀(시리얀), 콥트, 아르메니아, 이스턴 가톨릭, 마론, 라틴, 개신교 등이 있다.

여기서 한 가지 용어를 정리하고자 한다. 무슬림들에게 '마드합'이란 말은 학문적 이론과 철학적 이론 그리고 견해들의 집단이라고 하고 '따이파'는 하나의 마드합이나 독특한 견해로 인하여 한데 모인 사람들의 집단을 가리킨다. 그러나 아랍 기독교인들에게 마드합은 교단이고 따이파는 교단들의 집합을 말한다. 가령, 이집트에는 세 개의 큰 따이파가 있는데 정교회(따이파 오소독시야), 가톨릭교회(따이파 카솔리키야), 복음 교회(따이파 인질리야)[34] 등이다. 복음적 콥트인(아끄바뜨 인질리

32_ Tarek Mitri, Who are the Christians of the Arab World, International Review of Mission, Jan 2000, 13-14.

33_ 위의 글, 14.

34_ 이집트에서 가장 큰 복음 교회는 까스르 알두바라 교회(2010년 7000명 등록교인)이고 두 번째 큰 교회의 교인은 1500명이다. 이집트에는 세 부류의 교회가 있는데 그중

윤)들은 16개 교단(마드합)으로 나눠 있는데 모두 개혁 신앙을 갖고 있다. 16개 교단 중에서 가장 큰 교단은 복음 교회(인질리야 와따니야)이다.[35] 2013년 2월 이집트의 5개 교회(정교회, 가톨릭교회, 복음 교회, 성공회, 그리스 정교회)가 타와두로스 2세 교황의 주도로 이집트 교회 연합회(마즐리스 알카나이스 알미스리야)를 창설했다. 역시 이슬람에서 말하는 마드합과 따이파가 기독교에서 생각하는 마드합과 따이파와 차이가 있다. 그리고 복음 교회에는 주로 정교회나 가톨릭에서 온 교인들이 대부분이고 아직도 정교회를 다니면서 복음 교회에 나오거나 가톨릭교회에 나가면서 복음 교회에 나가는 교인들이 많다. 역사적으로 복음 교회보다 먼저 세워진 가톨릭과 정교회에서는 교인들이 복음 교회로 가는 것을 개종(종교를 바꿈)으로 보면서 이를 금했다.

네스토리아 교회 혹은 동양의 앗시리아(아슈르) 교회사를 보면 앗시리아인assyrians은 에베소 공의회(431)에 참석하지 않았다. 그들은 이미 나머지 기독교인과 자신들을 차별화했다. 비잔틴(로마 제국의 그리스어 사용국가)과 사산조(페르시아) 간의 갈등 관계에 있던 페르시아의 교회는 그들이 생존하려면 어느 정도는 민족적인 이미지를 가져야 했다. 동방 로마 제국의 영토 밖에 살았던 그들은 독특한 문화적인 정체성을 발전시켰다. 이것이 우호적인 여건이 되어 484년과 486년 네스토리아를 받아들이게 되었으나 에베소 공의회에서는 이단으로 낙인찍히게 되었다. 그들은 자신들을 동방의 교회Church of the East[36]라고 불렀고 무슬림 세력

하나는 콥트 가톨릭인데 20만 명 정도이고 두 번째는 복음 교회의 교인이 50만 명 그리고 가장 많은 콥트 정교회는 1200만 명 정도이다.

35_ 장로교는 복음 나일 노회(시노도스 안닐 알인질리)를 구성하고 8개 시찰회(마즈마아)가 있다. 그 8개 시찰회는 델타, 카이로, 중부지역, 알미니야, 말라위, 아시유뜨, 소학, 상부 지역 등이고 모두 300여 교회이다. 시노도스 안에는 여러 부서(마즐리스)가 있는데 기독교 교육부(마즐리스 알타르비야 알마시히야), 신학교 운영부(마즐리스 이다라 쿨리야트 알라후트), 홍보 출판부(마즐리스 알이을람 완 나슈르), 여성회(라비따 앗사이다트) 등이고 각 교회는 당회(마즐리스 알카니사)가 있다.

36_ 오리엔트Orient 정교회라는 말은 아르멘Armenian, 콥트Coptic, 에티오피아Ethiopian,

특히 압바시야조에서는 이들이 다른 기독교인들보다 이슬람에 더 가까운 기독론을 갖고 있다는 것을 알았다. 또 그들은 비잔틴 동조자라는 의심을 받지 않았기 때문에 더 많이 우호적인 대접을 무슬림들에게서 받았고 아랍 이슬람 문화를 만들어가는 데 공헌했다. 네스토리아는 7세기와 9세기에 중앙아시아와 인도대륙으로 교세가 확장되었으나 몽고 제국하에서 그들의 상황은 악화되었고 나중에는 내적 분규와 외적인 압력으로 더욱 교세가 약화되었다. 1553년 칼다니야 교회가 동방의 교회로부터 탈퇴하고 로마에 가입하자 모교회보다 교세가 커졌다. 현재는 가톨릭 칼다니야가 이라크에 60만 명이 사는데 그들은 종교적인 정체성을 간직하고 19세기부터는 자신들을 이스턴 앗시리아 교회라고 불렀다. 가톨릭 선교부는 물론 1931년부터는 개신교가 이들 교인들을 데려갔고 20세기에는 이 공동체가 가장 잔인한 때를 맞았다. 이스턴 앗시리아 교인들이 학살과 괴롭힘을 당하면서 교인들의 2/3를 잃었다. 유럽 열강이 독립에 대한 약속을 하였으나 성취하지 못하였고 외세의 앞잡이라는 인식이 다른 사람들에게 퍼져가면서 그들을 대적하고 그들에게 분노를 표출하자 앗시리아 교인들은 망명을 가거나 다른 지역으로 흩어져 갔다. 오늘날에는 20만 명 정도가 이라크, 이란, 시리아, 레바논에 살고 있다. 이라크인들은 앗시리아 교회를 아슈르라고 부른다.

말키 교회 혹은 롬(그리스) 말키파는 최근 역사에서 앗시리아 교회가 겪은 비극적인 사건을 겪지 않았다. 그래서 앗시리아 교인들의 숫자가 줄어든 것처럼 급속히 교인이 줄어들지는 않았다. 이주로 인한 감소는 피비린내나는 망명과는 달랐다. 현대사회의 정치적 · 사회적 대변동이 그들로 하여금 주민들의 행동을 모방하도록 압력을 주지는

시리안Syrian 정교회를 지칭하는 것으로 칼케돈의 정의에 따른 기독론 특히 두 성품Two natures에 대한 가르침을 거부한 교회들이다. 이 명칭은 이스턴Eastern 정교회라는 명칭과 구별된다(E. A. Livingstone, The Oxford Dictionary of the Christian Church. 1193).

않았다. 자신들에 대한 공동체 의식은 앗시리아 교회나 야곱 교회만큼 문화적 정체성의 특징이 강하지는 않았다. 그들은 아랍 세계의 기독교인들 사이에서 대부분 아랍인들처럼 행동했다. 앗시리아와 야곱파의 공동체와는 달리 말키파 공동체는 그들의 역사적인 명성이 실추되지 않았다. 동방 기독교Christian East에 충실한 대다수 교인들은 서방 기독교와 분리하여 그들 자신을 정교회 롬orthodox Roum이라고 불렀는데 일부는 다소 부정확한 명칭으로 그들 자신을 그리스 정교회[37]라고 불렀다. 18세기에 시작된 그리스 가톨릭교회를 말키 혹은 멜키라고 오늘날 부르고 있다. 이 명칭은 시리안어에서 온 것으로 왕당파royalist라는 뜻인데 451년 칼케돈 공의회를 열게 해준 왕에게 충성을 했다는 의미이다. 이 명칭은 칼케돈 공의회를 거절한 교회들과 자신들을 구분하기 위하여 쓰였다. 말키파는 세 대관구가 있었는데 알렉산드리아, 안디옥, 예루살렘에 있었고 5세기에는 이 공동체가 레반트(레바논을 중심으로 시리아, 요르단 일부) 지역에서 가장 그리스화되어 있었다. 콘스탄티노플과의 유대가 강하였고 특히 안디옥에서는 그리스, 시리아, 유대인, 아시아, 코카서스 문화들이 만나는 장소가 되었다.[38] 말키는 아랍 종족에 점차 뿌리를 내려갔고 지중해 지역에서 시작하여 메소포타미아 지역까지 아랍인 종족들이 이 교회를 세워갔다. 교회예전과 정치적인 역동성으로 인하여 말키파가 비잔틴화되어 갔고 아랍 무슬림 정복으로 그들의 성장이 제동을 걸리기 전까지 성장을 계속했다. 아랍 무슬림들이 비잔틴과 전쟁을 벌였기 때문이다. 그런데 무슬림들의 정복 이전 오래전부터 줄곧 비잔틴과 유대를 가져왔던 말키 교회들은 무슬림들로부터 의심을 받는 새로운 상황이 전개되고 있었다. 게다가 말키 교회는 이슬람의 우마위야조(661-750)의 행정, 금융, 무역에서 중요한 역할을 하고 있

37_ 정교회에 의하면 인간은 타을리흐(deification: 침례로 구원받은 이가 삶의 모든 영역에서 영적인 사람이 될 만큼 성화되는 것)를 체험할 수 있다고 했다. 정교회 신학의 근거는 성경, 공동의회의 결정, 교부들의 책들이었다. 물론 예배 의전서도 매우 중요하다.
38_ Tarek Mitri, Who are the Christians of the Arab World, 16.

었다. 그들은 아랍인에게 그리스 문화와 과학을 전달하는 데 길을 놓아 주었고 무슬림들 안에 신학적·철학적 운동을 일으키는 데 공헌했다. 그들의 아랍화가 증가되었고 아랍어 학습이 그리스어와 시리얀어 학습보다 더 많은 속도를 냈다.

십자군이 침입하여 말키 교회의 대주교와 비숍을 콘스탄티노플로 쫓아냈고 그 자리를 라틴 직제로 대체했다. 십자군을 반대했던 말키 교회는 이슬람의 맘룩 조의 보복으로 고통을 받았다. 12세기와 14세기에 무슬림의 압력과 강제 징수에 교세가 크게 약화되었다. 오스만 터키의 정복으로 말키 교회는 그리스 교회에 강하게 달라붙었다. 그들이 종족이 다르고 자치하는 여러 대관구로 나뉘었음에도 밀라millet(인종 종교적 집단)가 되었고 그들의 수장은 콘스탄티노플의 교황이었다. 그래서 공식적으로 한 국가의 주요 기관으로 인식되었고 아르메니아 교회를 제외하고는 다른 교회들은 이런 독립된 국가 기관으로서의 지위를 누리지 못했다. 오스만제국의 영토에서는 유럽 열강의 지원을 받은 라틴 선교부가 알렉산드리아의 롬(그리스), 안디옥의 롬, 예루살렘의 롬으로 나뉘었고 그들은 그리스라는 명칭으로 불리었다. 그들 중 가톨릭화된 그룹들은 1742년 로마의 권위하에 교구가 되었다. 가톨릭이 형성되고 19세기에는 개신교가 들어오면서 정교회 롬Roum은 콘스탄티노플에서 지원을 받았다. 게다가 그들의 지도부는 점차 민족주의적인 이념을 받아들였고 성직자는 물론 많은 지성인들이 아랍 문예 운동(알나흐다)에 참여하였고 그로 인해 정치단체에서도 활동하였다. 과거에 말키이었던 정교회 롬은 요르단, 레바논, 팔레스타인, 시리아 등지로 퍼져갔고 교인은 150만 명 정도이다. 아랍 세계에 사는 그리스 가톨릭은 40만 명을 약간 밑돈다.

야곱 교회 혹은 시리얀(수르얀) 아랍 세계에 남거나 디아스포라로 세계로 퍼진 야곱 공동체는 오늘날 시리얀 정교회로 불리고 40만 명의 교인이 있다. 야곱파라는 말은 6세기 말키파의 직제를 만들었던 사람의 이름에서 따온 것으로서 그의 이름은 야으꿉 알바라디Jacques Baradee이다. 이들은 콥트나 아르메니아처럼 반칼케돈 기독교 공동체들과 함께 교회 가족을 형성했으나 각 교회는 해당 교회에서 일하는 성직자와 예배의 언어가 따로 있었다. 시리안 기독교는 복잡한 역사 속에서 여러 이름으로 불렸는데 시리안syriac은 아람어 사용자로서 기독교로 개종한 사람들을 가리킨다. 로마 제국의 시리안의 대다수는 서부(마가리바)로 불리고 페르시아 제국의 네스토리아는 동부(마샤리까)로 불리는데 그리스도가 인성과 신성을 가지고 계신다는 것을 확증하는 칼케돈 공의회의 결정을 받아들이지 않았다.[39]

7세기 초에 페르시아인들에 의한 동부 비잔틴 지역을 정복한 후에 야곱교회는 급격한 성장을 했다. 초기 이슬람시기에 기독교인들은 비잔티움(고대 그리스 도시, 콘스탄티노플과 이스탄불로 개칭)과 동맹관계를 갖지 않았고 기독교인들은 아랍 무슬림 정복 이후에 비잔틴의 압력으로부터 해방되었다. 시리안 기독교는 말키 교인들과 함께 우마위야조에서 칼리파 궁정의 중요한 직책을 가졌다.[40] 이들은 압바시야조에서는 네스토리아 다음으로 칼리파 궁정에서 주요 직책을 받았다. 이들은 아랍 이슬람 문화 형성에 중요한 문화적 이식을 하는 데 중요한 공헌을 했다. 이들의 영향력은 알무으타심 칼리파(833-842) 시절에 쇠퇴하기 시작했으나 터키 셀죽조(10-11세기) 하에서는 다소 안정세를 경험했다. 몽고가 침입(1258년)할 때 시리안 교회는 처음 몇 년간 다소 개선되었으나 맘룩 조(1250-1517)하에서 악화되었고 14세기와 15세기의 중국의 티무르 랑Timur Lang의 파괴적인 침입으로 더욱 나빠졌다. 많은 주민들이 살해되고 다시는 시리안 교회가 본래대로 회복하지 못했다. 시리안 교회는 오스만터키 하에서 자신들만의 밀라를 이루지 못했다. 그들은 콘스탄티노플에 있는 아르메니아 교황을 통하여 국가와 관계를 가졌고

39_ 정교회에서 구원은 믿음과 사랑 혹은 믿음과 선행에 의한다고 했으나 바티칸의 교황 수장권과 연옥의 교리는 받아들이지 않았다.

40_ Tarek Mitri, Who are the Christians of the Arab World, 17.

면 지방이나 이스탄불과 직접적인 연결이 안 된 교회들은 멸시를 당하기도 했다. 이들은 내적 불화와 오스만 개입으로 매수되고 가톨릭과 개신교의 개입으로 교세가 약화되었다. 그래서 1656년 시리얀 가톨릭교회가 생기고 오늘날에는 8만 명의 교인이 있다. 시리얀 교회의 관구좌는 다마스커스에 있고 뚜르 압딘이 시리얀 교회의 문화 중심지이다. 시리얀 정교회는 WCC(세계 교회 협의회) 회원이 되었고 교회 예전의 언어는 시리얀어이다.[41]

콥 트 오늘날 이집트 콥트(기독교)는 아랍세계에서 가장 큰 기독교 공동체를 이루고 있다. 2013년 콥트는 1200만 명에 달한다. 고대 이집트(파라오 시대)와 콥트 문화 간의 연결이 있고 콥트어는 교회 예배의 언어로 사용되어 왔고 이 언어는 파라오의 언어로부터 발전한 것으로 여긴다. 일부 관습과 문학적 예술적인 흔적이 고대 이집트에 뿌리를 두고 있다. 콥트Copt라는 말은 그리스어 Aigyptos라는 말의 아랍어 약어이다. 사실 이 어휘는 그보다 더 오랜 역사를 가지고 있는데 탈무드에 쓰인 히브리어로는 깁티트Giptith라고 하고 멤피스 도시의 옛이름 중의 하나가 하쿠프타Hakouptah이었는데 이 단어에 들어 있는 k p t가 G p t 로 음운 변화하여 오늘날 이집트egypt라고 불린다. 히브리어 성경에서는 당시 이집트인을 함의 아들 미쯔라임mitsraim(함의 땅)이라고 했다. 오늘날 이집트를 아랍어로 미스르misr라고 한다.

이집트 기독교는 마가복음을 쓴 마가Mark(콥트교회의 1대 교황)가 이집트에 기독교를 전하여 3세기에 교세가 크게 확대되었다. 그는 리비아 태생으로 당시 이집트의 도읍지였던 알렉산드리아에서 복음을 전하였고[42] 오늘날 이집트에 내려오는 콥트 기독교의 시초가 되었다. 3세

41_ E. A. Livingstone, The Oxford Dictionary of the Christian Church, 1571-1572.

42_ 이집트의 알렉산드리아는 기독교가 들어오기 전에 헬라 학문의 중심지였다. 기원전 150년 구약의 헬라어 번역본이 이곳에서 번역되었다. 알렉산드리아 문답학교가 있었고 그곳에서 영지주의와 싸운 클레멘트Clement가 나왔다. 알렉산드리아 태생의 오리겐Origen은 어거스틴Augustine 이전의 가장 훌륭한 기독교 철학가였다. 알렉산드리아가

기 말쯤에 콥트인들은 로마로부터 피비린내 나는 핍박을 받았고 디오클레티안Diocletian 황제의 치세 동안에 콥트인들에게는 순교의 시기였다. 이런 핍박 이후에 은자의 삶이 발전하여 이것이 콥트 기독교의 정체성을 만들어주는 특징이 되었다.[43] 니케아 공의회는 그리스도의 신성Godhead을 부인한 아리우스 이단Arian Heresy을 반박한 첫 에큐메니칼 회의Ecumenical Council였다. 콥트교회는 알렉산드리아의 교황, 알렉산드리아의 19번째 총대주교를 대표로 파견하였고 니케아 신경의 모든 조항을 만든 알렉산드리아 교회의 집사 아사나시우스(아랍어와 그리스어로 아사나시우스라고 함)가 동행했다. 니케아 신경은 325년 니케아 공의회에서 만들어졌다. 성령의 신성을 부인하는 막도니우스 이단Macdonius hersy을 반박하기 위하여 381년 콘스탄티노플 공의회가 열렸고 이 공의회에서 성령의 신성에 대한 부분이 확정되었다.[44] 성 마리아는 하나님의 어머니Theo-tokos가 아니라 그리스도의 어머니Christo-Tokos라고 했던 콘스탄티노플의 총대주교 네스토리우스Nestorius를 반박하기 위하여 431년 에베소 공의회가 열렸다. 네스토리우스는 마리아는 인성을 가진 육적인 위격의 어머니라고 하고 신성을 가진 신적인 위격과는 관계가 없다고 했다. 그래서 마리아를 메시아의 어머니 혹은 인간의 어머니라고 불렀다. 로마제국이 나뉜 후에 이집트는 로마의 동부 지역에 속했으나 알렉산드리아와 콘스탄티노플 간의 갈등이 일어나는 것은 오래 걸리지 않았다. 칼케돈 공의회 이후에 교리 논쟁으로 교회가 서로 나뉘었기 때문이다.[45] 451년 반칼케돈을 추구한 콥트교회는 이집트 민족의

낳은 신학자들 중에는 아사나시우스, 키릴로스 등이 있었다.

43_ Tarek Mitri, Who are the Christians of the Arab World, 18.

44_ Shenouda III, The Creed, Egyptian Printing Co., 2003, 10.

45_ 콥트교회는 로마 교황을 수장으로 받아들이지 않고 성령이 성부와 성자에게서 방출된다는 것을 거부하고 연옥설도 거부하였다. 콥트교회는 악행이 인간을 지옥에 떨어지게 하여 구원을 잃게 한다고 하고 선행이 구원을 위하여 필요하다고 했다. 선행이 없으면 믿음이 죽은 것이나 믿음, 세례, 그리스도의 피의 공로 없이 선행만으로는 구원받기에 충분하지 않다고 했다(Shenouda III, Salvation in the Orthodox Concept, Egyptian printing Co. 2005, 57).

종교로 나타났다. 칼케돈 교회들과 반칼케돈 교회들이 서로 조정하는 노력을 했으나 1500년간 나뉘어 있었다. 20세기 후반 기독론의 차이를 해결하려는 노력이 양측 간에 계속되었고 칼케돈 교회들과 반칼케돈 교회들의 대표 간에 이런 논쟁을 종식시키는 신학적 합의를 이뤘다. 그러나 콥트교회는 다른 교회들과의 예전과 의식에서 구별되었다. 페르시아의 침입을 받은 후 이집트가 비잔틴에 의하여 재정복되었을 때 콥트인들의 정체성이 더 분명해졌다. 639년 아랍 무슬림이 이집트를 정복하자 콥트인들은 수동적인 자세에서 그들을 환영하는 태도로 바뀌었다. 우마위야 세력과의 관계가 나아지면서 국가의 행정은 콥트인의 손에 맡겨져 있었다. 나중에 콥트인들에 대한 아랍화가 강화되고 차별적인 조치가 이뤄지자 동부 델타에서 봉기가 일어났고 콥트인들은 폭력적으로 진압되었다. 이집트의 아랍화와 이슬람 확장에 콥트인들은 봉기를 하고 심지어 그들과 충돌도 감수했다. 8세기 이후 콥트어가 아랍어로 인하여 점차 쇠퇴의 길에 들어섰으나 콥트어는 하루아침에 사라지지 않았다.

로마 가톨릭과 콥트 정교회가 451년 칼케돈 공의회 이후 친교를 끊었으나 1973년 가톨릭의 바오르(바울) 6세와 콥트의 시누다 3세가 만났고 2013년 5월에는 베드로 좌See of Peter의 프란시스 가톨릭 교황과 마가 좌See of Mark[46]의 타와두로스 2세 콥트 교황이 만나 두 교회 간의 신학적 대화를 위하여 공동위원회를 만들자고 했다. 그들은 삼위일체 한 분의 하나님과 독생자 하나님의 아들의 신성(신성에서 완전한 하나님이시고 인성에서 완전한 인간)을 믿는다고 했으며 하나님의 어머니Mother of God에 대한 그들의 공통된 신앙으로 서로 결속하자고 확인했다. 콥트교회[47]는 하나님은 존재being와 지성intellect과 영Spirit이라고 했고 하나

46_ 2012년 타와두로스 2세 콥트 교황이 즉위했을 때 그는 목자의 지팡이와 면류관을 받았고 그의 공식 직함은 알렉산드리아의 바바(교황), 마가 전도의 총대주교(바뜨리야크 알키라자 알마르꾸시야)라고 불렸다.

47_ 콥트교회는 그리스도의 신성과 인성이 하나의 성품nature(성육신하신 말씀Word의 성품) 안에서 하나가 된다united고 했다. 개신교와 가톨릭은 성령이 성부와 성자로부터 방

님의 형상으로 창조된 인간은 지성과 영이 함께 한 존재라고 했다. 성령은 하나님의 영이고 하나님과 성령은 한 분이고 하나님과 하나님의 지성도 한 분이라고 했다.48

아랍의 무슬림 장군 아므르 븐 알아스가 시나이 반도를 지나 알아리쉬를 거쳐서 바벨론의 요새를 향해 전진했고 640년 시리아에서 온 병력과 함께 헬리오폴리스로 향했다. 바벨론 요새가 몇 개월 지나 함락되면서 당시 수도였던 알렉산드리아가 무슬림들의 손아귀에 들어갔고 641년 상호 조약을 맺었다. 8세기 말과 9세기 초에 두 번의 반란이 일어났다. 850년부터 칼리파 무타왁킬이 폭정을 하자 콥트인들은 점차적으로 소수종교로 변하기 시작하였고 상류 이집트 쪽으로 그들의 거주지가 좁혀져갔다. 969년 이후 파띠마조가 등장하고 1007년부터 1072년까지 알하킴 통치때의 고통스런 시절을 제외하고는 파띠마조가 콥트인들을 잘 대우해 주었다. 파띠마조 말기 수십 년간 콥트인들은 좋은 시기를 보냈으나 그들의 교인은 줄어들었고 결국 그들의 언어 콥트어도 잃어가기 시작했다. 맘룩조가 권력을 잡은 후에는 콥트인의 상황은 계속 나빠졌다. 콥트인들의 전문적 서비스는 국가의 행정에만 제한되었고 그들의 영향력은 거의 드러나지 않았다.

14세기 이집트 종교 인구의 구성이 급격히 바뀌게 된 것은 대규모로 콥트인들이 이슬람으로 개종한 것 때문이었다. 14세기 초 전례 없는 억압이 콥트 기독교인들의 지위를 강타하자 이슬람으로 급격한 개종이

출된다고 했으나 콥트교회는 성령이 성부에게서만 방출된다proceed고 믿는다. 개신교는 콥트교회의 7가지 성사sacrament를 믿지 않고 교부들의 가르침과 교회 전통으로 내려온 교회 규칙을 받아들이지 않는다. 개신교는 오직 믿음으로 구원받는다고 믿기 때문에 구원을 위한 교회의 역할을 부인하고 침례와 회개가 구원에 반드시 필요하다는 것을 거부한다. 개신교는 콥트교회의 예전liturgy과 의식적인 기도를 반대하고 죽은 자의 용서와 영생을 위해 기도하지 않으며 천사들, 동정녀 마리아의 중보와 성인들의 중보를 믿지 않는다. 개신교는 성모 마리아를 숭상하지 않고 마리아의 축일들을 기념하지 않으며 사제들을 영적인 아버지(아부나)로 호칭하지 않는다. 콥트교회는 고해 성사가 회개 성사의 필수적인 부분이라고 믿는다(Shenouda III, Comparative Theology, Egyptian Printing Co. 2003, 16-30).

48_ Shenouda III, The Creed, 15.

카이로 아므르 븐 알아스의 모스크

이뤄졌다. 많은 개종자들은 새로이 개종한 사람들의 의심의 먹이감이 되었고 의심받은 사람들은 더 많은 규제를 당해야 했다. 개종으로 콥트인들이 이집트 사회에서 주변인으로 몰렸으나 문화적으로는 이집트 사회의 중심부로 이동하고 있었다. 맘룩 사회에서 개종이 가장 중요한 현상이었다. 알하킴의 강요에 이슬람으로 개종한 일부 기독교인들은 집에서는 기독교를 유지하고 밖에서만 무슬림 행세를 했다.

그 당시 대부분의 콥트인들과 무슬림들은 콥트copt라는 말을 종교적 구분이 아닌 인종적 구분으로 인식했다. 페르시아에서는 모든 무슬림이 동등하다는 것을 강조하여 인종적으로 이슬람 제국의 리더십에서 제외되는 것을 막고자 하였고 안달루시아(스페인)에서는 무슬림 통치자들이 아랍태생인 것을 강조하였다. 그러나 콥트인이 무슬림이 되면 그는 더 이상 콥트인이 아니었다. 페르시아에서는 무슬림이 되고 난 뒤에도 페르시아인이었으나 이슬람으로 개종한 이집트인은 더 이상 콥트인이 아니었다. 콥트 개종자는 점점 더 무슬림 커뮤니티와 아랍 커뮤니티에 참여하기 시작했다. 개종자들이 사회 지도층에 있는 지식인과 혼인을 통하여 무슬림 사회로 동화되어 갔다. 그런 결혼으로 점차 기독교인의 이름이 사라져 갔다. 14세기 콥트인의 개종의 물결로 인하여 기독교 콥트인들이 철저하게 아랍화되어 갔다. 무슬림들은 개종자가 진짜 이슬람 신앙이 있는지를 강제로 조사하거나 판단할 수 없었다. 그래서 개종자가 모스크에서 기도를 하고 자카를 내는지를 유심히 살펴보았다. 오스만 터키가 이집트를 지배했을 때 권력은 아직 맘룩조의 손아귀에 있었는데 콥트 기독교는 쇠퇴의 길을 걷고 있었다.

19세기 초부터 메헤메트 알리Mehemet Ali 통치 시기에 콥트인들에게 국가의 중심에 중요한 역할을 하도록 하였고 동시기에 가톨릭과 개신교 선교부 때문에 콥트교회와 긴장관계에 놓이게 되었다. 17세기부터 시작된 가톨릭의 노력으로 1899년 콥트 가톨릭교회가 생겼고 지금 교인은 10만 명 정도이다. 1926년 미국 선교부가 콥트 복음 교회를 세웠다. 1822년 영국이 이집트를 점령하고 나서 콥트인들은 민족주의 운동에 더 열심이었고 그들의 활동이 이집트를 독립으로 이끄는 과정에서 결정적인 역할을 했다.[49] 18-19세기에 오스만 제국의 세력이 약화되어가면서 유럽 열강은 제국의 영토 안에 살고 있는 기독교인들의 처우를 개선시키라고 압력을 넣었고 이집트에서는 1856년 하마유니 칙령으로 딤미제도가 폐지되었다. 19세기 대부분의 시기 특히 무함마드 알리의 개혁시기에 콥트교회는 당시 사회적 지위와 부를 가진 세금 징수원이나 지주가 된 콥트인 상류층의 도움을 받았다. 이때만 해도 이집트사회에서 콥트교회가 콥트인들의 대표가 되었다. 콥트교회가 교회 교육에 관심을 가지고 주일학교와 신학교를 만들어 사제들을 훈련하였다.

영국은 이집트 식민 통치 기간에 두 가지 일을 했는데 하나는 콥트인들을 이집트 민족주의 운동과 결별시키는 일이었고 이것은 오늘날 콥트 기독교와 이슬람 간의 종교적 분규로 이어지고 있다. 두 번째는 콥트 정교회에 가톨릭과 개신교가 들어오게 하는 일이었다. 그러나 콥트 정교회는 이것이 기독교 안에서 콥트 정교회가 그동안 지켜온 지도

49_ Tarek Mitri, Who are the Christians of the Arab World, 19.

적인 지위를 위협하는 것으로 보고 콥트 정교회는 이들의 활동을 제한하려고 가톨릭이나 개신교로 개종하는 것을 막았으나 교육과 사회 봉사의 문은 열어주었다. 20세기 전반 많은 콥트 젊은이들이 교육을 받고 교회 갱신 운동을 벌였고 1918년 하비브 기르기스에 의하여 주일학교 운동을 일으켰다. 20세기에 들어와 콥트 교황 가브리엘 2세는 교회 예배가 콥트어와 아랍어로 진행되었는데도 교인들이 예배의 언어를 잘못 알아들어 예배 참석자가 점차 줄어든 것을 보았다.

1872년 콥트 평신도 회의(마즐리스 밀리)[50]가 설립되어 평신도들은 교회 재정, 기록보관, 가난한 사람 돕기, 개인지위법 문제 등 교회 내부 문제에 관여하기 시작했다. 이때부터 성직자와 평신도 간의 갈등이 시작되었고 1930년대 교회는 평신도 회의의 특권을 제한하기 시작했다. 성직자들이 수도원의 재산을 감독하고 교황은 평신도 회의의 임원 중 1/3을 임명하는 권한을 가졌다. 재산 문제에 대한 갈등과 교황 선출법 등 서로 간의 갈등은 나세르 대통령(1956-1970)이 평신도회의를 해산할 때까지 계속되었다. 나세르의 개혁 정책의 일환으로 콥트 상류층의 지위가 줄어들고 중산층이 강화되었다. 정권은 교회 토지 소유를 200에이커로 제한하고 만일 기부금이 들어오면 특별위원회의 감독을 받게 했다. 나세르 대통령은 당시 교황 키릴로스 6세와 친분을 쌓아 카이로[51]에 콥트 대성당을 건축하였고 1968년 준공식에 참석했다. 1952년 이집트 혁명 이후 처음으로 콥트 기독교인의 해외 이주가 시작되었다. 토지의 국유화, 고위직 박탈, 정치활동의 제약으로 콥트인들이 1950년대 미국, 캐나다, 호주로 이주했다. 1967년 전쟁 이후 두 번째 콥트인들의 해외 이주가 이어졌고 해외에 나간 디아스포라 콥트인들은 이집트

50_ 밀리는 밀라(인종 종교적인 집단)라는 어휘에서 온 것이다. 콥트인들이 자신들을 인종적으로 아랍인과 구별하고 자신들만의 인종 종교적인 집단인 것을 가리키려고 밀라라는 말을 사용한 것이다.

51_ 이집트의 수도 '카이로'는 지금부터 천여 년 전 당시 이집트인들이 별들을 숭상했는데 카이로 도시를 건설하는 첫날 화성이 뜨는 날이어서 화성Mars이란 뜻을 가진 '까이라'라는 말에서 영어 카이로Cairo라는 말이 나왔다고 한다.

내 기독교인들의 차별과 박해를 한 정부를 비난했다. 급진적인 무슬림들은 콥트인들이 해외 국가들의 사주를 받아 이런 주장을 한다고 했다. 이들 무슬림들은 이집트의 무슬림만이 진짜 애국자이고 기독교인들은 이집트 국민이 아니라고 생각했다. 1970년대 이슬람을 사용하여 정권의 정통성을 세우려 했던 알사다트(1970-1981) 대통령 시절에는 좌익 운동의 영향력을 억제한다고 했지만 결국 종교적 양극화와 종파적 갈등을 확대시켰다. 알아즈하르를 비롯한 이슬람 기관들은 무슬림과 콥트 기독교인에게 동시에 적용되는 이집트 헌법은 이슬람율법을 근간으로 해야 한다는 제안을 했다. 이슬람주의 그룹들이 대학교 학생회 조직에 침투하고 콥트교회와 성직자, 기독교 비즈니스를 공격했다. 1971년 이집트 교황으로 선출된 시누다 3세가 즉위했을 때 콥트 청년들의 행동주의 세대가 큰 세력을 얻고 있었다. 그의 리더십 아래에 콥트교회는 국가의 정치적 반대 세력이 되었다. 1970년대 콥트인의 종교적 권리를 제한하는 헌법 개정에 콥트교회는 반대했다. 콥트 청년들도 대학 내 이슬람주의 조직에 대항하기 위하여 콥트 학생 조직을 만들었다. 1980년대 콥트교회는 정부가 이슬람율법을 헌법의 근간으로 적용하는 것을 거부하였다. 1981년 알사다트 대통령은 교황이 남부 이집트에 콥트 국가를 세우려 한다는 혐의를 씌워 가택 연금을 했다. 1985년 무바라크 대통령은 교황의 직위를 복권해 주었고 교황은 그때부터 이집트 정부를 공격하는 것을 그만두었다. 교황은 교인들을 교육하는 데 더 치중하고 성경 구절은 물론 이집트 속담과 민간에 내려오는 지혜로운 말을 동원하여 성경을 가르쳤다.

콥트 기독교인들은 무바라크 정권하에서 무슬림의 종교적 공격의 피해자였다. 기독교인에 대한 종교적 폭력이 있었는데 영국 식민주의의 하수인이라고 콥트인들이 비난 받던 왕정시대 때 콥트인 총리 부뜨루스 파샤 갈리가 1910년 살해되었다. 1968년 룩소의 한 교회에서 성난 무슬림들이 콥트를 공격하였는데 이때 종교 간 긴장이 고조되었다. 이 공격은 카이로에서 성모 마리아의 기적이 일어난 때와 비슷한 시기에 발생했다. 1970년 남부 이집트의 아크밈 마을에 있는 콥트인 묘지에서 종교 간 폭력이 일어나 한 명의 기독교인이 죽고 십여 명이 상해를 입었다. 1972년 깔유비야 도의 칸카 지역에 있는 성서 협회를 일단의 무슬림들이 방화하였고 1975년에는 무슬림들이 집단적으로 남부 이집트에 있는 아시유뜨의 교회를 공격하였다. 1978년 이슬람주의 그룹이 아시유뜨의 학생 기숙사에 사는 콥트인들을 살해했는데 이때 알사다트 대통령은 좌익과 세속주의인 학생운동을 막고자 강경 이슬람주의 그룹을 지원하고 있었다. 1980년 미확인 단체가 알렉산드리아 기숙사에 사는 콥트인들을 공격하였고 1981년 자위야 알하므라 인근에 있는 콥트인들의 집 10여 채와 81명의 콥트인들이 살해되었다. 1990년 북부 이집트 만팔루트에서 무슬림들이 콥트인들을 공격했는데 6명의 기독교인이 피살되었고 같은 해 불락 알다크루르에서 성난 무슬림들이 콥트인 소유의 농경지를 불질렀다. 무슬림들은 이 농경지가 불법으로 교회로 사용되었다고 주장했다. 1991년 콥트인들이 많이 사는 카이로의 임바바에서 기독교인에 대한 공격이 있었는데 이슬람주의자 알자마아 알이슬라미야가 관련되었다. 1992년 아시유뜨에 사는 13명의 콥트인들이 알자마아 알이슬라미야에 소속되었다고 주장한 사람의 공격으로 피살되었다. 그 뒤 콥트인들이 또 13명이 피살되었다. 1994년 아시유뜨의 성모 마리아 수도원에 사는 5명의 수도사가 무장 공격으로 사살되었다. 1997년 알미니야의 아부 꾸르까스의 한 교회가 공격을 당하여 9명의 콥트인들이 살해되었고 같은 해에 알자마아 알이슬라미야가 아부 다우드라는 마을에 내려와 콥트인들이 소유한 가게에 불을 질렀다. 1998년 2명의 콥트인이 북부 이집트 코세 마을에서 살해되었고 경찰은 종교적 폭력이라고 보고 피의자 상당수를 체포하였으나 콥트 교황은 종교적 폭력이 아니라고 했다. 2000년 19명의 콥트인들이 코세에서 살해되었다. 100명이 법정에 소환되었고 단지 4명만 재판을 받고 그 중 2명만 10년형을 받았다. 2005년 무슬림 남자가 알렉산드리아의 세 교회에서 교회에 가는 17명을 칼로 찔렀다. 종교 간 충돌이 2일간 계속되었고 3명이 죽고 100여 명이 다쳤다. 2008년 남부 카이로의 파나 수도원을 무장한 남자가 공격하여 4명의 콥트인들이 다쳤고 3명의 수도사가 납치되었다. 2010년 나가아 함마디에서 콥트 성탄절예배를 마치고 나오는 콥트 예배자와 한 명의 무슬림이 무슬림들의 무자비한 총격으로 피살되었다. 과거 교회 안에서 항거하던 것과 달리 이때부터 콥트인들은 길거리로 나와 항의 시위를 벌였다. 같은 해에 수백 명의 콥트인들이 오므라니야의 성모 마리아와 마카엘 교회의 건축 현장에서 경찰과 충돌하였다. 2010년 강경 살라피들이 이슬람으로 개종한 카밀리야 샤하타의 석방을 요구했다. 샤하타는 콥트 사제의 부인으로서 무슬림들은 당시 수도원에 감금되었다고 했다. 이 사태로 2명의 콥트인이 사망했다(이집트의 인디펜던트 신문 2013.4.13일자).

2011년 알렉산드리아 알낏디사인(두 분의 성인) 교회에서 새해 미사를 드리는 동안 길거리에서 폭발물이 터져서 23명의 콥트인들이 피살되었다. 많은 사람들은 이 일이 그 해 1월 25일 아랍 혁명이 일어나는 방아쇠 역할을 했다고 증언했다. 1월에 남부 이집트 사말루트로 가는 기차를 타고 가던 6명의 콥트인에게 무슬림 경찰이 총을 발사하여 한 명이 숨졌다. 무바라크 대통령이 물러나고 3월에 처음으로 발생한 종교적 폭력인데 기독교 청년과 무슬림 여성이 연애한 것에 화가 난 무슬림 폭도들이 헬완의 한 교회에 불을 질렀다. 그리고 만시아트 나세르 지역에서 무슬림과 기독교인 간의 충돌로 13명이 사망했는데 대부분이 콥트인이었다. 몇 달 후에 임바바에서 12명이 죽고 52명이 다쳤고 마리아 교회가 불탔다. 10월 마스페로 사건이 터지고 한 명의 군인과 27명의 시민이 죽었는데 그 대부분이 콥트인이었다. 기독교인들은 국영방송국까지 행진하면서 교회가 자유롭게 예배당을 건축할 수 있도록 해달라고 요구했다. 2012년 기독교인 세탁소 주인이 무슬림의 셔츠를 불태운 뒤 무슬림과 기독교인 간의 충돌이 기자의 다흐슈르에서 벌어졌는데 무함마드 무르씨가 대통령에 취임한 뒤 2달 후에 생겨난 첫 종교 간 충돌이었다. 9월에는 시나이 반도에서 종교 간 폭동이 일어나서 콥트인 아홉 가정이 라파흐 국경 마을을 떠났다. 2013년 4월 깔유비야도에 있는 성마가 콥트 정교회 성당에서 콥트 기독교인과 무슬림 간의 가장 심한 충돌이 발생하여 기독교인들이 피살되었다. 이들의 장례식을 집례하는 카이로 소재 콥트 대성당에 무슬림들이 또 공격하여 3명의 기독교인들이 살해되었다. 콥트 교황의 비서 마카리 하비브는 이집트에서 콥트인들이 2등 국민으로 대우 받고 있다고 하면서 종교적 및 종파적 선동을 하는 사람들을 처벌하는 법을 이집트 정부가 만들어야 한다고 촉구했다. 그는 일부 무슬림 쉐이크들이 콥트를 만나면 죽이라고 설교를 한다고 전하면서 콥트인이 이집트 국민의 20%를 차지하므로 500명이 국회의원 정수라면 100석은 콥트인에게 주어야 한다고 주장하고 장관직과 도지사, 대학총장직, 군인과 경찰에도 이와 같은 비율로 콥트인들에게 배분해야 한다고 주장했다(이집트 인디펜던트 신문, 2013.4.10). 오늘날 콥트인들은 이집트 전 지역에 살고 있지만 60%가 남부 이집트(알미니야, 아시유뜨, 소학 등)에 살고 25%는 카이로에 그리고 6%는 알렉산드리아에 산다.

아르메니아 교회 아라비아 주변에 위치한 국가 아르메니아에 기독교가 40년에 전파되어 301년 기독교를 국교로 받아들여 로마보다 먼저 공식적인 기독교 국가가 되었다. 314년 갑바도기아에 비숍으로 임명된 그레고리에 의해서 일부 아르메니아인들이 기독교인이 되었다. 그는 티리다테스(Tiridates, 298?-330 재임) 3세 왕에게 세례를 주었다. 390년경 아르메니아는 비잔틴과 페르시아 제국 둘로 나뉘었다. 서부 아르메니아의 비잔틴 치하의 군주제는 곧 사라졌고 페르시아 지배하에 있던 동부 아르메니아는 428년 진압되어 그 뒤에 침입한 페르시아인, 아랍인, 투르크인, 러시아인의 속국이 되었다. 그러나 언어, 문학, 문화, 종족, 종교에 있어 일관성은 유지하고 있었다. 5세기 초반에 성 이삭과 성 메스롭Mesrob이 교회를 굳건히 하였고 아르메니아 글자체를 창안하였다. 그리고 성경과 예전서가 아르메니아어로 번역되었다. 전쟁 때문에 아르메니아는 칼케돈 공의회에 대표를 보내지 못하였다. 555년 아르메니아 교회가 칼케돈 결정을 받아들이지 않자 반칼케돈자로 불리게 되었다. 아르메니아 교회는 다른 오리엔트 정교회와 결코 교류하지 않았다. 그다음 700년간은 페르시아와 아랍인에게 박해를 받았다. 소아르메니아Little Armenia의 아르메니아인은 1307년 시스Sis(현재 터키의 Kozan) 공의회에서 로마와 연합하는 것을 채택하였다. 그러나 대아르메니아는 교황의 권위를 받아들이지 않았다. 근대에 와서도 아르메니아인들은 1915년 터키인들의 박해와 아르메니아 전통을 말살하려는 러시아인들의 박해를 줄곧 받았다. 아르메니아는 반칼케돈 교회 가족에 속하지만 그들의 중심지는 아랍 세계 밖인 아르메니아였다. 길리기아Cilicia의 조상의 땅에서 쫓겨난 1915년 대학살 이후 아랍 지역과 미국 유럽에 가서 디아스포라로 살고 있다. 아르메니아인은 이집트, 이라크, 요르단, 시리아, 팔레스타인 지역에 흩어져 살고 있고 이들 지역에 사는 아르메니아인은 최근에야 아랍화되었다. 아랍지역에는 35만 명 정도 살고 이들 중 절반이 레바논에 산다. 그들은 주로 정교회이고 아르메니아 기독교의 아버지인 그레고리Gregory 이름을 따서 그레고리안으로 불린다. 1740년 선교활동의 결과로 아르메니아 가톨릭이 생겨났고 아랍 국가에는 5만 명 정도 산다. 아르메니아 복음 교회는 1846년에 개척되었다. 아르메니아 교인들 중에 일부는 로마와 연합한 사람들이었고 로마와 연합을 싫어하는 사람들은 '그레고리안 아르메니아'로 불린다. 아르메니아인들의 교리는 정교회와 비슷하고 그들의 예전서는 성 바실Basil이 작성한 것이다. 성찬식을 위해 무교병을 사용하고 포도주에 물을 섞지 않는다. 줄리안 달력을 따르고 크리스마스를 별개의 절기로 지키지 않는다. 그들은 라틴을 본따 십자가 형상을 만들었다.[52]

이스턴 가톨릭	앗시리아, 말키, 시리안, 콥트, 아르메니아 공동

52_ E. A. Livingstone, The Oxford Dictionary of the Christian Church. 106.

체의 일부가 로마와 연합하였다. 이런 5개 이스턴 가톨릭 공동체들은 기존 공동체와 의견을 달리하는 분파가 되었고 이스턴 가톨릭 연합uniates으로 불린다.

마론 교회 마론 교회는 5세기에 시리아 안디옥 교회의 전통을 따른 가장 오래된 이스턴eastern 교회이다. 총대주교patriach[53]가 이끄는 마론 교회는 13세기에 로마 가톨릭에 속했고 로마에 속한 뒤 로마의 전통이 마론 교회 안에 들어왔지만 옛 앗시리아 교회의 전통과 사도들의 가르침을 지켜왔고 상당한 유산과 정체성을 보존하는 데 성공했다. 마론 교회는 가톨릭이고 이스턴이지만 이스턴 가톨릭연합에는 속하지 않는다. 마론 교회는 1880년대 미국이나 호주로 이주한 사람들의 절반에 해당하는 400만의 교인이 2005년에 레바논에 살았다. 마론 공동체는 특별한 관심을 받을 만하다. 레바논인으로 구성된 것은 아니지만 역사적으로 레바논 국가의 독특한 성격과 떼어 놓고 말하기 어렵다. 특히 10세기 이후에 레바논 산은 마론 교회의 전통적인 교회터가 되었다. 마론 교회는 레바논에서 가장 큰 기독교 공동체이다. 다른 기독교 커뮤니티와 달리 마론 교회의 소수만 아랍 세계에 살고 100만 명의 디아스포라가 있다. 마론 교회는 4-5세기 수도사 마론Maron의 신비적인 인물과 연결되어 있다. 5세기에는 안디옥 교회 안에서 특별한 그룹을 이루고 있었고 수도원적 요소를 갖고 있었다. 그들이 시리악 문화에 속해 있고 처음에는 칼케돈 진영에 속했다. 나중에는 단일신론적 타협을 통하여 칼케돈 교회와 반칼케돈 교회를 통합하려는 헬라클리우스(575-641) 황제를 따랐다. 이 때문에 마론 교회는 기존 교회들의 아웃사이더가 되었다. 사실 마론 교회는 동방East의 기독교 전통을 반대했다. 7세기 초 안디옥의 말키 교회의 대관구에 빈자리가 생기자 그들은 마론 교회의 창설 아버지인 존 마론John Maron을 선임했다. 그들이 비잔티움(현 터키의

53_ Patriarch는 비숍 중에서 가장 높은 직위를 가져 총대주교라고 부르지만 이스턴 정교회와 오리엔트 정교회에서는 Patriarch를 교황이라고 부르기도 한다.

이스탄불)의 보호막이 없어지고 핍박을 받기 시작하자 흩어지고 산속으로 피신했다. 우마위야조때 그들은 다소 우호적인 대우를 받았다. 그들이 마론파 안으로 향했지만 아랍인들과 접촉하면서 어쩔 수 없이 아랍화되어 갔다. 압바시야조는 그들에게 덜 친절했고 759년 그들이 일으킨 반란이 진압되었다.

십자군과의 접촉은 마론 교회 역사에서 결정적이었다. 그들은 프랑크Franks 족을 지원했고 라틴 국가의 영향하에 놓였다. 1182년 로마 교회의 관할권하에 놓였고 10년 못 되게 불편한 관계가 계속되었고 무슬림 군대가 이를 이용했다. 14세기 초에는 마론 교회가 십자군과 결속을 가졌던 것에 값을 치러야 했다. 오스만 터키 정복 이후에는 로마와 마론 교회 간의 접촉은 덜했으나 이것이 그들의 마음을 어지럽히지는 않았다. 맘룩조처럼 오스만 터키도 레바논에 대하여 아주 적은 권세를 행사했다. 마론 교회는 라틴화되었고 서구 문명에 열려 있어서 여러 면에서 프랑스로부터 도움을 받았다. 서구 스타일로 그들 공동체가 현대화되어가는 것이 이스턴의 정체성을 잃어버리게 하는 원인이 된 것이 아니었으나 아랍화가 되는 것은 막지 못했다.

레바논의 산지에 있던 그들의 수도원은 10세기 초 아랍의 침공으로 파괴되었다. 1584년 그레고리 8세가 로마에 마론 대학을 세웠다. 마론 교회는 시리얀어syriac로 된 안디옥식(부분적으로 라틴의 영향이 있음)의 의식을 담은 예전liturgy을 갖고 있다.[54] 19세기 마론 교회에 고통스런 시간이 와서 그들의 전통적인 사회 구조가 붕괴되었고 드루즈Druzes파와 심한 갈등을 겪었다. 서구의 군사개입이 있었고 새로운 정권이 들어섰는데 마론파에게 레바논 산지를 중심으로 자치가 허용되었다. 그 후 1975년부터 1990년 레바논 내전이 진행될 때까지 마론 교회는 오늘날 레바논이 탄생하는 데 중요한 역할을 했다.

54_ E. A. Livingstone, The Oxford Dictionary of the Christian Church. 1040-1041.

라틴 교회 라틴 공동체는 서방교회의 특징을 갖고 있지만 주로 아랍인 성도들로 되어 있고 특히 팔레스타인 사람들이 라틴 교회에 포함되었다. 아랍 전 세계에 8만 명의 교인이 있다.

복음 교회 이집트에 예수 그리스도가 어려서 피난을 했고 오순절날 이집트인들(사도행전 2:10)이 사도행전에 등장하는 것으로 보아 서기 50년대 복음이 전해진 것으로 보인다. 이집트 콥트 정교회가 알렉산드리아의 마가에 의하여 시작되었고 가톨릭만 있던 19세기 말 1850년 12월 알하마유니[55] 법령에 따라 '인질리윤 와따니윤'들이 독립된 교단(따이파)이 되었다. '인질리윤'은 메시아의 복음을 전하는 사람들이란 뜻이고 여기서 '인질리'라는 말은 영어로 Evangelical이지만 아랍어 '인질리'는 '인질(복음)'이라는 말에서 파생한다. 그래서 '카니사 인질리야'는 정교회나 가톨릭이 중시하는 교회 의전과 의식을 버리고 오직 인질(신구약)과 관련된 가르침으로 복음의 삶을 사는 교회를 가리킨다. 그런데 복음주의evangelicalism라는 말은 복음주의 신학과 관련되므로 '카니사 인질리야'는 '복음 교회'로 번역하였다.

미국과 유럽의 기독교인들이 19세기에 아랍 국가에 와서 복음을 전하였다. 첫 선교사들은 유대인과 무슬림을 대상으로 하였으나 여러 차례 실패를 경험한 뒤에는 앞서 진술한 아랍의 전통교회들 속으로 들어가 그들 교회를 개혁하는 일을 했다. 이집트 복음 교회를 제외하고는 아랍 국가에 있는 복음 교회는 그 수가 적어서 50만 명 정도이고 시리아와 레바논의 전국 복음노회National Evangelical Synod는 25만 명 정도이다. 또 아르메니아 복음 교회, 루터 교회, 성공회는 각각 2만 명 정도이다.

한국의 교회는 개신교와 복음 교회를 잘 구별하지 않으나 아랍에

55_ 오스만 제국을 통치하던 술탄 압둘마지드가 1856년에 내린 법령을 알하마유니 법령이라고 하는데 그 내용 중에는 무슬림과 비무슬림 모두가 동등한 권리를 갖는다는 것이고 당시 오스만 제국에 속한 모든 지역에 이 법령이 적용되었다. 이집트에서는 이 법령으로 콥트인들이 지즈야(인두세)를 안 내게 되었고 콥트 청년들이 군대에 갈 수 있었다.

서는 이라크에서 장로 교회를 프로테스탄티야 인질리야라고 하여 개신교 복음 교회라는 명칭을 사용하고 이집트에서는 정교회와 가톨릭을 제외한 개신교들을 인질리야라고 부르고 있고 정부에도 '인질리야' 교단의 대표를 파견한다. 이집트에서는 장로교가 처음 이집트에서 들어왔기 때문에 장로 교회들이 인질리야 와따니야라는 말을 자신들의 교단 이름으로 사용하고 있다. 그러나 요르단에서는 카니사 인질리야 오스꼬피야(성공회 복음 교회) 혹은 카니사 인질리야 마으마다니야(침례 복음 교회)라는 명칭을 사용하고 수단에서는 정교회와 가톨릭 이후에 성공회가 먼저 들어가면서 카니사 인질리야(복음 교회)라는 말과 카니사 오스꼬피야(성공회)라는 말을 서로 다른 교단의 이름으로 사용한다. 이집트에서는 개신교의 개혁 신앙이 들어오기 전에 이미 정교회와 소수의 가톨릭이 있었고 이들은 전통과 교회 예전에 중점을 두었기 때문에 개혁교회 선교사들이 들어와서 전통과 예전보다는 복음에 치중하여 '복음 혹은 복음적'이라는 말에 해당하는 아랍어 '인질리'라는 말을 사용하였다. 대부분의 아랍인들은 인질리injīlī 혹은 인질리야라는 어휘를 '복음주의'라는 신학적 흐름을 지칭하는 용어로 인식하기보다는 위에서 언급한 '교단'을 가리키는 용어로 사용해 왔다.

5세기 아랍의 기독교 교회가 여러 교회로 나뉜 이유는 교리의 불일치, 문화적 차이, 정치적 갈등이 있었기 때문이고 이슬람이 등장하기 전에 교회는 교리적이고 신학적인 분쟁을 겪고 있었다. 이슬람이 들어온 뒤 야곱파와 말키파는 우마위야조의 궁정에서 아랍 이슬람 문화를 형성시키는 데 큰 역할을 했고 말키파와 네스토리아파는 압바시야조의 궁정에서 중요한 직책을 맡았다. 다시 말하면 이슬람 역사에서 보면 기독교인들의 도움으로 무슬림들의 신학적·철학적 토론이 일어났다. 꾸란은 유대교의 영향을 많이 받았으나 꾸란에 대한 해석과 주석에서는 이들 기독교인들의 이야기가 난해한 꾸란 구절을 해석하는 데 도움을 주었다.

(2) 소수의 아랍인과 2등 국민

아랍의 기독교인들은 이슬람 출발 때부터 서로 다른 커뮤니티로 구분되었다. 기독교인들은 이슬람 치하에서 그들의 생명과 재산을 보호 받는 '딤미dhimmi'라 불리었고 사람의 머릿수대로 인두세를 내야 했다. 지금은 아랍의 여러 지역에서 기독교인들이 이슬람 권력 앞에서 소수의 종교인이 되었다. 이슬람이 사회와 국가의 정통성의 초석이 되어야 했기 때문에 타 종교가 이슬람에게 장애요인이 되었다. 특히 기독교인으로 살다가 관직에서 고위직에 올라가려고 할 경우 무슬림이 아니라는 장벽에 부딪혔다. 더구나 기독교인들은 기독교인끼리 혼인하나 무슬림들은 무슬림, 기독교, 유대교 여성과도 자유롭게 혼인했다.

오스만 터키 하에서 딤미 제도가 문서화될 때 밀라는 인종과 종교 커뮤니티가 결합되었고 딤미들은 비교적 자치를 누렸다. 그러나 19세기에는 그 그림이 바뀌어서 유럽에서 발전한 정치와 법적 구조와 이데올로기가 아랍 무슬림 세계에 점진적으로 침투하였다. 오스만 제국이 약해진 틈을 타서 유럽 열강은 제국주의적인 태도로 여러 소수 공동체와의 관계를 발전시켰다. 소수 공동체의 리더들은 이런 도움에 민감하게 반응했다. 그래서 이들 아랍 전통교회들은 그들의 성격, 종교적 제휴 관계, 사회적인 상황, 정치 파동의 영향에 따라 그들의 반응이 달랐다. 그러나 전반적으로 이들은 외세의 직간접인 통치에서 벗어나서 시민권citizenship(시민 주권)을 열망했다. 오스만 제국과 정치적 동등권과 시민 평등권을 위하여 싸운 아랍 기독교인들은 독립 투쟁을 위하여 무슬림과 힘을 합쳤다. 교회는 이슬람 정복 이후 점차 그 수효가 줄어들다가 몽고 침입 이후에 급감했다. 아랍 국가 중에서 레바논은 1932년 마지막 인구조사에서 53.7%가 기독교인이라고 했으나 지금은 기독교인이 전체 인구의 35%를 차지하고 시리아는 12세기까지 기독교인들이 무슬림의 수를 앞질렀으나 지금은 전체 인구의 5% 밖에 안 된다. 이집트에 이슬람이 처음 들어온 것은 635년인데 이슬람 역사가들은 당시 이집트 인구는 250만이었는데 그중 백만 명은 기독교인이었고 나머지는 유대교인과 우상숭배자들이었다. 지금은 이집트 인구의 87%가 무슬림이다.

오늘날 이집트 무슬림들이 이집트 기독교인들을 이집트의 국민이라고 하지 않고 소수 종교인minority(아랍어로 aqalliyyah)이라고 하면 분노한다. 아랍 국민들을 서로 다른 인종적·종교적 그룹으로 나누는 것은 사회 정치적인 틀에서 보면 부적절한 말이라고 했다. 집단적인 정체성으로 부르는 것이 서로 다른 여러 공동체를 아우를 수 있는 말이라고 한 것이다. 일부 무슬림들에게 순니와 시아냐고 물으면 그냥 무슬림이지 더 이상 묻지 말라는 것도 집단적인 정체성이 자신들의 결속을 과시하는 말이 되기 때문이다. 다시 말하면 '아랍'의 정체성을 이슬람과 기독교라는 정체성으로 나눠 말하는 것은 상당히 종교 편향의 발언이라는 것을 알 수 있지만 아랍은 이런 종교적 편향이 아주 심하다.

그래서 아랍 기독교와 무슬림들에게 아랍의 통합Unity이란 말이 매력이 있었으나 국가나 아랍 민족주의가 국민적 통합을 가져오는 데 성공하지 못했다. 아랍주의Arabism의 실패는 곧 이슬람주의Islamism를 불러왔다.

아랍인들은 7세기 이전만 해도 이슬람이란 종교를 믿지 않았다. 오랫동안 유대교가 모로코, 예멘, 이집트, 팔레스타인, 아라비아반도에 두루 퍼져 있었고 기독교는 이라크, 시리아, 요르단, 레바논, 팔레스타인, 이집트, 튀니지, 아라비아반도에 널리 퍼져 있었다. 7세기 이슬람이 등장한 후 기독교는 금방 아랍인들의 땅에서 사라지지 않았고 아직도 교회 건물들이 이라크, 시리아, 레바논, 팔레스타인, 요르단, 이집트, 수단 등지에 남아 있다. 그리고 이슬람 이전에 아랍 땅에 있던 시리안 교회는 시리안어(아람어)를 사용하였고 콥트교회는 콥트어를 사용하였는데 이들 교회에서 다니는 기독교인들에게 아랍어는 이슬람교의 언어이었다.

이슬람이 최초로 시작된 곳은 서기 610년 무함마드가 처음으로 꾸란 구절을 내려받았다고 하는 사우디아라비아의 메카이다. 이슬람이 아라비아반도에 널리 퍼지기 전에는 아랍 기독교 왕국인 갓산족ghassan[56]이 메카의 북서쪽에 살았고 예멘과 국경을 접하고 있는 남서쪽에는 나즈란Najran에 기독교인들이 살았다. 남부 아라비아에서 기독교가 처음 뿌리를 내린 곳이 나즈란이었고 나즈란은 예멘의 직물 수공업으로 유명하였고 유대인들도 이 직물수공업에 종사하였다. 그런데 비무슬림은 아라비아반도에서 거주해서는 안 된다는 우마르 칼리파의 칙령으로 나즈란에 살던 기독교 공동체가 메소포타미아로 추방되었다. 나즈란은 예멘 땅이었는데 사우디아라비아가 1934년 이곳을 점령하여 오늘날 사우디아라비아 땅이 되었다. 그러나 지금 사우디아라비아 땅에는 정부가 허락한 아랍 교회는 하나도 없다. 사우디아라비아라는 국명에 나온 사우드 가문은 살라피 사상을 가진 무함마드 븐 압둘 와합의 이슬람주의 이데올로기를 받아들였다.

오늘날 아랍 세계에는 지금 1700만 명의 기독교인만 남아 있고 그들 중 정교회가 72%이고 가톨릭이 20% 그리고 복음 교회가 8%이다. 이들 기독교인들은 이슬람주의 발흥에 직면한 두려움이 컸다. 실망감에 빠진 아랍 기독교인들에게 취업과 빈곤이 자신들의 존재감과 역할과 소명을 그늘지게 했고 살라피, 지하디, 카피르 그리고 2등 국민에 해당하는 딤미라는 말이 무슬림 사이에서 다시 오르내렸다.

1948년과 1967년 팔레스타인을 떠나야 했던 팔레스타인 기독교인, 2003년 이후 미군의 이라크 침입으로 무슬림들의 분노의 표적이 되었던 이라크 아랍 교회, 1970년대부터 1990년대까지 내전을 겪었던 레바논의 마론 기독교인 그리고 2000년대 무슬림들이 처한 정치, 사회 문제들의 희생양이 되었던 이집트 기독교인들이 있다. 이집트 기독교인들은 매년 한두 차례 기독교인들이 무슬림들에게 살해당하거나 교회가 피해를 입었는데 이집트 기독교인들은 이슬람 정부가 국민의 여론을 돌리기 위해 이런 사건을 이용한다고 했다. 이런 원인 뒤에는 이슬람주의가 확산된 까닭이라고 한다. 아랍인 학자들은 이슬람주의가 하

56_ 3세기 예멘에서 요르단, 레바논, 시리아, 팔레스타인 지역으로 이주한 남부 아라비아 기독교 부족이다.

나의 물결wave이라고 보았다. 그리고 이슬람주의의 추진력이 다 소모되면 이 물결이 가라앉을 것이라고 했으나 아랍에서 아직 여전히 그 위세를 떨치고 있다.

이슬람주의의 급진적이고 광신적인 표현은 주변 상황에 따라 달라졌다. 이슬람 국가에서 무슬림들이 경제적·문화적 결실에서 박탈감을 가지면 그 분노와 좌절을 소수 종교인들에게 쏟았다. 경제적인 침체, 형편없는 수입, 정치적인 막다른 골목 등 긴장이 많아질수록 기독교 공동체가 희생양이 될 가능성이 높아졌다. 무슬림들에게 기독교와 비이슬람 사람들은 모두 2등 국민이다.

일부 아랍 무슬림들은 기독교인들이 세속주의적이고 민족주의적인[57] 사상에 집착한다고 생각한다. 무슬림들의 일부는 알라의 길을 위한 전투에서 기독교인들을 희생제물로 삼았다. 다른 무슬림들은 공동체 간의 폭력을 비난했다. 아랍 기독교인들은 무슬림들에게 딤마 계약이 아닌 역사적인 근거를 가지고 시민의 평등, 정치적 참여에서 비무슬림의 시민 주권을 생각해 보라고 했다. 일부 무슬림들은 현대적인 사안에 대하여 8-9세기에 만들어진 이슬람율법이 오늘날 상황에 들어맞지 않는다고 하면서 피끄흐(이슬람 법학)를 개혁하자고 했고 또 일부는 국가와 종교를 분리하자고 주장했다.

3 이슬람: 하니피야의 종교

(1) 아랍인은 누구인가?

아랍인의 정체성identity과 전통은 1400년 동안 그 변화를 계속하고

57_ 19세기 이집트 민족주의의 영향을 받은 여성들은 '이집트인'이라는 정체성 앞에서 종교 구분이 별로 중요하게 부각되지 않았다. 기독교 여성들은 20세기 초에 시작된 여성운동에 참여하였고 기독교와 이슬람을 구분짓는 것을 줄이려고 힘썼다. 이집트에서 이슬람주의가 확산되어가면서 기독교 여성들은 일반 사회보다는 교회 안에서 리더십을 발휘하였다.

있었다. 600년경에는 아랍Arab이란 말은 아라비아반도에서 셈어를 말하는 부족들을 가리키는 말이었다. 아랍Arab이란 어휘를 아랍어 사전에서 보면 셈족 근원의 사람들의 국민을 가리키고 아랍은 아라비아반도jazīrah al-Arab에서 시작되었다고 쓰여 있다.[58] 꾸란의 용례와 다른 아라비아의 자료에는 '아랍'은 주로 그 지역의 유목하는 베두인을 가리켰다. 무함마드 생애 동안에 낙타를 치는 유목민은 소수이었지만 아랍인들은 중요한 사회적 · 정치적 세력이 되었고 읍에서 사는 사람들에게 '아랍'은 경멸적인 의미로 사용되었다. 남부 아라비아에서는 농부들과 읍 거주민이 처음에는 그들 자신을 아랍이라고 생각하지 않았다. 그러나 이슬람이 시작되고 나서 무슬림들에게 정치적이고 경제적인 이익이 커지면서 남부 아라비아 사람들은 아랍이란 정체성을 받아들였다.

초기 이슬람 시대에는 아랍인의 정체성은 모두를 포괄하는 부계 중심의 혈통 제도에 속한 것을 의미했다. 아랍인 혈통의 사람들은 명예와 특권을 가져서 세금 면제 등을 받았다. 비아랍인들이 아랍 사회에 동화되는 것을 막지 않았기 때문에 아랍 역사를 통하여 이런 동화는 지속되었다. 아랍 정복 초기에는 이슬람으로 개종하는 일이 흔했고 동시에 아랍 부족들과의 교류를 함으로써 아랍인이 되었다. 아랍인이란 말이 셈족 근원의 사람들이란 말이었기 때문에 아라비아반도에 사는 비아랍인이 이슬람을 받아들이면 '아랍인'이라고 불렀다. 아랍인이란 단어에 종교적인 요인 '이슬람'이 부각되고 있었다. 나중에는 이슬람으로 개종하는 것과 아랍인 정체성을 얻는 것과는 서로 분리되는 과정을 겪었다. 그리고 이슬람화Islamization가 계속되더라도 아랍화Arabization와는 전혀 관련되지 않았다. 그래서 북아프리카의 여러 국가에서는 독립 후 프랑스어와 이탈리아어를 버리고 아랍어를 사용하도록 오랜 세월 아랍어화를 진행시켰다. 아랍화는 이슬람화가 아니고 언어적인 반영과 문화적인 재탄생을 의미한다. 국가 형성에서 언어가 통일의 요인이 되

58_ Al-mu'jam al-wajiz, 아랍어 학술원, 이집트 교육부, 2004, 411.

고 정체성을 보장해주기 때문이다.[59] 아랍화는 아랍어와 아랍 문화와 관련된 개념이고 이슬람화는 사회를 이슬람 종교로 개종시키는 과정이라면 누가 아랍인인가?

아리바'āribah 아랍인 아리바는 노아의 손자 이람Iram과 라위드Lāwidh(셈의 아들들)의 자손으로서 순수 아랍인으로 간주된다. 아리바는 아라비아반도에 퍼져 있었으나 예수 그리스도가 살아 있을 적에 소멸한 것으로 알려진다. 그들 중에는 아말리까'amaliqa,[60] 아드Ad, 사무드Thamud, 따슴Tasm, 자디스Jadis, 주르훔Jurhum 등이 있었다. 대부분 그들의 이야기는 전설과 같고 아말리까는 오만, 바레인, 메소포타미아, 이라크, 히자즈, 시리아, 이집트의 부족으로 알려진다. 그들이 이라크(바벨론)와 이집트에서 큰 왕국을 다스렸다. 역사가들은 아드가 어디 살았는지 일치된 견해가 없으나 광산이 많은 예멘, 오만, 하드라마우트라고 하고 사무드는 예언자 쌀리흐가 살았던 읍 히즈르Hijr와 서부 히자즈의 와디 알꾸라에 살았다고 한다. 따슴과 자디스는 동부 나즈드najd의 야마마에 살았다.[61]

무타아리바Muta'arribah 아랍인 무타아리바는 예멘, 하드라마우트, 히즈르(아라비아 땅 중에서 페르시아 만을 형성하는 지역)의 주변에 살던 주민을 가리킨다. 이들의 족보는 야으룹 븐 까흐딴ya'rub ibn Qahtan으로 알려지는데 그는 유명한 사바와 힘야르의 뚭바으Tubba' 왕들 중에서 가장 위대한 첫 번째 왕이었다. 그가 어느 날 예멘에 와서 그곳에 정착하고 원주민 문화와 언어를 수용했다는 것 이외에는 그에 대한 역사적인 자료가 없다. 그의 백성들이 늘어나고 힘을 얻었을 때 원주민 아리바의

59_ Majmah Sayuti, The Concept of Allah as the Highest God in Pre-Islamic Arabia, McGill University, 1999, 60.

60_ 성경에는 '아말리까'가 우리말 '아말렉'으로 번역되었다.

61_ Majmah Sayuti, The Concept of Allah as the Highest God in Pre-Islamic Arabia, McGill University, 1999, 14-15.

권력을 빼앗았다. 그는 아랍인 토종이 아니므로 무타아리바로 불린다. 이들 중에는 함단Hamdan, 따이Tayy', 마드히즈Madhhij, 킨다Kinda, 라큼Lakhm, 아즈드'Azd(아우스, 카즈라즈, 갓싼이 포함됨) 등이 있다.[62]

무스타으리바Musta'ribah 아랍인 기원전 19세기 메카에 거주한 이스마일의 자손들을 무스타으리바라고 한다. 이들은 이스마일리야Ishmaelite라고 불리는데 하자르(하갈)에게서 낳은 이브라힘의 아들 이름에서 온 말이다. 이스마일은 아리바 아랍인 주르훔의 마지막 왕 무다드븐 바시르Mudad ibn Bashir의 딸과 혼인했다. 그들 자손들 중에 유명한 사람이었던 아드난Adnan에서 이름을 따서 그들 자손들이 아드난 사람adnanites으로 불린다. 아드난 사람들은 예멘의 북쪽 지역에 거주했는데 티하마, 히자즈, 나즈드 심지어 이라크와 시리아에도 살았다. 이들은 북방 사람들로 알려졌고 아랍 문학에는 이들을 가리키는 어휘로서 마아드, 니자르, 무다르 등의 이름이 거론되었다. 그러나 이들 부족 중에서 가장 유명한 부족인 꾸라이쉬는 메카와 그 주변 지역에 살았고 타글럽은 메소포타미아에 살았고 사끼프는 동부 메카에 살았고 바크르는 야마마에서 히즈르까지 퍼져 있었고 타밈은 바스라의 남쪽과 남동쪽에 살았다. 이슬람 이전에 매년 순례에 중요한 역할을 했던 꾸라이쉬 부족원으로는 압드 알마나프(무함마드의 조상)와 압드 알다르가 있었다.[63]

그렇다면 오늘날 아랍인들은 토종 아랍인이 아니고 무스타으리바 아랍인이다. 무슬림의 원조 무함마드의 조상들은 메카 순례를 맡았으나 아랍인들의 족보는 전설적인 이야기라서 완전히 믿기 어렵다. 혈통적으로 보면 오늘날 아랍인들은 이스마일과 희미하게 연결되어 있다. 결국 아랍 무슬림들이 자신들을 이스마일의 후손이라고 말하는 것은 인종적으로 정확한 근거가 없다.

62_ 위의 글, 16.
63_ 위의 글, 16-17.

(2) 아랍인의 우상들

이슬람이 출현하기 전 아라비아반도에는 여러 신앙들이 존재하고 있었다. 그곳에는 유대교와 기독교 이외에 사비교, 마니교, 잔다까 zandaqa(무신론자) 등이 있었다. 그런데 고대 아랍인들은 주로 우상들이나 별들을 숭배했고 천사와 진Jinn과 같이 보이지 않는 피조물을 숭배했다. 아랍인은 위로와 보호를 주는 것으로 여겨지는 주변 물건이나 물체를 존경하는 경향이 있었다. 사막에서 모래 폭풍이 일어나면 유일한 피난처는 나무나 돌이었다. 그리고 이런 물건이나 물체에 대한 일종의 믿음이 발전하여 신의 일을 행하는 것으로 여겼다. 고대 아랍인들은 나무나 돌을 신으로 믿지 않았으나 이들의 집이나 거처를 숭상했다. 그러나 베두인들은 농업 공동체가 유목 생활에 맞지 않았으므로 유목민의 예배 관습을 포기하지 않았다.

아랍인들에게 당시 우상들이 많았다. 한 예로 고대 아랍인들이 사막에 살았을 때 대추열매로 만든 신에게 절하고 그걸 신으로 경배했으나 그가 배고플 때는 그 신을 먹었다. 히자즈(사우디아라비아 지명) 지역에 사는 힘야르, 사끼프, 이야드는 우상인 알라트al-lat로 형상화된 태양 여신을 섬겼고 당시에 알라트는 알라의 딸로 간주되었다. 남부 히자즈의 키나나는 알힐랄(초승달) 혹은 알까마르(달)로 형상화된 달 여신을 섬겼다. 아라비아와 이라크 사이의 국경에 살고 있던 라큼과 시리아 사막의 주담Judham에서는 행성 주피터(목성, 알무쉬타리)를 섬겼다. 북서 나즈드의 따이에서는 용골자리의 으뜸별(수하일)을 받아들였고 서부 나즈드의 아사드는 수성(별, 우따리드)을 그리고 나즈드와 아랍해협 사이의 지역에 살던 타밈 부족은 황소 별자리(알다바란)의 다섯 번째 별을 숭배했다. 야스립(나중에 메디나가 됨)의 아우스와 카즈라즈는 알마나트로 형상화된 운명과 죽음의 여신을 숭배했다. 알마나트는 알라의 다른 딸로 여겼다. 이런 신들과 여신들 중에서 후발과 알웃자로 형상화된 비너스(알아사르)가 가장 인기가 많았다.[64] 신들과 여신들 중에서 인간의 모양으로 형상화된 우상들을 아랍인들은 '아스남'이라고 하고 서 있는 돌이나 상으로 된 우상들은 '안쌉'이라고 했다.

히자즈 주민들이 신들과 여신들을 숭배했는데 특히 읍내에 사는 사람들은 신들과 여신들을 숭배하려고 마스지드(엎드리는 곳: 모스크)라고 불리는 특별한 곳으로 갔다. 그러나 유목민들은 대체로 그들의 야영지에서 가까운 오아시스에서 그런 의식을 수행했다. 우상과 별들과 천체를 숭배하는 것 이외에 일부 아랍인들은 부족을 표시하기 위하여 사용했던 특별한 특징을 가진 돌과 나무를 섬겼다. 이븐 이스학과 다른 이슬람 역사학자들은 다음과 같은 우상들을 아랍인들이 섬겼다고 썼다.

마나트manat 야스립의 카즈라즈 부족과 아우스 부족이 받아들인 우상으로서 아랍인들에게 가장 오래된 우상이다. 아랍인들은 그들 자녀들의 이름에 '마나트'를 넣어 압드 마나트 혹은 자이드 마나트라고 불렀다. 아우스와 카즈라즈는 물론 메카와 메디나의 주민들, 아즈드와 갓산 족이 이 우상에게 희생제물을 바쳤다. 그러나 마아드, 라비아, 무다르 부족들은 어느 정도는 이스마일 종교의 신앙을 지켰다.

알라트al-lat 따이프 지방의 사끼프 족의 앗탑 븐 말리크'Attab b. Malik에게 속한 우상이다. 알라트 여신은 입방체 모양의 바위였고 유대인들은 보리죽을 만들 때 이것을 사용하기도 했다. 알라트 우상은 마나트보다는 나중에 생긴 우상이었다. 대부분의 아랍인들이 이 바위를 방문하여 경배했다. 아랍인들이 그들 자녀의 이름을 넣어 타임 알라트 혹은 자이드 알라드 등의 이름으로 사용했다.

알웃자al-uzza 알웃자는 꾸라이쉬와 바누 키나나에 속한 우상이다. 바누 샤이반과 바누 하심 부족이 지킨 우상이고 메카에서 이라크로 가는 도로 오른편으로 알구마이르를 따라가면 나클라 알샤미야의

64_ Majmah Sayuti, The Concept of Allah as the Highest God in Pre-Islamic Arabia, McGill University, 1999, 52.

계곡에 서 있었다. 이 우상은 알라트나 마나트보다 훨씬 나중에 생긴 우상이었다.

후발Hubal 후발은 꾸라이쉬의 또 다른 우상이다. 카아바[65] 주위에 세워진 우상들 중에서 가장 큰 우상이었다. 오른손이 부서진 빨간 마노 상이었고 나중에 꾸라이쉬가 금으로 손을 만들어주었다. 후발을 처음 숭배한 사람은 쿠자이마 븐 무드리카 븐 알야으스 븐 무다르였다. 이 우상은 샘물 곁을 따라 카아바의 중간에 위치하고 있었고 그 앞에는 7개의 점을 치는 화살이 놓여 있었다.

이사프Isaf(혹은 아사프)와 나일라Naila 잠잠 우물에서 희생된 우상으로 꾸라이쉬와 쿠자아 부족이 숭배했다. 이사프와 나일라가 카아바에서 성관계를 했는데 알라가 돌로 바꾸어 버렸다고 전한다. 이스마일 자손 중에서 이들을 우상으로 숭배한 사람은 후다일 븐 무드리카였다.

이 밖에도 후다일이 채택한 수와으suwa', 칼브가 숭배한 왓드wadd, 따이의 안움이 경배한 야구스yaghuth, 카이완과 함단 부족이 경배한 야우끄ya'uq, 그리고 힘야르의 두 알칼라아가 경배한 나스르nasr 등의 우상이 있었고 이들 다섯 우상들은 꾸란 71:21-24에서 노아의 사람들이 경

65_ 카아바라는 말은 이집트어 "카"(루흐, 혼)와 "바"(자사드, 몸)가 합쳐진 단어라고 이집트 역사학자 마기드 박사가 말한다. 그의 말에 의하면 카아바는 몸과 혼이 만나는 장소라는 것이다. 그러나 이집트 헬완대학교 관광학과에서 학생들이 배우는 이집트 고대사에 대한 기록에는 고대 이집트인들은 내세에 인간의 혼은 세 부분으로 나뉜다. 몸에 결합된 <카>라는 혼 그리고 날아다니는 유령ghost과 같은 <바> 그리고 죽은 뒤 하늘로 간다는 <아크akh>가 있다. 당시에는 몸을 케트khet라고 했고 심장은 <이브ib>라고 하고 사람의 이름은 렌ren, 영은 사후sahu라고 했다고 쓰여 있었다. 후자의 주장에 따르면 카아바는 혼과 유령이 만나는 장소라는 말이다. 사우디아라비아가 가난했을 때 이집트인들이 카아바 덮개(키스와트 카아바)를 매년 새 것으로 교체해 주었던 때가 있었다.

배한 우상들이라고 했다.[66] 이 외에도 아랍인들에게 여러 우상들이 있었다.

그런데 알라는 이슬람 이전에 꾸라이쉬들에게 가장 존경받던 신이었다. 사실 알라는 단순히 신이 아니었다. 알라는 신전에 있는 신들과 여신들과 연관되어 있었다. 그것은 이교도의 탈비야에 잘 나타나고 있었다. 그 탈비야[67]는 "알라여! 제가 당신의 말씀에 응하여 당신께 순종합니다. 당신에게는 파트너가 없습니다. 당신은 파트너와 그가 가진 모든 것을 소유하시고 계십니다"라는 내용이었다. 당시에 알라가 메카 신전의 여러 신들 중에서 최고신이었다고 널리 인정되고 있었다.[68] 아랍인들에게 '알라'는 여러 신들 중의 최고 신이었다. 이슬람 이전에 '알라'는 유일한 신이라기보다는 여러 신들 중 최고 신이었다. 오늘날 무슬림들이 알라를 단일신이라고 한 것은 이슬람 이후의 일이라고 하겠다. 자연적인 발전 과정의 결과로 아랍인의 알라는 단일신(한 분의 신)으로 입지를 굳혀갔는데 그 당시 유대 기독교인의 영향도 컸다. 그럼에도 메카의 여러 신들 중에서 알라만은 우상이나 어떤 다른 이미지로 결코 표현되지 않았다. 알라가 다른 신들과 달라서 물체로 표현될 수 없었다. 이 말은 알라가 최고의 신이었다는 것이다.

무함마드가 태어난 그해(570년) 아브라하Abraha가 카아바(메카의 신전)를 부수기 위하여 침입해 들어왔다. 압드 알뭇딸립은 '알라는 우리에게 아브라하와 싸우기를 원하지 않는다'고 말했다. 그는 또 '카아바는 알라의 성소이고 그의 친구 이브라힘의 신전'이라고 했다. 아랍인들은 알라가 꾸라이쉬 부족을 위하여 싸워 적을 이겼기 때문에 꾸라이쉬가 '알라의 사람들'이라고 했다. 그때만 해도 아랍인들은 '알라'를 자신들의 부족의 신으로 제한했다. 그리고 아랍인들은 메카의 성소 카아

66_ Majmah Sayuti, The Concept of Allah as the Highest God in Pre-Islamic Arabia, 62-64.

67_ 순례시 랍바이카 알라훔마 랍바이카라고 하는 말을 탈비야라고 하는데 '랍바이카'는 "당신께 응답하고 당신께 순종하겠습니다"라는 뜻이다.

68_ Majmah Sayuti, The Concept of Allah as the Highest God in Pre-Islamic Arabia, 76.

바에 대한 애정을 갖게 되었고 메카순례를 행했다. 아랍인들 중에서 카아바와 긴밀한 관계를 가졌던 훔스Hums 족의 탈비야talbiyya는 알라와 다른 우상과 연관시킨 것으로 유명했다. 그러나 아사드 족의 탈비야에서는 오직 한 분인 알라를 모든 피조물이 복을 주고 용서를 구하는 신이라고 표현하였다. 아랍인들은 알라가 신들과 여신들보다 우월하고 그들의 탈비야를 통하여 후발, 알라트, 알웃자, 마나트 신들보다 우월하다고 했다. 아쉬아리윤 족은 탈비야에서 알라가 죄인들의 죄를 알고 그 죄를 용서해 주는 분이라고 했고 아즈드Azd 족은 알라를 주들 중의 주Lord of Lords라고 했다. 그러나 바크르 븐 와일은 우상 숭배를 떠나고 나서 알라를 '기독교인이나 유대교인이 아닌 사람들이 경배하는 알라'[69]라고 했다. 주담 족은 알라를 우상asnam들의 신이라고 했고 아담의 탈비야는 알라를 카아바의 주라고 했다. 그러나 이런 무슬림들의 탈비야가 의심되는 것은 어떻게 아담이 이슬람과 관련된 말을 할 수 있었겠느냐 하는 것이다. 따라서 후세의 무슬림들이 아담을 무슬림이라고 규정하고 나서 이슬람을 그와 관련시킨 후 그의 탈비야를 이슬람의 개념에 근거하여 서술했다고 봐야 한다.[70]

아랍학자 브록킬만Brockelmann은 아랍인에게 자힐리야 시대의 알라 개념은 토착적인 아랍인 종교 개념이라고 했으나 이슬람학자 몽고메리 와트Watt는 아랍인에게 이슬람 이전의 일신교는 토착적인 것이 아니고 유대-기독교의 영향을 받았거나 심지어 다른 종교의 영향을 받았다고 했다. 아랍인들은 알라를 최고신이라고 해 놓고 알라에게 여러 신적 이름을 붙였는데 그 예로 알라흐만(자비로운 자), 알다이얀al-dayyān(심판자), 알마으부드al-ma'būd(예배받을 자), 알사마드al-samad(스스로 족한 자), 알까하르al-qahhār(정복하는 자), 알카림al-karīm(은전을 베푸는 자), 알가피르al-ghafir(용서하는 자), 알하디al-hādī(인도하는 자), 알할림al-halīm(참는 자), 알하킴Al-hakīm(지혜로운 자) 등을 신명으로 사용했다.

69_ 위의 글, 84.

70_ 위의 글, 88.

(3) 알라에 대한 바른 이해

그렇다면 한국에서는 지금까지 알라에 대하여 어떤 신명을 사용했는가? 1980년대 이전만 해도 한국에는 이슬람이란 말보다는 회교라는 말이 더 많이 쓰였고 그때 이슬람의 신명은 '알라'였다. 그 뒤 한국의 무슬림들은 '알라'를 영어의 God이나 하나님과 동일한 신명이라고 설명하기 시작했다. 그러나 기독교의 신론과 이슬람의 신론에 대한 깊은 연구가 진행되면서 이제는 많은 한국인들이 이슬람의 신을 '알라'라고 부르기 시작했다. 이슬람은 알라와 무함마드를 빼놓고 설명하기 어렵다.

기독교의 신론과 이슬람의 신론은 동일한가? 이슬람의 경전 꾸란 112장 3절에서 "알라는 (누구를) 낳지도 않았고 (누구에 의하여) 낳음을 받지 않았다"고 했다. 기독교의 하나님은 삼위일체 하나님이고 유일신이고 오직 한 분이며 성부와 성자와 성령의 세 위격이 상호 간에 내주한다. 그러나 위 꾸란 구절에서는 이런 기독교의 신 개념을 거부하였다.

언어학을 공부한 사람들은 한 어휘가 지시대상(기호 표현)을 가리킬 때 그 의미 내용(기호 내용)을 동반한다는 것을 잘 안다. 가령 '하나님'이란 단어를 생각해 보자. 우리가 하나님이란 낱말을 들을 때 그 철자나 소리는 기호 표현에 해당되고 그것이 연상되는 기독교인의 신 개념은 기호내용에 해당된다. 아랍의 이슬람과 기독교가 동일한 아랍어 어휘 '알라'를 그들 각각의 경전 속에 사용되면서 각기의 의미 내용이 형성되었다.

이슬람이 아라비아반도에 등장하기 이전에 '알라'라는 단어가 이미 존재하였고 아랍 기독교인들도 '알라'를 신명으로 사용했다. 오늘날에는 아랍의 무슬림들이 '알라'를 영어로 옮길 때 God이라는 말을 쓰는 학자들도 있지만 이슬람 세계에 널리 알려진 이집트 알아즈하르 대학교 홈페이지에는 이슬람의 알라를 '알라Allāh'라고 표기하고 있다. 그렇다면 알라라는 단어가 실제 아랍 무슬림들의 생활에서 어떻게 사용되고 있을까? 이집트 신문(알미스리 알야움, 2012.11.3)에 '이슬람에서 국가는 알라의 종교와 율법(샤리아)에 의하여 통치되어야 한다'고 쓰여 있다. 그런데 만일 위 문장에서 '알라'라는 단어를 만일 '하나님'이란 말로 바꾸면 '이슬람에서 국가는 하나님의 종교와 율법에 의하여 통치되어야 한다'는 말이 된다. 한국사회에서는 '하나님의 종교'라는 말을 기독교라고 생각해 왔기 때문에 위 문장은 '이슬람에서 국가는 기독교와 율법에 의하여 통치되어야 한다'는 말로 이해되는 것이다. 다시 말하면 위 문장이 동일 한국어 문화권에서는 두 종교 공동체 간의 구별이 안 되는 어처구니없는 결과를 낳게 된다. 또 다른 예를 보자. 아랍 무슬림들은 이스라엘이 가자 지구를 공격할 때 '알라의 적'aduw allāh은 이스라엘이다'고 했다. 그런데 이 문장에서 알라라는 말을 기독교인들이 사용하는 '하나님'이란 말로 번역하면 '하나님의 적은 이스라엘이다'라는 말이 된다. 그렇다면 아랍의 기독교인이나 세계의 기독교인들이 이스라엘을 기독교의 적이라고 하는 사람은 몇 명이나 될까? 아랍의 기독교인들은 이스라엘을 알라의 적으로 보지 않는다.[71] 이처럼 '알라'라는 단어가 아랍어 문맥에서 사용될 때 그 의미가 결정되므로 아랍어 꾸란 속의 알라와 아랍어 성경의 '하나님'을 서로 구별하여 사용하는 것이 옳다.

이슬람의 알라와 관련된 두 가지 상반된 개념이 있는데 그중 하나는 타쉬비흐이고 다른 하나는 탄지흐이다. 탄지흐tanzīh는 '(신의) 차별성'이라고 하는데 탄지흐를 통하여 무슬림 신학자들은 알라가 피조물과 혼동될 위험을 미리 제거하였다. 차별성이란 알라의 모든 것이 인간과 서로 다르다는 것이다. 알라를 인간과 비슷한 것으로 생각하지 말라

71_ 이집트에는 8개의 유대 회당 건물이 있으나 문화재 보호법에 따라 대부분 건물만 유지되고 있는데 무슬림들은 유대 회당을 마아바드ma'bad(예배하는 장소)라고 하고 기독교인들의 교회는 카니사kanisah(기독교인들이 예배하는 곳)라고 하고 무슬림들의 모스크는 마스지드masjid(많은 사람들이 기도하는 곳) 혹은 자미으jāmi'(금요일날 기도하는 곳)라고 한다. 아랍 무슬림들은 기독교를 나스라니야nasrāniyyah라고 하고 기독교인들을 나싸라nasārā라고 한다. 그러나 아랍 기독교인들은 이 말이 나사렛 종교라는 의미를 연상하게 하므로 '기독교'를 나타내는 말로서 '마시히야'[마시흐(메시아)라는 말에서 온 말]라는 말을 더 선호한다.

는 것이다. 그러나 타쉬비흐tashbīh는 '어느 것이 다른 것과 유사하다고 선언하다'는 말에서 온 것으로서 알라가 인간이 갖고 있는 성품에 가깝다는 것이다. 이슬람에서는 타쉬비흐를 절대로 인정할 수 없었다. 그러나 기독교에서는 하나님과 인간이 함께 갖는 공유적 속성이 있음을 인정한다.

또 다른 예를 들어보자. 무슬림들에게 '알라의 집bayt Allāh'이란 말은 메카의 카아바나 모스크를 가리키는 말인데 다른 종교에서는 신의 집이 메카에 있는 카아바라고 하지 않는다. 무슬림들이 메카 순례에 오면 '랍바이카 알라훔마 랍바이카'[알라여! 당신께서 명하시는 일을 행하려고 여기(순례)에 왔습니다]라고 하면서 메카의 카아바 앞에 서서 감격의 도착 기도를 한다. 그런데 이 말 속에는 본래 이슬람이 출발 당시 '이제 제가 섬기던 모든 우상을 버리고 오직 카아바의 신, 알라를 믿습니다'라는 의미가 포함되어 있었다.

오늘날 무슬림들에게는 알라의 다른 이름으로 사용하는 어휘들이 많다. 대부분 아랍 무슬림들은 알라라는 말 대신에 알라를 지칭하는 99가지 알라의 이름을 사용하여 왔다. 그중 하나의 예는 '알라흐만'이 있다. 다시 말하면 무슬림들에게 알라를 가리키는 수많은 어휘들이 있어서 굳이 알라라고 하지 않아도 신명을 가리키는 어휘들이 여럿이 있다. 그 말은 '알라'라는 단어 하나로 알라의 속성을 모두 드러내기 어렵다는 의미도 들어 있다.[72] 오늘날 무슬림들은 메카 순례객들을 '두유프 알라흐만'이라고 하는데 그 뜻은 '알라의 손님'이란 말이다. 여기서 알라흐만은 자비로운 자라는 아랍어 어휘이지만 알라의 다른 이름으로 사용되고 있다. 아랍어 어휘는 컨텍스트를 통하여 그 의미가 결정되므

72_ 구약성경에서는 엘로힘, 야훼, 엘, 아도나이 등이 있지만 야훼 한 분이 히브리인들의 하나님이라는 것이 강조되었다. 신약성경에서는 테오스, 퀴리오스, 파테르 등이 있는데 테오스는 신, 신성, 여신을 가리키고 테오스Θεος와 동등한 신의 이름으로 구약성경의 엘로힘을 들기도 한다. 퀴리오스는 주인 혹은 소유자의 의미이고, 파테르는 조상, 선조, 부모 등의 의미를 갖고 있으나 이 세 어휘의 공통점은 모두가 하나님을 가리킨다는 점이다.

로 단순히 해당 어휘의 한 가지 의미를 가지고 그것이 그 어휘가 갖는 의미의 전부라고 단정해서는 안 된다.

알라가 어떤 일을 하시는지에 대한 이해에서도 무슬림들 간의 차이가 있다. 이집트의 무함마드 무르씨[73] 전임 대통령이 꾸란 구절(그의 종들 중에서 알라를 두려워하는 자는 울라마이다)을 잘못 읽고 잘못 해석하고 나서 '새벽 2시까지 날을 새고 새벽 기도를 하지 않는 사람은 알라가 양식을 주지 않는다'고 한 말에 대하여 이집트 알렉산드리아에 사는 하산 카말(2012.11.13 알미쓰리 알야움)이 대통령이 자신의 직무에 충실하고 무프티(이슬람율법에 근거하여 이슬람적 견해를 밝힘)의 역할은 하지 말라고 했다. 오늘날 아랍 무슬림이 가장 싫어하는 이스라엘 사람과 비무슬림들(카피르)에게 양식을 주시는 분도 알라인데 어찌 알라를 믿는 알라의 종들을 알라가 먹이지 않겠는가 하고 반문했다. 전임 무르씨 대통령은 이슬람의 율법을 지키는 사람만이 알라가 복을 준다고 하여 알라의 주권을 좁혀서 설명했다.

(4) 하니프(하니피야)의 종교

오늘날 아랍인들의 책이나 신문을 보면 '이슬람을 하니프의 종교'라고 부른다. 그러나 기독교나 유대교를 하니프의 종교라고 부르지 않는다. 무슬림들에게 이슬람 이전 시기의 '알라'라는 단어는 아랍인들의 원래 종교인 하니피야가 표현된 것이라고 하고 하니피야는 이브라힘과 이스마일의 종교로 간주되었다. 피터Peter는 꾸란의 3:95와 4:125에 근거를 둔 무슬림들에게 하니피야[74]는 이슬람에 대한 다른 이름이거나 이브라힘의 단일신 종교 제도를 칭했다[75]고 했다. 꾸란에서 하니

73_ 무함마드 무르씨의 본명은 무함마드 무함마드 무르씨 이싸 알아이야뜨이다. 그러나 언론에서 무함마드 무르씨라고 짧게 부르고 그의 이름이 다시 기사에 언급될 때에는 첫 단어가 아닌 둘째 단어 무르씨를 그의 이름으로 표기한다.

74_ 아랍어 하니프Hanif는 '이교도의 이단'이란 의미를 가진 시리안어 hanpa에서 파생했고 나중에 '종교적 반대자'라는 말로 발전했다.

75_ Majmah Sayuti, The Concept of Allah as the Highest God in Pre-Islamic Arabia, 12.

프라는 단어는 특히 메디나 수라chapter에서 여러 차례 다신 숭배자를 가리키는 무쉬리쿤mushrikun이라는 단어와 대조적으로 쓰였다. 하니프라는 단어는 꾸란에서 이브라힘의 이름과 관련되었다. '(무함마드야!) 말하라, 알라는 진실만을 말한다. (너희들은) 이브라힘의 밀라 하니프를 따르라. 이브라힘은 무쉬리쿤이 아니었다(수라 3:95 혹은 16:123).' '이브라힘은 유대교인이 아니었고 기독교인도 아니었으나 하니프 무슬림이었고 무쉬리쿤이 아니었다(수라 3:67).'

하니피야Hanifiyyah의 신앙에 따르면 우주의 창조주이고 지탱하는 자인 알라라는 참 신이 있었다고 했다. 그러나 이슬람 역사가들은 당시 이교도pagan 아랍인들의 이름 중에 압드 알라Abd Allah 혹은 압드 알까디르Abd al-qadīr와 같은 이름들이 있었다는 것은 그들도 알라를 믿었다는 증거라고 했다.[76] 그러나 아랍 무슬림들은 알라를 카아바(아랍인들이 순례를 매년 하려고 찾은 옛 신전)의 주인이라고 했다. 꾸란에서 사용된 하니프라는 단어는 아랍인 종교, 즉 이브라힘 신앙의 원래 이상을 추종한 자인 것을 제안한다. 그러나 사실 그들은 그들 자신을 하니프라고 명백하게 가리키지 않았다. 또한 그들이 메카 이교도 신앙을 부인하고 유대-기독교 전통을 거부했다. 이렇게 부인한다고 해서 그들이 조상의 참 종교의 일신교를 추구한 것은 결코 아니었다.[77] 몽고메리 와트Watt는 아랍인들 사이에 일신교가 존재한 것은 시리얀 아랍syro-Arabian의 영향이라고 했다. 일부 고전적인 자료에서는 아랍인들이 이슬람 이전부터 이미 오래 전에 일신론자monotheist들이었다고 했다. 그러나 외부의 영향으로 그들의 원래 사상이 부패되었다고 했다. 꾸란에 나오는 가장 초기 메카 수라에는 다소 희미하지만 그들이 알라라고 부르는 신을 믿었다고 한다. 그들의 이해 수준에서는 그들에게 보이지 않는 신을 받아들일 수 없어서 보이는 물체에 이런 신들이 살고 있는 것으로 생각했고 가끔은 그 물체들을 신 그 자체로 생각했다.[78] 이처럼 보이지 않는 신을 믿

76_ 위의 글, 13.

77_ 위의 글, 20.

지 못한 고대 아랍인들의 신 개념은 오늘날 아랍 무슬림들이 생각하는 알라의 개념과 어느 정도 차이가 난다. 꾸란의 알꾸라이쉬 장에는 랍브 하다 알바이트rabb hadha albayt[이 집(카아바)의 주인]라는 말이 나오는데 그들에게 이 표현은 널리 알려져 있던 표현이라고 볼 수 있고 그들은 이 집(카아바)의 주인을 최고신 알라라고 생각했다. 가장 유력한 것으로는 이슬람 이전에 메카 이교도들이 따이프Tayf에서 숭배하던 주된 신 principal deity으로 알라라는 어휘를 사용했다고 한다.[79] 메카의 사람들과 메카가 아닌 곳에서 살던 이교도들이 '알라'라는 어휘를 사용한 것을 보면 알라라는 단어가 반드시 아랍 무슬림들의 어휘만은 아니었다는 것이고 그 당시 유대교와 기독교에서도 이런 어휘들을 사용하였다. 아랍 기독교인들은 시리얀어 '알라하'[80]를 아랍어로 음역한 '알라'라는 단어를 그들의 하나님으로 인식했다.

(5) 이슬람: 알라와 무함마드의 종교

오늘날 이슬람학자들은 대부분 이슬람이란 어휘가 '복종하다, 알라(의 뜻)에 순종하다'라는 의미로 해석한다. 그림Grimme은 이슬람을 자카zakah(정결)라는 초기 표현과 의미적으로 관련되어 있다고 했다. 브라브만Bravmann은 이슬람의 원래 의미는 '(알라와 그의 예언자를 위하여) 자신을 희생하거나 죽음으로 대항할 준비가 되어 있는 것'이라고 했다. 그러므로 그의 정의에 의하면 이슬람은 알라와 그의 예언자를 대신하여 전투(지하드)하는 것과 긴밀하게 연관되어 있다. 브라브만은 이슬람은 원시 아랍인들의 유목민적인 가치관 속에 있는 개념이라고 하면서 자존심에 도전하는 사람이나 이상적인 규범이나 원칙을 위협하는 사람

78_ 위의 글, 21.

79_ 위의 글, 21.

80_ 아랍어 알라Allah와 일라흐ilah라는 단어가 아람어 엘라하elaha와 시리얀어 알라하 alaha 그리고 히브리어에서는 엘로힘elohim 또는 엘el 또는 엘로아흐eloah를 사용하고 있고(Chawkat Moucarry 2001, 84) 우가리트 어에서는 신을 일흐ilh(Gregorio Del Olmo Lete & Joaquin Sanmartin 2004, 55)라고 했다.

과 싸우거나 죽음으로 대항하는 정신을 반영하고 있다고 했다.[81] 이런 의미에서 그는 이슬람의 동사형 '아슬라마'가 '포기하다', 즉 무루아 Murua(인간에게 좋은 윤리와 습관을 갖게 하는 심리적인 태도: 기사도 정신)를 위하여 자신의 생명을 포기하는 것으로 이해했다. 그것은 어느 부족이나 침입자로부터 방어하는 것 그리고 심지어는 그의 동맹을 돕는 것도 포함되었다. 따라서 이슬람은 투쟁이 없이 자신의 영혼을 포기하는 것을 의미하지 않았다. 좀 더 함축적인 의미로는 자신에게 고귀한 것이나 고상한 목적을 위하여 자신의 생명을 포기한다는 의미라고 하였다. 전투(지하드)에서 자신의 생명을 방어하는 것도 포함되었다. 꾸란 2:112에서 알라에게 자신을 복종시키고(아슬라마) 선행을 하는 사람은 그들의 주님에게서 상을 받을 것이라고 했다. 아슬라마라는 어휘에 아랍인의 특성이 깊이 뿌리박혀 있다는 것을 알 수 있다. 이슬람 이전에는 남자는 죽을 때까지 싸웠는데 이것은 유목생활의 세속적인 표현이 아니었고 이슬람 이전부터 오랫동안 확립된 종교적인 제도를 반영하는 것 같다[82]고 했다. 결국 이슬람이란 어휘가 지하드(전투)와 자카(정결)와 관련된 의미로 해석되었고 복종과 순종의 의미로도 해석되었다.

이집트 교육부가 발행한 학생용 사전을 보면 이슬람이란 '알라가 무함마드에게 내려준 종교'[83]라고 되어 있다. 이슬람은 알라와 무함마드의 종교라는 말이다. 이런 뜻풀이에서 우리는 이슬람이 단순히 알라의 종교가 아니라는 것을 알 수 있다. 오늘날 일부 무슬림들은 이슬람이 알라의 종교이지 무함마드의 종교가 아니라고도 했다. 그래서 '무함마드교Muhammadism'라는 말을 쓰지 말라고 했다. 그러나 여전히 지금도 아랍 무슬림들의 설교에서는 무함마드의 말이 강조되고 있고 21세기에 들어와서 무슬림들은 1950년대 이전에는 볼 수 없는 무함마드와 그의 부인의 외양을 따르는 사람들이 많아졌다. 무슬림 남자들은 턱수염

81_ Majmah Sayuti, The Concept of Allah as the Highest God in Pre-Islamic Arabia, 33.

82_ 위의 글. 34.

83_ Al-Mu'jam al-wajīz, 아랍어 학술원, 2004, 319.

을 기르고 무슬림 여성들은 히잡이나 니깝을 착용했다. 그 이유는 무함마드가 턱수염을 길렀고 그의 부인이 니깝을 썼기 때문이라고 한다. 또 누군가 무함마드를 공개적으로 폄하하면 무슬림들은 가만 있지 않았다. 이런 현실에서 알라와 무함마드라는 범주를 떠나서 이슬람을 설명할 수 없다.

역사를 보면 꾸라이쉬 부족에 속한 무함마드를 꾸라이쉬 부족의 사람들이 거부하였다. 그래서 무함마드는 메카에 있는 꾸라이쉬 족과 전쟁을 해야 했다. 꾸라이쉬가 이슬람과 무함마드를 거부한 것은 경제적인 원인도 있었다. 가장 궁극적인 문제가 된 것은 메카의 기존 세력들에게 수입이 줄어든다는 점이었다. 순례 철에는 아랍인들이 먹을 것과 안전하게 쉴 곳을 위해 돈을 지불했다. 꾸라이쉬 족들은 장사꾼이었다. 아랍인들의 시를 보면 무함마드는 특이한 시인이었고 점쟁이라고 했다. 물론 꾸란에서는 이런 내용을 부인했다. 무함마드의 말은 당시 사회에서 그들이 알고 있는 시의 형태로는 분간할 수 없었다. 또 무함마드 당시에는 이브라힘과 이스마일의 종교 하니피야가 소멸되어가는 과정이었고 거의 소수에게만 알려져 있었다. 종교적인 주제를 갖는 고대 아랍시는 이슬람 이전의 아랍인들의 알라에 대한 신앙으로서 알라를 최고신과 카아바의 신으로 표현했고 이것은 하니피야의 주된 가르침이었다.

이집트 무슬림 하팀은 꾸란에는 기독교인들이 무슬림 무으민(믿는 자)들을 가장 가까이 사랑한 사람들이라고 쓰여 있다고 했다. 그런데 오늘날 기독교인들이 알라를 믿지 않고 마지막 날을 믿지 않고 알라와 무함마드가 금지한 것을 금하지 않고 또 종교의 율법을 실천하지 않고 무슬림을 대항하여 전쟁을 선포하고 있다고 했다. 그러므로 무슬림들은 기독교인들을 죽여야 하고 그들에게 지즈야(인두세)를 부과해야 한다고 했다. 그는 덧붙여서 '무함마드가 나즈란에 사는 기독교인들과 맺은 약조를 오늘날 모든 무슬림들이 시간과 장소를 가리지 말고 지키라'고 하면서 그 약조는 '무슬림들이 기독교인들을 보호하고 교회를 방어하라'

는 말이라고 했다. 이 글에서 '기독교인들이 알라를 믿지 않는다'고 한 무슬림의 말을 보면 오늘날 무슬림들 일부가 기독교인의 하나님과 이슬람의 알라가 다르다고 생각한다는 것을 알 수 있다.

(6) 누가 무슬림인가?

이슬람 국가 안에 사는 사람들을 우리는 모두 무슬림일 것이라고 생각한다. 그러나 아랍 이슬람 국가 안에 사는 기독교인이나 유대교인은 무슬림이 아니다. 그런데 아랍 이슬람 국가에서 아랍 혁명 이후 무슬림들끼리 "네가 믿는 이슬람은 나의 이슬람과 다르다"고 하는 말을 자주 들을 수 있었다. 이슬람이 시작된 지 1400년이 지났는데 오직 자신들의 집단만이 진짜 무슬림이라고 주장하는 사람들이 무슬림들 중에서 생겨나게 되었다. 무슬림들은 그들의 삶 속에 이슬람율법(샤리아)을 적용하려고 하는데 시대가 달라지면서 새로 불거진 사안에 대해서는 무프티마다 법적 견해가 달라 무슬림들 사이에 혼란이 가중되었다.

일반적으로 무슬림이 되려면 "알라 이외에 신이 없고 무함마드가 알라의 메신저이다"라고 공표하면 된다. 그런데 이런 신앙공표를 했어도 무슬림이 아니라고 다른 무슬림들이 주장하는 일이 무슬림들 사이에 자주 생기게 되었다. 이집트를 비롯한 80여 개 세계 국가에 퍼져 있는 무슬림 형제단은 자신들의 그룹에 속하지 않으면 무슬림도 아니고 무슬림의 형제도 아니라고 주장했다. 그들 입장에서 보면 이슬람 안에 들어가려면 무슬림 형제 운동의 회원에 가입하고 무슬림 형제단 종정(무르쉬드 아암)에게 충성 맹세를 해야 했다. 그렇지 않으면 무슬림도 아니고 율법의 한도를 넘어선 불순종한 자(파시끄)이고 올바른 길을 잃어버린 자이고 심한 경우에는 알라를 믿지 않는 자(카피르)라고 했다. 오늘날 이슬람 국가 안에는 다음 세 부류가 있다.

(ㄱ) 무슬림: 이슬람교din al-islam에 입교한 자

(ㄴ) 파시끄: 무슬림들 중에서 알라에게 불순종하는 자

(ㄷ) 카피르: 알라를 믿지 않는 자(신앙적인 용어)

일반적으로 이슬람 학자들은 인간이 길을 잃었는지 혹은 올바른 인도를 받고 있는지는 알라만 안다고 했다. 그런데 무슬림 형제운동은 다른 무슬림의 신앙이 바른지 혹은 알라의 뜻에서 길을 잃은 자인지를 판단할 권한을 동료 형제들에게 주었다. 무슬림 형제단의 회원들은 자신들이 이 땅을 대표하는 사람들이고 알라의 이름으로 말하는 자라고 단언했다. 그래서 누가 믿음iman이 있는지 없는지kufr를 자신들이 결정할 수 있다고 했다. 팔레스타인의 저명한 시인 무리드 알바르구시는 팔레스타인, 이집트, 튀니지, 요르단, 이집트에 있는 무슬림 형제단과 살라피들을 향하여 '너희들은 무함마드의 동료sahabah(무함마드를 보았던 사람)가 아니고 우리는 꾸라이쉬의 카피르들이 아니다'고 했다.

이슬람을 세상에 전한 무함마드의 고별 설교에서 '무슬림들끼리는 피와 재산과 명예를 훼손하지 않는다'는 것이 오랫동안 무슬림들 간의 규범이고 전통이었다. 그런데 2012년 무슬림 형제단이 집권하기[84]까지 모든 방법을 동원하여 그들 조직에 속하지 않는 무슬림들을 대항했다. 무슬림 형제단원들을 반대한 리버럴(자유 사상의) 무슬림들은 무슬림 형제단원을 무례하고 거만하고 교만하다고 했다. 리버럴 무슬림들은 '알라는 교만한 자를 좋아하지 않는다'고 일침을 놓았다. 무슬림 형제단원들은 알라의 선택을 받은 사람이고 그들이 아닌 다른 무슬림

84_ 2012년 새 헌법은 5100만여 명의 투표권자 중에서 1700만여 명이 찬성하여 63.8%가 '네' 그리고 34.2%가 '아니오'를 찍었다. 전체 투표권자 중에서 32.9%만 투표에 참가하였고 지식층이 많이 사는 카이로 주와 무바라크 전 대통령의 고향인 알무누피야 주에서는 반대표가 찬성표보다 많았고 교육을 덜 받아 가장 주변적인 도에서는 90%에 가까운 찬성표가 나왔다. 바니 수웨프와 알파윰 등 가장 빈곤하고 문맹이 가장 많은 지역과 도시 지역의 표 차이는 아주 컸다. 그리고 사이드 지역의 모두가 80-90%가 찬성표를 찍었다. 중산층 지역인 알도끼(알도이)와 알아구자 지역은 각각 70%와 60%의 반대표가 나왔다. 카이로는 반대표가 57%인데 문맹과 빈곤층이 많은 알파윰에서는 반대표가 단지 10%이어서 이 두 지역 간의 정치적 · 사회적 문화적 차이가 크다. 이스마일리야 주에서는 70%가 새 헌법에 찬성표를 던졌다.

들은 선택받지 못한 사람이라고 했다.

(ㄱ) 알라가 선택한 알라의 백성(샤압 알라 알무크타르)
(ㄴ) 알라가 선택하지 않은 알라의 백성(샤압 알라 알무흐타르)

무슬림 형제단 입장에서 보면 무슬림들은 두 그룹을 형성한다.

(ㄱ) 무슬림 형제단에 속한 무슬림(이크와니)
(ㄴ) 무슬림 형제단에 속하지 않는 사람

그러나 무슬림 형제단 안에는 여러 회원들이 가입되어 있는데 그 중에는 알아즈하르의 무슬림, 안싸르 순나(와하비 사상에 가까운 집단), 살라피, 지하디, 안싸르 알샤리아(이슬람율법 시행을 거부한 자와 전쟁을 불사한다는 그룹) 단체들이었다.[85] 현대사에서 무슬림들 간의 카피르 논쟁은 무슬림들에게 가장 첨예한 종교적 및 사상적인 문제가 되고 있다. 살라피 전도자(다이야) 파우지Fawzi 알사이드는 리버럴liberal 무슬림과 세속주의secular 무슬림, 마르크스주의자 모두를 무르탓드murtadd(배교자, 되돌아간 자)라고 했고 카피르라고 했다. 그들을 울라마(이슬람학자)의 합의를 거부하고 꾸란 구절과 하디스를 어기는 자 그리고 세상 일에만 관심이 있고 종교 문제에는 전혀 무관심한 사람들이라고 했다. 살라피 무슬림에게 카피르는 다음과 같다.

(ㄱ) 무으민: 이슬람주의자 혹은 살라피에 속한 무슬림
(ㄴ) 카피르: 리버럴 무슬림, 세속주의 무슬림, 막스주의 무슬림

2011년 카타르에서 이집트로 돌아온 유수프 알까라다위는 리버럴

85_ Hossam Tammam, al-ikhwan al-muslimun, Cairo: dar al-shuruq, 2013, 159.

무슬림과 세속주의 무슬림은 카피르가 아니고 무신론자도 아니라고 했고 그들 모두가 무슬림이요 이집트인이라고 했다. 그는 알아즈하르 모스크에서 금요일에 행한 설교(2012.12.28)에서 이집트 국민이 하나가 되어 분리되어서는 안 된다고 하면서 이슬람의 원리, 미덕, 진리, 가르침을 지키라고 했다. 그는 이집트가 무슬림과 기독교인 간에 나뉘고 리버럴 무슬림과 이슬람주의 무슬림으로 나뉜 것을 하나로 모으고 싶어 했으나 그는 무함마드 알가잘리와 같이 본래 살라피에 속한 사람이었다.[86] 이처럼 무슬림들끼리 상대를 카피르라고 하는 일이 너무 많다는 것인데 이것을 '타크피르' 문화라고 한다. 타크피르 문화가 언론에 가장 많이 유행한 때는 2003년 이후였다. 미군이 이라크에 입국하자 사우디아라비아 쉐이크가 미군을 카피르라고 규정하고 무슬림들에게 카피르에 대한 공격을 주문했다. 꾸란에서 알라와 무함마드를 믿지 않는 사람을 카피르라고 했던 카피르의 의미가 더 확대되어 오늘날에는 다른 종교에 속한 사람이나 자신의 신앙과 다른 남the other을 카피르라고 했다.

(ㄱ) 무으민: 무슬림
(ㄴ) 카피르: 파르드(어떤 증거가 있어서 반드시 해야 하는 의무)를 거부하는 자

상대에게 카피르 혐의를 두는 일을 '타크피르'라고 하는데 타크피르는 주로 지하드와 관련되어 쓰인다. 이슬람주의자들은 지하드가 이슬람의 율법 안에 들어가 있다고 주장하고 제도권(정권) 안에 있거나 외세 등 자신의 집단 밖에 있는 남에게 지하드를 수행한다. 이때 타크피르(출교, 혹은 상대를 카피르로 취급)라는 말의 동사형 캅파라kaffara(그가 출교를 했다 혹은 그에게 카피르 혐의를 두다)를 사용한다. 지하디(지하드를 하

86_ 위의 책, 104.

는 자)가 비무슬림을 살해했을 때에는 폭력 사용을 정당화하기 위하여 상대를 쿱파르kuffār(알라를 믿지 않는 자)라고 했다. 쿱파르는 꾸란에서 죽여도 좋다고 했기 때문이다. 2003년 이후 이라크에는 시리아와 아프간, 요르단 등지에서 온 지하디와 타크피리가 미군과 대항하여 싸웠는데 2013년 시리아에서는 튀니지, 리비아, 이라크, 요르단 등지에서 온 지하디와 타크피리들이 시리아 정부군에 대항하여 싸웠다.

오늘날 극단적인 이슬람주의를 바로 이해하려면 알왈라 와알바라(충성과 배신)의 개념을 잘 알아야 한다. 이슬람이나 무슬림과 관련된 사람과 사물은 좋아하고 이슬람과 무슬림이 아닌 것과 이슬람의 적은 증오한다는 것이다. 이런 원리는 극단적인 이슬람주의자들에게 누가 무슬림이고 어느 것이 이슬람적인 것인가를 먼저 구분하게 했다. 타크피르는 극단적인 이슬람주의자들에게 자신들만이 이슬람의 유일한 참 신자라는 인식에서 비롯되었다. 사이드 꾸뜹은 이슬람에 대한 그들의 해석을 믿지 않는 사람들을 자힐리야(이슬람을 불신함) 시대의 사람이라고 칭했고 타크피르를 하는 무슬림은 그런 자힐리야의 사람을 출교시키고 또 죽여도 된다고 생각했다. 극단주의 이슬람주의자들은 움마(신자들 사이의 통일)와 피트나(공동체의 불화, 불일치 혹은 고문) 간의 모순을 이용하므로 무슬림 공동체 안에서 배신을 막기 위하여 폭력을 사용한다. 세계 각국에서 이슬람의 대의에 저항하는 국가나 사회, 개인이 극단적인 무슬림들의 공격 대상이 된다.

현대 이슬람이 종교를 정치에 이용하면서 더더욱 종교와 정치 간의 복잡성 때문에 '무으민'과 '카피르'에 대한 정의가 달라졌다. 이를테면 2013년 유수프 알까라다위가 이집트 국민들 중 무슬림과 기독교인을 '믿는 자mu'min'라고 했는데 그 이유는 알라를 주rabb로 믿고 알라의 메시지 모두를 믿기 때문이라고 했다. 그의 이런 설교는 이집트가 연일 시위로 국론이 분열되는 것을 빨리 막고자 한 말이었다. 알까라다위가 기독교인과 무슬림을 무으민이라고 한 것은 순전히 정치적인 발언에 불과하다. 그는 시아파 무슬림이 이집트에 시아 이슬람을 전하는 것을 극구 반대하였고 시아 무슬림들은 비드아(이슬람에 없는 혁신적인 것)를 행하는 사람들이라고 했다.

무슬림 형제단 안에는 창시자 하산 알반나 계 그리고 사이드 꾸뜹을 옹호하는 꾸뜹 계 등이 섞여 있다. 일부 무슬림 형제단과 살라피들은 목적이 수단을 정당화한다고 믿는다. 이들은 고귀한 목적을 달성하기 위하여 고상한 수단을 사용하는 것을 조건으로 하지 않는다. 알자마아 알이슬라미야(혹은 가마아 알이슬라미야 혹은 자마아 알이슬라미야)는 살라피 계열의 사람들이 중심이 되어 창설되었다. 2013년 2월 무슬림 형제단의 정치적 동맹인 살라피와 무슬림 형제단 간의 불화를 알자마아 알이슬라미야가 중재하겠다고 나섰다.

㈀ 무슬림 형제단: 알반나 계 혹은 꾸뜹 계
㈁ 알자마아 알이슬라미야: 친 무슬림 형제단 계

무슬림 형제단은 자신들이 이 땅에서 부패하지 않았다고 말하나 실제로 그들은 부패하였다고 리버럴 무슬림들이 주장하면서 단지 무슬림 형제단이 이것을 깨닫지 못하고 있을 뿐이라고 했다. 비이슬람주의 무슬림들은 무슬림 형제단들이 거짓말을 잘 하는 사람들이라고 비난했다. 결국 세속적 비이슬람주의자 무슬림들이 볼 때 무슬림 형제단은 이 세상에서 잘못된 길을 걸어가므로 그들이 행한 대로 심판을 받을 것이라고 했다. 오늘날 이집트에서 비이슬람주의 무슬림들에게 다음과 같은 말이 유행하고 있다. '너희에게는 너희 이슬람이 있고 우리에게는 이슬람이 따로 있다.' 이슬람교를 정치판에 들고 나와서 정치적인 공약을 남발하고 그 약속을 지키지 않는 이슬람주의자 정치인들을 보면서 무슬림들은 그들을 거짓말 잘하는 무슬림들이라고 비난한 것이다.

결국 이슬람 세계에는 이슬람이 여럿이 있다는 말이 된다. 더구나 이슬람이란 정의를 두고 서로 의견이 달라졌고 역사적으로 '카피르'의 정의도 서로 다르게 사용되었다.

(ㄱ) 꾸란 이전의 '카피르': '감사할 줄 모르는'의 의미

(ㄴ) 꾸란에서의 '카피르': 알라(의 존재)를 믿지 않는 자 혹은 무슬림이 아닌 사람

(ㄷ) 순니와 시아 무슬림들 간의 '카피르': 순니 무슬림은 시아 무슬림을 카피르라고 하고 시아 무슬림은 순니 무슬림을 카피르라고 했다.

(ㄹ) 순니 무슬림 내부: 살라피 무슬림은 리버럴 무슬림을 카피르라고 했다.

그렇다면 어느 이슬람이 올바른 이슬람인가? 2012년 이집트 종교성 장관은 시나이 반도의 샤름 알쉐이크를 방문하고 두 명의 외국인 여성에게 이슬람을 전하였다. 그리고 금요일 설교에서 무슬림들의 행동을 보고 외국인들이 이슬람을 믿기 때문에 이집트 관광업에 종사하는 사람들이 행실에 유의하여 이슬람을 전도하는 계기로 삼으라고 했다. 이집트 종교성 장관은 무슬림 형제단에 속한 사람이고 무슬림 형제단에게 이슬람은 정치, 사회, 문화, 경제, 법과 떨어져서 생각할 수 없다[87]고 했다. 그러나 리버럴 무슬림들은 무슬림 형제단이 사려 깊지 못하다고 하였다. 리버럴 무슬림들은 자신들을 민주주의 국민watanī 세력이라고 하였고 '종교는 알라에게 조국은 모두에게'라는 구호를 갖고 있다. 이것은 무바라크 시절에 널리 유행한 구호였다. 리버럴 무슬림들은 이슬람주의자들을 이슬람교로 색칠한 정치적 의도를 가진 파시스트이고 국민 전체를 위한 세력은 아니라고 했다. 그들은 무슬림 형제단이 이집트 국민의 종교적인 감정을 이용하여 진리의 길을 잃게 하는 사람들이라고 했다. 그러므로 앞으로 자유 민주주의 국가들은 무슬림 형제단과 살라피들을 주의해야 한다고 했다. 영국은 유수프 알까라다위에게 일찍이 비자 발급을 거부했고 2013년에는 테러 혐의가 있는 아부 까타다

87_ Majmu'ah Rasā'il al-imam al-Banna, albasaer, 2010, 229.

를 그의 조국 요르단으로 추방했다. 이집트 무함마드 무르씨 대통령이 집권한 1년 동안 무슬림 형제단은 다음과 같은 방법으로 무슬림 형제단화하였다.

첫째, 국가를 무슬림 형제단화akhwanah al-dawlah하였다. 무르씨 대통령이 취임한 뒤 무슬림 형제단의 종정(무르쉬드 아암)과 무슬림 형제단의 정당인 자유 정의당은 이집트를 무슬림 형제단화하기 시작했다. 이집트를 이슬람 형제단화하였다는 말을 하는 사람들에게 무슬림 형제단은 '이슬람을 싫어하는 사람 혹은 그들만이 무슬림이라고 생각하는 사람'이라고 비난했다. 그러나 리버럴 무슬림들은 무슬림 형제단이 파시스트적 종교 국가를 세우는 사람들이라고 했다. 이집트의 마그디 칼릴은 이집트가 2012년 12월 이슬람주의자 무슬림 형제단에 의하여 실패한 국가가 되고 있다고 강조했다. 이집트 국민 전체를 희생시켜 오직 이슬람주의자들만을 위한 헌법을 통과시켰고 실제 정치에서도 국민을 위한 정치라기보다는 무슬림 형제단만을 위한 정치를 했다. 더구나 무르씨 정권이 법을 잘 안 지켜서 법적 정통성을 상실한 정부라고 했다. 또 이슬람주의자들이 불법 민병 조직을 만들어 대통령궁, 헌법재판소에서 무고한 시민들을 다치게 했다.

둘째, 권력화이다. 무슬림 형제단원을 고위직에 임명하고나서 그들의 권력이 뿌리를 내리도록 지원했다. 무슬림 형제단원에 속한 공보장관은 자신이 무슬림 형제단의 회원이라는 것을 TV에 나와서 자랑하였다. 그는 무슬림 형제단원들이 권력에 뿌리를 내리도록 알라가 도와줄 것으로 기대했으나 2013년 7월 3일 군부가 무르씨 대통령을 권좌에서 쫓아냈다. 2012년 개정된 헌법 232조에서는 2011년 1월 25일 이전의 국민당 지도부는 정치적인 일과 대통령 및 국회의원 선거에 10년간 입후보할 수 없다고 규정했다.

셋째, 무슬림 형제단은 자신들을 지지하는 사람들을 중심으로 불법 민병 조직을 만들어 자신들을 대적하는 무리들과 무력으로 대항하였다. 2012년 12월 11명의 이집트인 무슬림 형제단 소속의 엔지니어와 박사들이 아랍 에미리트 정부에 의하여 체포 구금되었다. 이들은 아랍 에미리트의 국가 치안을 해치는 음모를 꾸미고 국가에 물의를 일으키는 소문을 퍼뜨린 혐의를 받았다. 이집트 무슬림 형제단 정부는 구금된 형제단원을 재판 없이 석방해 달라고 했는데 아랍 에미리트 정부는 이를 거절했다. 이미 두바이에 구금된 350명의 이집트인에 대해서는 관심이 없고 오직 무슬림 형제단만 관심을 가진 것에 대하여 아랍 에미리트는 이집트 이슬람주의 정권을 비꼬았다. 그리고 무르씨 대통령이 군부에 의하여 실각되자 아랍 에미리트를 비롯한 쿠웨이트, 사우디아라비아 등 걸프 국가들이 일제히 환영한다고 했다.

(7) 무엇이 이슬람인가?

이집트인 칼럼니스트 아흐마드 히가지는 무슬림 형제단이 이집트를 그들의 '이슬람'에 묶어 두고 또 이슬람을 그들 독단적인 권력에 묶어두고 있다고 비난했다. 무슬림 형제단들은 '이슬람'을 그들만이 아주 잘 알고 있다고 믿고 그들의 이슬람에 대한 지식을 주변 무슬림들 모두에게 강요하고 있다고 했다. 히가지의 말에 의하면 무슬림 형제단과 살라피는 본질적으로 하나의 사상을 갖고 있다고 했다. 이 둘이 정당은 다르지만 이슬람의 텍스트와 법을 그 문맥에서 벗어나 해석하기 때문에 이슬람에 대한 그들의 이해가 잘못되어 있다고 했다. 무슬림 형제단 안에 내재된 살라피 요소가 있었다.[88] 살라피는 교리적이고 이슬람주의 운동이고 사상적인 흐름tayyar fikri이다. 이슬람주의자는 국가와 사회를 이슬람화하기 위하여 살라피가 될 수 있으나 살라피는 이슬람주의자이어야 하는 것은 아니다. 그래서 살라피들 중에는 정치권 밖에 살면서 윤리를 통하여 사회를 재이슬람화하는 데 힘을 쏟는다. 하산 알 반나의 비전에 의하면 무슬림 형제단은 살라피 다아와, 순니의 방식, 수피적인 진리, 정치단체, 운동단체, 문화 학술 동아리, 무역회사, 사회

88_ Hossam Tammam, 앞의 책, 96.

적인 문제에 관심을 가졌다.[89]

초기 알자마아 알이슬라미야의 살라피는 오늘날 살라피와 다르다. 전자는 사회의 모든 문화적인 요소(수피즘에서 정치까지 그리고 경제, 사회, 과학, 문화)를 포함했는데 와하비wahhabiyyah가 지향하는 이슬람을 이슬람의 올바른 이해라고 생각했다. 오늘날 살라피는 교리나 히잡과 턱수염들에 중점을 두었고 무슬림 형제단은 아쉬아리 신학파에 속해 있다. 무슬림 형제단 창시자 하산 알반나 때부터 무슬림 형제단은 살라피 형제운동salafiyyah ikhwāniyyah에 속해 있었고[90] 사우디아라비아로 망명한 무슬림 형제단들이 와하비의 영향을 받았다.

(ㄱ) 와하비(사우디의 압둘와합이 시작한 운동)
(ㄴ) 살라피 형제운동(형제운동: 무슬림 형제단)

무슬림 형제단은 자신들이 알고 있는 이슬람율법에 뭔가를 더 보태는 것을 거부했고 이즈티하드도 거부했다. 무슬림 형제단은 그들만이 하늘의 와히(메시지)를 존중하고 그것의 순수함을 보전하고 있다고 생각했다. 히가지는 '이슬람은 과거와 완전히 분리되는 것이 아니다'고 했다. 이슬람은 과거의 경험을 사용하고 미래의 문을 그들 앞에 열어주는 것이라고 했다. 무슬림 형제단과 살라피는 동류인데 그 이유는 이슬람의 이전의 것을 인정하지 않는다는 점이라고 했다. 그들은 이슬람 이전의 것은 모두 악이고 무지이고 진리에서 먼 것이라고 생각했다. 이들에게 이슬람 이전의 것들은 모두 자힐리야라고 했다. 그리고 7세기 이슬람이 등장한 이후의 것 중에서도 무슬림들이 전혀 모르는 것이면 역시 자힐리야라고 했다. 그들에게 모두 새로운 것은 비드아(혁신)이고 모든 비드아는 길을 잃어버리게 한다고 했다. 히가지는 그들의 이런 생각은 잘못된 것이라고 했고 무슬림 형제운동과 살라피들이 이슬람을

89_ 위의 책, 97-98.
90_ 위의 책, 102.

잘못 이해하고 이슬람에 해를 끼치는 것이라고 했다. 그는 이슬람은 과거 아라비아반도에서 시작했으나 이슬람 이전의 자힐리야는 모두가 무지하고 우상인 것은 아니라고 했다. 이슬람 이전에 아랍인들은 시를 쓰고 아랍인 주변에 여러 민족과 문명들이 있었다. 무슬림들은 주변의 이집트인, 바벨론인, 히브리인, 페르시아인, 에티오피아인, 비잔틴인들을 접촉했고 유대인, 기독교인, 조로아스터교를 만났고 그들 일부를 받아들이거나 그들과 같이 살았다.

아랍에는 기독교와 유대교 이외에 이브라힘의 종교인 하니프(일신교)가 있었는데 이것을 하니피야hanīfiyyah라고 부른다. 칼럼니스트 히가지는 기독교와 유대교와 하니피야는 이슬람을 위한 길을 열어주었고 이슬람에 대한 길을 수월하게 했다고 했다. 오늘날 무슬림들이 가장 많이 우려하는 말 중에는 무슬림들이 이슬람에 대한 올바른 이해fahm sahīh에서 벗어나 무슬림들이 갈 길을 잃고 있다는 말이다. 그렇다면 무엇이 이슬람에 대한 바른 이해인지 한번 살펴보자.

첫째, 이슬람의 뜻은 평화peace이다. 이슬람이란 단어의 사전적 의미는 복종하는 것을 가리키고 전문용어로는 '알라가 무함마드에게 내려준 종교'이다. 그렇다면 이슬람이란 말 속에 '평화'라는 의미가 들어있는가? 아랍어-아랍어 사전을 보니 그런 의미가 전혀 없었다.

둘째, 이슬람은 삶의 양식a way of life이다. 무슬림들이 생각하는 서구인들의 종교 개념은 서구인과 그의 주님과의 관계는 있는데 그의 삶과 종교와의 관계가 없다고 생각한다. 그러나 모든 서구인들이 그런 것은 아니다. 이슬람은 종교가 법과 정치, 경제, 사회와 밀접한 관계가 있다고 무슬림들이 믿는다. 실제 이슬람 국가에서 무슬림들의 삶은 이슬람을 그대로 지키지 못하고 있다. 이슬람학자들은 오늘날 무슬림들의 행태를 보면 무함마드가 기겁을 할 것이라고 했다. 더구나 이슬람이 시작된 지 1400년이 지나서 이슬람주의자들이 자신들만이 하니프 이슬람을 믿는다고 주장하고 그 밖의 무슬림들은 본래 이슬람에서 벗어났다고 하는 것은 옳지 않다.

셋째, 이슬람은 종교이고 국가이다. 이 부분에서는 무슬림들끼리 의견이 갈린다. 이슬람주의 무슬림은 이슬람이 종교와 국가를 포함하고 있어서 이슬람은 종합적인 제도nizām shāmil라고 한다. 그러나 비이슬람주의 무슬림은 '종교는 알라에게, 조국은 모두에게'라는 구호를 내걸어 종교와 정치를 구별지었다. 이슬람은 종교, 이데올로기, 사상, 문화, 윤리, 정치, 법 등과 긴밀한 관련이 있다.

넷째, 많은 사람들이 이슬람을 오해하는 것 중의 하나는 이슬람이 영적인 종교라는 것이다. 성경에서 성령은 진리의 영이고 본질상 하나님이며 삼위일체[91] 하나님의 제3위로서 인격을 가진 분이다. 이런 정의에 따른 성령은 꾸란과 이슬람에 존재하지 않는다. 그러므로 이슬람은 성경에서 말하는 영적 종교가 아니다. 만일 무슬림이 이슬람을 spiritual이라고 한다면 그것은 기독교의 성령과 다른 개념에서 사용된 것이다. 이슬람은 육적인 종교이다. 그래서 무슬림들은 기독교를 영적이라고 말한다.

다섯째, 꾸란은 이슬람교의 헌법이다. 꾸란은 모든 인간을 인도하기 위하여 무함마드에게 내려준 알라의 말씀이다. 무슬림에게 이슬람교는 인간완성의 정점이다.[92] 이슬람은 알라와 무함마드를 빼놓고 성립이

91_ 일부 이집트 무슬림들은 기독교의 삼위일체도 이집트 신화에서 나온 것이라고 잘못 이해하고 있다. 그리스 로마 시대에 널리 퍼진 이시스 여신은 본래 이집트 여신이었다. 호루스의 어머니 이시스는 땅의 신 겝geb과 하늘의 여신 누트의 딸이었다. 이시스에게는 오시리스라는 형제가 있었는데 둘이 혼인하여 호루스Horus를 낳았다. 무슬림들은 기독교의 성부, 성자, 성령을 호로스(성자, 알마시흐)와 이시스(마르얌) 그리고 오시리스(루흐)라고 잘못 이해했다. 오시리스가 세트에 의하여 살해되었을 때 이시스는 주술을 이용하여 그를 살려냈다. 이런 신화는 이집트인의 종교에서 매우 중요한 영향을 주었다. 고대 이집트인들은 남편이 죽었을 때 이시스가 흘린 눈물 때문에 나일 강이 범람한다고 생각했다. 델로스 그리스 섬에 이시스 신전이 세워져 이시스가 숭배되었고 나일강 상류에서는 이 여신에 대한 숭배가 6세기까지 지속되었다. 고대 이집트인들은 인간의 몸은 살아서 내세로 가고 혼은 죽는다는 생각했다. 이집트는 매년 4월 혹은 5월달에 샴문 나씸(춘절)이라는 명절을 쉰다. 산산한 봄바람이 분다는 뜻에서 온 말인데 봄이 오면 새싹이 나오고 새 생명이 올라온다. 오시리스가 죽었다가 이때 부활하므로 샴문 나씸을 부활절과 연관시키기도 한다. 이집트에서 샴문 나심(2013년 5월 6일)과 부활절(2013년 5월 5일)이 같은 주간에 있었다.

되지 않는 종교이다. 꾸란은 이슬람율법을 만드는 데 적은 양의 구절들만 사용되었기 때문에 하디스를 빼 놓고 이슬람율법을 논하기 어렵고 당시 아라비아의 관습법이 이슬람율법에 포함되어 있어서 이런 이슬람율법을 다른 국가에서 그대로 적용하기 어렵다. 그래서 이슬람을 받아들인 지역마다 서로 다른 이슬람 법학파의 이론을 채택하였다.

여섯째, 대부분의 무슬림들이 그들에게 닥친 현세의 문제들을 꾸란에 따라 판단하는 일을 저버렸다.[93] 무슬림들은 꾸란을 그들 삶의 핵심으로 자리잡도록 해야 했는데 대부분 무슬림들은 꾸란이 어려워서 그 내용을 잘 모른다. 다만 꾸란을 외워야 한다는 가르침은 지금도 계속되고 있다. 그런데 꾸란을 외웠다고 해도 꾸란을 매일 삶 속에 적용하지 못해 이슬람의 길을 잃어버렸다. 꾸란은 알라의 책이고 무슬림의 헌법이며 그 율법은 무슬림을 지배해야 한다. 그러나 이슬람율법대로 사는 무슬림이 지구상에 몇 명이나 될까? 그 율법이 너무 많아서 이슬람을 제대로 지키는 사람들이 없다고 요르단대학교 아흐마드 교수가 아쉬워하였다.

무슬림의 분류 아랍인들은 모든 국민을 '와따니watani'라고 부른다. 와따니는 출생지와 소속감 그리고 도덕적 책무감을 나타내는 '와딴watan'[94]이란 말에서 온 것으로서 '마다니(시민)'와 '아스카리(군인)'를 포함한다. '마다니'라는 말은 군인과 반대되는 말이다. 아랍 이슬람 국가에서 2011년 아랍 혁명 전에는 이슬람주의자(이슬라미)와 세속주의 무슬림(알마니)으로 나뉘어 있었다. 무바라크 정권 때에는 탄위르(개화)

92_ Muhammad Abdullah al-Khatib, Al-Mustaqbal lil-Islam, 2012.11.

93_ 위의 글, 11.

94_ 아랍어 와딴watan은 망명자의 시각으로 본 개인의 출생지나 조상의 출생지 혹은 감정이 포함된 나라나 국가와 관련된다. 와딴이 다울라(국가)나 발라드(나라)와 다른 점은 와딴이 개인의 이익과 상관없는 도덕적인 책무감을 포함한다. 와딴은 가끔 출생지가 아닌 소속감을 나타내기도 한다. 와딴의 형용사인 와따니는 와딴보다 더 넓은 의미를 갖는다. 발라드(빌라드)는 나라, 더 작은 지역, 공통된 아랍 국가 그리고 심지어 외국 나라와 관련되어 쓰인다. 다울라는 국가 혹은 정부를 가리킨다.

가 주된 화두였다. 탄위르라는 말은 19세기 이집트 개혁주의자reformist 사상을 가리키는 말이었으나 무바라크 정권 때 탄위르는 세속주의 무슬림들과 이슬람주의자들에게 유행한 용어이었다. 이슬람주의자들은 탄위르라는 말을 세속주의와 세속적인 지식인들을 거부하는 데 사용하였다. 이슬람주의자들이 세속적인 지식인들의 담화에 참여하기 위한 시도로서 이 용어를 사용하기도 했다. 타자 특히 서구적인 세속적 모더니티와 상호 교류하는 과정에서 수입된 용어이었다. 역사적으로 탄위르(개화)라는 용어는 세속적인 기관의 확산, 새로운 삶의 방식의 강요 그리고 서구와의 문화적이고 사회적 정치적인 만남의 일부로서 빚어지는 깨어남awakening과 관련되었다. 이것은 무함마드 알리 파샤(1769-1849)와 리파아 알따흐따위(1801-1873: 개화주창자tanwiri로 불림)와 같은 교육 사절단이 유럽을 방문한 이후에 생긴 일이었다. 그러나 21세기 이집트인들은 탄위르라는 말을 서구적인 정치와 문화적인 침입을 막기 위한 다양한 토론 과정에 사용하였다. 다시 말하면 이슬람주의자들은 자신들이 이집트 지성 안에서의 정체성을 재정립하기 위하여 이 어휘를 사용하였고 세속적인 지식인들과 이집트 정부는 자신들의 입장을 지지하기 위한 말로 이 어휘를 사용하였다. 다시 말하면 이집트 안에서 동일 어휘에 대한 서로 다른 그룹들이 서로 다른 의미로 사용한다는 것을 알 수 있다. 무바라크(1981-2011) 재임 당시의 이집트 정부는 이집트의 개혁주의자들과 모더니즘을 증진시키기 위한 캠페인과 탄위르(개화)라는 어휘를 서로 관련지었다. 그러나 모더니스트들은 이 용어를 개화enlightenment란 말로 사용하였다.[95] 이집트에서는 세속주의 지성들과 국가 그리고 이슬람주의자 간의 양분현상이 첨예화되고 있었던 2012년 이슬람주의자들이 정권을 장악했다. 이슬람주의자들은 세속주의 무슬림들의 주장을 반박하기 위하여 세속주의 무슬림의 언어를 도입하여 세속주의 진영의 사람들과 대화를 시도했다. 탄위르는 이집트인들의

95_ Enid Hill, Discourses in Contemporary Egypt: Politics and social issues, Cairo Papers in Social Science, Vol.22, 1999, 14.

사회적이고 정치적인 이슈가 되었다.

2011년 아랍 혁명이 일어나자 이집트 언론에서 탄위르라는 단어는 사라지고 대신에 이슬람주의자들과 그 밖의 사람들을 구분하는 용어가 등장했다. 세속주의 무슬림으로 분류되거나 리버럴liberal 무슬림으로 자신들이 불려지는 것이 싫어서 리버럴 무슬림, 세속주의 무슬림, 좌익 무슬림, 공산주의 무슬림들을 통틀어 '마다니'96라고 불러 달라고 했다. 그래서 언론에서는 이슬라미와 마다니 두 가지로 무슬림들을 분류하였다.

첫째, 아랍 혁명 이전의 분류: 마다니(민간인)와 아스카리(군인) 혹은 알마니(세속주의)와 디니(종교적)

둘째, 아랍 혁명 이후의 구분: 마다니와 이슬라미

(ㄱ) 마다니=세속주의 무슬림+리버럴 무슬림+좌익 무슬림+공산주의 무슬림

(ㄴ) 이슬라미=무슬림 형제단+알자마아 알이슬라미야+살라피+지하디

살라프라는 말은 어휘적으로 '앞선 사람'을 가리키지만 이슬람 용어로는 이슬람 첫 3세기 동안 무함마드의 동료(싸하바)와 그들을 따른 사람들(타비인)의 모범과 방식을 그대로 추종하는 사람들이다.97 살라피에는 4명의 정통 칼리파와 하디스를 모은 알부카리와 무슬림 등이 포함되었다. 18세기 사우디아라비아의 무함마드 븐 압둘 와합은 와하비 살라피 운동의 창설자였다. 살라피들은 이런 초기 무슬림들의 이슬람의 교리와 무슬림들의 생활 방식(수염, 히잡, 엄격한 복장 등)을 지키는

96_ 국민 구국 전선의 이름으로 연대한 비이슬람주의 계파 정당들은 무함마드 알바라다이를 전체 코디네이터로 하고 회원 정당으로는 회의당(아므르 무싸), 이집트 민주당(무함마드 아부 알가르), 와프드당, 이집트 자유당, 민중 동맹당, 집합당, 자유인 이집트인당, 이집트 공산당, 민주 전선당 등이다.

97_ Salāh Abū al-Sa'ūd, al-Firaq wa al-Jamā'āt wa al-Madhāhib al-Islāmiyyah, 182.

무슬림들로서 그 전통을 그대로 따르는 것을 고집하였기 때문에 초기에 아흘 알하디스로 불렸다. 그래서 입법과정에서는 아끌aql(이성)을 도입하되 나끌(전통)이 아끌을 구속하도록 했고 그 반대는 불가능했다. 그래서 어떤 경우에도 타으윌(꾸란의 알레고리적 속뜻의 해석)은 거부했고 꾸란과 하디스의 문자 그대로 해석하고 하디스가 꾸란의 가장 좋은 주석이라고 믿었다. 타쉬비흐(인간의 속성과 비유)를 절대로 인정하지 않았으며 꾸란은 알라의 말이고 만일 꾸란이 창조되었다고 하면 그들에게는 그가 카피르였다.[98] 살라프에게 믿음(이만)은 말과 행동과 지식(마으리파)이었고 순종에 의하여 믿음이 증가되고 불순종에 의하여 믿음이 줄어든다고 믿었다. 살라피 방식을 따랐던 이븐 한발에게 믿음이 증가하는 경우는 알라를 부르짖고 알라에게 감사하고 알라를 찬양할 때이고 믿음이 줄어드는 경우는 알라를 등한시하고 잊어버렸을 때라고 했다.

살라피 운동의 목표는 살라프 쌀리흐(충실하게 행하는 살라피)들의 교리로 돌아가는 것을 의미했다. 이슬람에서 불순물을 버리고 순수하게 하기 위한 것으로서 이런 방식을 이븐 한발이 적용했고 그 뒤에 이븐 타이미야가 그 방식을 따랐다.[99] 사우디아라비아 건국 초기에 와하비를 창설한 무함마드 븐 압둘 와합은 한발리 파이었으나 그의 파트와(법적 견해)는 한발리를 따르지 않았다. 그래서 일부 학자들은 그의 살라피적인 주장이 본질적으로 마드합(법학파) 수준의 것은 아니라고 했다. 압둘 와합은 이즈티하드의 문을 다시 열고 꾸란과 순나에 근거한 법적 해석을 강조했다. 와하비의 다아와(전도)는 나즈드 주민들에게 받아들여졌고 사우디아라비아의 무함마드 븐 사우드 왕자는 와하비 가르침을 지원하였다. 1756년 그가 죽은 뒤 왕위에 오른 그의 아들 압둘 아지즈 븐 사우드가 와하비의 열렬한 지지자가 되었고 그의 치세 기간에 그의 정치력도 커져서 나즈드 지역 대부분을 통치하고, 나아가서 일부 히자

98_ 위의 책, 183.

99_ Salāh Abū al-Sa'ūd, al-Firaq wa al-Jamā'āt wa al-Madhāhib al-Islāmiyyah, Maktabah al-Nāfidhah, 2005, 240.

즈 지역과 이라크 국경 지대까지 국경을 넓혔다. 1792년 압둘 와합이 죽은 뒤에도 압둘 아지즈가 와하비 운동의 영향력을 확산시켰고 바스라 지역과 시아파가 있는 카르발라 지역까지 퍼졌다. 1802년 와하비들이 알따이프를 점령하고 나서 왕자 사우드가 메카에 입성했다. 그 뒤 2년 뒤에 메디나를 점령하였고 그의 추종자들은 예멘과 팔레스타인까지 퍼져갔다. 와하비들은 그들의 가르침을 따르지 않는 순례객들은 메카와 메디나 순례를 못 하도록 막았다. 오스만 터키는 알디르이야에서 반기를 든 무함마드 압둘 와합과 그 추종자들을 진압하려고 이집트의 무함마드 알리에게 도움을 요청했고 뚜순 바샤가 사막에서 힘들어 패하자 이브라힘 바샤를 보내 1818년 당시 사우디아라비아의 수도 알디르이야를 점령했다. 사우디인들은 알디르이야 함락 이후 몇 년 지나서 리야드를 수도로 한 두 번째 사우디 국가를 세웠다. 두 번째 사우디 국가는 영토확장은 줄이고 종교적인 열심도 덜했으나 여전히 살라피 종교학자들을 고용했다. 무함마드 이븐 사우드의 손자 투르키 이븐 압둘라가 두 번째 사우디 국가의 창설자이고 근대 사우디아라비아의 조상으로 간주되는데 사우디 가문은 살라피 사상을 이어갔다.

무슬림 형제단은 이슬람주의 사회운동이다. 무슬림 형제단에는 살라피 요소가 내재되어 있었는데 살라피들은 알사다트 대통령 때 이집트의 정치적, 사회적, 경제적 상황의 도움을 얻었다. 당시 이집트는 종교적으로 약화되고 있었고 알사다트의 종교적이고 사회적인 개방 정책은 와하비가 영향력을 확대할 수 있는 좋은 기회였다. 1970년대와 80년대 초 이집트 무슬림 형제단이 와하비를 이집트 상황에 맞게 재구성하였다. 1990년대 중반에는 이집트 종교적 상황의 변화가 무슬림 형제단 안과 밖으로 살라피를 확대시킬 수 있는 새로운 기회를 부여했다.[100] 나세르 대통령 때 이집트를 떠난 형제단의 리더들은 걸프지역으로 갔고 주로 사우디아라비아에 정착하면서 와하비 사상을 받아들였

100_ Hossam Tammam, 앞의 책, 97.

다. 1970년 나세르 대통령이 사망하고 1973년 아랍 이스라엘 전쟁에서 이집트가 이겼다고 발표했고 1973년 이후 유가가 폭등하였다. 걸프 산유국들의 오일달러는 많은 이슬람 국가에서 종교적인 영향력을 확산시키는 데 와하비 전도(다아와)가 도움을 주었는데 그중의 하나가 이집트였다. 무슬림 형제단의 창시자 하산 알반나에게는 수피의 정신이 있었으나 그 뒤 무슬림 형제단 리더들은 수피를 몰아내고 이슬람 교리의 순수를 강조하였다. 알반나는 타 종교와의 관계에 대하여 교리상의 차이를 부각시키지 않았기 때문에 유대인과 갈등이 없었고 기독교인들과도 종교 간 문제가 없었다. 그러나 알반나는 무슬림에게 전도하는 선교단체와는 적극적으로 저항하라고 했고 특히 전도활동을 하는 학교나 병원 등과 같은 기관의 등록을 아예 취소시키라고 했다.[101] 알반나는 무슬림 남녀의 외모에 대해서 특별한 규정을 두지 않았고 남성들이 턱수염을 길러서 다른 사람들과 장벽이 되는 것을 금하였다. 무슬림 형제단의 여성들은 나머지 이집트 여성들과 크게 다르지 않게 머리칼을 덮거나 이샤릅(머리만 덮는 천)을 머리에 쓰곤 했다.

알자마아 알이슬라미야는 무슬림 형제단보다는 살라피에 더 가깝고 이집트의 사이드 지역에 많이 분포되어 있다. 이집트의 리버럴 무슬림들은 무르씨 정권 때 이집트가 '종교국가'로 가고 있다고 했다. 그러나 2012년 무슬림 형제단 본부에서 만난 무슬림 형제단 책임자는 '무슬림 형제 운동이 절대로 종교국가를 만들지는 않는다'고 강하게 부인했으나 무르씨 정권은 샤리아를 강조했고 그의 통치에는 공의가 없었고 대화를 거부하였다. 2012년 12월 2일 알슈루끄 신문의 헤드라인에 '국가는 하나인데 국민은 둘이다'란 제목이 있었다. 무르씨 대통령을 지지하는 국민과 그를 반대하는 국민 둘로 나뉘었다. 여기서 이집트 국민이 둘이라는 것은 정치권에서 말하는 이슬람주의 세력과 비이슬람주의 세력이다. 2011년 혁명 전후 이들 이슬람주의 정당은 종교와 관련

101_ 위의 책, 103.

된 선거 구호를 사용했다. 무슬림 형제단은 '이슬람이 해법'이라는 구호를 사용했는데 이 구호는 이슬람이 통치 방법(만하즈)이라는 것을 강조하여 무슬림들로 하여금 이슬람율법에 관심을 불러일으키기 위함이었다. 그래서 2013년 이슬람 샤리아가 이집트 입법의 기본 근거(마스다르 라이시)가 되었다. 누르당은 정치는 종교의 일부이고 정치는 이데올로기와 관련되어 있다고 했다. 무슬림 형제운동의 강령은 '알라가 우리의 목표이고 무함마드가 우리의 지도자요 꾸란은 우리의 헌법이요 지하드는 우리의 길이요 알라를 위하여 죽는 것이 가장 고귀한 염원'이라고 했다. 무슬림 형제운동은 세계적인 이슬람 대중 운동으로서 이슬람율법(샤리아)에 근거한 세계질서(칼리파제)를 세우기 위한 것이다.[102] 무슬림 형제단은 도시 중산층의 지식인들에게 사회 경제적 제도를 통하여 접근하였고 거리의 시민들에게는 폭넓은 사회 복지 프로그램을 실시하여 그들의 현실 문제를 해결해주었다. 그것은 모스크의 설교 그리고 교육과 건강을 보살피는 사업을 확대함으로써 가능했다. 무슬림 형제단은 서구적 자유주의를 반대하고 이스라엘에 대한 지하드를 지속하여 팔레스타인의 하마스를 적극 지원했다.[103]

102_ 2012년 이집트 무슬림들이 새 헌법에 찬성하는 이슬라미는 무슬림 형제운동, 알자마아 알이슬라미야, 살라피의 누르당 청년들, 안싸르 알샤리아 운동, 지하드 조직, 지하드 조직의 정당인 안녕과 발전(알살라마 와알탄미야)당이었다. 2013년 3월 이집트 이슬람주의 정당은 8개인데 그중 주요 정당 6개는 자유 정의당(무슬림 형제단의 정치조직), 와딴당(누르당에서 쪼개어 나온 정당), 건설개발당(가마아 알이슬라미야의 정당), 아쌀라당(살라피 계), 누르당(다아와 살라피의 정치조직, 살라피 계), 와사뜨당(혁명 후 제일 먼저 창당된 정당이고 이슬람주의로 기운 정당)이다. 여기서 누르당과 아쌀라당 그리고 건설개발당은 이슬람 동맹(타할루프 이슬라미)이란 이름으로 연대했다.

103_ 무바라크 전대통령은 요르단, 아랍 에미리트, 사우디아라비아를 온건 국가 동맹으로 부르면서 이란을 적으로 대하였으나 무르씨 대통령은 2012년 대통령으로 취임한 뒤 제일 먼저 사우디아라비아로 갔다. 그리고 자신의 이슬람주의 성향과 같은 터키 총리 에르도안을 만났고 이슬람의 깨어남Islamic Awakening을 주창하며 미국과 대립하고 있는 이란을 방문했다. 1979년 이슬람주의 혁명이 있었던 이란은 무바라크 정권 시절 내내 1980년부터 30년 동안 이집트와 외교관계가 단절되었었다. 무르씨는 대통령으로 취임하자마자 무슬림 형제단의 분파인 팔레스타인의 하마스를 적극 지원했고 2013년에는 1974년 이후 37년 만에 이집트 대통령으로서는 처음으로 파키스탄을 방문했다.

2011년 이집트 혁명 이후 '마다니' 혹은 '리버럴liberal'이라는 새로운 용어 때문에 한때 '세속주의(알마니)'란 말이 빛을 잃는 듯했다. 그러나 이슬람주의 세력이 커지면서 '알마니'라는 단어가 이슬람주의자들의 입에 더 많이 오르내렸다. 이집트 청년 파우지는 '모든 이슬람주의자들이 한 가지 색깔이 아닌 것처럼 모든 세속주의 무슬림이 모두 한 가지가 아니다'고 했다. 세속주의 무슬림은 이슬람주의자들을 6살 소녀와 혼인을 하자는 사람들이라고 하고 이슬람주의자들은 세속주의 무슬림들을 사회를 붕괴시키고 타락시키는 사람들이고 종교를 반대하는 사람들로 이해했다. 비이슬람주의자들 중에 세속주의 무슬림, 리버럴 무슬림 이외에 사회주의 무슬림이 있다. 이집트 정당 중에 나세르 당이 있었는데 이집트는 나세르 대통령 시절에 사회주의를 해봤다. 그러나 소비에트 공산주의가 몰락했고 공산주의는 이슬람에게는 쿠프르(알라의 존재를 안 믿는 것)이고 무신론자이었다. 이집트 혁명 후에 혁명사회주의(이쉬티라키 사우리)는 근로자층을 지지하였고 이 근로자층이 사회 변화를 움직이게 한다고 믿었다. 사회주의는 정치사상이고 종교인이 아니다. 사회주의는 사상에 근거하고 직접적으로 종교에 대한 입장은 없다.

이슬람 국가에서 높은 가치는 이슬람율법의 원리이다. 수단에서는 이슬람율법을 지키겠다고 하다가 나라가 수단과 남수단으로 나뉘었다. 그리고 이슬람 교리를 지키겠다고 한 아프가니스탄은 불의 부당한 체제를 만들어 미국에 공격 구실을 주었다. 그런데 지하드 운동가 사이드 이맘은 아프가니스탄의 탈레반의 모델과 소말리아의 이슬람 통치가 바람직한 제도라고 했다. 그는 무슬림 형제단의 이집트 무함마드 무르씨 정권은 카피르 국가라고 했다. 그는 카피르 국가라고 해서 국민이 카피르라는 말이 아니기 때문에 국민들이 정권에 대항하여 지하드를 해야 한다고 했다. 무슬림 형제단의 무르씨 정권이 샤리아에 근거한 정권이 아니라고 했다. 결국 이집트 무슬림들 사이에 다음 큰 세 부류의 이슬람 성향이 있다.

(1) 무슬림 형제단의 입장: 2012년 무슬림 형제단이 대선 유세에서 선거 구호는 '이슬람이 해법이다'였고 무슬림 형제단의 이슬람이 옳다고 했다.
(2) 세속주의 무슬림 혹은 리버럴 무슬림의 입장: 무슬림 형제단의 이슬람은 정도에서 벗어났다.
(3) 살라피 혹은 지하디 무슬림의 입장: 무슬림 형제단의 이슬람은 샤리아(이슬람율법)를 준수하지 않고 있다.
(4) 극단과 테러를 기준으로하는 구분:
    (ㄱ) 근본주의적 극단주의(우술리 무타따리프)
    (ㄴ) 테러리스트(이르하비)
    (ㄷ) 지하드를 하는 살라피(살라피 지하디)와 이슬람 지하드
    (ㄹ) 알타크피리야(타크피르를 하는 무슬림): 알까이다

이집트는 1900-1930년 세속주의secular 패러다임이 주류를 이루었다.[104] 그중 한 예로 아랍 무슬림의 문호 따하 후세인의 1926년 <이슬람 이전의 시on pre-Islamic Poetry>에서 그는 세속주의 성향을 강조했다. 그 뒤 나세르 대통령 시절에는 무슬림 형제운동을 엄중하게 감시하고 1961년에는 알아즈하르를 개혁하였다. 이슬람주의 운동이 점차 힘을 얻으면서 무바라크 정권 시절인 1993-1996년 카이로 대학교 교수 나스르 하미드 아부 자이드(1943-2010) 승진 심사와 관련되어 이슬람주의 이데올로기와의 전쟁이 있었고 결국 이슬람주의자 교수들이 승리를 거두었다. 1992년 아부 자이드는 정교수 승진 심사를 대학 측에 신청했는데 2명의 교수는 그의 승진을 허락하고 압둘 삽부르 샤힌 박사는 그가 분명히 이슬람 신앙에 배치된다고 하면서 그의 승진을 거부했다. 이집트 법원은 아부 자이드를 무르탓드(배교자)로 판결하고 그를 카피르로 낙인찍음으로써 카이로 대학교 불문학과 교수였던 그의 아내 이브

104_ Joseph Glicksberg, The Islamist Movement and the Subversion of Secularism in Modern Egypt, University of Pennsylvania, 2003, 35.

티할과의 이혼이 법원에 의하여 강요되었다. 이슬람율법에서는 무슬림 여성이 비무슬림 남자와 혼인할 수 없으므로 그는 이혼을 당했다. 꾸란에 대한 그의 견해 때문에 종교적인 박해를 받았고 법원의 판결에 따라 그는 이집트에 살 수 없어서 해외로 나가야 했다. 아부 자이드는 '나는 무슬림이다. 나는 꾸란은 알라가 예언자 무함마드에게 준 텍스트라고 생각하고 그 텍스트는 인간의 언어인 아랍어로 쓰였다'고 말했다. 그러나 그가 꾸란은 무함마드가 썼다는 말을 했다는 혐의를 받았다. 그가 이런 고소를 당한 것은 1990년대 당시 이집트 사회의 이슬람주의 경향을 반영하고 있었다.

1952-1970년 나세르 정권은 대부분의 학자들이 생각하는 것보다 훨씬 덜 세속적이었다. 나세르 대통령은 범 아랍주의와 아랍 사회주의로 유명했지만 실제 나세르는 이슬람을 그의 정치적 담화에 사용했고 이슬람의 정통성을 그의 정권에 사용했다. 이집트 사회에서 이슬람이 주도적인 분위기여서 그는 이슬람을 사용하지 않을 수 없었다. 1967년 6일 전쟁의 패배로 이슬람이 부흥revival의 기회를 잡았다. 나세르 대통령에 대한 평가가 세속주의 리버럴 진영, 혁명적 사회주의 진영, 이슬람주의 진영의 견해에 따라 차이가 났다. 이슬람주의 진영에서는 나세르가 이슬람에서 너무 멀리 떨어져 있었기 때문에 신의 처벌을 받아서 이스라엘과의 전쟁에서 이집트가 졌다고 했다. 1967년 전쟁은 세속주의와 사회주의가 패배하고 이슬람이 부흥했다. 1967년 이후 이집트의 이데올로기에서는 '종교'가 더 중요한 요인이 되고 있었다.[105] 이집트에서 증가되는 이슬람주의는 알사다트와 무바라크 대통령 시절에도 계속되었다. 알사다트는 나세르와 차별화를 위해 이슬람 담화를 더 많이 사용했다. 이집트 학자들은 알사다트 정책의 많은 부분이 강한 종교적 성향을 띠고 있었다고 했다. 그중 하나가 그 자신을 "믿는 자mu'min 대통령"이라고 부르라고 했다. 그는 사회주의자 숙청이 곧 국가를 이슬

105_ 위의 글, 66.

람교 신앙으로 되돌리는 것으로 이해했다. 알사다트는 이집트 좌익을 몰아내기 위하여 급진적인 이슬람주의 집단을 풀어주었다. 나세르 시절에는 출간 금지되었던 무슬림 형제단의 책 『알다아와와 알이으티삼: 이슬람 전도와 농성』이란 책을 발간했다. 1980년 이슬람 성향으로 헌법을 개정하고 샤리아를 모든 입법의 기본원리라고 규정했다. 알사다트는 그의 외교 정책을 정당화하는 데 이슬람을 사용했다. 1973년 10월 전쟁을 종교 전쟁으로 묘사했는데 바드르 전투를 암호로 사용했다. 서기 623년 카피르 군대와 대항하여 무함마드가 첫 승리했던 바드르 전투를 자신의 이스라엘 전투에 대입했던 것이다. 그리고 자본주의 자유화infitah 정책과 이스라엘과의 평화협상을 정당화하려고 이슬람을 평화의 종교라고 불렀다.[106] 나세르 시절에 온건 이슬람을 강조한 것이 알사다트 대통령 시절의 정치에서 종교의 역할에 영향을 주었다. 1970년대부터 1990년대까지 이슬람주의 운동이 계속 확대되어갔다. 사회적 불만, 빈곤, 그리고 정치적 야망을 가진 사람들이 이런 요인을 이용하여 이슬람을 이데올로기의 상위 자리에 올려놓았다. 국가의 정책과 현실에 환멸을 느낀 사람들은 무슬림 형제단의 급진적인 이데올로기에 매력을 느꼈다. 무슬림 형제단은 기존 정권을 전제 정권이라고 하고 비이슬람적이라고 했다. 현대화를 성공시키지 못한 이집트의 세속주의 정권이 이슬람주의 운동을 불러오게 되었다.[107] 이슬람 역사에서 인간의 욕망이 개입되지 않은 이슬람 통치 역사는 없었다. 아므르 알슈바키는 그동안 역사를 보면 종교의 이름으로 통치한 체제는 가장 좋은 국가 형태라고 기대했으나 실제는 가장 실패한 전제 정권이었다고 했다. 그는 어떤 체제가 높은 가치에서 출발하여 사람들이 합의하도록 내버려두면 발전된 민주주의 제도를 만들어낸다고 했다. 그런데 어느 민주국가에서도 유일한 법적 근거를 이슬람율법에 최고의 가치에 두었다가 성공한 나라는 없다고도 했다. 2013년 7월 이집트 이슬람주의 정권이

106_ 위의 글, 68.
107_ 위의 글, 69.

군부에 의해 축출되고 말았다.

4 이슬람의 이브라힘과 이스마일[108]

(1) 꾸란의 이브라힘

꾸란은 유대교의 구약, 기독교의 신구약과 연계성이 있을까? 이집트 교육부가 2012-2013학년에 발간한 『꾸란과 쉬운 주석』이란 책의 후기에 보면 알라가 진실되고 알라의 메신저가 진실되다고 하면서 "알라가 우리에게 가장 좋은 메신저를 보냈고 우리에게 당신의 가장 고귀한 책을 보내주셨으며 우리에게 알라 종교의 율법 중에서 가장 나은 것을 보내주시고 우리를 가장 좋은 움마(공동체)로 만들어 주었다"고 쓰여 있었다. 알라가 무슬림들에게 무함마드를 보내 주었다고 하고 가장 좋은 율법과 움마를 만들어 주었다고 한 것을 보면 유대교와 기독교와 연계성이 없다는 것을 알 수 있다. 다시 말하면 오직 무슬림만이 알라에게 선택받은 백성이고 나머지는 선택받지 못했다는 것을 강조하고 있다. 또 그의 책에 "알라가 이브라힘과 이브라힘 가문에게 복을 주셨던 것처럼 무함마드와 무함마드 가문에게도 복을 주세요"[109]라고 쓰여 있었는데 이브라힘을 무함마드와 연계시키고 있다. 한마디로 이슬람의 정통성을 이브라힘에게서 찾고 있는 것이다.

그런데 성경의 요한복음 8장 56-58절에서는 아브라함과 예수와의 관계를 설명한다. "너희 조상 아브라함은 나의 때 볼 것을 즐거워하다가 보고 기뻐하였느니라. 유대인들이 가로되 네가 아직 오십도 못 되었는데 아브라함을 보았느냐? 예수께서 가라사대 진실로 진실로 너희에

108_ 아랍어 꾸란과 아랍어 성경에서 이브라힘과 이스마일은 동일한 이름을 갖는다. 그러나 이 책에서는 서로를 구분하기 위하여 아랍어 성경에 나오는 인물은 아브라함과 이스마엘로 표기했다.

109_ Muhammad Sayyid Tantawi, al-Qur'an al-Karīm wa al-Tafsīr al-Muyassar, Matābi' Zamzam, 2012, 523.

게 이르노니 아브라함이 나기 전부터 내가 있느니라 하시니"라고 했다. 요한복음에서 예수는 아브라함이 나기 전에 그가 존재하였다고 하고 예수는 자신을 아브라함의 하나님이라고 소개한다. 아브라함이 보았던 것처럼 믿음으로 아브라함을 본 사람은 예수 그리스도가 그들의 하나님이고 메시아인 것을 기뻐하므로 이들이 아브라함의 자손이고 의로운 사람[110]이라는 것이다. 창세기 15:6절에서는 "아브람이 여호와를 믿으니 여호와께서 이를 그의 의로 여기시고"라고 하여 아브라함이 약속을 믿었으므로 의롭다고 선언되었다. 아브라함의 자손은 혈통에 의한 후손이 아니고 영적 자손으로서 메시아 안에서 구현될 약속이 성취될 것을 믿는 사람들이다. 갈라디아서 3:29절은 "너희가 그리스도의 것이면 곧 아브라함의 자손이요 약속대로 유업을 이을 자니라"고 결론을 맺는다. 하나님의 약속은 모든 사람들이 그리스도를 믿는 믿음으로 받게 되므로 만일 그가 그리스도인 것을 믿으면 그가 그리스도의 것이고 그가 그리스도의 것이면 곧 아브라함의 자손이고 하나님이 약속하신 유업을 받는다.

꾸란에 의하면 이브라힘은 알라에게 복종하는 하니프(일신론)이고 우상 숭배를 거부한 자이다. 그가 알라를 믿고 복종하므로 잔나(파라다이스)에 들어갈 것이라고 했다. 이슬람 이전 시대에 하니프는 우상숭배를 거부한 부류이고 이브라힘을 따랐던 사람들이라고 했다. 꾸란 21:72에서는 '알라가 의롭게 만들었다ja'alna Salihin, made righteous'고 했다.[111] 인간이 율법을 지키는 행동에 따라 인간을 '의롭게 만들었다'는 말은 기독교의 '의롭다고 선언되다declare righteous'는 말과 다르다. 그리스도를 믿음으로써 의롭다 함을 얻는다(갈라디아서 2:16). 한 사람이 순종하지 아니함으로 많은 사람이 죄인 된 것같이 한 사람이 순종하심으로 많은 사람이 의인이 되리라(로마서 5:19). 예수를 구주로 믿는 사람은

110_ Rick Richter, Comparing the Qur'an and the Bible, Grand Rapids: Baker Books, 2011, 20.

111_ 위의 글, 33.

의롭다고 선언된 것과 동시에 죄성을 갖는 인간은 하나님이 선언하신 신분standing과 인간의 현상태condition 사이에 있다. 그리스도 안에서 예수를 믿는 자의 신분position은 참으로 의롭다. 그리고 이 땅에 사는 우리의 현상태가 우리가 보는 현재 모습이다. 기독교에서는 이미 전가된 그리스도의 의에 초점을 둔다는 점에서 이슬람의 '의'와 서로 다르다.

7세기에 등장한 무함마드가 7세기보다 훨씬 이전의 사람 이브라힘의 이름을 빌려다가 이슬람을 이브라힘의 종교라고 한 것이다. 무함마드가 이해한 이브라힘을 무슬림들의 신앙의 조상으로 삼았다. 꾸란 주석가 이븐 카시르는 "유대인들과 나즈란(남서 사우디아라비아의 한 도시)의 기독교인들이 무함마드를 만나서 서로 말다툼을 하였는데 유대인들은 이브라힘이 유대교인이라고 주장했고 기독교인들은 이브라힘이 기독교인이라고 주장했다"고 전했다. 그래서 알라가 그들에게 말하기를 '어찌 이브라힘이 유대교인이라는 말이냐?'고 하면서 '이브라힘의 시대는 알라가 무싸에게 타우라(모세오경)를 내려주기 전의 시기'라고 했다. 또 알라는 '어찌 기독교인들이 이브라힘을 기독교인이라고 할 수 있느냐'고 묻고 '기독교는 이브라힘 시대보다 상당히 늦게 시작된 종교'라고 했다. 이런 주석의 내용을 보면 꾸란의 주석에 나오는 '알라'는 유대교와 기독교와의 연속성에서 나타난 '하나님'이 아니다. 더구나 위와 같은 논리로 따지면 이슬람은 유대교와 기독교 다음에 세계 역사에 등장하였다. 이븐 카시르는 '이브라힘을 따른 가장 올바른 사람은 무함마드'라고 했다. 결국 이브라힘과 무함마드를 서로 연결지으면서 무슬림들은 오늘날 이슬람이 이브라힘의 종교라고 강조한다. 이슬람의 꾸란을 최종적으로 가장 온전한 경전이라는 전제에서 다른 경전들을 평가 절하했던 무슬림들은 가장 배타적인 경전관을 갖고 있다.

꾸란 주석가 알라지는 "알마시흐(이싸)를 신이라고 믿은 기독교인들은 무쉬리쿤(알라의 자리에 다른 것을 올려두는 자)이고 유대인들은 타쉬비흐(신은 인간이 갖고 있는 성품의 일부를 공유한다는 것)를 인정하기 때문에 무쉬리쿤"이라고 했다. 다시 말하면 이슬람에서 보면 유대교인과 기독교인은 무쉬리쿤이고 지옥에 간다. 알라지는 꾸란이 이브라힘 시절에 이미 있었다고 주장하여 역사를 왜곡했다. 꾸란 주석가 알바이다위는 '이브라힘은 무싸보다 천 년 전에 있었고 이싸보다 2천 년 전의 사람인데 어찌 유대교인이 될 수 있고 기독교인이 될 수 있느냐'고 되물었다. 이브라힘이 만일 성경의 아브라함이 아니라면 몰라도 무슬림들이 이슬람은 이브라힘의 종교라고 주장한다면 이는 곧 기독교와 유대교의 아브라함이 아니라는 것을 의미한다. 이를 뒷받침할 꾸란 구절이 있다.
이브라힘은 유대인이 아니었고 기독교인도 아니었으나 하니프 무슬림이었고 우상 숭배자(무쉬리쿤)도 아니었다(수라 3:67).

위 꾸란 구절에서 "무슬림"이란 말은 지금 이슬람을 믿고 있는 무슬림을 가리키는 말일까? 7세기에 꾸란이 처음 등장하였는데 이브라힘 시대에 '무슬림'이란 종교적 구분이 있었을까? 만일 이브라힘이 이슬람 이전의 하니프[112]라면 오늘날 우리가 사용하는 '무슬림'이란 뜻보다는 "(알라에게) 복종하는 자"의 의미였을 것이다. 무함마드 사이드 딴따위는 '하니프 무슬림'이란 말을 '참 종교에 올바르게 서 있는 사람'이라고 했다. 압둘 할림은 그의 영어 꾸란 번역에서 위 구절을 "이브라힘은 유대교인도 아니고 기독교인도 아니다. 그는 올바르고 알라에게 순종한 사람(무슬림)이다. 그는 결코 우상 숭배자가 아니다"고 번역했다.

압둘 할림의 번역에 따르면 하니프를 '올바르고'라고 번역했고 무슬림을 '알라에게 순종하고 헌신한 사람'이란 의미로 번역했다. 이 꾸란의 내용으로 볼 때 이브라힘은 유대인도 기독교인도 아니라고 하므로 유대교와 기독교는 아브라함의 종교가 아니고 오직 이슬람만이 아

112_ 이슬람 이전의 아랍인들 중에서 하니프(단일신교)와 관련되어 알려진 사람들 중에 우마이야 븐 아비 알 쌀트('Umayyah b. 'Abī al-Salt; 624)와 무함마드의 부인 카디자의 조카, 와라까 븐 나우팔은 하니프들이었다. 그런데 일부 작가들, 역사가들, 그리고 유럽의 신학자들은 하니프들이 안디옥 교회와 일찍이 분리된 아리우스 파에 기원한다고 하였다. 즉, 그들이 아라비아와 여러 지역으로 흩어져 나즈드와 히자즈 지역으로 이동한 것은 유대 성전이 무너진 주후 70년 이후에 왔다고 일부 학자들은 주장한다. 와라까 븐 나우팔은 여러 자료에서 보면 하니프이었다. 그는 아람어나 히브리어로 된 성경을 아랍어로 번역하는 데 관심을 가졌다.

브라함의 종교라는 것이다. 그런데 왜 무슬림들이 유대교와 기독교 앞에서는 세 종교를 한데 모아 아브라함의 종교라고 할까? 이 책을 더 읽어가면 그 답을 알 수 있을 것이다. 그러면 성경과 꾸란에 나오는 아브라함과 이브라힘의 차이점은 뭘까?

(1) 성경에 아브라함의 족보가 나온다(창세기 11:26-28). 꾸란에는 이브라힘의 족보가 안 나온다.

(2) 성경과 꾸란에 아브라함과 이브라힘이 우르에서 이주한 내용이 나온다. 그런데 성경에서는 아버지 데라와 함께 하는 가족적인 이주이고(창세기 11:31-32) 꾸란에서는 아버지 아자르와 신학적인 논쟁을 벌인다(수라 6:74, 19:42-44). "왜 우상을 신들로 섬기느냐"고 이브라힘이 아자르에게 말한다(수라 6:74).

(3) 성경에서는 약속의 땅으로 이주하지만(창세기 12:1-2) 꾸란에서는 그의 종교 때문에 박해를 받는다(수라 21:68-70). "그들이 그에게 해를 끼치려 했다"(수라 21:70).

(4) 성경에는 이주 이후에 다툼이 발생하고(창세기 13:10-14) 아브라함의 목동들과 롯의 목동이 서로 다툰다(창세기 13:5-9). 그리고 왕들 사이에 전쟁이 일어나고(창세기 14:1-16) 사라와 하갈 사이에 갈등이 일어난다. 꾸란에서는 이주 전에 아버지와 왕이 신에 대하여 다툼이 일어나고(수라 26:70-73, 21:51-55) 우상을 파괴한다(수라 21:57-67, 37:85-96, 26:75-86).

(5) 성경에서는 하나님이 명한 대로 아브라함이 고향을 떠난다(창세기 12:3-5, 15:7). 꾸란에서는 그의 종교를 보호하기 위하여 물러난다(수라 19:48. 21:71, 9:115, 19:49-50). "우리가(알라) 그와 루뜨를 구해 주었다"(수라 21:71).

(6) 성경에서는 아브라함이 하나님과 멜기세댁 왕에게 축복을 받는다(창세기 12:2-3, 14:17-18). 꾸란은 알라가 잔나[113]를 약속해주는 것

113_ 이슬람의 예언자 무함마드는 꾸란에서 "잔나"를 이집트의 물과 과일, 채소들로 묘사하였다. 오늘날 사우디아라비아의 왕은 자신을 "두 사원의 관리자"라는 말로 지칭하는

으로 복을 받는다(수라 37:109-113, 11:73, 26:90-93). "잔나는 뭇타낀(알라의 벌을 두려워하여 알라가 싫어하는 것을 피하는 자)에게 가깝다"(수라 26:90).

(7) 성경에서 아브라함이 제단을 쌓았고(창세기 12:6-9, 13:3-4) 꾸란에서도 제단을 쌓았다(수라 3:96-97.22:26, 2:125, 127-131, 14:35-37). "사람들을 위해 지은 (예배의) 첫 집bayt은 메카bakka[114]에 있는 것이다"(수라 3:96).

(8) 성경에서 아브라함은 주님의 길을 따르도록 선택되었고(창세기 12:4, 18:19, 15:1-2) 씨, 땅, 언약이라는 주요개념(창세기 15:5-7, 15:13-14)이 나오고 꾸란에서 이브라힘은 예언자들 중에서 알라가 선택한 자이고(수라 3:33-34, 84, 2:137) 신에 대하여 다툼이 있었다(수라 2:139). "네가 어떻게 우리와 알라에 대한 논쟁을 할 수 있느냐?"(수라 2:139).

(9) 성경에서는 아브라함이 하나님과 대화하고(창세기 15:5,8) 동물들을 제물로 바치고(창세기 15:9-12) 자손에게 땅을 주신다(창세기 13:17-18, 15:17-20). 꾸란에서는 알라가 이브라힘과 대화하고(2:131-132, 16:120) 이브라힘이 주님께 묻기를 '주님이 죽은 자에게 어떻게 생명을 주는가를 보여 주세요'(수라 2:260)라고 한다. "알라가 예언자들이 알라의 메시지를 전하라고 예언자들로부터 서약을 받았다. 그 예언자들로는 무함마드, 누흐, 이브라힘, 무싸, 이싸 븐 마르얌이다"(수라 33:7-8; 참조 3:81-82). "알라가 이브라힘에게 '너의 주님에게 순종하라.' 이브라힘이 알라에게 답한다. 제가 주님께 순종했습니다"(수라 2:131).

(10) 성경에서 아브라함의 특질로 의로운지(창세기 15:6), 예언자(창세기 20:7), 흠이 없는 자(창세기 17:1)라고 하고 꾸란에서는 움마를 바로 세우는 자이고 무쉬리쿤이 아니고 하니프(진리의 종교)이고 까니트(예배에 항상 순종하는자)(수라 16:122)라고 한다. 또 이브라힘은 하니프이고 무

데 이 말은 과거역사를 보면 이집트 왕들이 메카와 메디나의 통치자를 일컫던 표현이었다.

114_ 원래 꾸란 본문에는 bakka인데 무슬림들은 bakka를 메카라고 해설한다.

쉬리쿤이 아니며(수라 6:161, 164), 씻디끄(진리를 믿는 사람)이고 예언자(수라 19:41)이었다.

(11) 성경(창세기 15:5, 13:14)과 꾸란(6:75-77)에는 아브라함과 별들에 대한 이야기가 있다. 성경에서는 수많은 자손들을 세어보라는 것(창세기 13:15-16)이고 꾸란에서는 하늘과 땅을 창조한 알라를 믿는다(수라 6:77-79)고 하였다.

(12) 성경에는 아브라함과 언약이 있고 꾸란에는 알라가 무함마드, 누흐, 이브라힘, 무싸, 이싸에게서 알라의 메시지를 전하겠다는 서약을 받았다(수라 33:7)고 했다. "말하라. 우리는 알라를 믿었고 우리에게 내려온 것을 믿었으며 이브라힘, 이스마일, 이스학, 야으꿉과 그의 자손들에게 내려온 것을 믿었다"(수라 2:136).

(13) 성경과 꾸란에는 아브라함(이브라힘)과 하갈(하자르)에 대한 이야기가 있다. 성경(창세기 16:1-5, 21:18-21)에서 하갈이 사막으로 쫓겨나고 꾸란에서는 가족이 (메카의) 계곡에 거한다(수라 14:37-38, 2:133-134). "나는 카아바(알바이트 알무하람) 옆 농사를 지을 수 없는 와디에 나의 자손이 기도를 하도록 그곳에 거하게 했다"(수라 14:37). 일부 주석에는 이브라힘이 이스마일과 하자르를 메카에 거처하게 했다고 설명한다.

(14) 성경에는 아브라함의 씨에 대한 언약(창세기 17:7-9)이 있고 꾸란에는 이브라힘이 자녀들에게 명한 말(수라 2:131-133)이 있다. 성경에서 모든 남자는 할례를 받는다(창세기 17:14). 이브라힘이 그의 자녀들에게 그것을 권면했고 야으꿉도 자녀들에게 그걸 명했다(수라 2:132).

(15) 성경에서 천사가 하갈에게 그의 아들의 이름을 지어주지만(창세기 16:11-12) 꾸란에서는 이브라힘이 "이스마일과 이스학을 나에게 허락하신 알라에게 감사드린다"(수라 14:39)고 말한다.

(16) 성경(창세기 17:18)에는 이스마엘에 대한 아브라함의 기도가 나와 있다. 꾸란(14:37-38)에서는 이브라힘의 자녀들이 기도를 수행하도록 카아바 근처에 살게 했다고 한다. "나는 카아바(알바이트 알무하람) 옆 농사를 지을 수 없는 와디에 나의 자손이 기도를 계속하도록 그곳에

거하게 했다. 사람들의 마음을 그들을 향하게 하라. 그들에게 수확물을 제공하니 그들이 감사해 했다(수라 14:37), 우리 주님! 당신은 우리가 숨기는 것과 드러낸 것 모두를 아신다. 땅이나 하늘에서 알라에게 숨길 수 있는 것은 아무것도 없다"(수라 14:38).

(17) 성경에서 아버지와 아들 간의 유대는 할례로 맺어지고(창세기 17:23-27) 꾸란에서 아버지와 아들 간의 유대는 카아바 신전을 세우는 것이다. "이브라힘과 이스마일이 알바이트의 기초를 세웠다"(수라 2:127).

(18) 성경(창세기 17:15-16)과 꾸란(수라 11:73, 51:28)에서 사라가 복을 받아 아들을 갖는다. "그녀(사라)가 말했다. 내가 나이 들어 아이를 낳는다고! 이건 놀랄 일이다"(수라 11:73).

(19) 성경에서 두 아들이 큰 나라를 이룰 것이라는 약속을 받고(창세기 21:13,18) 꾸란에서는 두 아들이 예언자가 되었다(수라 19:54-55, 37:112). "기억하라 무함마드야! 책에는 이스마일의 이야기가 있다. 이스마일은 약속에 진실하고 라술이고 나비이다"(수라 19:54). "알라가 이브라힘에게 '내가 너에게 선행하는 예언자 이스학을 주겠다는 기쁜 소식을 주었다'"(수라 37:112).

(20) 성경과 꾸란에서 천사들이 아브라함과 사라를 방문한다. 성경에서는 이삭이 탄생하는 것이 언약이고(창세기 17:17, 19) 꾸란에서는 이삭의 탄생은 기쁜 소식일 뿐이다(수라 15:53-56). "이브라힘의 손님들이 와서 '아들이 있을 것이라는 기쁜 소식을 주마'"(수라 15:53).

(21) 성경과 꾸란에서 천사들이 방문할 때 소고기를 요리해 주는데 성경에선 세 천사들이 먹고(창세기 18:1-5) 꾸런에서는 천사들이 안 먹는다(수라 11:69-70). 이브라함이 루술(메신저들)이 기쁜 소식을 가져왔다(수라 11:69). 그런데 그들이 먹지 않았다(수라 11:70). 아랍 전통에서는 손님이 음식을 먹지 않으면 나쁜 소식을 전하려고 온 사람으로 여겼다.

(22) 천사들이 방문할 때 성경에서 아브라함과 사라가 웃고(창세기 18;11-15) 꾸란에서는 이브라힘의 아내는 뒤에 서서 (놀람으로) 웃는다(수라 11:71-73).

(23) 성경에서 천사들이 소돔에 대한 소식을 전하고(창세기 18:17-18) 꾸란에서는 그 마을의 사람들을 멸망시키려 한다. 루뜨가 그곳에 살았다(수라 31).

(24) 성경(창세기 18:24-28)에서는 의인 50에서 10명까지 줄여가면서 롯을 살려달라고 간청한다. 그런데 꾸란(수라 11:74-75)에서는 이브라힘이 알라에게 루뜨의 족속을 살려달라고 한다. "두려움이 이브라힘에게서 떠났을 때 기쁜 소식이 그에게 왔고 그가 루뜨의 사람들을 위하여 우리에게 간청했다"(수라 11:74).

(25) 성경(창세기 19:1-4)에서는 두 천사가 소돔 성에 이르고 롯이 식탁을 베푸는데, 꾸란(수라 11:77-80)에서 "우리의 메신저들이 루뜨에게 와서 그는 그들을 보호하는 데 능력이 없음을 알고 그들을 염려하는데 그의 족속들이 그에게 달려들어 가증한 일을 저질렀다. 여기에 내 딸들이 있으니 너희에게 더 나을 것이고 알라를 두려워하는 것이 조금이라도 있으면 내 손님들에게는 부끄러운 짓을 하지 말라"(수라 11:77-78).

(26) 천사들의 소돔에 대한 소식에서 성경은 아내와 두 딸을 데리고 가라고 하고(창세기 19:15-18) 꾸란(수라 11:81)에서는 "야 루뜨야! 우리는 알라에게서 온 루술이다. 아무도 뒤돌아보지 말게 하라. 다른 사람에게 떨어진 운명이 너의 아내에게만 닥칠 것이다"(수라 11:81).

(27) 천사들이 롯을 방문할 때 롯이 작은 성읍으로 도망하나(창세기 19:19-24) 꾸란에서는 루뜨의 아내가 불신자의 모범이 된다(수라 27:54-56). "우리가 루뜨를 그의 백성들에게 보냈다. 그가 그들에게 말하기를 너희가 눈을 뜨고 어찌 이런 비행을 저지를 수 있느냐? 어찌 여자 대신에 남자들에게 육욕을 품을 수 있느냐? 참으로 어리석도다. 우리는 그의 아내를 제외하고 그와 그의 가족을 구해 주었다. 우리는 그녀를 뒤에 남게 했다"(수라 27:54-57).

(28) 성경에서는 도시들이 망하고 아내가 뒤를 돌아보지만(창세기 19:25-28) 꾸란에서는 아무도 뒤를 돌아보지 말라(수라 15:64-66, 26:160-164)고 한다.

(29) 성경에서는 롯이 소알에서 사는 게 두려워 딸들과 산속의 굴에서 사는데 두 딸이 아버지에게 술을 먹여 잠자리를 같이한다(창세기 19:30-33). 꾸란에서는 알라가 너를 위하여 창조한 아내들을 버리라(수라 26:166)고 한다.

(30) 성경과 꾸란에서 아들을 희생제물로 바치라는 환상(창세기 22:1-5, 수라 37:99-104)이 나온다. 성경에서는 이삭이 제물로 바쳐지지만 꾸란에서는 아들이라고만 하고 그 이름이 없다.

(31) 성경(창세기 22:13-14)에서는 하나님이 준비하신 숫양이 있어 숫양을 번제로 드리고 꾸란(수라 37:107-112)에서는 "그가 말하기를 '내 아들아! 내 꿈에서 너를 희생제물로 드리라는 꿈을 꾸었다.' '아버지, 명령을 받으신 대로 행하세요.' 대리희생으로 양이 나온다. 우리가 큰 제물로 그를 속량해 주었다."고 했다. 그의 아들을 죽이는 대신에 큰 제물로 그를 대신하여 죽게 했다. 그런데 주석가들 사이에 여기에 나오는 아들이 이스학이라는 사람과 이스마일이라는 사람들로 나뉘었다.

(32) 성경(창세기 22:16-19)에서는 아브라함이 하나님의 말을 준행하여 독자도 아끼지 아니했다고 하나님이 그에게 복을 주고 그의 씨를 번성하게 하고 그의 씨로 말미암아 천하 만민이 복을 받으리라고 한다. 꾸란(37:113)에서 "알라가 이브라힘에게 그의 아들이 있을 것이라는 기쁜 소식을 전하고 그에게 복을 내린다." 그리고 37:110절에서는 "이것이 선행을 행한 사람들에게 알라가 보상하는 방법이다"고 한다.

(33) 성경에는 아브라함이 사라를 가나안 땅 막벨라 굴에 매장하고(창세기 23:17-20) 아브라함이 175세에 죽었을 때 그의 아들들인 이삭과 이스마엘이 그를 마므레 앞 막벨라 굴에 장사했다(창세기 25:7-9). 꾸란에서는 이브라힘이 장사지낸 이야기가 안 나온다.

이상과 같이 성경과 꾸란의 텍스트 대비를 통하여 우리는 아브라함이 꾸란의 이브라힘과 유사한 부분과 차이가 나는 부분이 있다는 것을 알았다. 두 텍스트에서 아브라함(이브라힘)이 고향을 떠나 다른 장소로 이동하고 나이 들어 두 아들을 낳았고 환상 중에 신은 아들을 희생 제물로 바치라고 명한다. 두 텍스트에서 아브라함(이브라힘)이 복종하고 신은 아들을 구하고 그의 아들을 기꺼이 내놓은 것에 신이 축복하신다.[115] 이런 점에서 보면 유대교, 기독교, 이슬람이 서로 공유된 내용이 있다고 주장할 수 있다. 그러나 두 텍스트에서 스토리텔링의 구조와 형식과 스타일에서는 많은 차이가 있고 각 텍스트마다 다른 주제와 서로 다른 강조점 그리고 신학적인 함의가 다르다. 성경에서 창세기 11장 27절에서 25장까지 스토리가 연대기적으로 서술되어 있으나 꾸란에서는 2장에서 87장까지 이브라힘과 관련된 구절이 여기저기 분산되어 있다. 더구나 이들 이야기가 다른 스토리와 얽혀 있고 주제는 행동과 윤리적인 안내의 모델로 제시되고 있다. 꾸란에서 내러티브 스타일은 역사적이지 않고 교훈적이다. 대체로 꾸란에서는 특정 장소들의 이름이 발견되지 않고 이브라힘의 스토리에서 단 한 장소 베카가 나온다. 이곳은 이브라힘이 가족들이 기도생활을 하도록 가족을 거처하게 한 장소이고 경작할 수 없는 와디 지역이라고 했다. 그런데 성경에서는 아브라함의 동선이 세세한 여행 일정에 따라 자세히 기록되어 있고 모든 장소의 이름이 언급되어 있다. 꾸란에서는 이브라힘과 관련되어 그의 여행 일정에 따라 사건들을 언급하지 않았다. 성경에서는 아브라함과 사라의 이집트에서 생긴 에피소드가 3장에 걸쳐서 3번 나오는데 이런 내용이 꾸란에는 없다.

위와 같이 두 텍스트의 대비 구절이 아브라함과 이브라힘의 신앙에 대한 메시지를 전달하는데 서로 다른 접근과 강조점이 다르다. 결국 경전들에 대한 연구는 내용과 형식을 모두 살펴보아야 한다. 우선 경전의 내용에서 꾸란과 성경이 차이가 있다. 이슬람의 시각에서 보면 유대인과 기독교인들의 성경이 변질되었기 때문에 이 성경을 대체할 책은 꾸란밖에 없다고 했다.

115_ Amira Elias, The Comparative Study of the "Abraham Story" in the Bible and the Quran, Concordia University, MA Thesis, 2000, 121-130.

무슬림들은 성경의 오류를 찾아내기 위하여 텍스트 비평적 방법을 사용한 반면에 꾸란을 연구할 때는 비평적 방법을 사용해서는 안 된다고 말한다. 무슬림의 입장에서 보면 꾸란의 형식이 완벽하고 꾸란의 형식이 꾸란 내용의 권위를 전적으로 보장하기 때문에 꾸란을 비평하는 것이 정당화될 수 없다고 했다. 무슬림들은 성경의 형식이 변질되었기 때문에 성경 내용에 대한 비평은 가능하다고 하면서 그 반대로 꾸란의 내용 비평은 금했다. 유대교와 기독교 입장에서 보면 위와 같은 무슬림의 주장에 반대되는 증거를 다음 세 가지로 요약할 수 있다. 첫째는 꾸란이 성경을 잘못 이해하고 성경과 모순되게 쓰고 또 꾸란에서 성경을 잘못 인용하였기 때문에 이슬람이 기독교와 유대교 신학에 어긋난 주장을 하였다. 둘째는 중요한 신학적인 교리인 예수와 하나님과의 관계를 성경의 신약이 기록하고 있는데 그런 내용은 꾸란에 없다. 셋째는 신약의 심오한 신학적 개념과 더 높은 윤리적 가치로부터 퇴행시키는 내용을 꾸란이 담고 있다.

(2) 꾸란의 이스마일

오늘날 무슬림들은 자신들이 이스마일의 자손이라고 한다. 그러나 전술한 바와 같이 오늘날 아랍인들이 원시 아랍인이 아니라고 했는데 어째서 아랍 무슬림들은 자신들이 이스마일의 후손이라고 하는 걸까? 아브라함의 언약이 이삭에게서 성취된다고 해서 이스마일이 그 언약의 복을 조금도 나눠 가질 수 없는가? 토니 마을루프는 '이스마일이 할례의식에 순종함으로써 아브라함의 복 아래 놓이게 되었다'[116]고 했다.

그런데 컬버Culver는 성경에서 이스마엘과 아브라함을 대비시킨 후에 하나님은 아브라함에게 언약을 주시고 이스마엘에게는 약속을 주셨다고 했고 이스마엘에게 준 이런 약속을 '언약적 산물covenant corollary'이라고 했다.[117] 즉 복을 주시는 특별한 부류의 약속이지만 언약의 약

116_ Tony T. Maalouf, Ishmael in Biblical History, Dallas Theological Seminary, 1998, 251.
117_ Jonathan Edwin Culver, The Ishmael Promises in the light of God's Mission: Christian

속은 아니라는 것이다. 이사야 60:6-7과 마태 2:1-12는 이스마엘의 자손이 하나님의 특별한 수혜자가 된다는 것을 확증하지만 도구는 아니라는 것이다. 알렉산드리아의 오리건, 마틴 루터, 사무엘 즈웨머도 이와 비슷한 해석을 했다. 그런데 두케트Jacqueline Michelle Duckett는 창세기 16:7-14에서 하나님의 은택과 축복의 수혜자는 하갈과 이스마엘이라고 했다. 그리고 수많은 씨와 자유를 얻을 복은 창세기 16장과 더 큰 문맥에서 발견되는 속량redemption의 주제를 지지한다는 것이다. 더구나 이 본문은 선택받지 않은 백성도 구원을 받을 수 있음을 상징적으로 보여준다.[118] 창세기 12:3에서처럼 모든 족속이 너를 인하여 복을 받으리라는 약속을 창세기 16:7-14절이 반복하고 있다.

그렇다면 이스마엘 자손에 대한 하나님의 계획은 무엇인가? 무슬림들이 이스마엘을 무함마드와 일부 북부 아라비아 부족의 조상으로 묘사한 것은 신빙성이 있는가? 토니 마을루프는 이방인에 대한 빛의 사역을 위하여 이스라엘을 가나안 땅으로 부르신 하나님은 이스마일과 그의 자손들이 이스라엘의 간증으로부터 유익을 얻은 첫 번째 백성이 되었다고 했고 그래서 바울의 이방인을 위한 첫 번째 사역지가 아라비아가 되었다(갈 1:15-18)고 했다.[119] 바울은 아라비아의 어느 지역으로 갔는지 그리고 얼마 동안 그곳에 있었는지 밝히지 않았다.[120] 하나님은

---

and Muslim Reflection, Fuller Theological seminary, Phd Thesis, 2001, ii.

118_ Jacqueline Michelle Duckett, The Redemption and the Ishmael Tradition, Regent University, 2012, 54-55.

119_ Tony T. Maalouf, 앞의 글, 251-252.

120_ 그동안 학자들은 바울이 간 아라비아가 시리아 남부의 시리아 사막이나 요르단의 페트라라고 했으나 갈라디아서를 연구한 학자들은 시나이 반도라고 하였다. 바울이 갈라디아 교회들에게 보낸 서신을 보면 당시 갈라디아에는 율법을 지키면서 예수 그리스도를 믿는 자judaizer들이 많았다. 이들은 갈라디아 사람들에게 의righteousness로 가는 방법으로서 유대교를 지키라고 가르쳤다. 물론 바울이 예수를 만나기 전에는 그 역시 유대교에 열심이었고 이로 인하여 하나님의 교회를 박해하기 시작했다. 그는 한때 율법을 지키면서 예수 그리스도를 믿는 자들보다 율법에 더 광신적이었다. 그랬던 그가 시리아를 떠나 남쪽 시나이 산에 도착하였는데 그곳은 하나님이 모세에게 율법을 주셨던 곳이었다.

바울이 과거에 학습했던 율법을 그리스도와 어떻게 연관시킬 수 있는가를 보여주셨다.[121] 율법은 그리스도가 그들에게 오기 전까지 그들에게 그들의 죄를 드러내주는 역할을 했다.

이슬람이 7세기에 등장하기 이전에 유대교 랍비들은 이스마엘을 중립적인 입장에서 묘사하였고 또 그런 묘사는 긍정적 혹은 부정적인 입장까지 다양했다. 그러나 이슬람이 등장하고 나서는 이스마엘이 더욱 부정적으로 묘사되었다. 게다가 이슬람 이전의 미드라쉼(유대 랍비의 성경 주석 모음집)에서는 이스마엘을 종교적 혹은 인종적 그룹으로 지칭하지 않았다.[122] 요세푸스Josephus 등과 같이 초기 유대 문학에서 이스마엘을 아랍과 연결지었는데 이스마엘은 아주 드물게 아랍인을 상징했다.[123] 오히려 아랍인이 자신들을 이스마엘 사람들이나 그두라의 자손들이라고 칭했고 랍비들의 개념에서는 그들이 자주 남으로 묘사되었다. 그것은 이스라엘이 다른 인종을 제치고 하나님께 선택받았다는 것을 강조했기 때문이다. 이슬람 이전의 미드라쉼에서는 이스마엘 사람들을 무슬림이나 아랍인 등 인종적 혹은 종교적인 그룹으로 지칭하지 않았다. 이스마엘을 남으로 취급한 랍비들의 생각은 아브라함의 당연한 상속자는 오직 이스라엘뿐이라는 개념을 가지고 있었다. 이슬람 이전의 미드라쉼에서 랍비들은 아브라함과 이삭 간의 어울리지 않는 관계 그리고 야곱의 정당한 자손이라는 두 가지 이분법을 만들었고 랍비들은 이스라엘을 하나님의 백성으로서 독특한 역할을 성취하기 위하여 하나님이 선택한 합당한 민족이라는 것을 강조했다.[124] 7세기 이후의 미드라쉼 자료에서는 이스라엘과 이스마엘을 분리하는 미드라쉼이 있었고 이스마엘을 혹평하는 미드라쉼도 있었다. 이스마엘을 혹평하는 랍비의 자료는 이슬람과 대응하는 과정에서 생긴 것인데 특히 이슬람

121_ Galatians, BEE world, 81.

122_ Carol Bakhos, Abraham's Marginalized Descendant: Rabbinic Portrayals of Ishmael, The Jewish Theological Seminary of America. 2000, i-ii.

123_ 위의 글, 4-5.

124_ 위의 글, 5.

이 이스마엘을 통한 아브라함의 자손이라고 주장한 것에 대한 반작용이었다.

7세기 근동에서 인종적, 종교적, 정치적 환경이 달라진 것이 랍비들의 이스마엘 서술에 영향을 주었는데 그때부터 이스마엘이 이슬람의 시조라고 전해졌다. 이슬람이 등장하고나서 아브라함과 이스마엘을 연결시켜 설명하는 것이 발전하자 랍비들도 이스마엘을 부정적으로 묘사하였다. 이스마엘에 대한 이슬람 이후의 랍비들의 글이 모두 부정적이지는 않았지만 상대적으로 이스마엘에 대한 부정적인 내용이 이슬람 이전보다 더 많아졌고 그 부정적인 진술도 더 통렬해졌다.[125] 컬버Jonathan E. Culver는 무슬림들의 자료에는 아랍이 이스마일 자손이라는 주장을 성공적으로 입증하지 못했다[126]고 하면서 일부 아랍 부족들의 입장에서 그들이 이스마일의 후손이라는 점과 무함마드 자신이 그의 후손이라고 하는 것은 사실처럼 보이지는 않았으나 그럴듯하다고 했다.[127]

창세기의 이스마엘 창세기 16장은 이스마엘의 탄생 이야기이다. 천사가 하갈에게 "네 씨가 번성하여 그 수가 많아 셀 수 없게 된다"고 하였다. 아브라함이 86세 때 이스마엘을 낳았고 100세에 이삭을 낳았다. 아브라함과 사라가 인간적인 노력으로 이집트 여인 하갈을 아브라함과 잠자리를 같이하여 낳은 아들이 이스마엘이고 이스마엘은 시나이 반도 북동쪽에서 살았다. 그러나 하나님의 해법(창 17:7-11, 20, 25-27)은 우리를 놀라게 한다. 하나님이 아브라함에게 하신 언약을 이스마엘과 관련짓고 있다. 하나님과 아브라함 그리고 아브라함의 후손 사이에 언약을 세워서 아브라함과 그의 후손의 하나님이라고 하고 언약의 표징으로 아브라함과 이스마엘이 할례를 행했다. 창세기 17장은 아브라

125_ 위의 글, 6.

126_ Jonathan E. Culver, The Ishmael Promises and Mission Motivation, edited by Evelyne A. Reisacher, Toward Respectable Understanding and Witness among Muslims, 56.

127_ 위의 글, 57.

함의 언약 관계를 아주 잘 알 수 있는 부분이다. 하나님이 아브라함에게 이것은 영원한 언약이고 사라가 낳을 이삭을 통하여(17:7-8, 15-16, 19, 21) 그의 후손에게 확대될 언약이라고 했다. 17장에서 언약을 규정하는 과정에서 이스마엘 이름이 등장하고 있다. 그 핵심 구절이 17장 20절인데 이스마엘에게 '수많은 후손들'과 큰 민족(나라)을 약속해 주셨다. 창세기 17장 6절에 아브라함에게 하신 약속 중에서 '허다한 민족들'과 유사한 내용이다. 그리고 이스마엘의 할례가 17장 23-27절에 나오는데 이스마엘이 아브라함의 가문 중에서 다른 남자들과 대조가 되어 등장했다. 다시 말하면 17장 20절의 이스마엘에 대한 약속은 아브라함의 언약과 관련되어 있다.

창세기 17장에서 아브라함-이스마엘 대비는 신학적 논쟁이 되어 왔다. 콜린 채프먼은 만일 창세기 17:20의 '큰 민족great nation'이란 약속을 무함마드의 아랍민족과 동등시한다면 이는 창세기 기자가 우리에게 주고자 하는 핵심 주제를 놓치게 되는 것이라고 생각했다. 콜린 채프먼은 계속하여 키드너Kidner의 글을 인용하면서 "어느 정도는 아브람의 아들이 그의 아버지의 패러디가 되어 그 당시 12방백이 등장하지만 구원 역사와는 다르다"고 했다. 다시 말하면 이스마엘이 민족들의 빛이 아니라고 했다. 아브라함과 비교할 때 이스마엘은 훨씬 더 작은 인물이고 그에게 주어진 약속들은 훨씬 덜 빛난다고 했다. 그렇다면 이스마엘이 더 위대한 아브라함의 언약을 돋보이게 하는 인물인가? 그러나 창세기 17장을 보면 이스마일은 작은 인물인 것이 분명하다.

창세기 17장 18절에서 왜 아브라함은 하나님께 이스마엘에게 복을 달라고 요구했을까? 이스마엘에게 무슨 일을 해달라고 아브라함이 하나님께 요청하는 것일까? 그 결과 창세기 17장 20절에서 하나님은 이스마엘에게 무엇을 허락하고 계시는가? 우선 아브라함과 사라의 이름을 하나님이 바꾸신 것은 뭔가 새로운 일을 행하시려는 하나님의 의도라고 봐야 한다. 사라에게는 그녀를 통하여 아브라함에게 아들을 주고 그녀로부터 민족들과 왕들이 일어날 것이라고 축복하신다. 하갈이 아브람에게 아들을 낳아주고 이스마엘을 통하여 큰 민족이 되리라는 것과 대조가 된다. 그러나 사라에 대하여 하나님이 선포하신 것에 아브라함이 반응하신 것이 주석가들 사이에서 여러 가지 논평을 낳게 했다.

아브라함이 엎드려 웃으며 마음속으로 이르되 '백 세 된 사람이 어찌 자식을 낳을까 사라는 구십 세니 어찌 출산하리요(창세기 17:17).'

이 구절을 아브라함이 놀라는 반응이라고 주석한 사람은 루터, 칼빈 등이고 그의 하나님의 능력에 대한 불신이라고 주석한 사람은 폰 라드von Rad 혹은 해밀톤Hamilton 등이 있다. 아브라함이 나이가 많아서 아이를 갖게 된다는 것을 알고 그가 웃은 것을 하나님은 비난하지 않으셨다. 히브리어 성경에서 "그리고 그가 웃었다wayitskhaq"는 문자적으로 "그리고 이삭(와 이스학)"이란 말에 해당한다. 키드너Kidner는 아브라함의 의심쩍어하는 반응은 하나님을 좀 더 합리적인 길로 몰고 가려는 그의 의도라고 단정했다. 이스마엘을 위한 아브라함의 간청은 깊은 부성애적인 관심에서 감동된 것이다. 사라가 아브라함에게 아들을 낳아줄 것이라는 말은 이스마엘을 기억나게 했던 것이다. 그 결과 창세기 17:18의 기도가 나온다. 창세기 17:18에서 아브라함의 동기가 나타난 중요한 두 요소가 있는데 하나는 'lū(오!)'라는 단어이다. 이 단어는 강한 소원을 나타낸다. 아버지의 사랑하는 마음이 드러난 강렬한 감정을 나타낸다. 그래서 '당신의 얼굴 앞에 살기를 바란다'는 말이 등장하고 있다. 칼빈이 제안한 대로 이 말은 단순히 물질적인 축복 이상의 것을 요구하는 것이다. 오리건은 '하나님 앞에서 산다'는 말은 축복받은 자와 성인saint에게 해당되는 말이라고 했다. 아들에 대한 염려에서 아브라함은 이런 기도를 한 것이다. 사무엘 즈웨머는 이 부분을 '혹시 이스마엘이 언약의 축복의 일부가 안 되면 어쩌나 하는 염려에서 아브라함이 한 말'이라고 했다.[128] 그러나 모든 주석가들이 하나님이 이스마엘에게 언약의 축복들을 하사하기를 아브라함이 요구한 것이라는 말에는

128_ Jonathan Edwin Culver, The Ishmael Promises in the light of God's Mission: Christian and Muslim Reflection, 66.

동의하지 않았다. NIV 번역본은 이 부분을 '너의 축복 아래에 살기를'이라고 번역했는데 그것은 언약의 축복보다 더 작은 것을 요구한 것으로 볼 수 있다. 그런데 그 다음 절(창세기 17:19)에서 "하나님이 이르시되 아니라 네 아내 사라가 네게 아들을 낳으리니"라고 말하고 있다. 이 구절에서 obāl은 이 단어의 모호성 때문에 '예' 혹은 '아니오'라고 번역할 수 있다. NIV(New International Version: 새 국제 번역) 성경은 obāl을 '네'라고 번역하였는데 그 말은 하나님이 아브라함의 요구를 받아들이셨다는 의미이다. 그러나 언약의 수혜자로서 이삭의 입장을 강조하였고 그 다음에 이스마엘에게 복을 주시기를 원한다는 것으로 풀이했다. 그러나 NASB(New American Standard Bible: 미국 새 표준 성경) 성경과 RSV (Revised Standard Version: 개정 표준역) 성경은 하나님이 '아니오'라고 했다고 쓰고 있다. 창세기 17:18에서 아브라함은 이스마엘이 언약의 상속자가 되기를 원했다고 본 것이다. 물론 19절과 21절에서 이삭이 언약의 아들이 될 것을 되풀이하고 있다. 21장 20절에서 하나님이 이스마엘에게 분명히 복을 주시겠다고 약속하신다. 구약에서 복을 받는다는 말은 활력, 번성, 풍요, 다산 등을 의미한다. 그러나 컬버Culver는 이스마엘에게 복을 주신다는 것에 영적인 함의가 빠졌다고 볼 수는 없다고 했다.

두 가지 약속이 하나는 아브라함에게 다른 하나는 이스마엘에게 있었다. 이 두 약속이 하나는 "더 넓고broader" 다른 하나는 "더 작은lesser" 것인가? 분명한 것은 아브라함의 언약은 이스마엘에 대한 약속과 별개의 것이었다. 언약에 해당하는 "내가 너의 하나님이 되고 너는 나의 백성이 되리라"는 필수적인 요소가 이스마엘의 약속에 빠져 있다. 그래서 이스마엘에 대한 약속은 신학적인 용어로 '언약'이라고 할 수 없다. 그럼에도 이스마엘은 하나님과 아브라함 간의 언약적인 담화의 맥락 안에 있다. 아브라함의 언약의 내용이 이스마엘의 약속의 형태와 내용을 만들어 주고 있다. 즉 원인과 결과의 관계가 있다. 그래서 이스마엘을 언약의 결과물이라고 하고129 아브라함은 '언약' 그리고 이스마엘은 '약속'을 받았다고 결론을 맺을 수 있다. 컬버Culver는 창세기 17:20절이 오늘날 전 세계 10억 이상의 무슬림들이 존재하게 된 원인으로 보았다.[130] 그러나 전술한 바와 같이 오늘날 아랍인들이 원시 아랍인의 후손이 아닌데다가 아랍인 3억 인구 중에서 아랍 기독교인 1700-2000만 역시 아랍인들이므로 오직 아랍 무슬림들만 이스마엘의 자손이라면 아랍 기독교인들은 어떻게 그들의 존재를 설명할 수 있을까? 컬버Culver는 비아랍인들은 이슬람과 종교 문화적인 유대가 있으므로 비아랍 무슬림들도 이스마엘의 후손이라고 했으나[131] 그런 추론은 학술적이고 객관적인 자료를 벗어난 것이다.

꾸란의 이스마일 여러 면에서 이브라힘과 이스마일에 대한 이슬람적 관점은 기독교의 신학적 관점과 충돌한다. 꾸란 2:135에서 "그들이 말한다. 유대교인과 기독교인이 되어라. 너희들이 올바른 길로 갈 것이다. (무함마드야) 말하라! 이브라힘의 밀라millah가 하니프이고 그는 무쉬리쿤이 아니었다."[132] 사실, 쉬르크의 반대는 타우히드(알라가 한분이다)이다. 무슬림들은 이브라힘의 하니프가 일신론의 원형이라고 말한다. 다시 말하면 무함마드는 이브라힘의 종교를 그대로 이어받았고 유대교인과 기독교인은 그렇지 않다는 것이다. 무슬림들의 생각에는 꾸란이 알라의 말이고 문자적으로 변질되지 않은 텍스트라고 믿는다. 무슬림에게 이스마일에 대한 이미지는 그의 역사적인 사실과 연관되어 있다.

꾸란에는 이스마일 이름이 12번 나온다(2:125, 2:127, 2:133, 2:136, 2:140, 3:84, 4:163, 6:86, 14:39, 19:54-55, 21:85, 38:48). 만일 꾸란 37:100-

---

129_ Jonathan Edwin Culver, The Ishmael Promises in the light of God's Mission: Christian and Muslim Reflection, 75.

130_ 위의 글, 81.

131_ 위의 글, 230.

132_ 단일신론이 하니프이고 알라 이외에 다른 것을 알라의 자리에 올려놓는 자들을 무쉬리쿤이라고 한다.

107에 나오는 익명의 사람을 이스마일이라고 하면 이스마일에 대한 꾸란 구절은 모두 13개이다. 거의 모든 무슬림들은 이 구절에 나오는 익명의 사람이 이스마일이고 그가 희생제물이 되었다고 믿는다. 그러나 엄격하게 말해서 꾸란에는 이브라힘, 유수프, 마르얌과 같이 긴 설명이 있는 것과 비교하여 '이스마일 스토리'가 없다. 이스마일이란 이름이 들어 있는 구절에서 한 구절만 제외하고 모두가 이스마일은 이브라힘이나 다른 예언자들과 관련되어 있었다. 단지 부수적인 역할을 할 뿐이었다. 수라 19:54-55는 이스마일의 성격, 타끄와(알라를 두려워하여 선을 행함)와 그의 사명을 알려준다. 성경과 대조적으로 꾸란에는 이스마일의 탄생, 소년시절, 혼인, 죽음과 후손들에 대한 분명한 내러티브적인 설명이 없다. 꾸란을 공부하는 사람들은 꾸란에 동일 내용이 여러 번 반복되는 것은 강조하기 위함이라고 한다. 그런데 꾸란에서 이스마일과 관련된 내용이 이렇게 빈약한 것은 이스마일이 본질적으로 꾸란에서 중요하지 않았다는 것이다.

꾸란 2:125와 2:127은 이스마일을 메카와 연관시킨다. 이스마일은 아버지 이브라힘과 카아바를 세우는 데 동참하고 핫즈(순례) 의식을 세운다. 꾸란 2:125에서 알라가 알바이트(카아바)를 만들었다고 하고 알라가 이브라힘과 이스마일에게 알라의 알바이트를 모든 더러운 것과 우상으로부터 정화하라고 명한다.[133] 꾸란 2장 125절의 주요 개념은 기도이다. 2장 127절에서 이브라힘과 이스마일이 기초를 놓았다고 하는데 주석가들은 '기초를 놓았다' 혹은 '벽을 세웠다'고 하였다. 이브라힘과 이스마일이 벽을 만들었다면 아담이 이미 만들어준 기초가 있었다는 말이고 그 뒤 허물어진 벽을 세웠다는 말이 되는데 대부분의 꾸란 주석가들은 이 둘이 기초를 놓았다고 주석한다. 꾸란에서 이스마일은 아버지의 일을 돕는 역할로 나타나고 카아바를 정화하고 기도와 순례 의식을 세웠다.

133_ 오늘날 아랍인들의 사전에 보면 아히드나 일라는 '~을 언약을 했다'는 말이지만 이 꾸란 구절에서 이 말은 '~에게 명령했다'는 말이다.

꾸란에는 이스마일의 성격을 직접적으로 나타내 주는 4개의 구절이 있다. 꾸란 6:86, 19:54-55, 21:85, 38:48이다. 둘째 구절을 빼고 처음과 세 번째와 네 번째 구절에서 이스마일은 다른 예언자들과 한 그룹으로 언급된다. 꾸란 6:86에는 여러 예언자들이 나오는데 "이스마일, 알야사아, 유누스, 루뜨 등의 예언자들을 알라가 당시 세상의 카피르(알라를 안 믿는 자)들보다 예언과 메시지를 보고 그들을 더 우선했다"고 한다. 이 꾸란 구절에서 이스마일의 성품은 알라가 우선하는 사람이었다는 것이다. 수라 21:85-86에서는 이스마일, 유누스, 둘 키플이 알라에 대한 순종으로 고난 중에 인내했다고 하여 이스마일이 '인내하는 사람'으로 알려진다. 그리고 이들 모두가 쌀리흐(충실하게 행함)라고 했다.

수라 19:54-55에서는 앞서 구절에서는 이스마일이 다른 예언자들과 같이 언급되었으나 이 수라에서는 이스마일이 '약속을 철저히 지키는 사람(싸-디끄 알와으드)'이고 '라술(메신저)'이고 '나비(예언자)'라고 한다. 그런데 약속을 잘 지킨다는 말에서 그 약속은 알라와 이스마일 혹은 다른 사람과 이스마일 간의 약속을 가리킨다. 싸디끄라는 단어는 꾸란에서 알라와 사람에게 사용되는 어휘이다.

이스마일의 사명(특별임무)과 관련된 꾸란 구절에서 이스마일은 라술과 나비(19:54)로 등장한다. 수라 2:136에서는 "이브라힘, 이스마일, 이스학, 야으꿉과 이스라엘 자손의 지파들에게 내려온 것을 믿으라"고 한다. 그런데 기독교인들과 유대인들이 그들 사이에 기적을 행하는 사람을 믿으면서 무함마드가 기적을 해도 안 믿었다는 것이다. 수라 3:84와 4:163도 2:136처럼 다른 몇 예언자들과 함께 이스마일에게 '알라가 뭔가를 내려 주었다'고 한다. 이스마일의 사명에 대한 주요 구절은 수라 19:54-55이다. 이스마일이 라술(사자)이고 나비(예언자)라고 한다. 꾸란에는 8명의 라술이 있고 나비는 25명이다. 그러나 일부 학자들은 나비는 모두 알라로부터 계시를 받은 사람들이고 라술은 한 민족의 우두머리가 된 특징이 있다고 했다. 나비는 알라에 대하여 전하는 사람이고 라술은 어느 민족에게 보냄을 받은 사람이라고 주석했다. 이스마일이

라술과 나비의 역할을 잘하기 위해서 이스마일은 쌀라를 하고 자카를 사람들에게 행했다(수라 19:55)고 한다. 그리고 그가 말과 행함이 올바르기 때문에 알라가 기뻐하는 사람이었다고 한다.

꾸란에 이스마일이 두 명이 있는가? 수라 19:55를 보면 이스마일이 기도를 하고 자카(구빈세)를 낸다. 일부 학자들은 꾸란에는 두 명의 이스마일이 있다고 주장했다. 하나는 초기의 메카 수라에 나오는 이스마일이고 다른 하나는 나중의 메디나 수라에 나오는 이스마일이다. 이들의 주장에 따르면 초기 메카 수라에 해당하는 수라 6:86, 19:54-55는 예언자로서의 이스마일을 가리키는데 이때의 이스마일은 이브라힘과 카아바와는 관련되지 않고 아랍인들의 조상으로도 묘사되지 않는다. 그리고 수라 6:83-84에서도 이스마일은 이브라힘 자손의 이름으로 나오지 않는다. 그런데 622년부터 632년 사이에 내려받은 메디나 수라에서는 이스마일이 이브라힘과 카아바 그리고 아랍인과 연결되었고 이것이 수라(2:125, 127, 136, 140, 3:84, 4:163, 14:39)에서 잘 나타나고 있다. 이 말은 무함마드 당시 아랍인들이 이브라힘과 이스마일의 후손이라는 개념은 아랍인 본래의 개념이 아니었다는 주장이 있었다. 사실은 메디나의 유대인들을 보고 메디나에서 무함마드가 자의식을 발전시켜[134] 그가 이브라힘과 이스마일의 자손이라고 새로 만들었다는 것이다. 이런 견해와 반대로 수라 19:55는 이스마일이 쌀라(기도)를 그의 백성들 속에 확산시켰다고 한다. 수라 19:55에 나오는 이스마일의 쌀라 형태가 수라 2:125(메디나 수라)에 나오는 이브라힘과 이스마일이 행한 기도, 즉 허리를 굽히고(루쿠으) 엎드리는(수주드) 기도 형식의 진조라고 했다. 게다가 수라 19:55에서 이스마일은 기도를 가르칠 수 있는 어느 부족의 우두머리였다는 것이다. 이것은 메디나 수라 14:37과 우연히 일치한다.

꾸란은 여러 가지 방식으로 이스마일을 높여 준다. 우선 그의 역할

134_ Jonathan Edwin Culver, The Ishmael Promises in the light of God's Mission: Christian and Muslim Reflection, 244.

을 높여주는 내용으로는 아버지가 카아바를 지을 때(2:127) 아버지를 돕는 역할이다. 그리고 기도 장소를 정화하고 기도와 순례 의식을 세웠다(수라 2:125). 둘째, 꾸란은 무함마드와 무슬림들에게 이스마일의 성품을 본받으라고 한다. 알라가 그를 다른 세상 사람들보다 더 좋아하였고(수라 6:86) 그는 인내하는 쌀리흐(성실하게 행하는 자)이었고(수라 21:85, 38:48) 고통을 받을 준비가 되어 있었다는 것이다. 또 그는 인내하고 약속을 잘 지키는 사람이었다(수라 19:54). 셋째, 꾸란은 알라가 이스마일에게 뭔가를 내려 주었다고 하고(수라 3:84, 4:163) 그는 라술이고 나비였다(수라 19:54). 그는 그의 백성에게 메시지를 들고 갔다(19:55). 성경과 대조적으로 꾸란에서 이스마일은 그의 성품에 더 비중을 두고 말한다. 꾸란에서 그의 대한 평가는 그를 예언자와 라술로 불러 주기 때문에 긍정적이지만 성경에서는 이스마엘의 성격에 대하여 비교적 침묵한다. 오히려 성경의 일부 구절에서는 이스마엘을 부정적으로 해석해오기도 하였다(창세기 16:12, 21:9). 성경과 다르게 이스마일은 꾸란에서 항상 이삭(이스학)보다 그의 이름이 먼저 나오고(수라 2:133, 140, 4:163, 14:39) 이스학에 대한 설명도 긍정적이다. 그러나 성경에서는 이 두 인물이 동시에 나오면 항상 이삭이 먼저 나온다(창세기 17:19-21, 21:12-13, 25:9). 요약하면 꾸란에서 이스마일의 인격과 행실이 높여지고 항상 긍정적인데 그 이유 중의 하나는 꾸란에서 예언자들이 무오하다는 것과 연결되어 있었다. 그러나 꾸란에서 이스마일의 이미지는 흐릿하다. 꾸란에서 우리가 그에 대하여 알 수 있는 것은 그가 라술과 나비라는 것이고 약속을 지키는 인물이라는 것이다.

광야로 쫓겨난 이스마일을 이브라힘이 방문한 스토리가 유대 자료와 이슬람 자료에 나온다.[135] 이슬람 자료에는 이브라힘이 알라의 명령으로 이스마일과 함께 카아바를 짓는다. 이 사실은 이스마일과 그의 자손을 아랍화하는 데 아주 중요한 역할을 했다. 이슬람 자료에서 이스

135_ Carol Bakhos, Abraham's marginalized descendant: Rabbinic Portrayals of Ishmael, The Jewish Theological Seminary of America. 2000, 237.

마일 스토리가 창세기와 직접적인 연관이 있었다는 증거는 보이지 않는다. 이슬람 역사를 통하여 내려온 이슬람 전승은 이스마일과 그의 자손이 아랍인이었다는 것을 확실히 세워갔다.

이스마엘의 부인이 성경에서는 이집트 여인이었다. 그가 바란 광야에 거할 때에 그 어미가 그를 위하여 애굽땅 여인을 취하여 아내를 삼게 하였더라(창세기 21:21). 이스마엘의 부인을 애굽 땅에서 취했다는 성경의 스토리는 이슬람 자료의 스토리와 같지 않았다.

아랍 역사를 보면 모든 아랍 부족은 까흐탄Qahtan 혹은 아드난Adnan이란 조상에 기원을 둔다. 까흐탄이 원조 아랍인이고 까흐탄의 자손은 남부 아라비아의 사람들이었다. 주르훔Jurhum은 까흐탄에 기원을 둔 고대 아랍 부족들 중의 하나였다. 이슬람 자료에 의하면 이스마일이 주르훔 부족의 딸과 혼인했다고 한다. 주르훔 부족은 원래 예멘에서 살았는데 이슬람 이전에 메카 읍으로 이주했다. 그러나 이슬람이 등장할 무렵에 이 부족은 소멸되어 있었다. 꾸란에서는 주르훔이 이스마일과 그의 어머니 하자르를 보호해 주었다고 했다. 하디스의 자료에 의하면 이스마일이 주르훔 부족의 딸과 혼인했다고 쓰여 있다.[136]

아드난의 자손들은 북부 아랍인들이었는데 그중에 무함마드가 속한 꾸라이쉬 부족이 있었다. 북부 아랍인과 무함마드의 조상인 이스마일은 아드난의 자손에 속했다. 아드난은 원조 아랍인이 아니고 아랍화된 사람들이었다.[137] 혈통적으로 말하면 이스마일은 순수 아랍인이 아니었다. 만일 무함마드가 이스마일의 자손이라면 그 역시 순수 아랍인은 아니었다. 무슬림들은 초기 이슬람 시기에 아랍인의 계보를 성경의 족보와 연결지었다. 아랍인 혈통 개념에 구약의 자료를 병합시키니 유대적인 요소가 초기 이슬람 문화에 유입되는 결과를 낳았다. 이슬람 자료에서 이브라힘이 이스마일을 방문했다는 내용은 이스마일을 이브라힘의 아들과 아랍인으로 합리화시키는 결과를 낳았다. 북부 아랍인들

136_ 위의 글, 246.
137_ 위의 글, 246.

의 족장과 무함마드의 조상으로서 이스마일의 역할을 확립했다. 이 이야기는 이브라힘을 메카 근처로 오게 했고 이스마일과 함께 카아바를 세웠다는 논리를 만들어 주었다.

이스마엘에 대한 유대 랍비들의 묘사는 사랑받는 자, 버림받은 자, 경쟁자 등 다양했다. 꾸란의 이스마일은 성경의 에서와 그두라의 자손과 함께 이스라엘 사람들에게는 '남'이었다. 이슬람 이전에 이스마일은 랍비 신학에서는 주변화된 인물이었다. 그런데 무슬림들이 이스마일을 이브라힘의 적법한 상속자라고 하자 랍비들은 이스마일과 그의 자손을 악한 사람들로 묘사했다. 창세기 21장에서 이스마엘이 광야로 쫓겨나 더 이상 아브라함 가족의 일원이 아니었지만 성경에서 그의 내러티브는 결코 부정적이지 않았다.[138] 그러나 유대 랍비들은 이삭은 선택받은 자이고 이스마엘은 적자가 아니라고 생각했다. 일부 랍비들은 이스마일을 긍정적으로 혹은 중립적으로 보았다. 그러나 분명한 것은 이스마일 자손은 랍비들 입장에서는 주변인이었고 랍비들은 선택된 이스라엘이라고 하여 유대교의 입장을 더욱 굳건히 세워갔다. 랍비들은 유대교의 정체성을 확립하기 위하여 주변인들을 '남'으로 취급하였다. 무슬림들이 이브라힘과 이스마일을 연계시킨 것이 유대 랍비들에게 이스마일을 '남'의 대표성에서 이슬람의 원조로 바꿔가는 데 중요한 역할을 했다. 이슬람이 등장하면서 이스마일은 더욱 일관성 있게 부정적으로 서술되었다. 무슬림들이 이브라힘과 이스마일을 연결짓는 것 때문에 랍비들은 이스마일의 뛰어난 성품을 약화시켜 나갔고 가끔은 이스마일을 이슬람을 대표하는 것을 묘사했다.[139] 그러나 유대 랍비들은 이슬람을 이스마엘이 아닌 이스마엘 자손들ishmaelites과 관련시켰다.

결론적으로 이스마일은 이슬람이 등장하기 전에는 유대 랍비들의 주석서에서 이슬람이나 아랍인과 직접적으로 관련되지 않았다. 무슬림들이 이브라힘과 이스마일을 연계시켜 자신들의 조상이라고 하자 랍비

138_ 위의 글, 250.

139_ 위의 글, 252.

들은 이스마일 자손들을 이슬람과 연계시켰다. 성경은 이스마일을 부정적으로 묘사한 적이 없었으나 일부 성경 주석가들은 창세기 16:12절과 창세기 21:9의 이스마엘을 부정적으로 해석했다.[140]

5 이슬람, 알라와 무함마드의 종교

(1) 순니의 무함마드와 시아의 알리

1200만 이집트 기독교인들은 무슬림들로부터 차별과 박해를 받아왔다. 또 다수의 순니 무슬림들에게 소수의 시아 무슬림들이 차별과 박해를 받고 있다. 2012년 7월 이집트 시아 무슬림인 무함마드 아스푸르는 순니 무슬림들이 존경하는 무함마드의 동료들을 모욕한 혐의로 3년형 선고를 받았다. 이집트 역사에서 시아파 무슬림이 법정에서 형선고를 받은 것은 이것이 처음이었다. 아스푸르는 딴따 시의 살라피 교사이었다. 그가 시아 이슬람으로 개종한 뒤 지역 사람들의 학대가 심해졌고 처가에서는 그를 아내와 이혼하라고 강요했다. 그 뒤 아스푸르의 형량이 3년에서 1년으로 줄어들었으나 순니 무슬림이 다수인 이집트 국민의 관심은 받지 못했다. 이집트 혁명 이후에 소수 종교인 시아 무슬림들에 대한 탄압이 거세졌다. 이집트 언론들은 시아 무슬림들은 이집트에 시아 이슬람을 퍼뜨리려고 하는 이란을 위해 일하는 사람들이라고 비난했다. 사실 이집트 역사를 보면 이집트는 2세기 동안(969-1171) 시아 국가였다. 이집트의 순니 이슬람의 본산인 알아즈하르는 970년 전 세계에 시아 이슬람을 전하기 위하여 세워진 시아 무슬림들의 예배 장소였다. 무바라크 정권 때에는 반시아파 걸프 이슬람 국가의 지원을 받기 위하여 이집트내 시아 무슬림과 이란을 이집트의 적으로 묘사했다.

시아파 활동가 무함마드 알데리니는 시아 이슬람을 믿었다는 것

140_ 공일주, 한국인과 소통을 위한 아랍 문화, 세창출판사, 2012, 223-224.

때문에 무바라크 정권 때 15개월 구류를 당했고 그 뒤 출옥하여 '아흘 알바이트(무함마드의 가문)의 모임'을 결성하였다. 2011년 12월 시아 무슬림들이 알후세인 모스크에서 무함마드의 손자 알후세인의 죽음을 기리는 아슈라를 공개적으로 시행했는데 이것이 살라피 무슬림과 시아 무슬림 간의 싸움으로 번졌고 결국 시아 무슬림들이 다수 체포되었다. 이집트에는 싯타 옥토바르 시에 이라크 시아 무슬림들이 다수 사는 것으로 알려져 있다.

이집트에서 소수 인종과 소수 종교를 돕는 인권센터에 의하면 이집트 시아 무슬림들이 자신들이 시아 무슬림이라고 말하면 직장에서 쫓겨나고 있다고 했다. 시아 무슬림이기 때문에 대학에서 승진이 안 되고 시아 무슬림이기 때문에 취직이 안 되었다. 결국 이집트에서 시아 무슬림들은 공개적으로 신앙생활을 못 하고 있다. 살라피들은 무슬림 형제단이 이란과 외교 관계를 열고 시아 무슬림들의 이집트 입국을 허용한 것을 비난했다. 시아파 활동가 따히르 알하쉬미는 만일 시아파가 이집트 법에 저촉된다면 사우디아라비아에서 시작된 와하비나 살라피도 법에 저촉되어야 하는 것 아니냐고 되물었다. 무르씨 정권 때 만든 새 헌법 219조는 샤리아에 대한 것인데 이슬람율법의 원리는 순니파 교리에 근거하여 가장 많은 커뮤니티가 인정하는 것에 따른다고 했다. 이 법조항은 시아파와 다른 비순니 무슬림 종파를 배척하는 조항이 되었다.

이집트에는 콥트 기독교인의 수와 시아 무슬림의 공식적인 통계는 없다. 시아 무슬림들은 시아 무슬림들이 이집트에서 80만 내지 200만을 넘는다고 하고 살라피들은 시아 무슬림을 몇천 명이라고 말하는데 시아 무슬림들은 지금 시아파로 개종하는 사람들이 늘고 있다고 했다. 그러나 2012년 5월 알아즈하르의 쉐이크 아흐마드 알따입은 무슬림 형제단과 살라피 그리고 다른 학자들이 모인 자리에서 '이집트에서는 시아 무슬림의 확산을 기필코 막을 것'이라고 선언했다. 2013년 그가 이란의 대통령을 만났을 때 순니파 이집트에 더 이상 시아 무슬림을 보내지 말라고 촉구했다. 이라크에서 순니와 시아 간의 피비린내는 싸움이 2003년부터 계속되었고 바레인에서는 소수 순니 무슬림이 다스리는 이슬람 정부에 대항하여 다수의 시아 무슬림들의 저항이 잦았다. 바레인 주변의 다도해의 관할권을 순니 무슬림들이 독점하여 시아파와 이란과의 오랜 연계를 막고 토착 시아 주민들을 단속한다고 하였다. 그리고 레바논에서는 이란의 도움을 받는 시아파 히즈불라와 정치권이 자주 갈등을 일으켰다.

그리고 종파 분류상 시아파에 속하는 시리아의 알라위파가 있다. 현재 시리아에는 알라위Alawi파가 전 인구의 12%(300만 정도)이다. 알라위파란 말은 무함마드의 사위 알리 븐 아비 딸립에서 따온 말이고 시리아 전 대통령 하피즈 알아사드와 그의 아들 바샤르 알아사드가 알라위파에 속한다. 알라위파들은 시아파처럼 무함마드를 승계할 사람은 무함마드의 동료들이 아니라 무함마드의 혈통이어야 한다고 믿는다. 마치 열두 이맘파가 자아파리야(자아파르파)라고 불리는 것처럼 알라위파도 알리의 이름을 딴 시아파의 다른 이름에 불과하다고 한다. 모든 시아파가 교리상 알라위이고 모든 알라위파가 종파적으로 시아파라고 했다. 그런데 하피즈 알아사드와 아들 바샤르는 알라위파들에게 그들 고유의 종교 의례를 버리고 '보통 무슬림'처럼 행동하라고 했다. 알라위파 무슬림들은 우리의 책은 꾸란이고 우리의 예언자는 무함마드이고 카아바는 우리의 기도 방향이며 우리의 종교는 이슬람이라고 했다. 현재 알라위파는 4천만 명으로 터키, 레바논, 시리아 등지에 살고 아랍인, 터키인, 쿠르드인 등이 알라위파를 믿고 있다.

아랍 에미리트 연합은 7개 주로 되어 있는데 이 중에서 두바이는 이란과 우호적인 관계를 갖는 반면에 라으스 알카이마는 이란과 좀 더 긴장관계에 놓여 있다. 무슬림 간의 견해가 다르면 마드합(법학파)이 생기고 마드합이 모이면 따이파(종교 혹은 종파)가 생긴다. 2010년 이란에서 마드하비야(법학파의)와 따이피야(종파의) 사이에 이슬람 움마라는 주제로 회의가 열렸다. 무슬림들이 서로 대화하고 격분과 광신을 피하고 선동과 도발을 금하는 것이 따이피야(종교 혹은 종파 간 갈등)를 막는 길이라고 했다. 이슬람 학자들은 마드하비야는 어느 정도 바람직한 일이라고 규정하고 있으나 따이피야는 무슬림들이 피할 일이고 또 싫어해야 할 일이라고 하였다.

무함마드가 살아 있는 동안에 사람들은 이슬람 이해와 법적 규범에 대하여 무함마드에게서 직접 들을 수 있었다. 그러나 그가 죽고 난 뒤 무슬림들은 이즈티하드(이슬람 법적 문제에 대하여 독자적인 판단)가 절실하게 필요하게 되었다. 그래서 서로 다른 초기 무슬림들 사이에 마드합이 생겨나게 되었고 이런 마드합 운동은 한동안 건강하고 건전하게 진행되었으나 점차 부정적인 형태로 바뀌어 갔다. 즉 바람직한 마드합이 모두가 피해야 할 따이피야로 바뀐 것이다. 이 말은 마드합이 하나의 이슬람 교리를 믿는 한 줄기이었다가 이제는 서로 다른 점이 부각되어 종파 간의 다툼으로 번졌다. 이런 현실이 바로 이슬람의 시아파와 순니파가 나뉜 역사이다. 이런 논의는 처음에는 긍정적인 결과를 주어 이슬람 문화 사상을 더욱 풍요롭게 하는 데 도움을 주었으나 곁길로 나가면서 사태는 걷잡을 수 없었다. 이미 기독교와 이슬람 간에도 따이피야 문제가 발생했지만 2003년 이후 이슬람 안에서도 순니파와 시아파가 따이피야 문제로 난관에 부딪히고 있다. 이란은 이런 따이피야 문제를 해결하기 위하여 서로 간 대화가 필요하고 순니파와 시아파 각자가 광신적으로 집착하도록 선동하는 것을 중단하라고 하였다. 이슬람의 기반을 흔드는 편견과 폐쇄적인 생각을 버리라고 했는데 사실 무슬림들 중에는 이런 편견과 폐쇄적인 사고를 갖는 무슬림들이 많다.

(2) 무함마드의 생애, 시라

순니 이슬람에서 이슬람율법의 근거는 꾸란과 하디스이다. 이슬람을 온전히 이해하는 데 꾸란 이외에 반드시 하디스를 알아야 한다.[141] 순니 무슬림들은 자신들을 '아흘 알순나'라고 하는데 이 말은 샤리아에서 선조들이 물려준 것을 그대로 따르는 사람과 이들을 추종하는 사람이란 뜻이다. 어휘적 의미로서 순나는 길이나 생애라는 뜻이지만 이슬람에서 순나는 무함마드의 말이나 행동이나 그가 묵인한 것을 가리킨다. 다시 말하면 순나는 무함마드가 살아왔던 길을 말한다. 하디스는 어휘적인 의미로는 전해지는 모든 말과 소식을 가리키고 이슬람에서는 무함마드의 말을 가리킨다. 하디스학에서는 무함마드의 말이나 행동이나 묵인한 것을 가리킨다. 또 하디스는 어느 책에도 알려지지 않은 것으로서 순나도 아니고 이즈마아(합의)도 아닌 것을 가리키기도 한다. 무슬림들은 난해한 꾸란 해석을 하디스에서 찾는다. 금세기에 무함마드에 대한 풍자가 무슬림들을 분노하게 하였던 일들을 통하여 세상은 하디스에 대한 관심을 더 가졌다. 아랍 이슬람 국가의 모스크 설교에서는 무함마드의 하디스를 한 번도 빠뜨리지 않는 것을 보면 무함마드의 하디스가 중요하다는 것을 알 수 있다. 전 세계 무슬림들의 대다수에 해당하는 순니 무슬림들은 무함마드의 길을 따르는 사람이다. 무슬림들은 이런 무함마드의 삶의 방식을 나프스(혼)에 뿌리를 내려서 행동으로 나타내야 한다고 말한다.

무바라크 전 대통령은 2010년 금요일 설교자와 이맘들[142]의 월급을 올려주면서 이슬람의 전파에만 몰두하도록 하라고 하였고 이슬람의 하디스는 오늘날 현대 사회를 결속시키는 데 중요한 윤리적 가치를 많이 담고 있다[143]고 하였다.

오늘날 무슬림들에게 가장 중요한 신앙 서적은 무엇인가? 무슬림

141_ 공일주, 꾸란의 이해, 한국외대 출판부, 2010, 295.

142_ 이집트 태생 유수프 알까라다위가 2012년 이집트에 돌아와서 '이제 내가 권력의 근처에 자리하고 과거 모스크에서 설교가 금지된 것을 이제는 할 수 있게 되었다'고 했다. 이집트 주지사 무함마드 압드 알까디르는 알까르다위를 알라의 길을 위하여 말로 싸워 온 분mujahid, 위대한 투쟁가, 금세기와 움마의 법학자faqih, 세상의 이맘imam, 알라의 메신저(무함마드)의 칼리파(후계자)라고 추켜세웠다. 그리고 무르씨 대통령이 축출되자 무르씨를 지원하는 파트와를 발령했다.

143_ 하디스에는 부카리 하디스와 무슬림 하디스가 유명한데 분량이 너무 많아서 이맘 안나와위(이슬람력 676년 사망)는 주로 부카리 하디스와 무슬림 하디스에 나오는 중요 하디스 42개를 따로 모아 책을 만들었는데 그것이 곧 마튼 알아르바인 안나와위야(안나와위의 40개 본문)라고 한다.

들에게 가장 중요한 신앙 서적은 무슬림의 경전인 꾸란이다. 그리고 꾸란과 하디스, 이 두 가지 이외에 무슬림에게 중요한 것은 시라(복수형은 시야르)이다. 시라는 무함마드 전기 혹은 무함마드의 생애라는 말이다. 시라는 무함마드 생애와 활동에 대한 이야기체 역사에서 발전하여 새로운 문학적 장르가 되었다. 시라는 무함마드와 기독교, 유대교의 예언자들과 비교한 내용, 창조와 세상 역사를 비롯하여 무함마드 시대까지 이르는 내용 그리고 무함마드의 생애와 신적 계시를 완수한 그의 업적을 보여 준다. 시라는 무슬림들에게 세계를 보는 역사관의 근거가 된다. 시라에서 배우는 무슬림의 역사관은 우리가 배우는 세계 역사와 시각 차이를 드러낸다. 무함마드의 시라가 좀 더 확대되어 그의 교우들의 전기와 수피 스승들의 전기까지 확대되기도 한다. 또 시라는 무슬림이 비무슬림과 어떻게 상대하고 그들을 어떻게 이슬람으로 개종시킬 것인가에 대한 지침서로 사용되고 사회적 법적 개혁의 안내서로도 활용된다.

일반적으로 시라sirah라고 하면 무함마드의 전기(생애)를 가리키고 복수형 시야르siyar는 수피 성인들의 전기를 가리킨다. 이슬람력 2세기에 들어와 하나피 법학자들이 자주 사용한 용어이고 전쟁의 행동 규범, 적지에서 비무슬림과의 관계에서 무슬림의 행동, 국가 간 협약에 들어갔을 때의 행동규범 등이 적혀 있는데 후자는 오늘날 국제법에서 다뤄지는 내용들이다. 꾸란 21장 107절을 보면 우리가 너에게 세상에 대한 자비만을 보냈다고 했다. 이 꾸란 구절은 알라가 무함마드에게 '자비'를 보냈다고 한다. 오늘날 무슬림들은 무함마드를 누르(빛)라고 하거나 '자비'라고 한다. 그런데 무슬림들이 무함마드의 동료(무함마드를 직접 본 자)들을 악평하거나 비방하거나 명예를 훼손하는 일을 하지 말라고 한다. 무함마드는 교우들을 악평하거나 미워하는 사람들에게 다음과 같이 경고했다고 전한다. 그들에게 해악을 끼친 자는 나에게 해악을 끼친 자이고 나에게 해악을 끼친 자는 알라에게 해악을 끼친 자이다. 이 구절은 한마디로 무함마드와 동시대의 동료들에 대하여 악평을 하거나 미워하지 말라고 한 것인데 나아가서 무함마드에게 해악을 끼친 자는 알라에게 악을 행한 자라고 했다. 그동안 무슬림들이 이슬람은 알라의 종교라고 했는데 이 말만 믿었던 외국인들은 무함마드를 다른 인간처럼 대우했다가 무슬림들의 분노를 샀다. 이슬람에서 무함마드는 보통 인간과 다르다는 것을 금세기 무슬림들이 세계인들에게 여러 차례 알려주었다. 이슬람은 알라와 무함마드의 종교이다.

2010년 2월 27일 이집트에서는 이슬람 움마와 아랍 움마의 메신저 무함마드 탄신일을 맞아 하디스 연구자들에게 7천 파운드 그리고 시라와 순나 등 종교 논문에서 선발된 사람들에게 만 파운드의 상금을 주었다. 이날 시상식에서 무바라크 대통령은 예언자(무함마드)의 시라는 높은 윤리적 가치로 가득하므로 이를 읽으면 이슬람 사회 건설을 돈독히 하는 데 큰 도움이 된다고 하였다. 이집트 종교성 장관은 무함마드의 메시지는 창조 때부터 무함마드 때까지 하늘의 모든 메시지들과 깊은 관계가 있다고 했다. 그는 이집트는 무함마드 이전 여러 예언자들과 깊은 관계를 가지고 있는데 특히 이브라힘이 이집트 여성 하자르와 혼인하고 이브라힘은 모든 아랍인들의 조상Jadd Arab 이스마일을 낳았다고 했다. 또 야으꿉이 유수프를 이집트에서 만났으며 무싸는 이집트 왕궁에서 자라났다. 이싸가 신앙의 배신자들을 피하여 이집트에 왔는데 그의 어머니 마르얌이 그를 안고 입국하여 이집트에서 5년 동안 살았다. 혼인으로 인하여 이집트인들과 관계를 맺은 예언자는 이브라힘이었고 그를 이어 무함마드가 콥트 여성 마리야와 혼인하였는데 그가 낳은 아들을 이브라힘이라고 작명했다. 그것은 무함마드가 이브라힘과 그 자신이 연결되어 있음을 보여주려는 것이었다고 이집트 종교성 장관 마흐무드 함디는 말했다.

"사람들아, 우리가 너희들을 남자와 여자로 창조했고 너희들이 서로 알아가도록 백성과 부족들로 만들었다(수라 49: 13)."

이 꾸란 구절에서 무슬림들은 알라가 인간을 서로 다르게 만들어 둔 것은 서로 갈등하고 분리하려는 목적이 아니라 서로 다름을 서로가 알아가고 서로 협력하는 계기를 만들어가라는 뜻이라고 해석했다. 그리고 무슬림들은 무함마드가 모든 예언자들의 봉인(최종 도장을 찍은 사람)이라고 했다. 이슬람은 이슬람 이전의 종교들과 밀접한 관계가 있다고 이집트 종교성 장관은 강조하면서도 오직 무함마드의 시라만이 강한 응집력을 갖는 사회를 건설하는 데 숭고한 윤리적 가치를 제공해 준다고 하였다. 무함마드의 시라에서는 모든 남녀 무슬림들이 지식을 연마하는 것이 의무라고 했다.

이슬람에서는 윤리적 가치들이 중요시되는데 그 윤리적 가치들 중에서 자비raHmah가 이슬람 메시지의 핵심이다. 이집트 무바라크 전 대통령은 무함마드를 자비와 인도의 예언자, 모든 예언자들의 봉인이라고 했다. 하늘의 메시지를 안고 온 무함마드는 증거자, 기쁜 소식을 전하는 자, 경고자, 알라에게로 사람들을 전도하는 자, 등불을 밝히는 자라고 하였다.

(3) 하디스, 무함마드의 언행록

하디스는 이슬람을 창시한 무함마드의 말이나 행동이나 그가 묵인한 것을 기록한 책이다. 하디스는 그가 생전에 책으로 엮어지지 못하고 그가 죽은 후 그의 추종자들에 의하여 편집되었다. 하디스는 본래 구전으로 전해져 내려왔다가 다시 글로 편집된 것이다. 하디스를 모아서 편집하는 데 가장 중요한 것은 이야기 내용의 일관성이 아니라 자료의 신빙성이었다. 무함마드 사후 권력 투쟁과 갈등 과정에서 경쟁자들을 무너뜨리려고 무함마드에 대한 위조된 이야기들이 떠돌고 있었다. 무함마드는 나에 대하여 고의적으로 거짓말을 하는 자는 지옥에 떨어질 것이라고 하였다. 하디스 전달자들의 신빙성을 확증하기 위하여 하디스 전달자의 이름들이 길게 나열되었고 그들의 사람 됨됨이도 철저히 조사되었다.

하디스는 신빙성의 정도에 따라 싸히흐, 하산, 다이프 등 셋으로 구분되었다. 6권의 하디스가 권위 있는 하디스로 무슬림들 사이에 인정되고 있는데 그중에서 가장 건전하고 확실한 하디스로는 부카리 하디스(870년 사망)와 무슬림 븐 알핫자즈(875년 사망) 하디스를 꼽았다. 이 두 하디스는 꾸란 다음 가는 중요성을 갖는다. 하디스에 대한 무슬림 학자들의 노력에도 불구하고 이슬람 역사에서는 하디스 수집의 방법론에 신빙성이 있는지를 의심하는 학자들이 있어왔다. 책으로 편집되기 전의 하디스가 구두로 전해져 온 기간이 너무 길었다. 인도의 사이드 아흐마드 칸(1898 사망)은 하디스 신빙성에 대한 의문을 제기하였다. 진실과 오류, 진짜와 가짜가 섞여 있는 오늘의 하디스 문제점을 지적한 것이다.[144] 비옥한 초승달 지역을 점령하고 나서 그때서야 무함마드의 동료들과 그 동료들의 제자들을 중심으로 하디스의 연결고리를 찾았기 때문에 실제로 그들이 모았다고 하는 하디스가 진짜 무함마드의 언행록인지 그 진위가 의심스럽다는 것이다. 오늘날 보수적인 무슬림들은 이런 주장에 대하여 근거 없다고 반박하고 이는 곧 이슬람에 대한 서구적인 공격이라고 하였다. 그러나 하디스 초기 동시대 사람들도 하디스 전달자의 질에 대하여 더 많은 의혹감을 가지고 있었다.

사실 순니 사상Sunnism 혹은 순니파는 하디스 문학에서 발견된다. 순니 이슬람이 형성된 기본적인 원칙은 사하바(무함마드의 동료)의 하디스 모음의 신빙성, 하디스 전달자 비평에 대한 훈련, 그리고 사하바에서부터 9세기 하디스 편집자들에게까지 하디스 전달이 5세대 간 어떻게 발전해 왔는지를 살펴볼 필요가 있다. 순니 이슬람의 형성에 하디스 사람들의 역할이 그동안 학자들의 연구에서 크게 등한시되었다. 순니 전승에서 가장 권위 있는 책들로서 알부카리al-bukhari와 무슬림muslim이 편집한 하디스를 주로 참조했다. 이들 하디스 편집의 신뢰성을 두고 한동안 그 권위에 대한 논쟁이 잦았다. 그러나 10세기 샤피이 법학자들의 네트워크는 두 개의 하디스를 연구하고 이 둘을 표준으로 삼았고 10세기 말에 영향력 있는 하디스 학자 알하킴 알나이사부리는 이 두 하디스를 권위 있는 하디스의 표준으로 삼았다. 11세기에는 그의 제자들이 이

144_ Malise Ruthven, Islam, Oxford University Press, 40-41.

두 하디스를 권위 있는 표준으로 이슬람세계에 널리 전하였다. 13세기에는 이제 학자들의 논쟁 대상에서 벗어나 이 두 책이 무슬림 사회에서 그 중요성이 확대되었다. 아프리카 말리에서 인도까지 알부카리와 무슬림 하디스 두 책이 무함마드의 카리스마적인 권위의 상징이 되었고 의례와 역사적인 내러티브의 자료가 되었다. 11세기에 두 책에 대한 정경 논의가 확산되어 드디어 이 두 책이 권위 있는 지위를 얻었던 것이다. 물론 일부 하디스 학자들은 이런 시도를 받아들이지 않고 계속 하디스 비평 잣대를 들이댔다. 이런 긴장은 살라피 운동이 등장한 후에도 계속되었다.

꾸란에서 예언자 무함마드에 대한 하디스는 여러 측면과 다양한 목적에서 기록되었는데 명령과 금지, 위로와 타끄와, 방향제시와 인도 등이 들어 있다. 꾸란에는 20여 차례 '그들이 너에게 묻는다 혹은 그가 너에게 묻는다'는 등의 표현이 나오는데 이것을 보면 질문하는 자가 무슬림이거나 비무슬림이었다. 꾸란에서 이런 질문에 대한 대답에는 반드시 '말하라'라는 어휘가 나온다. 다음 하디스의 예를 살펴보자.

이슬람의 기둥　　오마르 븐 알캇땁의 아들 아부 압드 알라흐만 압둘라의 말에 근거한다. 그가 말하였다. 나는 알라의 메신저가 다음과 같이 말하는 것을 들었다.

이슬람은 다섯 가지를 바탕으로 세워졌다. 알라 이외에 신이 없고 무함마드는 알라의 메신저라고 증언한다. 기도를 한다. 자카를 지불한다. 그 집으로 순례를 한다. 라마단에 금식을 한다.

알부카리와 무슬림이 전해준 말이다.[145]

마지막 단계의 일　　아부 압드 알라흐만 압둘라 븐 마스우드에 근거한다. 그가 말했다. 진실하고 믿을 만한 알라의 메신저가 우리에게

145_ Ramzah Khayr allah, sharH al-arba'iin al-nawawiyyah, 12.

이야기해 주었다.

너희들 중 한 사람의 창조는 40일간 어머니 뱃속에서 정액으로 시작되고, 그러고 나서 그와 같은 핏덩어리로, 그러고 나서 그와 같은 살조각이 된다는 것이 확실하다. 그러고 나서 천사(루흐)가 생기를 불어넣는다. 그리고 4가지 사항이 운명지워진다. 생계수단이 기록되고 그의 수명이 기록되며 그의 직업이 기록된다. 그리고 고생할지 행복할지가 기록된다. 맹세하건대 알라 이외에는 신이 없다. 너희들 중의 하나는 잔나의 사람처럼 행동하는데 그 사람과 잔나 사이에는 팔 길이만큼의 거리뿐이다. 이미 책에 기록된 대로 지옥의 사람들의 일을 하는 사람은 지옥으로 들어간다. 너희들 중 하나는 지옥의 일을 하는데 그 사람과 지옥 사이의 거리는 팔 길이이다. 이미 책에 기록된 대로 잔나 사람의 일을 하는 사람은 잔나에 들어간다.[146]

알부카리와 무슬림이 전한 말이다

(4) 무함마드, 세상의 자비

2010년 2월 26일은 무함마드 탄신일이었다. 이집트 방송에서는 알아즈하르 쉐이크와 대담이 있었다. 그는 무함마드가 이슬람에 등장함으로써 아담에서부터 시작한 구전에 의한 계시가 무함마드에 이르러 글로 적히게 되었다고 했다. 이집트의 전 무프티 알리 고마는 무함마드의 계보를 아래와 같이 적었다.

<무함마드 이븐 압둘라 민 아미나 빈트 와합 븐 압드 마나프 븐

146_ 위 하디스에서 얻는 유익은 다음과 같다. 인간이 어머니 뱃속에서 창조될 때 4단계(정액, 핏덩이, 살 조각, 루흐가 분 다음의 최종 상태)를 거친다. 람자 카이룰라는 위 하디스와 다르게 40일이 아닌 4개월이라고 한다. 그래서 그는 4개월이 되기 전의 태아는 살아 있는 인간으로 규정되지 않는다고 쓰고 있다. 그래서 4개월 되기 전에 인공 유산이 되면 씻지 않고 옷을 입히지 않으며 그를 위하여 기도하지도 않는다. 아직 인간이 아니기 때문이다. 4개월이 된 다음에 루흐(천사)가 그 태아에 호기를 불어넣고 나면 살아 있는 인간으로 규정된다. 4개월 뒤에 인공 유산되면 씻어야 하고 수의도 입히고 그를 위하여 기도한다. 인간의 운명은 어머니 뱃속에 있을 때 그의 생계와 그의 직업 그리고 그가 생명이 다하는 것 그리고 그가 행복하게 살지 혹은 고생하며 살지 등이 결정된다.

자흐라 븐 하킴, 이븐 압드 알뭇딸립 민 파띠마 빈트 아므르 븐 아이드 븐 이므란 븐 마크줌 … 아드난 … 이스마일 븐 이브라힘 … 아담>.

알리 고마는 '무함마드는 알라의 살라와트(복)이고 알라의 하빕(좋아하는 사람) 그리고 그의 중재를 기대하는 사람들이 좋아하는 사람'이라고 하였다. 무함마드 생일이 이슬람력 3월 9일 혹은 10일 혹은 12일이라고들 한다. 이슬람 연구 학회가 발간한 책에 의하면 1970년대 마흐무드 바샤가 무함마드의 탄신일을 이슬람력 3월 9일로 확정하였다고 한다. 코끼리 사건이 일어난 뒤 500일이 지나 무함마드가 태어났기 때문에 571년 4월 20일이 무함마드 생일이라고 하였다.

꾸란은 이브라힘과 이싸가 무함마드가 올 것을 예언했다고 한다. 꾸란 알바까라(2장) 129절은 "주님, 그들 중에 한 메신저를 그들에게 보내 주세요. 그가 그들에게 당신의 표적을 암송해주고 그 책과 지혜를 그들에게 가르치며 그들을 정화시킬 겁니다. 당신은 확실히 탁월하시고 지혜로우십니다." 그러나 위 꾸란 본문에서 말하는 메신저가 반드시 무함마드라는 것을 알려주는 단서는 없다. 또 꾸란 61장 6절에서는 "그때 마르얌의 아들 이싸가 말했다. 이스라엘의 자손들아! 내 앞에 있는 토라를 확증해 주고 내 뒤에 오는 아흐마드라는 이름을 가진 메신저가 온다는 것을 내가 전해주려고 너희들에게 보냄을 받은 알라의 메신저가 확실하다. 그가 확실한 증거(표적)를 가지고 그들에게 왔을 때 그들이 말했다. '이것은 분명한 주술이다.' 이 꾸란 본문에 대하여 요르단 아알 알바이트 이슬람 사상 연구소가 만든 웹사이트의 꾸란 주석에 의하면 이싸가 '내 백성들아'라고 하지 않고 '이스라엘 자손들아'라고 한 것은 그가 이스라엘과 전혀 상관 없는 사람이라는 것을 지적해 주고 있다고 하였다. 이 꾸란 본문에서 아흐마드는 무함마드가 아니다. 그러나 무슬림들은 아흐마드라는 이름과 무함마드라는 이름이 서로 교체되어 사용될 수 있다고 하면서 꾸란에 나온 아흐마드가 무함마드라고 주장했다.

무함마드는 지상에서 알라의 대리자(칼리파)의 역할을 하였다고 이집트 일간지 알아흐람지는 말한다. 무함마드의 생애(시라)는 시간과 장소를 가리지 않고 모든 인간들이 유익을 얻을 만한 모범이 들어 있다고 하였다. 무함마드를 '세상의 빛'이라고 소개한 아랍 알아흐람 신문은 "빛이 태어난 날, 절대로 불빛이 꺼지지 않는다"라는 제목의 글을 실었다. 이집트 무슬림들은 무함마드가 빛이라고 보았다.[147]

147_ 이집트를 처음 정벌한 아므르 븐 알아스가 이집트에 온 것은 로마인들을 이집트에서 쫓아내기 위함이라고 알아즈하르 쉐이크 가말이 말했다. 그러나 이집트에서 로마인들이 떠나간 뒤에도 무슬림들은 이집트를 떠나지 않았다. 이집트 정부는 2010년 7월부터 모든 이맘(모스크 기도 인도자)과 두아(전도하는 자)에게 매달 250파운드씩 월급을 올려주기로 하였다. 이슬람 포교와 이슬람의 본질을 바로 전하는 사람들인 이맘(기도 인도자), 두아(이슬람을 전도하는 자), 카떱(설교자)의 중요성을 강조했다.

CHAPTER 02

이슬람 교리와 율법

1 여섯 가지 믿음과 교리

이슬람은 아랍어 s. l. m 이란 어근에서 나온 어휘이다. 이슬람의 사전적 의미는 흠이 없다는 뜻이다. 그래서 이슬람이란 이스티까마 istiqāmah와 하니피야hanīfiyyah 두 가지로 설명된다. 이스티까마는 올바름이란 말이고 하니피야는 하니프의 종교라는 말이다. 사실 이슬람은 진리(메시지)와 가치(사회적인 윤리)와 율법(형법 등)이 어우러져 있다. 우리가 이슬람을 총체적으로 이해하려면 이슬람 종교적인 메시지, 사회적인 가치와 윤리 그리고 이슬람율법 모두를 공부해야 한다.

무슬림들이 이 땅에서 소망하는 타끄와taqwa는 알라를 두려워하여 알라가 명령한 것은 행하고 알라가 금한 것은 피하는 것을 이른다. 타끄와 역시 개인으로 보면 종교적인 의식(기도와 금식 등)을 지키고 사회적인 가치를 세우며(자카 등) 율법적으로는 이슬람의 법(형벌 등)을 지키는 것이다. 이슬람 사회의 기둥은 비르와 타끄와인데 비르는 선을 행하는 일을 확대하는 것이고 살라피에게 비르는 알라와 무함마드에게 전적으로 순종하는 것이다. 그러므로 이슬람에서 교리와 율법을 통하여 우리는 무슬림의 정체성을 확인할 수 있다.

이슬람의 교리와 실천은 여섯 가지 믿음(알라, 천사, 예언자, 책, 운명론, 최후의 심판)과 다섯 가지 기둥(신앙공표, 기도, 금식, 구빈, 순례)으로 되어 있다. 이슬람의 다섯 가지 기둥은 무슬림의 실천사항이다. 신앙공표(샤하다)와 종교적인 의식을 따른 기도(쌀라)는 반드시 준행해야 하나 금식(싸움)과 구빈(자카)과 순례는 각각 예외 조항이 있어서 다소 융통성이 있다. '자카'라는 말은 종교세 혹은 구빈, 희사 등으로 해석되었는데 희사는 '어떤 목적을 위하여 기꺼이 돈이나 물건을 내놓음'이란 의미이므로 자카가 갖는 원래 의미와는 다소 차이가 있다. 무슬림들에게 자카가 뭐냐고 물으니 금방 가난한 사람들을 돕는 것이라고 말한다. 자카에 해당하는 우리말은 구빈(가난한 사람을 구제함)에 더 가깝다. 자카라는 말의 사전적 의미는 복과 풍성함, 정화, 올바름(흠이 없음)이란 뜻이고 이슬람율법적 의미는 재물의 일정한 몫인데 특별한 조건에 따라서 가난한 자들에게 너그럽게 주는 것이다. 또 이슬람 은행에 돈을 예치하면 은행은 자카를 받아 좀 더 큰 지역을 대상으로 구빈사업을 한다.

'싸움sawm'이란 아랍어 단어는 사전적인 의미로는 어떤 행동이나 말을 그만두는 것을 이른다. 이슬람율법적인 의미로는 의도를 가지고 해가 떠서 해가 질 때까지 먹을 것, 마실 것, 부부관계를 그만두는 것이다. 우리말로는 단식 혹은 금식으로 번역해 왔는데 단식은 일정 기간 동안 의식적으로 음식을 먹지 아니함이란 의미이고 금식은 치료나 종교, 또는 그 밖의 이유로 일정 기간 음식을 먹지 못하게 금하는 것이란 의미라서 아랍어 싸움은 금식에 가깝다. 아랍어 '싸움'은 신앙공표, 기도, 자카, 순례와 더불어 모두가 이슬람율법에 해당한다.[1] 그렇다면 이

1_ 이슬람의 교리가 달라서 여러 가지 종교적인 문제를 겪고 있는 이슬람 국가들이 많다. 그중에 파키스탄, 아프가니스탄, 인도, 한국 등 이슬람이 태동한 아라비아반도의 변방 지역에 사는 무슬림들이다. 파키스탄에는 알라가 루흐라고 하는 무슬림들과 그렇지 않다고 하는 무슬림들이 있고 알라가 보이지 않는 지식을 준다는 무슬림과 그렇지 않다는 무슬림들로 나뉘어져 있어서 이슬람 교리 문제가 크다. 한국의 꾸란 번역 중에도 성

슬람의 교리에 해당하는 6가지 믿음은 무엇인가?

(1) 알라: 알라는 누구인가?

무슬림들은 한 분의 단일 신을 믿는다. 그에게는 다른 신이 없다. 그가 바로 알라이다. 알라에게는 본질dhāt과 속성sifāt이 있다.

알라의 본질은 무엇인가? 알라는 시간과 장소를 초월한 창조주이다. 알라 이전과 이후에 아무것도 없었다. 알라에게는 처음도 끝도 없다. 알라는 인간의 속성으로 표현할 수 없다. 이미지(형상) 혹은 지체가 있다고 할 수 없고 고통이나 슬픔이나 기쁨이나 행복이나 즐거움 등을 느낀다고 묘사될 수 없다. 알라는 모든 피조물을 보지만 피조물은 누구도 알라를 볼 수 없고 알라는 피조물들 중에서 아무도 필요로 하지 않는다. 알라의 본질은 인간이 이해하고 인간의 이성이 깨닫는 것 그 이상이다. 알라가 인간과 공유된 속성이 없다는 것은 기독교와 크게 다른 점이다.

알라의 속성은 무엇인가? 알라의 속성들은 영원하고(처음이 없다, 아잘리야) 영원하다(끝이 없다, 아바디야). 알라의 속성으로는 지식, 생명, 능력, 의지, 들음, 봄, 말함 등이 있다. 무슬림들은 꾸란이 설명하는 대로 그리고 무함마드가 설명하는 대로 알라의 속성을 믿는다. 그래서 변질도 없고 알라의 속성을 부인하지도 않고, 알라의 속성이 어떤 모양을 갖는다고 하거나, 인간의 속성과 닮았다고 하지 않는다. 여기서 변질이란 말은 알라의 속성의 하나인 말kalām의 의미가 본래 의미와 달라지거나 그것의 주석이 올바르지 않은 의미를 갖는 것을 말한다.

알라의 속성을 부인하는 것이란 꾸란과 순나에 나오는 알라의 속성의 의미를 부인하는 것이다. 또 알라의 속성이 이런 모양과 저런 형

령이 있다고 하여 교리적인 혼란이 있고 알라의 울루히야를 강조하는 이븐 타이미야의 영향을 받은 사이트도 있다.

태를 갖고 있다고 말할 수 없다. 알라의 속성은 특정한 양식을 갖고 있으나 알라의 속성 전체를 인간이 모른다. 또 알라의 속성이 인간의 속성을 닮지 않았다는 말은 가령 알라에게 손이 있다고 하는 것은 인간의 손과 같다고 말할 수 없다는 것이다. 알라는 어느 사물과 같지 않다. 알라는 99가지 이름을 가지고 있다. 이들 알라의 이름들은 꾸란이나 올바른 순나(하디스)에 나와 있다.

(2) 천 사

이슬람에서 천사는 빛에서 창조된 실체jism이고 여러 모양으로 되어 있다. 천사들에게 날개들이 있고 성의 구별이 없으며 혼인하지 않는다. 천사는 먹지도 아니하고 마시지도 아니한다. 인간은 천사들의 실제 모습을 볼 수 없다. 천사들은 하늘sama'에 살고 있다고 믿는다. 심판의 날 이전에 인간이 죽는 것처럼 천사들도 심판의 날 이전에 죽는다. 천사의 할 일은 알라의 명령을 수행하는 것이고 예언자nabi들과 메신저rasūl 들에게 그의 메시지를 전달한다. 이슬람에서 모든 천사들은 동일한 일을 하는 것이 아니다. 가령 알라의 보좌를 들고 있는 천사도 있고 7개의 하늘에서 살면서 알라를 찬미하는 천사들도 있고 인간의 삶 속에서 선과 악을 행하는 것을 모두 기록하는 천사들도 있고 죽은 자에게 그의 종교와 메신저와 그의 주님을 묻는 천사들도 있다. 이 세 가지 질문을 하는 천사는 문카르munkar와 나키르nakīr 천사이다. 그 외에도 죽음을 관장하는 천사들, 지옥을 지키는 천사들, 잔나의 천사들도 있다.

가장 유명한 천사들로는 지브릴, 미카일, 이스라필, 죽음의 천사, 라드완, 말리크 천사들이 있다. 지브릴이란 말의 히브리어 뜻은 신의 사람rajul allāh이란 말이고 시르야니야(시리얀어)에서는 신의 종abd allah이라는 말이다. 지브릴의 이름들 중에는 알루흐 알꾸두스, 알루흐 알아민 등이고 지브릴은 와히(알라의 메시지risālat allāh)를 예언자들이나 메신저들에게 전하는 천사이다.

미카일은 알라의 피조물의 은택rizq에 관련된 알라의 명령을 수행하는 책임을 갖는다. 여기서 은택이란 알라가 인간에게 허용한 모든 선한 것들로서 돈과 음식과 자녀 등이다. 이스라필은 부활의 날에 무덤에서 죽은 자들을 불러내는 천사이고 죽음의 천사는 피조물들의 몸에서 루흐(생명)를 가져가는 천사이다. 라드완은 잔나의 문을 지키는 천사이고 말리크mālik는 지옥의 문을 지키는 천사이다.

(3) 하늘의 책들

무슬림들이 믿는 책들은 무엇인가? 첫째는 알라가 이브라힘에게 내려준 책(쑤후프), 둘째는 알라가 다우드에게 내려준 책(자부르), 셋째는 알라가 무싸에게 내려준 책(타우라), 넷째는 알라가 알마시흐에게 내려준 책(인질) 그리고 알라가 무함마드에게 내려준 책(꾸란) 등이 있다. 그렇다면 알라가 이런 책들을 예언자들에게 어떻게 내려주었을까? 알라가 그들에게 이 책들을 와히wahy를 통하여 내려주었다. 그러면 와히가 무엇인가? 와히는 언어적으로는 비밀sirr을 알려주는 것이고 이슬람 교리학(일므 알아끼다)에서는 책이나 메시지나 알라의 말(칼람 알라) 혹은 알라의 메시지를 지닌 천사를 가리킨다. 그리고 와히의 방식으로는 알라가 무싸에게 한 말처럼 말kalām로 하거나 천사가 가져다주는 메시지로 하거나 이브라힘이 꿈속에서 본 환상ru'yā으로 한다.

(4) 메신저들

영어의 메신저에 해당하는 아랍어 라술rasūl의 복수형태가 루술rusul이다. 모든 무슬림은 모든 루술을 믿어야 한다. 그러면 루술에는 누가 있는가? 꾸란에 나오는 25명의 예언자들 중에는 아담, 누흐, 이브라힘, 무싸, 이싸, 쌀리흐, 후드, 이스마일, 이스학, 야으꿉, 유수프 등이 있다. 이들은 잘못과 악에서 벗어난 사람들이다. 잘못khata'과 악sharr에서 벗어난 사람이란 잘못이 일어나지 않도록 알라가 그를 보호한 자들이라는 것이다. 예언자와 메신저 사이의 차이는 무엇인가? 알라는 인류에게 메시지(책)를 라술에게 보낸다. 그 메시지는 인류에게 알라의 명령을 수행하라고 요구한다. 이런 라술로는 이싸, 무싸, 무함마드 등이다. 그러나 메시지(책) 없이 알라의 명령을 수행하도록 인류에게 요구하기 위하여 알라가 인류에게 보낸 자는 예언자(나비)이다. 이슬람의 예언자들로는 쌀리흐, 유수프, 이스학, 이스마일 등이 있다. 여기서 메시지는 무엇인가? 인류를 가르치기 위하여 알라가 라술에게 보낸 책이다. 그러면 어떻게 알라가 라술이나 나비를 선택하는가? 알라는 인류에게 메시지를 전달할 수 있는 쌀리흐(충실하게 행하는자), 따히르(깨끗한 자), 싸디끄(믿을 만한 자), 아민(정직한 자), 아낄(이성적인 사람)의 사람을 택한다. 라술은 메시지를 인류에게 어떻게 전달하는가? 라술은 사람들을 알라에게로 초대하고 알라는 기적들로 메신저를 돕는다. 여기서 기적이란 인간의 능력을 뛰어넘은 일이고 인간은 그 같은 일을 할 수 없고 메신저의 기적들 중에는 알마시흐가 한 것처럼 죽은 자를 살리고 꾸란은 메신저 무함마드의 기적이다. 가장 뛰어난 루술은 5명인데 누흐, 이브라힘, 무싸, 이싸, 무함마드이고 이들을 울루 알아즘(능력과 인내의 소유자)이라고 불린다.

(5) 마지막 날

마지막 날al-yawm al-'ākhir을 가리키는 아랍어 단어들 중에는 루흐가 육체로 돌아가는 날yawm al-ba'th, 부활의 날yawm al-qiyāmah, 한곳으로 모이는 날yawm al-hashr, 그때al-sā'ah, 약속된 날al-ma'ād 등이 있다. 그러면 이들 어휘가 한 가지 의미를 가리키는가? 이들 어휘는 이날의 의미들 중에서 한 가지 의미를 설명하는 것들이다. 마지막 날은 현세에서 인간이 마지막 날이 된다는 것이고 알바으스는 루흐가 죽음 후에 몸으로 되돌아간다는 말이다. 알바으스의 날이란 모든 피조물들을 셈하기 위하여 알라가 인간의 루흐를 몸으로 되돌려 주는 것을 말한다. 그래서 그날을 셈하는 날yawm al-hisab이라고 부른다. 알라가 모든 인간에게 세상에서 그들의 행함을 셈하는 것이고 충실하게 행하는(쌀리흐) 무으민은 잔나에 가고 카피르들은 지옥에 간다. 부활qiyāmah의 의미는 '바으스'의 의미와 가깝다. 끼야마는 인간의 루흐가 몸으로 돌아간 후에 무덤의 죽은 자들을 산 자로 일으키는 것을 말한다. 그러면 하쉬르는 무엇인가? 무덤에서 사람들을 부활시킨 후에 알라가 그들을 셈하기 위하여 한곳으로 모은다. 한곳으로 모으는 것을 하쉬르라고 한다. 그러면 이런 어휘들 이외에도 마지막 날을 가리키는 다른 어휘들이 있는가? 분리의 날 yawm al-fasl이란 말이 있고 또 꾸란의 장들 이름에 나오는 피할 수 없는 사건(al-hāqqah, 69장), 당해내지 못할 사건(al-ghashiyah, 88장), 일어날 일(al-wāqi'ah, 56장) 등의 어휘들이 마지막 날을 가리키는 어휘들이고 이 외에도 여럿이 있다. 이런 어휘는 마지막 날에 일어날 일을 묘사하는 말이다. 마지막 날은 쌀리흐(충실하게 행한 자)가 잔나에 가고 파시드(율법적으로 결함이 있는 자)가 지옥에 가기 전에 발생하는 날이다. 잔나와 지옥nār은 어떻게 다른가? 잔나와 지옥은 알라의 피조물이고 알라가 셈한 뒤에 인간을 위하여 준비한 것이다. 잔나에는 인간이 알고 있든 모르든 아름다운 모든 것들이 있는데 그곳의 삶은 끝이 없이 영원하다. 지옥에는 모든 종류의 처벌과 심리적, 육체적 고통이 있다. 그곳에서의 삶이 끝이 없이 영원하고 알라는 인간에게 지옥을 멀리하고 인간을 잔나로 들어가게 한다.

알둔야(현세)와 알아키라(내세) 사이에 꾸란은 중간 단계를 제시하였다. 이것은 최후의 날인데 우선 알라가 모든 인간의 영혼이 육체로 되돌아가게 하고(바으스), 그 뒤 죽은 자들이 무덤에서 살아나서 일어난다(끼야마). 그리고 사람들이 무덤에서 부활한 다음에는 알라에게 계산을 받기 위하여 한곳으로 모이고(하쉬르) 알라가 선행과 악행을 셈한(히삽) 다음에 잔나와 지옥이 그를 기다린다. 알라가 계산을 한 다음에 잔나(파라다이스)나 지옥으로 가는데 잔나와 지옥은 알라가 인류를 위하여 준비해 놓은 창조된 것들 중 하나이다.

(6) 운명론

이슬람의 운명론qadar은 무엇인가? 알라가 이 땅의 존재에게 내놓은 제도인데 모든 것이 알라만이 아는 시간에 일어나는 것을 알라만이 안다는 것이다. 무슬림이 까다르를 믿는다는 것은 인간의 삶에서 일어나는 모든 것이 영원부터 영원까지 알라의 뜻에 따라서 알라가 원하는 대로 일어난다고 믿는 것이다. 인간은 외부의 영향으로 어쩔 수 없이 모든 일이 일어나는 것으로 이해한다. 알라는 무슨 일이 일어날지 미리 알고 있고 미리 알고 있는 이런 지식ilm에 따라 일어나는 것은 인간의 의지와 상관이 없다. 그런데 많은 무슬림들이 오늘날 전적으로 인간의 자유의지와 상관없이 그런 일들이 일어난다고 믿는다. 그래서 나쁜일이 생겨도 인간은 불행하다고 생각할 필요가 없고 우연히 좋은 일이 생겨도 기뻐할 일이 아니다.[2] 많은 무슬림들이 이슬람의 운명론의 의미가 알라가 인간에게 운명지워 준 것을 알라가 강요하는 것이라고 생각하나 사실은 그렇지 않다고 말하는 학자도 있다.[3] 운명론은 인간에게 일어날 일을 알라가 미리 알고 있다는 것이고 그런 일이 일어나는 것은 알라의 타끄디르(taqdīr, 어떤 일이 해결되고 적용되는 것을 생각하는 것)로부터 이뤄진다는 것이 운명론의 본래 의미라고 했다.

어떤 인간에게는 선의 의지가 더 강하고 어떤 인간에게는 악의 의지가 더 강한데 인간마다 어떠한지는 알라만이 알고 있다. 알라는 인간에게 교리에서 참과 거짓, 말하는데 참말과 거짓말을 그리고 행동에서의 선과 악을 구별하는 이성aql을 주었다. 인간은 그 자신을 위해서 선택한 참과 거짓, 참말과 거짓말, 선과 악을 그가 선택해야 한다는 것이다. 그 이유는 알라 이외에 아무도 그의 운명을 모르기 때문이다. 그러나 기독교의 예정론은 하나님이 앞으로 일어날 일을 미리 예정하였다고 믿고 인간의 자유의지를 통해서 미래에 어떤 일이 일어나는 것이 확실하게 예정되어 있다는 것을 믿는다.[4]

2_ al-Sayyid Sābiq, al-Aqā'id al-Islāmiyyah, Dār al-Fath lil'I'lām al-Arabī, 2009, 84.

3_ 위의 책, 84.

4_ 기독교의 예정론은 하나님이 절대적인 주권자이고 그의 주권 안에서 그가 제공하는 구원을 인간이 받아들이거나 거부하는 자유 의지를 인간에게 주었다. 모든 사람이 구원받고 아무도 멸망하지 않게 하는 것이 하나님의 뜻이다. 하나님은 예지(미래의 사건들

알가입al-ghayb이란 무엇인가? 알라가 정해준 때가 아니고서는 인간이 깨닫지 못하는 모든 것을 가리킨다. 바으스, 부활, 잔나와 지옥 등 앞날에 일어날 일은 정해진 때가 아니고서는 인간이 깨닫지 못하는 것들이다.

이상과 같이 앞서 말한 모든 것이 이슬람의 아끼다(교리)에 속한다. 아끼다는 인간이 그의 지력과 심장으로 의심없이 믿는 것을 가리키고 그것을 붙잡고 절대로 저버리면 안 된다.

2 다섯 가지 기둥과 제도

이슬람에는 인간과 알라 간의 관계, 인간과 그의 형제 인간 간의 관계, 인간과 사회 간의 관계를 조직하는 제도가 있다. 아랍어에서 샤리아의 의미는 무엇인가? 샤리아는 어휘적인 의미로는 올바르고 밖으로 드러나 확실한 길이다. 샤리아는 신자들의 삶의 길을 분명히 해주고 그 길을 드러내 주는 것이다. 이슬람학에서 샤리아의 의미는 메신저의 혀를 통하여 알라가 신자(무으민)에게 내려준 규례들ahkām과 법들qawānin이다. 그러므로 이슬람의 샤리아(샤리아 이슬라미야)는 아랍인 예언자 무함마드를 통하여 와히가 가져다 준 법들이다.

이슬람율법이 말하는 주제들은 무엇인가? 이슬람율법은 교리(아끼다)들을 포함하고 인간과 알라 간의 관계에 의한 제도(기도, 금식, 구빈 등), 인간과 인간 간의 관계에 의한 제도(혼인, 이혼, 매매 등), 인간과 사회 간의 관계에 의한 제도tanzīm(지하드, 슈라, 윤리, 형벌)를 포함한다. 결국 샤리아는 교리학(일므 알아까이드)과 법학(일므 알피끄흐)을 포함한다. 알

에 대하여 하나님이 미리 내다보심)하시지만foreknows 어느 누구도 죄의 심판을 받도록condemned 예정하지 않는다(딤전 2:4). 예정론은 운명destiny을 미리 계획하는 것이고 그리스도의 죽음과 그 의미가 하나님에 의하여 예정되었다. 기독교의 예정론은 신적 계획divine decree(세계와 그 역사에 대한 하나님의 영원하시고 종합적인 계획)에서 수단과 목적을 포함하고 운명론은 목적end만을 주목한다.

피끄흐는 무슬림의 삶을 제도화하는 법들을 공부하는 학문이다. 아랍어 사전에서 피끄흐는 이해라는 말이고 이슬람학에서 피끄흐는 샤리아에서 온 법들의 분명한 이해를 가리킨다. 피끄흐에는 두 가지 구분이 있는데 하나는 인간과 알라 간의 관계를 연구하는 예배'ibadat 부문이고 다른 하나는 인간과 인간 간의 관계와 인간과 사회 간의 관계를 연구하는 관습'adat의 부문이다. 그렇다면 샤리아에서 온 법'ahkām shar'iyyah이란 무엇인가? 샤리아에서 온 법은 무슬림으로서 알라의 명령을 행해야 하는 사람의 행위들과 관련된 알라의 메시지(말)이다. 여기서 알라의 명령을 행해야 하는 사람들에게는 그 행동을 의무적으로 반드시 행해야 한다고 하거나 또는 그 행동을 할 수도 있고 태만하게 할 수도 있으며 또는 다른 어떤 행동을 하기 위한 조건으로서 어떤 행동을 하는 것일 수도 있다. 샤리아에서 온 법들이 여러 종류가 있는데 그중에는 기도나 순례처럼 아주 분명한 증거가 존재하므로 그 행위를 의무적으로 해야 하는 파르드fard가 있고, 기도할 때 개경장을 읽는 것처럼 추정zanni의 증거가 존재하므로 그 행위를 행하는 사람에게 의무적인 와집wājib이 있고, 월요일과 목요일에 금식하는 것처럼 그 행동을 하지 않아서 잘못되지 않도록 그 행동을 실천하기를 요구하는 만둡mandūb이 있다. 그리고 어떤 행동을 실천해서는 안 된다고 요구하는 하람haram이 있고 또 모르고 판 것을 다시 파는 것처럼 추정의 증거가 있어서 그 행동을 의무적으로 행해서는 안 된다고 요구하는 마크루흐makrūh와 어떤 행동을 막거나 금하는 증거가 없어서 그 행동을 해도 무방한 무바흐mubāh 혹은 할랄halāl이 있다.

파르드(어떤 증거가 있어서 반드시 해야 하는 의무)를 거부하는 자는 카피르kāfir이고 파르드를 태만하게 하는 자는 파시끄fāsiq(알라의 명령을 알면서도 실천하지 않는 무슬림)이다. 와집을 거부하는 자는 카피르가 아니고 다만 와집을 태만하게 하는 자가 파시끄이다. 그러나 여행으로 금식할 수 없는 사유가 생겨서 파르드나 와집을 저버리는 루크사rukhsah도 있다.

그런데 생활의 법은 변한다. 시간이 달라지고 장소가 달라지면 삶이 바뀌고 매일 새로운 것들이 많이 나타난다. 이런 새로운 것들을 샤리아에서 찾을 수 없다. 그렇다면 어떻게 그 율법적인 법률(후큼 샤르이)을 알 수 있을까? 그 율법적인 법률은 이즈티하드ijtihād를 통하여 알 수 있다. 이즈티하드는 이슬람법적 근거(꾸란, 순나, 합의ijmā' 등)로부터 새로운 실질적인 율법적 법률을 도출하는 것이다. 이를테면 7세기에 없었던 오늘날의 마약을 금하려면 7세기에 잘 알려진 사실, 즉 술이 몸과 이성을 해롭게 하는 것에 유추한다. 아흘 알순나(순니파)는 분명한 텍스트가 없는 경우를 제외하고는 이즈티하드는 가능하지 않다고 말한다. 그러면 아무나 이즈티하드를 할 수 있는가? 이즈티하드에는 여러 조건들이 있는데 이즈티하드를 하는 사람 무즈타히드mujtahid라고 하고 무즈타히드는 무슬림이어야 하고 아랍어를 아는 학자이어야 하고 꾸란, 순나, 이즈마아를 알아야 하고 법의 원리를 알고 알라에게 헌신되어 올바른 이해력을 가진 자라야 한다. 이런 조건을 충족시킬 수 없는 사람은 아부 하니파나 샤피이와 같은 기존 무즈타히드들 중의 한 사람의 의견에 따라야 한다.

무슬림의 교리와 이슬람의 샤리아 그리고 율법의 근거들을 알았다면 그 다음은 이런 근거에 따라 무슬림이 어떻게 살아가야 하는가? 물론 이슬람의 교리와 율법에 따라 살아가야겠다는 생각이 개인의 실질적인 행동으로 나타나고 사회의 제도로 나타나야 한다. 이것을 피끄흐라고 한다. 피끄흐는 알라와 인간과의 관계, 인간과 인간과의 관계, 인간과 사회 간의 관계를 설명해준다.

이슬람의 다섯 가지 기둥은 무슬림들이 반드시 지켜야 하는 의무farīdah이고 율법이다. 이슬람의 신앙공표는 알라와 무함마드를 믿어야 하므로 타 종교와 구분된다. 이슬람의 기도는 종교적인 의식을 따르는 기도이므로 아무렇게나 할 수 없다. 만일 점심기도를 못 했으면 그 다음 기도에서 이를 보충해야 한다. 금식은 먹고 마시고 성관계를 하지 않는 것[5]이고 자카는 일 년에 정부가 일정 금액을 명절에 정하여 그때 모든 무슬림이 자카를 하도록 하는 경우도 있고 이슬람 은행에 돈을 맡기면 은행이 자카를 거둬 특정한 일에 사용하기도 한다. 그래서 자카는 희사가 아니다. 자카를 일부 책에서는 자카트라고 하는데 아랍어를 잘 아는 사람이거나 아랍 무슬림들에게서 배운 사람들은 자카라고 발음한다. 무슬림들 중에서 경제력이 허용되지 않거나 건강에 문제가 있으면 평생 순례를 안 가도 된다. 일 년에 한 달을 금식하고 생애 한 번 경제력과 건강이 허락하면 순례를 하는 것이 이슬람 문화를 움직이는 가장 큰 종교적인 절기이다. 순례를 다녀오면 희생절을 갖는데 그때를 위하여 각 이슬람 정부는 양, 소들을 수입해 놓는다.[6] 라마단 달에는 낮에는 금식하고 밤에는 식사를 하기 때문에 평소보다 더 많은 식료품을 국가가 예비해 둔다. 그러면 이슬람의 다섯 가지 기둥을 살펴보자.

(1) 신앙공표(샤하다)

신앙 공표란 아랍어 단어 '샤하다shahādah'는 이슬람으로 들어가는 조건이다. 그 의미는 어떤 것을 신뢰한다는 믿음의 표명 혹은 신앙공표(이슬란 알이만)이고 그 구절은 "나는 알라 이외에 신이 없고 무함마드가 알라의 라술rasūl인 것을 증거한다"는 것이다. 그러나 오늘날 무슬림들이 "나는 알라 이외에 신이 없다(라 일라하 일랄라)"는 말을 그가 전혀 의도하지 않은 일이 갑자기 생겼을 때 이 표현을 사용하기도 한다. 이슬람에서 가장 중요한 개념 중의 하나인 타우히드tawhīd는 세상에는 절대로 나뉠 수 없는'ahad 한 분wāhid의 신이 있다는 것을 증거하는 것이다. 세상에서 절대로 나뉠 수 없는 한 분의 신만이 있음을 증거하는 사람은

5_ 이집트 콥트 기독교인들에게 금식은 우유, 달걀, 고기, 닭 등 혼이 들어 있는 짐승과 그 부산물을 먹지 않는 것이다. 그래서 채소나 빵을 먹는 것은 가능하다. 아랍 복음 교회에서 교인들의 금식은 전날 저녁 12시부터 다음날 오후 3-5시까지 먹고 마시는 것을 금한다.

6_ 2012년 10월말 이집트인들은 희생절 날 27억 5천만 파운드(1파운드는 200원)에 해당하는 고기를 사먹었다고 이집트 농림부가 발표했다. 그중에서 19억 5천만 파운드는 소를 사는 데 쓰였고 나머지는 양을 샀다. 이집트가 빈곤층이 많아 8600만 인구 중에서 150만 명 정도 고기를 샀고 2만 5천 마리의 낙타를 소비하였다.

무와히드muwahhid라고 한다. 그렇다면 모든 신자들이 무와히드인가? 알라가 그의 동반자 없이 여럿으로 나뉠 수 없는 오직 한 분이라고 믿지 않는 사람들이 있는데 그들을 무쉬리크mushrik라고 한다. 이슬람에서 볼 때 기독교인들은 무쉬리크이다. 그렇다면 카피르, 무쉬리크, 물히드, 무나피끄 간에는 무슨 차이가 있는가? 카피르는 이슬람의 교리나 율법(샤리아) 혹은 다섯 기둥들 중 하나를 부인하는 사람이고 물히드 mulhid는 신의 존재를 부인하는 자이어서 세상에는 신이 없다고 말한다. 무나피끄munāfiq는 이슬람을 믿는다고 하면서 쿠프르(이슬람의 교리나 율법을 부인함)나 쉬르크(알라에게 동반자가 있다고 믿는 것)나 일하드(신의 존재를 부인함)를 숨기는 사람이다.

(2) 기도(쌀라)

무슬림들에게 5가지 실천 사항 중에서 가장 중요한 항목이 쌀라(기도)라고 한다. 오늘날 무슬림들은 기도를 할 때 아래와 같은 동작을 지키면서 그의 머리와 마음은 알라가 자기 눈앞에 있는 것처럼 생각하고 기도한다고 했다. 이것을 무슬림들은 알라에게 가까이 가는 것 taqarrub이라고 생각한다. 무슬림이 기도 전에는 반드시 청결tahārah을 실시하는데 청결은 몸과 루흐가 깨끗한 것을 가리킨다. 몸의 청결은 불결하고 더러워짐으로부터 멀리하는 것을 말하고 루흐의 청결은 죄로부터 멀리하는 것이다. 아랍인들은 청결한 사람tāhir이라고 할 때 죄(ithm, khati'ah)에 빠지지 않았다는 말이다. 이슬람 법학(일므 알피끄흐)에서 청결은 기도 전에 우두으와 전신 목욕, 타얌뭄tayammum을 통하여 불결 najāsah과 부정rijs을 제거하는 것을 말한다. 나자사는 따하라의 반대말로서 불결하고 더러운 것을 가리키고 리즈스는 나자사와 같지만 물질적인 것보다 정신적인 것과 함께 더 많이 사용되는 말이다. 물질에 의한 청결은 물 혹은 물이 없으면 흙을 사용하여 청결하게 하는 것이고 우두으, 구술, 타얌뭄 등 세 가지가 있다. 우두으는 체계와 순서에 따라 몸의 표면을 닦는 것인데 기도(쌀라) 전의 의무사항이다. 청결 전에 기도할 의향(니야)이 없이는 우두으가 되지 못한다. 의향이란 마음에 지금 목표로 하고 있는 일이 기도를 위한 우두으라는 것을 의도하는 것이다. 이슬람에서 의향은 마음의 뜻이고 예배의 행위이다. 구슬과 우두으는 어떻게 다른가? 우두으는 기도 전의 의무사항이고 구슬은 성관계를 한 뒤의 의무사항이다. 그래서 구슬은 몸 전체를 씻는 것이다. 의향은 우두으와 구슬의 조건들 중의 하나이다. 타얌뭄은 얼굴과 두 손을 청결한 흙turab으로 닦는 것을 말한다. 물이 없을 때 혹은 질병으로 물을 사용할 수 없을 때에만 타얌뭄을 사용한다. 손을 먼저 흙으로 닦은 후 얼굴과 두 팔을 두 손으로 닦는다. 타얌뭄은 기도 전에 행하고 의향이 그 조건들 중 하나이다. 그러면 무슬림들이 말하는 쌀라의 구성 요소들을 살펴보자. 쌀라는 좋은 것을 바라는 것인데 이슬람 법적인 의미는 특정한 말과 행동으로서 타크비르(알라후 아크바르라고 말함)로 시작하여 타슬림(앗살라무 알라이쿰이라고 말함)으로 마친다. 쌀라는 알라에게 가까이 가기taqarrub 위한 무슬림의 수단이다. 메디나로 이주하기 1년 전 밤여행(이스라의 밤layla al-'isrā')부터 지금까지 이성이 있는 성인 무슬림이 행하는 파르드이다.

우선 무슬림이 기도하기 전에 우두으(청결)를 한 다음에 기도를 하겠다는 마음의 의향이 필요하다. 무슬림은 메카와 최단거리로 방향을 향하고 마음으로 기도하려는 의향이 있어야 쌀라가 성립된다. 이때 쌀라는 반드시 아랍어로 하고 두아는 각 나라말로 해도 된다. 물론 여기서 기도의 방향은 반드시 메카의 카아바를 향해야 하는데 과거 인도네시아인들은 메카 방향을 정확하게 몰라 케냐 쪽으로 향하여 모스크를 지은

무슬림들의 모스크 안

적도 있었다고 한다.

둘째, 알라후 아크바르(타크비르라고 함)라고 말하면 먹는 일이나 마시는 일을 금한다. 각 라크아[7]를 시작하려면 꾸란의 제1장을 암송한다. 처음 두 라크아 동안에 개경장(1장)을 암송하고 꾸란의 어느 장이나 몇 개의 구절을 추가 암송한다. 그러나 3, 4 라크아는 개경장만 암송한다. 그리고 타크비르를 반복하며 허리를 굽혀 반절 자세를 갖는다.

셋째, 루크우ruk'u(허리 구부리기) 상태가 되면 적어도 3번(혹은 홀수로)은 다음 문장을 암송한다. "나의 지고하신 주께 찬미를 드린다(수브하나 랍빌 아짐)" 여기서 '수브하나'는 알라가 인간과 별개라는 것을 강조하는 인간과 차별화tanzīh하는 어휘이다.

넷째, 다음 구절을 읽으며 바로 선 자세로 돌아간다. 알라는 찬미하는 자의 말을 들으신다(사미아 알라후 리만 하미다). 그리고 두아(개인 기도)를 한다. 두아를 할 때에는 다른 사람들이 알아듣지 못하게 한다. 만일 이맘(기도 인도자)이 기도를 인도하면서 사미아 알라후 리만 하미다라고 했으면 기도를 같이 하는 무슬림들은 "우리의 주님, 당신에게 감사드린다(랍바나 와 라칼 함드)"라고 하고 나서 자신의 두아를 계속한다.

다섯째, 서 있는 상태에서 곧 바로 큰절을 하면서 엎드리는데(수주드) 이때 타크비르(알라후 아크바르)를 하면서 이마, 코, 손, 무릎, 발가락을 땅바닥에 댄다. 수주드(Sujūd, 엎드리기) 상태가 되면 3번(홀수로) 다음 문장을 말한다. "가장 지고하신 주님께 찬미드린다(수브하나 랍빌아알라)." 이때 머리가 땅에 닿는 동안 두아를 할 수 있다.

여섯째, 앉는 자세로 돌아온다. 앉아서 또 두아를 한다. 두 번째 라크아에서 타샤후드를 읽는다. 타샤후드는 무함마드와 그의 가족 그리고 그의 동료에게 한정된 두아(간구)이다. 이때 샤하다(아슈하두 안나 라 일라하 일랄라 와 아슈하드 안나 무함마단 라술룰라. 알라 이외에 신이 없고 무

7_ 라크아는 한 차례의 기도 단위를 말한다. 즉 ① 구부리기(루크우) 한 번, ② 바로 서기 한 번, ③ 엎드리기(수주드) 2번, ④ 앉기(잘사), ⑤ 바로서기(끼얌) 한 번 등의 5단계를 모두 포함하는 기도의 한 단위를 가리킨다.

함마드가 알라의 메신저인 것을 증언한다)를 한다. 마지막 라크아에서는 타샤후드 카밀(무함마드, 이브라힘, 동료 무슬림들)을 한다.

일곱째, 타슬림taslīm(앗살라무 알라이쿰 와라흐마툴라히 와바라카투후: 평화와 알라의 자비와 축복이 여러분에게 내려지기를 빕니다)을 한다. 고개를 오른쪽 어깨 쪽으로 돌리고 나서 다시 왼쪽 어깨 쪽으로 돌린다. 고개를 돌릴 때마다 선행을 기록하는 오른쪽 천사 그리고 악행을 기록하는 왼쪽 천사에게 인사를 한다. 타슬림이 끝나면 음식을 먹거나 물을 마실 수 있다.

위와 같은 7가지 요소를 라크아 수효에 맞추어 각 기도 때마다 반복한다. 이슬람의 기도에는 여러 종류가 있는데 그중에는 알라가 명한 기도mafrūDah, 의무적인 기도wājibah, 해도 안 해도 무방한 기도nāfilah가 있다. 첫째, 알라가 명한 기도는 분명한 증거로 인해 확정된 기도인데 두 가지 종류가 있다. 그것은 무슬림 각자가 모두 행하는 기도(파르드 아인)와 일부 무슬림만 행하는 기도(파르드 알키파야)가 있다. 파르드 아인은 하루 다섯 번 기도하는 것과 금요일에 기도하는 것이고 파르드 알키파야는 장례 기도이다. 하루 다섯 번 기도의 시간은 다음과 같다. 새벽 기도(파즈르, 쑤브흐)는 태양이 뜨기 전 태양 빛이 나타날 때 하는 기도이고 파즈르는 동쪽에서 빛이 나타난 때를 가리킨다. 점심 기도(주흐르)는 하늘 중간에서 태양이 기울어진 직후에 하는 기도이다. 오후 기도(아쓰르)는 어떤 사물의 길이가 실제 길이의 두 배가 되는 때 시작하는 기도이다. 해질녘 기도(마그립)는 태양 원반 전체가 사라질 때 시작하는 기도인데 아직 빛이 남아 있을 때 하는 기도이다. 해질녘 기도(아샤)는 태양 빛이 완전히 사라질 때 시작하는 기도이다.

두 번째, 추정적인 증거로 확정된 기도인 의무적인 기도에는 해질녘(아샤) 기도와 새벽 기도 사이에 1, 3, 5, 7, 9 라크아 중 하나를 택한 기도salat al-witr와 명절 기도(이드 알아드하와 이드 알피뜨르의 기도) 등이다. 명절 기도는 아단(혹은 아잔, 기도하러 오라는 외침)과 이까마iqāmah가 없는 기도이다. 라마단 이후에 바로 하는 기도와 순례가 마친 후에 이슬람력 12월 10일에 하는 기도이다. 아잔'ādhān은 이미 알려진 확정된 말로 기도하러 오라고 외치는 것nidā'이고 이까마는 기도가 시작되었음을 알리는 것이다.

세 번째, 무슬림이 해도 되고 안 해도 되는 기도는 그 기도를 안 해도 죄가 없고 그 기도를 하면 좋은 것이다. 그 기도가 타라위흐 기도이다. 라마단 달에 하는 기도로서 라크아의 횟수가 정해지지 않는 타라위흐tarāwīh 기도이므로 11번 혹은 20번 할 수 있다. 위와 같은 기도 이외에 쌀라 알이스티카라al-istikhārah가 있는데 이 기도는 무슬림이 선택하기 어려운 문제에 알라의 도움과 영감을 구하기 위하여 무슬림이 하는 기도이다. 무슬림은 그에게 유익한 것을 선택하는 데 알라가 행운을 주시기를 구하는 기도이다.

이슬람에서 기도는 인간이 알라와 연결ittisāl하는 것이고 기도는 관계를 의미하는 연결이다. 하디스에서 기도는 기도를 행한 자에게는 종교의 기둥이고 그 종교를 세우는 것이고 기도를 하지 않는 자는 종교를 무너뜨리는 것이라고 했다. 그래서 이슬람에서 기도는 신자가 알라와의 관계를 제도화한 예배들 중의 하나이다.

(3) 금식(싸움)

어휘적으로 금식은 어떤 일을 중단하는 것(임사크imsāk)을 말한다. 이슬람율법에서는 해가 뜰 때부터 해가 질 때까지 먹고 마시고 성관계를 중단하고 모든 죄를 짓지 않는 것을 말한다. 금식은 모든 무슬림 각자가 지켜야 하는 것(파르드 아인)이다. 이슬람력 2년에 무슬림들에게 금식을 알라가 의무로 정하였다. 금식의 유익은 여러 가지가 있다. 정신적인(nafsiyyah, rūhiyyah) 유익으로 인내와 타끄와(알라를 두려워함)들이 있고 사회적인 유익으로는 연합, 동등, 가난한 자를 기억하는 것 등이다. 건강상 유익으로는 위와 장을 깨끗이 한다. 역시 금식의 조건들 중에 금식을 하겠다는 의향이 전제되어야 한다. 그러면 금식의 종류는 무엇이 있는가? 첫째는 의무적인wājib 금식인데 라마단 달의 금식이 여기에 속한다. 라마단 달 초승달을 보고 이날 금식을 시작한다. 둘째는 장려되는mustahabb 금식으로서 순례자가 아닌 사람들이 둘 힛자(이슬람력 12월) 달 9일날 아라파트(메카의 지명)에 도착하여 행하는 금식과 알무하람 달의 9일과 10일날 행하는 금식, 샤우왈 달 6일간 금식, 그리고 아직 미혼인 사람의 금식이다. 셋째는 싫어하는makrūh 금식이 있는데 금요일 날과 토요일 날 혼자하는 금식, 샤으반 달 마지막 날 하는 금식이다. 넷째는 금지되는muharram금식인데 이드 알피뜨르나 이드 알아드하 명절 때 하는 금식, 여성의 경우 월경과 출산 때 하는 금식, 죽음이 염려되는 환자가 하는 금식 등이다.

라마단 달 금식이 해제되는 경우가 있는데 48마일 넘는 거리를 여행하는 사람이나 환자나 노인 그리고 임산부나 젖을 먹이는 여성이 하는 금식이다. 그런데 위와 같은 예외적인 상황이 아닌 경우 무슬림들이 금식을 안 했을 경우에는 다음과 같은 일을 해야 하는데 신자 노예를 해방시키거나 60명의 미스킨(부양자에게 충분한 것을 갖고 있지 않은 사람)에게 음식을 제공하거나 2달 연이어 금식을 해야 한다.

(4) 구빈(자카)

자카는 인간과 알라 그리고 인간과 사회 간의 관계를 제도화시킨 것이다. 자카란 어휘적으로 정화시키거나 깨끗하게 한다는 의미이고 이슬람율법적 의미로는 일정한 부분의 재산을 최소한의 음식물만 소유한 자(파끼르, 가난한 자)와 부양을 위하여 넉넉하게 갖고 있지 않은 자(미스킨, 불쌍한 자)에게 주는 것을 말한다. 자카는 성인이 된 이성이 있고 능력이 되는 모든 무슬림들의 파르드이다. 자카의 유익은 자신이 인색하고 욕심을 갖는 것으로부터 정화시키고 가난한 사람들을 돕고 사회의 공공이익에 기여하고 병원 등을 세우는 데 사용한다. 꾸란에서는 자카가 파르드라는 것을 부인하는 자는 카피르이고 구두쇠이기 때문에 남에게 주지 않는 자는 죄를 짓는 자'āthim, mukhti'라고 했다.

자카가 매겨져야 할 품목은 금과 은과 돈이고 낙타와 양 같은 동물이며 대추야자와 곡식과 같은 농작물이다. 자카로 지불할 액수는 얼마인가? 자카로 낼 돈의 액수를 알니쌉al-niSāb이라고 하는데 어휘적 의미로는 원금 또는 상환이라는 말이지만 이슬람율법적인 의미로는 1년 정도 묵힌 경우에만 자카를 물리게 되는 재산의 양을 가리킨다. 그 자카의 액수는 재산의 2.5%이다. 그렇다면 자카는 누구를 위하여 사용하는가? 가난한 사람들, 불쌍한 사람들, 자카를 걷는 사람 그리고 가난한 사람들과 불쌍한 사람들에게 돈을 전달하는 직원들이 자카에서 임금을 받는다. 물론 아직 이슬람에 대하여 약한 사람들에게 그들이 이슬람에 대하여 관심을 갖게 하거나 이슬람에 관심을 보이는 비무슬림에게 자카를 사용하고 노예를 해방시켜 주기 위하여 자카의 돈으로 노예를 사기도 했다. 또 지불 능력이 없는 채무자(알가리문)나 알라의 길을 위하여 자카가 사용되고 병원이나 학교나 고아원을 지을 때 그리고 알라를 위하여 지하드를 하기 위한 군대를 모집하는 데 자카가 사용된다. 자카는 고국을 떠나 멀리 여행한 사람(이븐 알사빌)에게는 주지만 절대로 부자에게는 자카를 사용할 수 없다. 이 밖에 라마단 달에 가난한 사람에게 주는 자카도 있는데 명절 기도 전에 준다.

(5) 순례(핫즈)

일반적으로 이슬람에서 순례는 정해진 시기에 특정한 의식을 행하기 위하여 메카와 카아바를 방문하는 것을 가리킨다. 경제적인 능력이 있거나 신체가 건강하면sabīlan 모든 무슬림들에게 순례는 파르드이다. 순례의 의례(마나시크, 혹은 샤아이르)는 순례 중에 행하여야 하는 행동들을 말한다. 가령 카아바 주위를 도는 것을 알따와프라고 하고 아라파트 산에 서 있는 것을 우꾸프라고 하는데 이것들이 순례 의례이다. 순례의 기둥arkān이라는 것이 있는데 순례의 기둥이란 다음과 같은 행위들을 하지 않으면 올바른 순례가 되지 못하는 가장 중요한 동작들을 말한다. 첫째, 이흐람'ihrām은 순례 의례에 들어간다는 의향이다. 그리고 이흐람을 위한 장소mīqāt는 이슬람율법이 반드시 이흐람을 하라고 규정한 장소(미까트)이어야 하므로 정해진 장소가 아닌 다른 장소는 안 된다. 둘째, 반드시 탈비야(당신의 말에 응답하고 순종하겠습니다. 알라여 당신의 말에 응답하고 순종하겠습니다. 당신에게 동반자가 없습니다. 당신의 말에 응답하고 순종하겠습니다. 감사와 은혜는 당신에게 있고 주권도 당신에게 있습니다. 당신에게는 동반자가 없습니다)를 외쳐야 한다. 셋째, 따와프tawāf가 있는데 카아바 주위를 7번 도는 것이다. 넷째, 싸이sa'y가 있는데 알싸파와 알마르와 사이를 갔다 왔다 7번 걷는 것이다. 다섯째, 아라파트에서 머무는 것인데 둘 힛자 9일 이후부터 다음날 아침까지 아라파트 정상으로 올라가 잠시 혹은 그 이상 그 자리에 머물러 있는 것이다.

이 밖의 순례 규정으로는 이흐람을 할 때 천을 꿰맨 자국이 없는 옷을 입고 머리에는 아무것도 쓰지 말고 여성은 니깝으로 얼굴을 가리지 말아야 한다. 아라파트에서 머문 다음에는 머리를 깎거나 짧게 하여야 한다. 그리고 따와프 알와다아(고별의 돌기)가 의무인데 메카를 떠나기 전에 반드시 카아바 주위를 도는 것을 가리킨다. 순례에서 금지할 것은 무엇인가? 순례에서 금지할 것으로는 머리에 무언가를 쓰는 것, 머리를 이발하거나 짧게 하는 것, 매니큐어를 손톱과 발톱에 바르는 것, 향수를 뿌리는 것, 천을 이어서 만든 옷을 입는 것, 사냥과 짐승을 죽이는 것(그런 경우 그가 죽인 것과 유사한 것을 가져와야 한다), 여성을 만지고 키스하는 것(그런 경우 양들을 도살한다), 성관계를 갖는 것(이런 경우 순례를 완전히 망치게 된다. 다른 해에 다시 순례를 해야 한다), 혼인서약을 하는 것(이런 경우 알라에게 용서를 구하고 회개한다) 등이다. 위와 같이 금지된 사항을 행한 사람은 3일간 금식하거나 6명의 불쌍한 사람에게 음식을 주거나 양들을 도살해야 한다.

순례철이 아닌 때에 메카를 가는 것을 우므라'umrah라고 한다. 우므라는 아라파트 산에서 머물러 있는 것을 제외하고 일반 순례와 동일하다. 순례자는 순례 후에 무함마드의 도시 메디나를 방문하는 게 좋다. 무슬림이 되려면 위와 같이 신앙공표, 기도, 금식, 자카, 순례를 해야 한다.

3 지하드

무슬림들의 전통에서 어느 무슬림이 공격을 받으면 그가 방어할 책임이 있다는 데서 지하드가 출발했다. 지하드는 이슬람의 다섯 가지 기둥은 아니지만 오늘날 상당수 무슬림들이 지하드를 이슬람의 봉우리라고 말한다. 지하드를 혹자는 성전이라고 잘못 번역하기도 하나 투쟁 혹은 전투 혹은 싸움이라고 번역해야 한다. 수라 2:190-195에서 "알라의 길을 위하여 너에게 싸움을 거는 사람과 싸워라"고 되어 있다. 적대적인 행위를 먼저 시작한 사람이 이를 계속하면 그를 죽이라고 한다. 순니 살라피의 주석에 따르면 "알라의 말씀을 고양시키기 위하여 싸워라"고 되어 있는데 여기서 알라의 길은 이슬람이다. 꾸란에서 무슬림에게 싸움을 거는 사람은 무쉬리크(알라의 자리에 뭔가 동등한 자를 올려 놓는 자)였다.

무슬림 형제단은 알라가 모든 무슬림에게 지하드를 의무로 정했다고 했다.[8] 하산 알반나는 지하드를 한 사람에게는 다른 무슬림들에게 허용되지 않는 것으로서 현세와 내세에 정신적이고 실제적인 특권을 허락받는다고 하였다. 그들의 깨끗한 피가 현세의 승리에 대한 담보가 된다고 하였다. 이런 무슬림 형제단의 지하드 개념은 수라 22:78에서 보듯이 "알라가 합법적으로 정해 놓은 지하드를 하라"고 하였다. 지하드는 카피르(알라를 믿지 않는 자)와 사탄 등에게 하라고 했다. 지하드 없이는 다아와(이슬람전도)가 증거되지 않는다고 했다.

지하드에는 혀의 지하드, 손의 지하드, 펜의 지하드, 진리의 말로 하는 지하드 등이 있다.[9] 말로 하는 지하드는 무슬림을 편들어 주는 것이고 손으로 하는 지하드는 몸으로 나서서 하는 지하드이고 펜으로 하는 지하드는 글을 써서 지하드 대열에 동참하는 것이다. 무슬림 형제단들에게 지하드는 몸nafs과 재물과 시간을 그들의 목적을 위하여 쓰는 것

8_ Ismail al-Turki, Majmu'ah rasa'il al-imam al-bannā, albsaer, 2010, 592.

9_ 위의 책, 274.

이다. 압둘라 유수프 앗잠은 카피르를 대항하는 지하드에는 2가지가 있는데 하나는 자신의 영토를 공격하는 적을 방어하기 위한 지하드이고 다른 하나는 적을 몰아내기 위한 공격적인 지하드라고 했다.[10] 여기서 카피르는 이슬람의 교리와 율법을 거부하는 자이므로 이들과의 싸움을 지하드라고 한 것이다.

또 지하드는 어떤 장벽에 직면해서 자신의 신앙을 실천하는 투쟁이다. 지하드에서는 유일한 무기 꾸란을 가지고 싸우라고 한다(수라 25:52). 지하드는 자신의 마음과 혀와 생각이 잘못된 일을 하거나 잘못 생각하거나 잘못 말하는 것을 못하게 하는 자신 안에서의 싸움을 가리킨다(수라 42:41-44). 하디스에 따르면 독재자 앞에서 진실을 말하는 것이 가장 큰 지하드라고 했다. 지하드의 또 다른 기능은 저지하는 것이라고 한다. 누군가 넘어서는 안 될 선(정도)을 넘어섰을 때 그를 저지할 필요가 있다는 것이다. 그런 경우 이슬람은 박해와 공격을 제거하고 자유와 정의를 회복하려는 목적이 있다고 했다. 이때 육체적인 싸움은 가장 나중에 선택할 사항이라고 했다. 수라 17:33에서 부당하게 다른 사람의 생명을 빼앗는 것은 중죄라고 했다. 수라 4:29에서는 자살하지 말라고 한다.

이슬람에서 순교는 희생, 용감, 성실한 노력으로서 자신과 사람, 가족과 국가를 독재하는 사람이나 집단 그리고 어느 리더로부터 자신을 지키려다 희생되는 것을 말한다. 순교자shahīd(혹은 순국자)[11]는 자신

10_ Lara M. Abdeljawad, Jihad: Holy war or inner struggle, Oklahoma State University, 2006, 40.

11_ 이집트 메트로(지하철) 역명 중에 무바라크라는 역명이 2011년 혁명 전에는 있었으나 혁명 후 슈하다(순교자들, 순국자들)란 말로 바뀌었다. 샤히드(복수형은 슈하다)의 문화적인 의미는 "전쟁에서 싸우다 죽은 사람이거나 인간이 이 땅에 거주하도록 돕는 사람"을 말한다. 또 다른 무슬림은 "조국과 재산과 사고를 방어하다가 죽은 사람" 혹은 "알라의 길(지하드)에서 죽은 자를 의미"한다고 말한다. 이집트 신문에서 "아시유뜨, 가자, 시리아, 미얀마(버마)의 슈하다들을 보고 이집트 공화국 무프티 알리고마가 슬퍼했다"는 말을 쓰고 있다. 아시유뜨에서는 유치원 버스가 열차에 치어 어린이들이 많이 숨졌는데 이 아이를 슈하다라고 하고 시리아에서는 정부군에게 죽은 수많은 시리아인들을 슈하다라고 하고 미얀마에서는 무슬림들이 살해되고 이스라엘의 공격으로 죽은

의 생명을 포기하고 이슬람의 진리를 증거하는 것이다. 독재자의 압제에 대항하여 싸우거나 무슬림 공동체를 방어하려다가 죽는 것이다. 수라 4:135에서는 정의를 사수하라고 한다.

무슬림 형제단이었던 사이드 꾸뜹은 미래의 전쟁은 서구와 이슬람 간의 지하드라고 했다.[12] 그러나 그는 지하드를 정치적인 성격으로 해석하고 지하드는 정신적이고 정치적인 것으로 이해해야 한다고 했다. 지하드의 정의를 정확하게 알려면 두 가지 질문을 해 보아야 한다. 하나는 싸운다는 말이 무슨 의미인가를 묻는 것이고 두 번째는 알라를 위하여 싸운다는 말이 무슨 의미인가를 묻는 것이다. 사이드 꾸뜹은 세속주의 사회는 원래의 목적에서 벗어나 있다고 보았다. 그런 사회가 인간을 압제하므로 이것을 바꿀 행동이 필요하다고 했다. 그는 알라의 대의는 이 세상에서 알라의 질서를 세우는 것이라고 했다. 알라의 뜻을 위하여 싸우는 것이 궁극적인 싸움이라고 했다. 알라의 율법을 세우는 데 장애가 되는 기관이나 국가를 제거하는 것도 꾸뜹에게는 지하드였다. 꾸란은 종교에는 강요가 없다고 했는데 비이슬람적인 사회를 무너뜨리는 것은 이 꾸란 구절에 어긋나지 않는다고 했다. 사이드 꾸뜹이 생각한 것처럼 오늘날 무슬림들도 서구는 물리적인 적은 아니지만 심리적인 적이라고 보았다. 서구가 무슬림 세계를 지배하고 있으므로 무슬림들은 그들에게서 해방되어야 한다고 했다. 사이드 꾸뜹은 비이슬람적인 정부하에 사는 것은 일종의 노예 상태에 있다고 보고 이것을 받아들일 수 없다고 했다. 그는 서구가 교회와 국가가 분리되어 있는 것을 비난했다. 이것은 신앙과 실제 삶과의 분리를

사이드 꾸뜹
(미국, 북부 콜로라도 대학교에 소장된 사진)

가자의 무슬림들도 슈하다라고 했다. 이 어휘는 사회적인 의미와 종교적인 의미가 결합되어 있다.

12_ Lara M. Abdeljawad, Jihad: Holy war or inner struggle, 99.

가져오게 한다고 주장했다. 그러나 오늘날 아랍 이슬람 국가들이 모스크와 국가가 분리되어 있다.

하산 알반나와 무슬림 형제단의 주요 리더들은 1차 세계대전 후 이집트가 식민지로부터 독립을 원할 때 생존해 있던 사람들이다. 그는 이집트 사람과 종교와 국가에 영향을 준 부패를 해소하고자 하였다. 그리고 무슬림 형제 운동이 순니 이슬람 사상에서 가장 효과적인 요소의 결정체라고 주장했다. 하산 알반나는 이슬람이 본래 갖고 있는 사회적인 질서를 만들어서 압제를 막아내야 한다고 했다. 그는 이슬람은 완전한 순종을 요구하므로 이슬람 성격상 지하드는 본래부터 내재되어 있었던 것이라고 했다. 그리고 지하드가 행해질 곳은 비이슬람 사회라고 했다. 하산 알반나와 다르게 사이드 꾸뜹은 리더도 아니고 조직책도 아닌 단순히 작가였다. 사이드 꾸뜹은 이집트 역사상 가장 중요한 시기에 살았는데 그는 왕정이 무너지는 것을 목격했다. 그는 악몽과 같은 순간을 접하고 나서 무슬림 형제단에 가입했다. 그 뒤 그는 이집트와 전 세계에 정치적으로 그리고 이데올로기적으로 강력한 영향을 주었다. 그는 직업적인 작가는 아니었으나 그의 메시지가 후세 무슬림들에게 큰 반향을 불러일으키고 있고 그 메시지로 인하여 이슬람 세계가 변화의 소용돌이에 빠져들어갔다.

4 순니파와 시아파, 수피

(1) 순니와 시아의 분리

이슬람 세계는 알라에 대한 서로 다른 신학적 접근과 교리에 대한 주요 사항이 달라서 두 개의 주요 종파, 순니와 시아가 생겨났다. 2003년 미군의 이라크 점령 이후 이 둘 간의 차이가 세계 언론의 스포트라이트를 받았으나 소수만 그들의 기원을 알고 있었다. 대부분의 저서와 논문들 그리고 이 분야의 전문가들은 순니와 시아 간의 분리가 이슬람 초기에 이루어졌다고 하였다. 물론 한국의 이슬람 연구도 이슬람 초기에 순니와 시아가 나뉘었다고 했다. 많은 이슬람 연구자들이 순니와 시아가 오늘날과 같이 서로 확연하게 구분될 정도로 중요한 차이가 생기는 데 얼마나 많은 시간이 걸렸는지 확인하지 못했다. 그래서 이들 연구자들은 시아를 이슬람 초기 몇 세기 동안 정치적 당파sect와 종교 운동의 다양성이 빚은 결과로 보았다. 그러나 초기 이슬람 역사를 통하여 시아 운동의 다양성이 있었지만 이슬람의 예언자 무함마드(570-632)부터 압바시야조 혁명 초기(750)까지를 살펴보면 초기 이슬람에서는 순니와 시아 간을 구분해줄 확실한 구분이 없었다.[13] 이슬람 초기에 순니와 시아 간의 신학적 분열과 정치적 갈등의 성격을 일반화한 역사학자들은 엄격한 순니-시아 구조 안에서 역사적인 내러티브를 구성하려고 했다. 무함마드가 632년 죽었을 때 무함마드의 조카 알리 븐 아비 딸립과 그 이후의 무함마드 가문에 속한 사람들의 정통적 계승을 주장하는 그룹이 있었다. 그러나 알리 이전에 세 차례나 알리가 아닌 다른 칼리파들이 선임되었고 661년 알리는 이라크 남부의 쿠파 모스크에서 살해되고 말았다. 그 후 우마위야조(661-750)가 시리아에서 이슬람 국가를 다스릴 때 순니의 칼리파제는 시리아에서 계속되고 있었다. 알리가 죽은 후 20년 뒤에는 쿠파에서 그를 따르는 파당이 나타났는데 그것이 시아로 알려졌고 알리의 아들 후세인은 시리아의 칼리파제에 도전이 되었다. 후세인은 680년 반란의 깃발을 올렸으나 쿠파에 있는 사람들은 후세인 편을 들겠다는 약속을 저버렸고 그를 이라크의 카르발라에서 죽도록 내버려두었다. 시아 사상shi'ism은 후세인의 패배로 탄생하였고 순니 사상sunnism은 이슬람의 주된 종파로 성장하였다.

그동안 순니-시아 분리를 이야기할 때 위와 같은 내용들이 자주 언급되었다. 서구와 많은 이슬람 역사학자들 중에서 초기 이슬람 시대에 대하여 잘 모르는 학자들은 정통과 비정통이라는 구도 안에서 시아 사

13_ Michael P. Bufano, A Reconsideration of the sunni-shia Divide in Early Islam, Clemson University, 2008.1.

상을 이해하려는 경향이 많았고 시아파를 주류 정통 커뮤니티에 대항하여 싸우는 소수 정치적 파당으로 이해했다. 이런 주장은 서구에서 필립 히티Phillip Hitti나 칼 브로켈만Carl Brokelmann과 같은 유럽 역사학자들 사이에서 19세기와 20세기 초에 시작되었다. 그 후 여러 책들이[14] 이슬람의 역사적 내러티브에서 시아파의 중요성을 경시하고 위와 같이 일반화된 내용들을 제시했고 한국에서도 예외는 아니었다. 더구나 시아에 대한 좋은 책으로 알려진 하인즈 할름Heinz Halm의 『시아 이슬람: 종교에서부터 혁명까지』(1997)와 무잔 모민Moojan Momen의 『시아 이슬람의 입문』(1985) 역시 순니와 시아 간의 분리가 초기 이슬람 시대에 이뤄졌다고 강조했다. 그러나 위와 같은 주장과 달리 순니 시아 간에 확립된 신학적 구분은 10세기에 발전하기 시작하였고 16세기에 완전한 정치적인 구분이 되었다. 마샬 하드그슨Marshall Hodgson의 『이슬람의 모험The venture of Islam』(1974)과 이라 라피두스Ira M. Lapidus의 『이슬람 사회들의 역사The History of Islamic societies』(2002) 등은 시아 사상을 초기 이슬람 형성기 때 다양한 신학적, 철학적, 문화적, 정치적 이념idea에 영감을 불러일으킨 경건의 복합형태로 정의하였다.[15] 그러나 불행하게도 많은 서구학자와 이슬람 역사학자들이 초기 이슬람(7세기 초부터 10세기 초까지)의 정치 역사를 잘못 보았기 때문에 초기 이슬람 시기에 순니와 시아파 그리고 카리지khariji 무슬림들이 나뉜 것으로 귀결지었다. 이런 전형화된 잘못된 이해는 무슬림의 다수파인 순니파가 자신들이 이슬람의 교리와 전통을 존중하고 이슬람의 통합을 가져오게 하는 것은 오직 순니의 통치자만이 할 수 있다고 하면서 통치자의 정통성을 확립하려는 데에서 비롯되었다. 물론 시아파는 이슬람율법의 참 이해에 기초하여 이슬람 커뮤니티를 다스릴 사람은 무함마드의 가문 중에서 특히 무함

14_ 이런 책들로는 The world of Islam(Malise Ruthven, 2006), Islam(Mahmoud M. Ayoub, 2004), Islam(Caesar E. Farah, 1994), The Shia Revival(Vali Nasr, 2006) 등이 있다.

15_ Michael P. Bufano, A Reconsideration of the sunni-shia Divide in Early Islam, Clemson University, 2008.3.

마드의 조카이자 사위인 알리 븐 아비 딸렙의 가문에서 온 이맘(지도자)이 되기를 갈망하였다. 때로는 카리지(나간 사람들, 반란의 종파)파는 아주 작은 종파이지만 초기 이슬람의 그림의 일부로서 간주되었다. 그들의 교리에서는 카리지파가 무함마드와 관련되었든 아니든 이슬람 커뮤니티의 칼리파khalifah(칼리프)로서 이슬람 커뮤니티를 다스리는 데 가장 자격 있는 무슬림을 가지고 있다고 주장했다. 결국 세 이슬람 종파(순니, 시아, 카리지)는 이슬람 커뮤니티를 다스릴 사람을 뽑는 데 서로 의견이 달랐다는 것을 알 수 있다. 이렇게 이슬람 역사를 보면 무슬림들이 늘 집권욕이 강했음을 알 수 있다. 시아파에 공감하는 사람과 카리지파에게 공감하는 사람은 정치적인 반란에 더 많이 참여하였다. 이슬람 교리가 관념적이고 난해한 해석을 형성하였을지라도 초기 이슬람 커뮤니티는 그렇게 쉽게 두 파로 분리될 수 없었다.

두 가지 주요 문제들이 이슬람 역사를 구성하는 데 천천히 아주 분명하게 드러나고 있었다. 그 하나는 이슬람 초기에 순니, 시아, 카리지 등으로 이름 붙여진 흐름이 지리적으로, 사회적으로, 경제적으로, 정치적으로, 지적으로 다양해졌다. 더구나 수백 개의 정치적 당파sect와 지적 인식의 차이 때문에 여러 분파로 나뉘었다. 그런데 이런 다양한 초기 운동들이 나중에 가서 실질적으로는 공통성이 약간 있는 시아파shi'ite[16]로 동일시되었다. 사실 시아 사상과 관련된 초기 무슬림의 정치적 종교 운동은 시아파라고 이름 붙일 만큼 확실하지 않았다. 두 번째 더 중요한 문제로는 시아 사상이라고 규정한 초기의 많은 신학적 해석과 정치적 당파가 순니라고 불릴 수 있었고 그 반대도 역시 마찬가지였다. 순니 법학의 발달에 중요한 역할을 한 초기의 많은 학자들은 시아에도 공감하는 학자들이 있었다.

16_ 시아 사상shi'ism은 이 개념과 관련된 모든 종교적, 정치적, 지적, 사회적 이념idea들을 가리키는 말이고 시아파shi'ites는 시아 사상과 관련된 특징을 반영하는 운동이나 사람을 가리킨다. 그래서 시이shi'i는 한 개인을 가리키는 말이고 시아shi'a는 다수의 개인들을 가리킨다. 또 시아의 정신을 가진 사람shi'ite-minded이란 반드시 시아는 아니지만 알리와 그의 후손을 높이 생각하는 개인이나 그룹을 말한다.

오늘날 대부분의 무슬림들은 두 개의 정통 종파인 순니의 법학파들과 시아의 법학파 중 열두 이맘파(12번째 이맘파)를 따른다. 이런 현대의 교리적인 인식은 다양한 정치적 당파와 신학적 해석으로부터 1400년 동안 발달해 왔다. 7세기 중반 아랍이 이란의 사산조와 시리아, 이집트의 비잔틴 땅을 정복한 뒤에 이슬람은 군사적이고 정치적인 엘리트의 종교가 되었다. 이슬람은 이전의 기독교, 유대교, 조로아스터교와 경쟁하면서 재빨리 중앙아시아와 북아프리카의 상인 계급을 통하여 퍼져갔다. 그리고 이슬람율법(샤리아)과 윤리(에티켓)가 중동의 도심지역에서 무슬림 문화를 형성시키는 데 중요한 역할을 했다. 이슬람의 초기 형성기에는 중동의 대부분의 사람들이 새로운 종교로 개종했으나 이슬람의 율법적, 신학적, 철학적 이론은 아직 발달 단계의 초기에 머물러 있었다. 이슬람 제국이 더 강력해지면서 이슬람의 지적 흐름도 더욱 분명해졌고 이렇게 구별된 사상을 가진 학파들이 등장했다. 동부 이란에서부터 북아프리카에 이르는 광대한 지역을 통치한 압바시야조 권력의 절정기(750-945) 때 바그다드는 철학적, 과학적, 정신적 사상과 지적 사색의 용광로가 되었다. 이슬람 역사에서 이 시기에 도심지에 살던 울라마(이슬람학자)들이 이슬람을 더 많이 복잡한 세계에 적용시키려고 이슬람법 공부를 통하여 법적인 사색을 함으로써 이슬람율법을 더 정교하게 만드는 데 시간을 보냈다. 적어도 이슬람은 우마위야조(661-750)까지는 아랍인들의 종교이었으나 압바시야조 때는 아랍인이 아닌 사람들이 제국의 엘리트층으로 유입되었고 이슬람도 이제 아랍인들의 종교만은 아니었다.

압바시야조에서는 기독교, 유대교, 조로아스터교 그리고 철학에 맞설 이슬람 교의학(kalām, 변증학) 연구에 더 많은 학자들이 가담하였다. 그리고 독실한 무슬림들은 초기 7세기 무함마드의 이슬람 커뮤니티를 복제하는 데 관심이 더 많았다. 이렇게 사회 변화의 동기로서 과거 커뮤니티와 사건을 되돌아보는 유형을 “초기 메디나 커뮤니티의 이상”이라고 하거나 “타끄와의 유형”이라고 했다. 이슬람 형성기 동안에 많은 독실한 무슬림들은 메디나에 있었던 첫 이슬람 커뮤니티를 법적 사색과 외적 경건의 여러 유형과 사회적인 저항의 영감으로 되돌아보았다. 하드그슨Hodgson은 초기 메디나 커뮤니티의 이상이란 말을 연대기적 사건들에 나타난 윤리적인 도전들을 확실한 증거로 수용하고 헌신하는 것이라고 설명하였다. 그가 말한 연대기적 사건은 무함마드의 계시들과 샤리아 중심의 메디나 커뮤니티의 이상을 가리키고 확실한 증거로 수용하는 것과 헌신은 이슬람 법학파의 창설 그리고 칼리파가 샤리아법을 시행하도록 돕고 참여하는 것이었다.[17]

우마위야조와 압바시야조 칼리파들의 궁정 문화에서는 샤리아의 이상을 실현시키지 못하고 이전의 비잔틴, 사산조 그리고 이슬람 이전의 아랍 규범들이 들어 있는 문화를 지속하고 있었다. 이것은 통치계급과 종교 계급 간의 문화적 불화를 만들었다. 시아 사상 그리고 좀 더 작은 카리지 파는 샤리아 중심의 울라마와 칼리파들 간의 문화적 분열에 대한 다양한 종교적 정치적 반응을 전개시켰다. 이슬람 역사에서 고전적인 시기의 말엽에 압바시야조 정치 세력들은 아랍과 페르시아에서 여러 파벌로 나뉘었다. 중앙아시아에 있던 터키 유목민이 11세기 중반부터 셀죽seljuk과 함께 15세기까지 아랍을 침입하면서 지방 분권화 과정은 절정에 달했다. 이런 일련의 침략 과정에서 가장 파괴적인 것은 몽골과 티무르의 침입이었다. 이런 지방 분권화 경향과 아랍에 대한 오스만 터키의 군사적 지배는 무역과 이슬람을 질식시키지는 않았다. 그때 아랍은 정치적으로 여러 갈래로 나뉘었고 이슬람 신앙과 실천이 중가되는 무역과 도회지 간의 접촉으로 천천히 5개의 법학파로 귀결되어갔다. 그중 하나가 열두 이맘파이고 나머지 4개는 순니 법학파이다. 이슬람 역사에서 945년부터 1500년까지 이슬람의 율법적, 신학적, 철학적 전통이 성숙해져서 이슬람 사상의 학파가 생겨났다. 순니파의 개념은 이슬람 사상의 기초가 아니라 이런 다양한 율법적, 신학적, 철학적

17_ Michael P. Bufano, A Reconsideration of the sunni-shia Divide in Early Islam, 7.

사색이 오랜 세월 쌓이면서 그 결과로 형성되었다.[18] 이런 현상을 낳게 한 여러 가지 원인들이 있었기 때문이다. 이를테면 10세기에 많은 중동의 사람들이 이슬람으로 개종하면서 이슬람의 정통성에 대한 주장에서 무슬림들은 더욱더 공격적이 되었다. 첫 몇 세기 동안에 이슬람의 지적 발달은 초기 울라마(이슬람학자)들에게 더 많은 융통성을 가져다주었다. 한 가지 법학파와 신학이 한 지역에서 확정된 후로는 지역의 관례를 따르는 경향이 더 강해졌다. 13세기에 순니사상sunnism의 개념은 4개의 법학파를 받아들인다는 것과 관련되었고 시아 사상은 열두 이맘 자아파르의 법학파를 따랐다. 그러나 관례를 따라가는 것의 결과로 무슬림들 중에서 알라와의 관계에서 외적인 것보다는 내적으로 더 친밀한 경험을 해보려는 수피들이 등장했다. 그들을 수피라고 부른 것은 양털을 입고 알라에게 구도하였기 때문이다. 이런 이유로 종교적 다양성과 사색이 점차 수피즘(타싸우우프)으로 결집되어 내밀한esoteric 지식과 내적 정화를 추구하였다. 수피즘은 외적 경건성과 대조가 되는 것이었다. 신학적이고 철학적인 사색은 제자와 수피 스승 간의 개인적인 문제였고 대중적인 담화는 아니었다. 제자는 이런 숨은 지식을 간직하고 그의 스승이 허락하면 다른 사람에게 그의 지식을 가르칠 수 있었다. 이슬람 마드라사(종교학교)와 더불어 수피 종단이 출현한 것은 수피즘이 가장 경건한 이슬람의 표현으로서 외적 타끄와를 대신하기도 했다. 수피즘의 중요성이 증가하면서 무슬림들은 이슬람의 정통적인 전통을 망가뜨리지 않고 알라와 개인적으로 더 많이 관계를 갖기를 원했다. 대부분의 시아 무슬림들 특히 열두 이맘파는 수피즘으로 향하기 시작하였고 외적 타끄와는 정치적으로 급진적인radical 시아 종파인 니자르 이스마일파(일명 암살단파) 사이에 널리 확산되었다.

16세기 초 정치적인 분권화 시기의 말에는 3개의 주요 정치적인 실체가 나타났는데 그중 지리적으로 가장 서쪽에 위치한 오스만 제국

18_ 위의 글, 8.

은 발칸, 아나톨리아, 시리아, 이집트, 북아프리카, 서부 아라비아까지 확장되었고 오스만 제국은 각 지역별로 말리키, 하나피, 한발리, 샤피이 등 순니 법학파들 중 하나를 따르는 울라마를 후원해 주었다. 동쪽에서는 무굴 제국이 델리를 중심으로 순니 법학파를 후원하였으나 이란 고지에 정권이 들어선 사파위조는 열두 이맘파의 자아파르 법학파를 후원했다. 대다수 이란 주민들은 16세기 전에는 주로 순니파이었는데 점차 열두 이맘 시아 사상으로 개종하기 시작했다. 16세기부터 18세기까지 이란의 시아 울라마들 사이에 철학적 그리고 종교적인 흐름은 엄격한 교리 중심의 정통성에 근거를 둔 종파로 발전하였다. 그리고 수피즘과 철학적 사색은 주변으로 몰리고 말았다. 더구나 이라크를 두고 사파위조 샤(왕)와 오스만 술탄 간의 갈등으로 순니와 시아 간의 언어 전쟁이 크게 번졌고 이로써 순니와 시아 간의 정치적 종교적 싸움이 빚어지게 되었다. 이 일로 인하여 현대 이슬람 역사학자들이 순니와 시아 간의 분리를 정치적인 나뉨이라고 한 이유가 되었다.

이슬람 형성기에 생겨난 수백 가지 난해한 이념과 종파들이 이란, 이라크, 레바논, 바레인, 파키스탄 등에서 열두 이맘의 시아파로 모아진 것을 1700년 이후 무슬림과 서구학자들이 설명할 때 시아 사상이란 개념을 사용하였다. 오늘날 시아의 다른 종파들이 지구상에 퍼져 있으나 일반적으로 고립된 지역에서 추종되고 있고 열두 이맘파에 비하여 아주 작은 종파들이다. 과거 1000년 동안 이슬람은 더 작고, 정치적으로 더 약한 집단을 더 큰 틀 속으로 흡수시키는 것이 일반적인 경향이었다. 시아의 아주 작은 소수파는 예멘과 인도에서 이스마일 법학파와 자이디zaydi의 해석을 따르는 시아 무슬림들이다. 또 오만, 알제리의 무잡Mzab에는 소수의 카리지파가 살고 튀니지의 제르바에는 이바디Ibadi 법학파를 따르는 무슬림들이 살았다.

그러나 오늘날 이슬람학자들과 무슬림들이 인식한 것과는 다르게 다양한 법학파madhhab들이 10세기까지도 확정되지 못했다. 열두 이맘의 시아파와 순니 간 분리의 기반이 16세기까지도 완전하게 발달하지 못했다.[19] 우리가 아는 것처럼 그냥 순니와 시아라는 이분법적인 구분이 처음부터 된 것이 아니었다. 초기 이슬람 시기에 문화적, 정치적, 경제적 성향이 종교적 정통성을 확립하는 데 도움을 주고 있었다.

(2) 시아파와 역사적 내러티브

열두 이맘 사상과 순니 사상은 신학적 실험과 역사적 해석에 대한 교리적인 경계가 되었다. 신앙골격을 확고히 하려는 이런 경향은 이슬람 형성기에 대한 우리의 역사적 인식을 획기적으로 바꾸어 놓았다. 그러나 이슬람 형성기에 일어난 왜곡은 전적으로 시아파에 대한 서구나 현대 순니파의 편견 때문이 아니었다. 시아의 열두 이맘파들은 역사적인 내러티브를 왜곡했다.[20] 661년 알리가 암살된 후 순니와 시아로 나뉜 것으로 인식되게 했기 때문이다. 게다가 사파위조 때에는 초기 시아 인물들의 정치적, 학문적 업적을 너무 과장하였다. 이것은 수피즘의 영향에 대한 반사적인 행동이었고 시아 사상을 페르시아화하려는 것도 있었다. 순니와 서구 역사가들도 수피 인물들의 업적을 덜 강조했다. 이런 이슬람의 현대적 이분법이 이슬람 형성기의 역사적 해석에 많은 영향을 주었다.

661년부터 941년까지 시아의 열두 이맘의 계승자들이 시아파를 추종하는 커뮤니티를 이끌어 갔다. 이맘 계승자 모두가 알리의 혈통을 통하여 무함마드와 연결되어 있었다. 이맘들의 계보는 무함마드의 사위이자 사촌인 알리와 무함마드의 첫 부인 카디자가 낳은 딸 파띠마(알리의 아내)로부터 시작되었다. 이 계승의 혈통은 열두 번째 이맘 아부 알까심 무함마드 븐 하산에서 끝났다. 열두 이맘파에 의하면 그가 874년에 지상에서 은폐(lesser ghayba, 소은폐)되었고 941년 하늘에서 은폐(greater ghayba, 대은폐)되었다고 하면서 그가 종말에 마흐디Mahdi로서 다시 돌아올 것이라고 했다. 열두 이맘파는 이들 12명의 이맘을 무함마드

19_ 위의 글, 11.
20_ 위의 글, 12.

의 정신적이고 정치적인 계승자라고 믿었다.

그들은 무함마드와 그의 딸 파띠마와 함께 열두 번째 이맘이 기적을 행할 수 있는 능력을 가지고 있다고 했고 꾸란에 대한 내밀한 해석을 할 수 있다고 했다. 각 이맘은 일므'ilm(신적 지식)를 한 세대에서 다음 세대로 전달했다고 믿었고 그들의 하디스(무함마드와 그의 동료와 그의 가족의 언행록)는 자아파르 법학파의 율법적인 자료가 되었다. 그리고 이맘들과 그의 추종자들은 나머지 이슬람 공동체에 대항하여 싸워야 한다고 생각했다. 이런 이맘들은 우마위야조와 압바시야조에서 칼리파들에게 괴롭힘을 당하였고 순니파에게는 그런 이맘들이 정치적인 위협으로 보였다. 열두 이맘파들은 우마위야조와 압바시야조의 칼리파들이 그들의 종교 지도자들을 죽인 것에 대하여 비난하였고 시아 지도자들의 묘를 찾아가 순례하거나 자학을 함으로써 지도자들의 순교를 슬퍼하였다. 그들은 이런 지도자들 대신에 불경건한 칼리파들과 대항하여 싸워야 했는데 그것은 이슬람 공동체가 이들 시아파 이맘들을 배신하였다고 생각했기 때문이다.

9세기말과 10세기에 열두 이맘의 은폐에 대한 믿음은 이라크와 시리아의 많은 울라마들 사이에 퍼져갔다. 열두 이맘을 따르는 사람들은 열두 이맘의 역사적인 내러티브가 초기 시아파 역사의 공인된 내용이 되었다. 알쿨라이니al-Kulayni와 같은 시아파 신학자들은 시아파의 교리와 신학을 정교하게 다듬고 후진들에게 전하는 데 힘썼다. 10세기와 11세기에 이븐 하즘, 샤흐라스타니와 같은 이슬람 역사가들은 알리가 죽고나서 열두 번째 이맘이 은폐되었다는 것이 열두 이맘파라고 했다. 이 밖에 다른 정치적·종교적 운동이 있었는데 자이디야, 카리지, 이스마일, 그리고 굴라트(ghulat, 신학적 극단주의자)들이 있었다. 이븐 하즘과 같은 이단 연구가들은 다양한 정치적 운동을 이단적인 이슬람 종파로 분류하였다.[21] 그러나 이단 연구가들은 시아 사상의 성격을 왜곡하기

21_ 위의 글, 15.

도 했다. 순니 사상과 같이 열두 이맘 시아 사상도 여러 세기에 거치면서 율법적, 신학적, 철학적 사색의 산물이 되었다.[22] 단순히 661년 이슬람 커뮤니티와 시아가 나뉜 것이 아니었다.

열두 이맘과 그들에게서 배운 사람들의 역사적 내러티브는 초기 시아 사상과 열두 이맘파의 개념을 만드는 과정에서 왜곡되었다. 오늘날 순니 무슬림들이 사는 곳에서 우리가 듣는 것은 초기 이슬람 형성기에 대다수 순니 공동체에서 분리된 것이 시아라는 인식을 갖고 있다. 이보다 더 자주 순니 무슬림들은 열두 이맘파가 12명의 이맘의 혈통에 뿌리를 둔 신앙 공동체라고 좁게 규정한다. 사실 이맘의 정신적 승계를 더 중요하게 강조하지만 모든 이맘들이 알리와 파띠마의 혈통을 이은 것은 아니다. 시아를 파당을 지은 공동체로 보는 것은 초기 시아 사상의 복잡성을 모르고 한두 사건을 거슬러올라가 섣불리 결론을 낸 말이라고 할 수 있다.

시아의 인물들 중에서 가장 중요한 인물을 꼽으라고 하면 알리 븐 아비 딸립과 열두 이맘파에서 3번째 이맘에 해당하는 알리의 둘째 아들 후세인을 들 수 있다. 후세인이 우마위야조 칼리파 야지드yazid에 의하여 살해되었다. 많은 시아 무슬림들은 이들 시아 인물들이 신적 지식을 받은 사람들이고 꾸란을 해석할 수 있는 특별한 능력을 부여 받은 사람들이라서 세상에서 일어나고 있는 일을 이해하는 사람들이라고 믿었다. 순니 무슬림들은 꾸란의 첫 번째 주석가는 무함마드라고 했다. 꾸란이 알라의 말씀이라고 하더라도 그것을 어떻게 해석하느냐는 후세 학자들의 연구제목이었다. 그런데 알라의 뜻을 가장 잘 알고 있는 사람이 순니파에서는 무함마드라고 하고 시아 무슬림들은 알리와 후세인이라고 한다면 결국 무슬림들의 알라는 성경의 '야훼 하나님'과 전혀 다른 인식을 갖고 있다.

시아에 공감하는 사람들은 무함마드의 후손이 칼리파 직위에 더

22_ 위의 글, 15.

적합하므로 정치적 리더와 이맘(정신적 지도자)으로 손색이 없다고 생각했다. 그리고 시아를 따르는 사람들은 다양한 사회적·정치적 운동에 참여하고 이맘직에 대한 서로 다른 해석과 이슬람 교리 안에서의 역할에 대한 다른 입장을 가졌다. 일부는 이맘의 참된 역할로는 정치적인 항거에 참여해야 한다고 했는데 740년 우마위야 칼리파 하쉼에 저항하여 다섯 번째 이맘 무함마드 알바끼르의 이복형제 자이드가 반란을 일으킨 것을 그 예로 들었다. 또 다른 이맘의 역할로는 자신의 꾸란 해석과 순나, 피끄흐를 가르치는 교사이어야 한다는 것이었다. 그 예로 알리 자인 알아비딘과 자아파르 알사디끄를 들었다. 이맘이 정치적인 수단을 통하여 정의를 회복시키는 것을 목적으로 믿었지만 자아파르 알사디끄와 같은 이맘은 이맘과 경건한 이슬람 공동체는 정치와 관련된 탐욕과 폭력을 피해야 한다고 했고 샤리아의 윤리(알라를 믿고 자선을 하고 종교적 연구와 기도 등)에 중점을 두라고 했다. 그래서 이맘들이 알라와 샤리아를 더 잘 이해하고자 평생 꾸란과 하디스를 연구하였다.

타끼야taqiyya(위장)의 개념은 시아에서 광의적으로 해석되는 종교개념인데 자아파르 알사디끄가 만든 것으로 전해진다. 타끼야는 정치적인 박해 아래 자신의 신앙을 숨기는 것을 허용하는 것으로서 꾸란 텍스트의 내밀한 해석을 위하여 이성reason을 사용하였다.[23] 일부 열두 이맘파 무슬림들은 이슬람 뼈대 안에서 이맘직의 개념을 입증하는 데 꾸란과 하디스의 내밀한 해석을 사용하였다. 이것은 이맘직 계보의 종교적 정통성을 입증하기 위하여 혹은 이슬람 커뮤니티 안에서 이맘의 정신적 역할을 설명하기 위하여 역사적인 사건을 재해석하는 것도 포함되었다. 타끼야와 관련된 교리와 운동들은 이슬람 역사를 통하여 다양했다. 대부분 순니 무슬림들은 시아파의 타끼야 개념을 잘 몰랐다. 콜베르그Kohlberg는 "고난이나 역경의 시기에 자신의 진짜 신앙을 숨기는 것은 여러 종교에서 되풀이되는 옛 현상이다. 이슬람에서 이런 것을 타

23_ L. Clarke, "The Rise and Decline of Taqiyya in Twelver Shi'ism," Reason and Inspiration in Islam, London: The Institute of Ismaili Studies, 2005, 46-63.

끼야(미리 대비하는 위장)라고 하고 주로 시아의 열두 이맘파와 관련되었다"고 했다. 열두 이맘파가 아닌 학자들은 타끼야에 대한 믿음이 열두 이맘파가 장려하고 계속하여 실천한 것이라고 하였고 이 주제에 대한 열두 이맘파의 견해는 중대한 수정과 변화를 거쳤다.[24]

시아 사상과 연관된 종교적인 교리와 정치적인 운동들이 다양했기 때문에 그들이 다양하고 복잡하다는 인상을 주었다. 이런 종교적 교리와 정치적 운동들의 다양성에도 불구하고 이슬람의 형성기에 시아파에 공감하는 사람들 중에는 온건한 유형과 급진적인radical 유형이 있었다. 시아파의 이맘은 무슬림들과 알라 간의 중개자로서 기여했고 샤리아 법에 대한 참된 이해로 인하여 무슬림 커뮤니티가 계속될 것이라는 확신을 주었다.[25] 대부분 시아 운동에서 경건한 헌신의 대상은 알리와 그의 자손들이었고 샤리아 중심의 사회를 건설하는 데 장애가 되는 사람은 칼리파였다. 이슬람 형성기에 온건한 시아파에 공감하는 사람들은 그들의 이슬람 법적인 사색에 열두 이맘파의 하디스가 사용되었다. 수동적인 시아 무슬림들은 이맘이 살아 있든지 혹은 죽어 있든지 간에 그의 종교적 가르침을 따랐지만 반드시 정치적인 참여를 한 것은 아니었다. 반면에 정치적으로 급진적인 시아들은 샤리아 중심의 이맘이 권력을 갖기 위한 수단으로서 반란을 도모하였다. 대부분 이런 다양한 정치적 운동의 목적은 샤리아법을 확립시키기 위한 동기에서 시작되었다.

오늘날 순니와 시아파 간의 반목이 이라크, 바레인, 레바논, 시리아, 사우디아라비아, 이집트, 예멘 등지에서 일고 있다. 이라크에서는 순니와 시아 종파 간의 위기가 심각하여 시아 정부에 대항하는 이라크의 순니 무슬림들이 조직한 소요가 지속되고 있다. 이라크인들 사이에 퍼져 있는 법학파 간의 극단tatarruf madhhabi과 종파적인 소요와 폭력이 2003년 이후 계속되어 이라크의 정치적 사회적 불안을 가속화시켰다.

24_ Etan Kohlberg, some Imami Shi'i Views on Taqiyya, Journal of the American Oriental Society 95, No.3(1975), 395.

25_ Michael P. Bufano, A Reconsideration of the sunni-shia Divide in Early Islam, 25.

이라크 남부 지역에는 시아가 대다수를 차지하고 있지만 사담 후세인 때에는 소수의 순니 무슬림이 이라크를 다스렸다. 순니 이슬람 국가인 사우디아라비아와 이라크 간의 관계는 시아파 정권이 들어선 후 긴장 관계가 계속되고 있고 사우디 왕가에서는 시아 무슬림 이라크 총리를 '이란의 하수인'이라고 불렀다. 사우디아라비아는 바레인과 예멘의 소요는 이란의 소행이라고 비난하고 사우디아라비아에서 시아 소수 종교인들 사이에서 생긴 시위도 이란의 짓이라고 했으나 이란은 이를 부인하였다.

(3) 수피는 순니파인가? 시아파인가?

이슬람의 수피즘은 8세기부터 시작하여 14세기까지 그 이론이 발전하고 있었다. 순니와 시아의 분리가 하루아침에 이뤄지지 않은 것처럼 수피즘도 오랜 세월을 거쳐서 형성되었다. 7세기 초 칼리파와 무슬림들이 타락해가자 일부 무슬림들은 참회를 상징하는 털옷을 입고 다녔다. 털옷은 세상의 쾌락을 버리고 오직 수행에만 힘쓴다는 의미가 담겨져 있었다. 그 뒤 1세기 뒤에는 이라크에서 '수피야'라고 불리는 금욕 수행자ascetics들이 나타났다. 상당수 무슬림들이 세상의 즐거움을 쫓아가고 알라를 찾지 않았다. 900년경에는 바그다드를 비롯한 여러 지역에서 수피들이 번성했다. 수피즘은 초기에는 금욕적인 수행이 지배적이었고 후기에는 범신론적인 신비 수행으로 바뀌었다. 초기 수피들은 그들의 마음이 장차 다가올 것에 소망에 두었고 후기 시대의 수피들은 알라와 결합하여 무아지경에 다다르는 것을 목표로 삼았다. 수피 무슬림들은 알라에게 가까이 다가가고자 각 종단마다 독특한 수행을 했다. "알라 이외에 신이 없다. 알라술(무함마드)에게 순종하는 자마다 이미 알라에게 순종한 것이다"(수라 4:80)라는 말을 되풀이하였다.

수피 무슬림들은 무함마드를 통하여 알라에게 향하는 것에 관심을 두었다. 이슬람의 샤리아(이슬람율법)는 겉으로 드러난 무슬림의 행동을 규제하는 알라의 명령과 금지 사항이지만 수피 무슬림에게 샤리아는 인간의 몸에 해당한다고 하고 수피즘은 인간의 혼에 해당한다고 했다. 이슬람율법이 무슬림의 겉에 드러난 행동에 관심을 갖는 반면, 수피즘은 무슬림의 내면세계를 다룬다. 지금 아랍 이슬람 국가에는 수피가 아닌 이슬람율법을 강조하는 사람이 더 많다. 그래서 대부분 이슬람 국가에서 만나는 무슬림들은 수피를 도외시한다.

이슬람의 예언자 무함마드는 히라 동굴에서 지브릴 천사를 만나 꾸란의 첫 구절을 받았다고 주장한 것이 첫 번째 예언자적 체험이었다. 두 번째는 무함마드가 메카의 카아바에서 예루살렘의 악싸(나중에 그곳에 악싸 사원이 생김)까지 날개달린 부라끄buraq를 타고 밤여행을 한 일이다. 이 밤여행을 통하여 무함마드는 알라에게 가까이 가서 이브라힘, 무싸, 이싸를 만나서 그들 속에서 기도를 인도했다고 한다. 수피들은 이것을 무함마드의 수피적인 체험이라고 했다. 그는 예루살렘으로 여행한(이스라) 뒤 하늘로 올라간 체험(미으라즈)을 했다는 것이다. 무함마드와 지브릴은 천계로 올라갔고 알라에게 가까이 갔다고 전한다. 첫 하늘에서 아담을, 둘째 하늘에서는 이싸와 야흐야를, 셋째 하늘에서는 유수프를, 넷째 하늘에서는 이드리스를, 다섯째 하늘에서는 하룬을, 여섯째 하늘에서는 무싸를 그리고 일곱째 하늘에서는 이브라힘을 만났다고 한다. 이런 무함마드의 수피적 체험이 이슬람에서 모든 신비적 체험과 관련되어 있었다. 이런 내용에 근거하여 수피 무슬림들은 무함마드가 알라로부터 직접 신적인 지식을 얻을 수 있는 증거를 갖고 있다고 했다.

수피 수행 방식에는 여러 가지가 있다. 알라에 대하여 끊임없이 생각하는 디크르, 묵상과 금식에 초점을 두어 다른 사람으로부터 멀리 떠나는 피정(킬와), 음악이나 시를 듣는 사마sama' 등이 있다. 대체로 중세 수피들은 정치에 관여하지 않았고[26] 몇 수피 종단에서는 순니와 시아 간의 차이가 없었다. 일부 수피 종단은 순니 전승 혹은 시아 전승과 관련되어 있지 않았다. 나끄쉬반디와 까디리 종단은 순니파와 관련되어

26_ 현대 수피즘에 대하여 더 자세한 내용은 『이슬람의 수피즘과 수쿠크』(공일주, CLC)를 참조하시오.

있었고 베크타쉬, 바다위, 리파이는 시아파에 기울어져 있었다. 일부 무슬림들에게 수피는 좋은 무슬림이라고 여겨졌으나 다른 무슬림들에게 수피는 참 이슬람을 수행하는 사람이 아니라고 여겨졌다. 특히 와하비와 수피즘 간의 갈등으로 와하비는 수피를 이슬람에서 벗어났다고 했고 수피가 이슬람에 위협적이라고 했다. 그러나 수피 자신들은 다른 무슬림과 차이가 없다고 생각하기 때문에 그들 자신을 무슬림 커뮤니티와 구별하지 않았다. 오늘날 일부 수피들은 모든 종교적 전승을 포용하기 위하여 이슬람과 결별한 수피들도 있다.

하즈라트 이나야트 칸(1972)은 서구에 신의 우주적인 메시지를 전하기 위하여 그의 가르침에서 수피를 이슬람과 단절시켰다. 수피들은 알라와 그의 속성을 끊임없이 되뇌고 꾸란과 무함마드의 생애로부터 영감을 얻고자 하였다.

오스만 제국 시절 18세기에 아랍의 이슬람 사상은 침체기에 접어들었다. 아랍학의 중심지가 이스탄불로 옮겨가자 아랍 국가에서 이슬람 사상은 쇠퇴하고 있었다. 1517년 살림salim 술탄(통치자)의 정복 이후에 아랍은 16세기와 17세기 초에 권력을 잃었고 18세기 아랍은 쇠퇴의 길을 걸었다. 18세기 사우디아라비아에서는 무함마드 압둘 와합이 와하비 운동을 일으켜 수피들을 몰아냈고 그 후 걸프 산유국에서는 반수피 세력이 확산되었다. 그리고 울라마들이 대표하는 공식official이슬람과 수피 종단과 쉐이크가 대표하는 비공식unofficial 이슬람으로 나뉘었다.

저명한 이슬람 법학자들과 도시의 엘리트 무슬림들 중에서 일부는 수피적인 사상과 실천을 보여주기도 했다. 이집트 무슬림의 종교 생활에 대하여 스타파S. Staffa는 만일 울라마들이 대중과 효과적인 접촉을 하기 원하면 그는 반드시 수피즘과 사이좋게 지내야 했다[27]고 말했다. 아랍인들이 수피즘을 이단heresy으로 보는 것은 와하비 운동의 영향이었다. 아베리A. J. Aberry는 초기 수피즘에 대하여 감탄하면서 초기 수피

27_ Barbara Rosenow von Schelegell, Sufism in the Ottoman Arab World: Sheikh Abd al-ghani al-Nabulusi, University of California, 1997, 14.

즘이 널리 확산되었으나 15세기 왈리(알라와 인간 간의 중개자, saint) 숭배가 확산되면서 이런 왈리 숭배가 수피즘에게 죽음과 같은 고통의 상징이 되었다[28]고 했다. 수피들이 왈리 숭배를 하고 왈리들의 무덤을 방문하는 것 때문에 19세기에는 수피즘이 국가적인 규제를 받기도 했다. 여러 수피 종단으로 나뉘고 왈리 숭배가 확산되면서 수피즘이 쇠퇴의 길을 걸었다는 주장을 반대하는 학자들은 수피들이 18세기 침체의 잠에서 이슬람을 깨워 주고 새로운 정통성을 발견하도록 자신들을 개혁한 무슬림들이라고 했다. 이런 수피들을 신 수피즘neo-sufism이라고 했다. 그리고 일부 학자들은 어느 특정 시기를 정하여 울라마들이 순례를 얼마나 다녀왔는가를 연구하였는데 그 결과 수피들이 메카 순례 기간 동안 여러 학자들과 의견을 교환하는 기회로 삼았다는 것을 알아냈다. 순례가 그들에게 네트워크의 기능을 했던 것이다. 18세기 수피즘의 특징으로는 메카와 메디나의 학자들 간에 하디스 학에 대한 연구를 부활시키고 무함마드의 길을 강조하고 왈리 숭배[29]를 금지시켰으며 이븐 아라비 사상의 복잡성 때문에 수피의 모델 학자로 이븐 아라비 대신에 알 가잘리를 세웠다. 그리고 각 무슬림에게 오직 한 가지 수피 종단만을 따르게 하고 이전의 알라와의 결합union으로부터 무함마드와 동일시하라는 운동으로 변화를 주었다. 그런데 이런 특징을 가진 18세기의 수피즘은 여러 가지 문제를 안고 있었다. 18세기 사우디아라비아의 메카, 메디나 학자들이 하디스 연구에 열을 올리고 있을 때 이브라힘 알쿠라니al-kurani(1690년 사망)의 아들들은 메디나에서 신수피즘의 확산에 주된 역할을 하였다. 사실 18세기 이전의 수세기 동안 수피즘은 공식 이슬람

28_ 위의 글, 15.

29_ 서로 다른 수피 종단order들이 있어서 그들의 왈리를 따르고 종단마다 따리까tariqa가 각기 다르다. 수피 종단의 쉐이크가 시작한 종교적 훈련 방법은 개인적인 체험에 근거한다. 그 창시자를 왈리wali(혹은 성인saint)라고 불렀다. 수피들은 왈리를 알라와 인간 간의 중개자로 여긴다. 왈리는 마깜(어느 특정한 참 존재를 발견하는 것)의 최고 단계를 통과한 사람이다. 왈리에게는 특별한 능력인 바라카(baraka: 복)가 있다고 믿어지고 그 복이 그를 추종하는 자들에게 전해진다고 믿는다.

과 불편한 관계를 가지지 않았다.

18세기 이란의 사파위조의 수피들이 시아의 열두 이맘파로 교체되고 있었다. 이 시기에 시아파들은 수피즘에 대한 적대감을 심화시키고 있었다. 그러자 오스만 터키는 이븐 아라비와 왈리들을 이용하여 사파위조의 이맘제imamology를 공격하였다. 금세기에 인도의 수피 종단 데오반드deoband는 수피즘을 개인 자아의 윤리적인 개혁을 위하여 사용하였다. 오늘날 수피즘은 3중 형태를 갖는데 첫째는 시를 통한 문학적 수피즘이고 둘째는 수피 스승과 제자 간의 수행을 통한 도제와 기관의 수피즘 그리고 의식을 통한 수피즘이 있다. 세 번째 수피즘은 왈리들의 무덤을 찾아가므로 대부분 무슬림들이 이런 수피 수행을 거부하였다. 19세기 말에 무슬림 세계에서는 그들 주변에서 만나는 일부 수피들이 이슬람과 어긋난 행동을 한다는 고발・고소가 많아져갔다. 19세기부터 20세기까지 수피를 반대하는 논증에 대하여 수피 반대자에 대한 수피들의 반박이 있었다. 일부 학자들은 현대 사회에서 수피들이 정치적인 영향력을 가지지 못하는 것은 무슬림들에게 수피즘에 대한 인기가 떨어졌기 때문이라고 했다. 그들은 수피들이 순나(전통)를 저버렸다고 했는데 무슬림들에게 순나는 정치적으로 윤리적으로 적지 않은 영향력이 있었다.

유럽의 동양학자들은 수피즘과 이슬람율법(샤리아)을 비교시키고 꾸란과 샤리아의 율법성과 대조하여 루미rumi나 하피즈hafiz와 같은 수피 시인들의 보편적인 '수피 영성spirituality'에 찬사를 보냈다. 그러나 그들이 말한 수피 영성은 기독교 영성이 아니었다.[30] 수피즘에 대한 서구 학자들의 최근 담론은 다소 분명하지는 않다. 일부 이슬람주의자들이 호전적인 데 반하여 수피들은 세계 보편적이고 평화적인 담론을 지지한다고 했다.[31] 이슬람의 수피들에게 수피즘은 이슬람의 본질에 해당하는데 유명한 수피즘 학자 윌리암William Chittick은 수피즘은 이슬람 신

30_ 공일주, 이슬람의 수피즘과 수쿠크, CLC, 2011, 286.

31_ Brannon D. Ingram, Deonbandis abroad, University of North Carolina, 2011, 21.

앙의 내재화라고 설명했다. 수피들은 본질적인 자아의 실현과 주로 관련된다. 수피들은 자신의 본질을 이해하기를 요구받고 자아 발견의 여행을 시작한다. 수피 여행은 실재(신, 혹은 진리)를 만나면 정점에 이른다. 그러므로 이런 여행은 체험 지식을 요구하고 이런 실현에는 루흐에 대하여 직접적인 이해를 통해서 온다고 했다. 이로써 분명한 것은 수피 무슬림과 그 밖의 무슬림들이 루흐와 나프스에 대한 관심에서 서로 다르다는 것을 알 수 있다. 수피 무슬림들이 루흐와 나프스의 문제를 비수피 무슬림보다 더 많이 연구하였다. 수피즘을 아랍어로 타싸우우프Tasawwuf라고 하는데 그 의미들 중의 하나는 깨끗함이란 의미를 갖는다. 이것은 나프스의 정화를 가리킨다. 나프스는 프쉬케psyche와 동일한 의미인데 혼soul으로 이해되었다. 나프스(자아)가 변화되는 것은 나프스의 정화에 있다. 수피의 훈련은 그의 내적 완성을 실현하는 데 더 가까이 가려는 열망으로서 초자아가 만든 부정적인 왜곡을 변화시키는 데 목적이 있다. 수피들에게 마음의 정화는 마음의 거울을 닦는 것으로 비유한다. 가장 내밀한 마음은 인간의 완전한 중심에 자리하고 있다고 믿었다. 마음의 거울이 신적인 실재를 비춰줄 수 있도록 기도와 묵상을 통하여 마음을 닦는다는 것으로 비유되었다.[32] 수피즘은 인간성의 깊은 이해를 갖고 자아 실현을 향한 여행을 돕는 내적 변화를 위한 도구를 제공한다.

수피 심리학에 따르면 인간의 주요 구성요소는 나프스nafs(프쉬케), 깔브qalb(마음), 루흐ruh(영, Spirit)이다.[33] 수피즘에서 자아실현은 나프스의 층위들을 통과함으로써 성취된다. 수피들은 루흐와 물질의 상호활동에 의하여 창조한 인간의 심리학적 조직이 나프스라고 주장한다. 나프스가 인간 존재와 활동의 주요 구성요소라는 것이고 나프스는 루흐를 위한 장소processing center라고 했다.[34] 이처럼 수피 심리학에서는 루흐

32_ Lauren Julia Boni, The Sufi Journey towards Nondual Self-realization, University of Lethbridge, 2010, 34-35.

33_ 위의 글, 36.

34_ 위의 글, 36.

와 나프스를 분리하여 설명을 했으나 일반적으로 무슬림들은 영과 혼을 구분하지 못하고 또 수피처럼 인간의 내적 자아 실현보다는 외적 종교성에 더 많은 관심을 두고 있다.

5 이슬람율법의 적용

무슬림들에게 이슬람율법의 적용은 모든 사회의 수용력에 맞추어야 하고 후두드(이슬람 형법)는 사회가 어느 정도 준비가 되어서 사회정의가 실현된 뒤 가장 마지막에 실천하라고 한다. 이슬람율법은 이슬람 사회가 지켜야 하는데 그 예로 교리(아끼다), 예배, 윤리들이다. 그런데 이슬람 사회의 사회적인 의지와 정부의 정치적인 의지가 없으면 이슬람율법을 생활에 적용하기는 어렵다. 그래서 이슬람주의자들이 이슬람율법을 이슬람 사회에 적용시키기 위하여 정치권으로 나왔고 권력을 잡기도 했다.

일부 살라피 그룹(자마아 살라피야)들이 이슬람율법의 문제를 자의적으로 해석하여 다른 무슬림들에게 의혹을 샀다. 비살라피 무슬림들은 살라피 무슬림들이 사회적 그리고 정치적 위기를 가져오게 할 수 있다고 보았다. 이슬람 교리의 문제를 자기들의 생각대로 꾸며대는 것이 살라피들의 심각한 문제라는 것이다. 역사를 보면 교리와 이슬람율법과 혁명, 이데올로기 등의 파수꾼들이 실제 구체적인 내용 없이 총론적인 문제만을 국민에게 제시했다가 실패한 나라들이 있다. 이슬람율법의 파수꾼이라고 장담하던 수단은 수단과 남수단으로 나뉘어 버렸고 아프가니스탄에서 이슬람 교리의 파수꾼들은 부당한 체제를 만들어 미군의 개입을 불러일으켰다. 2006년 팔레스타인의 하마스가 총선에서 대승을 거두면서 이슬람주의자 하마스가 자치하는 가자 지구와 상대적으로 온건한 무슬림 압바스가 다스리는 라말라와 요르단강 서안지역으로 나뉘고 말았다. 일부 무슬림들은 종교 텍스트나 교리 텍스트 혹은 정치 그 자체가 문제가 아니고 그들이 적용하는 수단에 문제가 있다고 했다.

그동안 아랍 세계에서는 이슬람 샤리아의 원리를 택하되 실제 적용에서는 민주주의를 따를 때 경제와 사회가 발전했다. 그러나 이슬람주의자들이 이슬람 샤리아의 원리보다는 자신이 속한 종파나 집단의 율법을 강조하면서 국민적 대동 단결을 이루지 못하였다. 민주주의 국가의 정치 제도에서 유일한 입법으로서 이슬람율법을 최고의 가치로 삼는 국가는 지구상에 없다. 역사를 보면 종교의 이름으로 통치한 체제가 다른 민족보다 더 우수하다고 생각한 나라는 실패했다. 말레이시아의 무함마드 마하티르는 무슬림이지만 이슬람이 해법이라고는 하지 않았다. 이슬람 국가에서 이슬람율법을 시행하면 그것은 곧 전제 국가가 되는 것이다. 일부 아랍인들은 어느 정도 이슬람율법 테두리 안에서 민주적인 정치 제도를 만들려고 노력한다면 정치와 경제에서 성과를 보일 수도 있을 것이라고 했다.

순니 이슬람의 정체성의 형성 요인은 윤리(아클라끄), 이슬람 커뮤니티(움마), 종교학자(울라마), 이슬람율법(샤리아) 등인데 무슬림 정체성의 내부에는 윤리가 그리고 외부에는 이슬람율법이 자리하고 있다. 그러나 시아파 무슬림은 무함마드와 알리, 꾸란과 샤리아 율법을 중시한다. 순니 이슬람의 경우, 순니 전통의 사회 문화적 환경이 순니 무슬림의 위 4가지로 구성되어 있기 때문에 아랍인의 정체성은 윤리와 율법이 중요한 역할을 했다. 현대 이슬람 세계는 일부 무슬림들이 이슬람율법을 더 강화하고자 하면서 이슬람율법을 강조하는 이슬람주의와 그렇지 않는 리버럴 무슬림으로 나뉘고 말았다.

2012년 11월 9일, 금요일 이슬람주의자들이 타흐리르 광장에 모였는데 이집트 신문은 "살라피들의 혁명: 빵, 자유, 샤리아"라고 쓰고 리버럴 무슬림들을 무지한 사람abu jahl이라고 썼다. 극보수적인 살라피 전선과 알자마아 알이슬라미야가 이집트인에게 샤리아(이슬람율법)를 적용시켜야 한다고 외치면서 시위를 벌였다. 이 말을 뒤집어 보면 무바라크 정부 때에는 이슬람율법이 제대로 적용되지 않는 사회였다는 것이다. 살라피들은 리버럴 무슬림들과 세속주의 무슬림을 서구와 동양에서 가져온 상품을 담은 보따리 장사꾼들이라고 불렀다. 이슬람주의자들은 이슬람율법으로 다스려져야 하고 자유사상과 세속주의 방식은 안 된다는 것이었다. 2011년 1월 시위 때에는 인간의 존엄성(카라마)과 자유, 사회정의라는 구호를 내걸었으나 2012년 11월 헌법 초안 마무리를 앞두고 시위대들은 빵과 자유, 이슬람 샤리아라고 외쳤다. 그리고 광장에는 이집트 국기는 없고 파란 사우디아라비아 국기와 알까이다 조직(탄짐 알까이다)이 사용하는 검은색 깃발이 펄럭였다.[35] 이집트인들이 이집트 국기가 아닌 사우디아라비아 국기를 들고 다녔다는 것은 이집트인의 걸프화가 많이 진행되고 있었다는 증거이다. 요르단의 일부 무슬림들은 사우디아라비아가 이슬람의 참 모습에서 크게 벗어나 있다고 하면서 여성이 히잡(얼굴만 내놓음) 정도 쓰면 됐지 어찌 니깝(얼굴을 다 가림)까지 쓰게 하느냐고 반발한 적이 있었다. 그러나 이집트인들이 1973년 이후 오일 달러를 벌기 위하여 사우디아라비아에 근로자로 많이 갔고 그들이 이집트로 돌아와 이집트 이슬람의 걸프화를 촉진시켰다.

(1) 턱수염을 기르는 것이 이슬람율법을 지키는 것인가?

이슬람의 근본교리와 율법은 6가지 믿음과 다섯 가지 기둥이다. 순니 이슬람에서 이슬람율법의 근간은 꾸란, 하디스, 유추, 만장일치(이즈마아) 등 네 가지이다. 이슬람율법은 인간과 알라 간의 관계에 대한 제도(기도, 금식, 자카 등), 인간과 인간간의 관계에 대한 제도(혼인, 이혼,

---

35_ 원래 이집트 국기는 1952년까지 파란색이었고 가말 압둔 나세르가 1956년 수에즈 운하를 국유화하고 나서 수에즈 운하에 꽂은 국기는 이슬람의 초승달과 이집트와 수단을 상징하는 3개의 별이 있는 초록색 깃발이었다. 그러나 3색으로 된 해방tahrir의 국기는 그 후 수에즈 전쟁에서 생겨났다. 지금은 검정, 하양, 빨간색 등 세 가지 색깔로 바뀌었고 나중에 이집트와 시리아의 통합 상징으로 두개의 별을 더 넣었다. 그리고 예멘이 병합된 후에는 세 개의 별이 생겼었다. 알사다트 대통령이 이집트 국기에서 별들을 빼내고 그 대신에 꾸라이쉬 송골매saqr를 넣었다.

요르단, 대학생

매매 등), 인간과 사회 간의 관계에 대한 제도(지하드, 슈라, 윤리, 형벌 hudud 등)를 포함한다. 이슬람율법(샤리아)이란 칼리파 오마르 븐 알캇땁 이후로 이슬람 법학자들이 초안하고 이즈티하드(독자적인 법적 추론)의 문을 닫을 때까지 발전시킨 법 제도이다. 초기 이슬람 국가는 빠른 정복과 확장으로 새로 편입된 국민들에게 법이 필요했다. 무슬림들은 인간들의 안내서로서 알라가 꾸란을 인간에게 내려주었다고 믿었다. 그런데 학자들과 무슬림들이 입법을 위하여 꾸란 구절들을 들쳐 보았으나 그들의 삶에 필요한 모든 내용의 법적 규정을 꾸란에서 발견할 수 없었다. 꾸란은 일부를 제외하고는 일반적인 원리만을 담고 있었다. 도적질과 거짓고소 등의 내용과 혼인, 이혼, 상속, 유언에 대한 대부분의 것들이 꾸란에 포함되어 있었다. 이슬람학자들은 꾸란에 나오지 않는 나머지의 것들은 알라가 인간에게 이슬람의 일반적인 원리 안에서 이즈티하드를 하도록 했다고 말한다. 이슬람 법학자들은 법제도를 발전시켰고 이것은 유추와 같이 인간의 이성적인 발견과 창안이 이뤄졌다. 또 일부 법학자들은 그들이 정복한 나라의 법 중에서 일부를 인용하였다. 한마디로 이슬람율법은 인간의 법이라고 할 수 있는데 이슬람 학자들은 이슬람율법(샤리아)은 알라의 율법이라고 가르쳤다. 이슬람율법의 주요 근거가 꾸란과 하디스이고 이슬람의 율법이 꾸란, 하디스(무함마드의 언행록) 그리고 이슬람 학자들의 유추와 만장일치를 통하여 만들어졌으므로 순전히 알라의 법이라고 할 수 없다. 무슬림들은 꾸란은 그 의미와 낱말들이 직접 알라에게서 왔다고 믿으나 그 역시 무함마드의 언어를 통하여 전달되었고 하디스 꾸드시 역시 하디스의 의미가 알라에게서 온 와히(메시지)라고는 하지만 그 하디스의 낱말과 발음은 무함마드에게서 왔다고 무슬림들이 믿기 때문에 샤리아는 알라의 법이라고 말하기 어렵다. 알라의 메시지를 무함마드의 입을 빌려서 내려준 것이기 때문에 아랍인 무함마드의 이성을 통하여 전달된 것이다. 꾸란이 아랍어로 되어 있다면 그 역시 아랍어라는 한계를 뛰어넘지 못한다. 인간은 언어를 통하여 사고한다. 어느 언어를 사용하느냐에 따라 사고의 길이 달라진다. 이슬람학자가 되려면 반드시 아랍어에 정통하도록 요구받는다. 그 이유는 무슬림들이 언어와 사고 간의 관계를 잘 알고 있었기 때문이다.

이슬람 샤리아(율법)는 인간 무함마드와 후세 이슬람 학자들의 도움으로 만들어진 법이다. 무슬림들은 이슬람력 5세기 말(서기 12세기)부터 그들 자신을 폐쇄적으로 만들고 있었다. 다른 사람들의 이즈티하드를 참고하는 것을 거부하였다. 그들의 법학파에 외고집을 보였다. 하나피 법은 말리키 법을 받아들이지 않았고 샤피이 법학파는 이븐 한발의 사람들을 받아들이지 않았다. 이즈티하드의 문을 닫으니 쇠퇴의 길을 걸었다. 그런데 19세기에 이르러 이슬람 법은 새로운 방법을 도입하기 시작하였다. 법학자들의 이즈티하드가 허용되었다. 이집트의 알따흐따위, 무함마드 압두흐, 압둘까디르 아우다가 새로운 법적 제도의 문을 열어주었다. 그 뒤 이슬람 세계는 이들의 영향을 받았고 이집트는 1971년 헌법에서 이슬람의 샤리아의 원리가 입법의 주요 근거라고 명시했다. 여기서 샤리아의 원리라는 말은 꾸란이 이슬람율법의 원리만을 담고 있다는 의미이고 그 가치가 입법의 근거masdar가 된다는 것이었다. 동시에 법적 제도를 발전시키기 위하여 어떤 다른 법적 근거에 도움을 받아서 국민의 이익을 실현한다는 것이었다. 이슬람 초기의 이슬람 법학자들이 만든 이슬람율법이 19세기 상황에 적용하기 어려운 한계에 봉착했다는 것을 19세기 이슬람학자들이 시인한 셈이다. 그러나 여전히 이슬람 초기 3세기 동안 초기 무슬림들이 이해한 대로 이슬람 교리와 이슬람주의 삶의 방식manhaj islami을 따르자는 살라피들은 이집트 헌법 2조에서 '이슬람율법의 원리'라는 말 대신에 '이슬람율법'이라고 써야 한다고 주장했다. 그러나 실제로 상당수 이집트인들이 이슬람율법을 원하지 않았다. 그들은 이런 고리타분한 율법보다는 현대 세계의 흐름에 맞추어 이슬람율법을 새롭게 해석할 필요가 있다고 생각했다. 살라피들에게는 이성aql보다는 선조들의 전통을 그대로 내려받는 것naql이 더 중요했다. 그래서 꾸란 구절이나 하디스 구절에서 증거를 찾아 입법해야 한다고 주장했다. 살라피들에게 하디스는 꾸란의 가장 좋은 주석tafsīr이었다. 살라피들은 이슬람의 삶의 방식의 하나로서 무함마드의 외모를 따라 무슬림들은 반드시 턱수염을 길러야 한다고 했다. 그렇다고 이런 턱수염을 기른 무슬림들이 성품이 좋고 인격이 좋은 사람은 아니다. 그냥 그 모양만 따라가고 있다.

이집트인들은 2011년 1월 25일은 아랍의 혁명을 통하여 자신들의 견해를 표현할 자유와 신앙aqīdah의 자유를 얻었다고 한다. 그들에게 무바라크 정부는 신앙의 자유가 없었다는 주장이다. 턱수염을 기른 경관들의 연합 회장 야세르 주므아는 턱수염을 기른 이유에 대하여 그것은 알라의 율법을 적용하는 것이고 우리의 권리라고 했다. 그의 말을 빌리면 턱수염을 기르는 것이 알라의 율법이라는 것이다. 그렇다면 이런 알라의 율법을 모든 무슬림이 따라야 하는데 왜 일부 무슬림들은 턱수염을 안 기르는가? 사실 리버럴 무슬림들은 턱수염 기르는 것을 알라의 율법이라고 생각하지 않는다. 그렇다면 무슬림마다 율법의 정의가 서로 다르다는 것이다. 더군다나 턱수염을 기르는 것이 알라의 율법이라면 우리는 이슬람이 타 종교(기독교, 유대교)와 크게 다르다는 것을 알 수 있다. 야세르 주므아는 턱수염을 기른 경관들이 어떤 가마아(단체)나 정당에 가입된 것이 아니고 알아즈하르(이집트 이슬람의 최고 종교기관)에서 배워서 자신은 알아즈하르가 마르지이야(종교적인 문제에서 최종 권위)라고 생각한다고 했다.

(2) 왜 무슬림이 알라의 율법 적용을 반대하는가?

이집트의 무르씨 대통령이 꾸란을 잘못 읽어서 알아즈하르 종교학자(울라마)들에게 공격을 받았다(2012.10.31, 알미스리 알야움 신문). 무르씨 대통령이 2012년 9월 5일 대학 연합회 학생들을 만나서 그가 꾸란 구절을 읽었는데 그 구절은 파띠르 장 28절의 일부였다.

‘innamā yakhshā allāha min ‘ibādihi al-‘ulamā’u ‘inna allāha ‘azīzun ghafūrun

그는 위 구절에서 처음에 나오는 allāh를 주격 /u/를 어미에 넣어 allāhu로 발음하고 al-‘ulamā’의 어미에 목적격 /a/를 넣어 al-‘ulamā’a로 발음했다. 원래 꾸란 구절은 위에서 보듯이 그 반대였다. 알아즈하르 학자들은 무르씨 대통령이 널리 통용되는 해당 구절의 발음 방식을 거부하고 독단적인 자신의 해석에 따라 꾸란을 읽은 것에 대하여 맹렬하게 비난을 퍼부었다. 이집트 꾸란 본[36]에 나와 있는 대로 발음하면 그 문장의 뜻은 울라마(이슬람학자)들이 알라를 두려워하는 자란 말인데 무르씨 대통령이 읽은 대로 하면 그 해당 꾸란 구절의 의미는 알라가 울라마들을 두려워한다는 말이 된다. 무르씨 대통령의 답변은 내가 읽은 것은 여러 꾸란 읽는 법qira’at들 중의 하나라고 주장했고 알라는 울라마

36_ 꾸란을 읽는 방법은 여러 가지가 있어서 이집트인들은 국가적으로 공인된 한 가지 꾸란 읽기 방식을 택하고 있다. 이집트에서 발간된 꾸란은 합스Hafs 븐 술라이만 알아사디 알쿠피의 방식을 따르는데 합스는 아씸‘āsim 이븐 아비 알나주드 알쿠피의 꾸란 독경법을 따랐다. 아씸은 아부 압둘라흐만 알술라미에게서 꾸란 독경법을 배웠고 아부 압둘라흐만 알술라미는 우스만 븐 압판, 알리 븐 아비 딸립, 자이드 븐 사비트, 우바이 븐 카압의 꾸란 읽기법을 배웠다. 그리고 이들 네 사람은 모두 무함마드의 꾸란 읽는 법을 따랐다(무함마드 사이드 딴따위, 꾸란과 쉬운 주석, 2012-2013, 528).

들을 무서워할 정도khawf는 아니지만 염려했다khasha고 풀이했다. 선거유세 당시 무르씨 대통령에게 걸림돌이 되었던 울라마들을 겨냥하여 그가 꾸란 구절을 인용하여 한 방 먹이려고 한 것이 꾸란 읽기와 꾸란 해석의 문제로 확산되었다. 또 다른 측면에서 보면 무슬림들이 제멋대로 꾸란을 해석한다는 것을 알 수 있다.

쉐이크 무함마드 지브릴은 어떤 인간도 공인된 독경법이 아닌 방법으로 꾸란을 읽는 자는 뭘 모르는 무식한 인간이라고 무르씨 대통령의 발언을 비판했다. 그는 14가지 꾸란 독경법이 있으나 이 중 하나도 무르씨 대통령이 읽은 방식으로 꾸란을 읽은 적이 없었고 그런 해석도 없었다고 했다. 지브릴은 이런 식으로 꾸란을 읽는 사람은 옳지 않다고 했다. 이 구절은 사람들 중에 알라를 가장 많이 두려워하고 그의 운명qadar을 아는 사람이 울라마들이라는 의미라고 확인해 주었다. 이슬람주의자 무르씨 대통령이 자신이 처해 있는 정치적인 입장에 유리하게 꾸란 구절을 적용하려다가 이런 우를 범한 것이다.

무르씨 전 대통령은 이슬람주의자이고 대학의 교수를 지낸 무슬림이다. 무식한 사람이 아니다. 그런데도 꾸란을 잘못 읽고 잘못 해석하고 있다. 꾸란이 알라의 말씀이라면 무슬림이 자신의 생각대로 꾸란을 해석하고 자신의 주장을 뒷받침하기 위하여 꾸란 구절을 사용하지 말아야 한다. 그러나 이런 일들이 근현대사에서 무슬림들에게 자주 일어나고 있었다. 더구나 이집트의 63~70%에 해당하는 무슬림들은 꾸란의 아랍어를 읽을 수 없는 문맹들이다. 문화적인 문맹이나 정치적인 문맹까지 합치면[37] 무슬림들 중 꾸란과 이슬람을 정확히 아는 사람을 만나기 어렵다.

샤리아는 알라가 그의 종들에게 입법해준 교리(아끼다)와 법률(후큼)이다. 이슬람주의자들은 이집트에서 이슬람율법(샤리아)의 적용을 거부하는 사람은 리버럴 무슬림, 공산주의, 서구의 하수인들이고 이들

37_ 2012년 이집트인들이 1년간 읽은 책은 1/4페이지 분량이고 미국인은 1년에 11권의 책을 읽었다.

은 이슬람의 적들이라고 칭했다. 무슬림이라면 왜 알라의 율법을 적용하려 하지 않느냐는 말은 무슬림 형제단과 살라피들이 다른 무슬림들에게 묻는 질문이었다. 이들이 이집트인들의 종교적 감성을 불러일으켜서 2012년 정치적 이슬람의 집단들이 기대하는 정권을 쟁취했으나 1년 뒤에 군부에 의하여 축출되고 말았다. 정치적 이슬람이 아랍 이슬람 국가에서 폭풍의 눈이 되고 있다.

그러면 이슬람율법(샤리아)과 법률(피끄흐) 간의 차이는 무엇인가? 샤리아는 알라가 무슬림에게 내려준 변함없는 원리들(마바디)이고 피끄흐는 무슬림에게 샤리아를 이해하게 하고 무슬림의 매일 실생활에 적용하게 하는 것이다. 무슬림들은 샤리아는 영원히 변하지 않아 불변하다고 하며 신이 내려준 것이라고 믿는다. 그러나 피끄흐는 인간적인 성과물이고 시간과 장소에 따라 변한다. 이슬람의 샤리아는 진리와 선과 정의와 평등을 추구한다고 한다. 2012년 무슬림 형제운동과 살라피가 말하는 이슬람율법의 적용은 알라가 내려준 샤리아가 아니라 인간이 쓴 법률ahkam fiqhiyyah이어야 한다고 주장하는 무슬림들이 있었다. 그들은 샤리아는 과거 10세기의 사회에 적합한 것이었고 21세기 사회에 적합하지 않은 법이라고 했다. 그런데 2012년 헌법 개정 기초 위원회에서 무슬림 형제운동과 살라피들이 헌법 작성에서 옛날의 이런 샤리아법을 어떤 수단을 써서라도 적용해야 한다고 주장했다. 그랬더니 리버럴 무슬림과 기독교계 사람들이 헌법 기초위원회에서 탈퇴해 버렸고 무슬림 형제단은 그 빈자리를 이슬람주의자로 채워서 2012년 11월 30일 헌법 초안을 통과시켜버렸다. 새 헌법에는 샤리아의 원리들은 '아흘 알순나와 알자마아'가 인정하는 근거들과 법적 규칙과 총체적인 증거를 포함해야 한다고 되어 있다.[38] 이집트 헌법에서 알순나와 알자마아라고 한

38_ 여기서 아흘 알순나라는 말은 무함마드의 순나를 기록한 사람들이었는데 오늘날은 순나(무함마드의 언행록과 생애)를 따르는 사람이라는 말로 이해되고 있다. 그리고 알자마아(이집트 말로는 알가마아라고 함)라는 말은 이슬람초기 시아파와 나뉘면서 시아파가 아닌 무아위야 진영의 사람들이란 뜻에서 사용되었다.

것은 이슬람율법에서 시아파가 아닌 순니파를 따른다는 말이다.

무슬림 형제 운동의 창시자 하산 알반나가 서문을 쓴 피끄흐 알순나라는 사이드 사비끄의 책은 무슬림들에게 이슬람 법률에서 아주 중요한 책으로 알려져 있다. 사이드 사비끄는 이 책에서 이집트의 콥트 기독교인(아끄바뜨)을 카피르로 규정했다.[39] 이집트의 무슬림 형제운동과 살라피가 적용하자고 하는 이 책의 내용의 일부는 다음과 같다.

만일 콥트인이 소유한 약국을 무슬림이 도둑질했다고 가정하고 도적질하는 현장에 콥트인이 있었다면 콥트인의 증언을 받아들일 수 없다. 비무슬림이 무슬림에 대하여 증언한 것을 이슬람 법정에서 받아들일 수 없다는 것이다. 증인은 반드시 무슬림이어야 한다는 조건이 있기 때문에 무슬림이 여행하는 동안 그가 유언을 남긴 것을 제외하고는 비무슬림의 증인을 받아들이지 않는다. 그 무슬림이 여행 중 죽었을 때 그의 유언을 전할 사람이 콥트인 외에는 아무도 없었다고 가정하면 이런 경우에는 콥트인이 들은 유언을 이슬람 법정이 받아들인다. 그런데 이런 법률이 이집트에 적용되면 여러 혼란을 야기시킬 것이 분명하다. 아무 무슬림이라도 콥트와 그의 교회의 소유물에 피해를 가해도 된다는 것이다. 두 번째는 무슬림들에게 술(카므르)이 금지되고 이를 어기면 80대의 태형이다. 이슬람 법률가들은 술을 금지한 법은 비무슬림에게도 적용되어야 한다고 말한다. 물론 이슬람 국가(다르 알이슬람) 안에 사는 외국인도 술을 마시면 이런 형법hadd이 적용되어야 한다. 만일 이런 법이 외국인에게 적용되면 이집트에 여행하는 외국인은 줄어들 것이다. 왜나하면 술을 외국인이 반입하거나 술을 마시다가 걸리면 그는 체포되어 옷이 벗겨지고 법에 따라 매를 맞아야 하기 때문이다. 세 번째는 간통[40]에 대한 거짓고소qadhf인데 이런 거짓고소를 당한 사람이 비

39_ 이집트에서 이슬람주의자가 대통령이 되고 난 뒤에 이슬람 통치를 선언하고 이슬람 율법을 적용하자는 살라피들은 동료 무슬림들 중에서 종교는 신에게, 조국은 모두에게라는 말을 하는 리버럴 무슬림은 카피르라고 했다.

40_ 팔레스타인 가자 지구에서 간음한 여성은 2년형이고 간음한 남성은 6개월 형이다. 여성은 장소를 불문하고 간음한 것에 대한 처벌을 받으나 남성 무슬림들은 부부가 사는

무슬림이면 거짓 고소를 한 무슬림은 형벌이 없다. 이와 반대이면 즉 유대인이나 기독교인이 무슬림을 상대로 거짓 고소를 했다면 그는 80대의 태형을 맞아야 한다. 콥트 기독교인이 무슬림에게 욕했다면 그는 매를 맞아야 한다. 그런데 무슬림이 콥트인을 욕한 경우에 벌이 없다면 문제는 더욱 복잡해질 것이다. 네 번째 반고의로 또는 잘못으로 사람을 죽였다면 그 핏값은 돈으로 벌금gharama을 내면 된다. 그런데 이슬람 법학자들의 견해에 따르면 이런 문제는 성과 종교에 따라 달라진다고 했다. 살해된 무슬림 여성의 핏값은 살해된 무슬림 남자의 핏값의 절반이다. 살해된 콥트인의 핏값은 살해된 무슬림 남자의 핏값의 절반이다. 살해된 콥트 여성의 핏값은 살해된 무슬림 여성의 핏값의 절반이다. 결국 살해된 무슬림 남성의 핏값의 1/4이다. 만일 이 법이 이집트 무슬림들의 실생활에 적용된다면 콥트인들이 받을 고통은 엄청날 것이다. 무슬림 남자의 생명(하야)이 무슬림 여성의 목숨보다 비싸고 콥트 남자의 생명이 무슬림 남자의 생명보다 더 싸다는 것이 이슬람율법이다. 또 콥트 여성의 생명[41]은 모든 남자들의 핏값보다 더 싸다. 다섯 번째 살인자에게 보복이 적용된다는 것이다. 그런데 보복qisas의 조건은 피살자가 무슬림이어야 한다. 만일 피살자가 콥트 기독교인(카피르)이라면 살인자에게 보복이 적용되지 않는다. 그래서 만일 이 법이 통과되면 콥트 기독교인을 죽인 무슬림 살인자는 이슬람 법정에서 사형을 당하지 않는다.

가정에서 생긴 간음만 처벌받는다. 강간죄의 최고형량은 14년이고 가자지구에서는 여성이 처녀이냐 아니냐 상관없으나 서안에서는 처녀인 경우 형량이 더 무겁다. 가자지구에서는 근친상간을 고소할 수 있으나 서안에서는 성폭행을 당한 미성년자가 고소할 수 없다. 일부 법조항에서 서안은 요르단 형법을 참조하였고 가자지구는 이집트 형법을 적용하였으나 모두 다 그런 것은 아니다. 팔레스타인 무슬림들의 법은 이 두 가지 형법 이외에 국제법, 팔레스타인 기본법, 이스라엘의 군법과 민법, 영국위임령법, 오스만법, 이슬람율법 등이 섞여 있어서 아주 다양한 법규정을 갖고 있다.

41_ 무슬림 여성들도 명예살인을 당하는데 이집트 52건(1995년), 이라크의 이르빌과 술라이마니야 34건(2007년), 요르단 25-30건(2007년), 팔레스타인 12건(2005년), 레바논 12건(1998년) 등이다.

위의 예는 고전 법학자들의 판결(아흐캄 피끄히야)의 일부 사례들인데 이집트의 무슬림 형제단과 살라피들이 이집트에서 이 법을 적용하기를 원했다. 샤리아 법이 만들어질 당시에는 당시 사회와 일치되는 법을 만들려고 이즈티하드(독자적인 법적 추론)를 했다. 만일 이런 샤리아 법이 지금 이집트에서 적용된다면 수단이 남수단과 수단으로 나뉜 것처럼 이집트도 콥트 기독교인과 무슬림이 다스리는 두 개의 나라로 나뉠 것이다. 상당수 이집트 무슬림들도 이 같은 옛 이슬람율법이 실생활에 적용되는 것을 반대한다. 지금은 7세기와 상황이 달라졌고 만일 옛 샤리아를 오늘의 실생활에 적용하려 한다면 먼저 이즈티하드를 해야 한다고 주장한다. 이슬람율법을 올바르게 적용하려 한다면 이슬람 법률가들이 오늘의 시대에 맞게 새로운 법 해석이 필요하다는 것이다.

CHAPTER 03

이슬람주의

1 근본주의와 이슬람주의

오늘날 아랍 국가에서는 주로 사용하는 용어로 이슬람과 이슬라미(이슬람주의, Islamism)가 있고 그리고 가끔 근본주의(원리주의, fundamentalism)라는 말을 사용한다. 대중적인 정치 현장에서 이슬람을 강조하는 현상을 서술하는 용어로 부흥, 재기, 근본주의, 다시 깨어남, 정치적 이슬람 등의 용어를 사용한다. 그러나 모든 근본주의자들이 이슬람주의자들이지만 모든 이슬람주의자들이 근본주의자는 아니다. 이슬람 근본주의자는 꾸란과 무함마드의 하디스를 문자적으로 읽는 이슬람주의자이다. 반면에 이슬람주의는 모더니티의 가장 영향력 있는 정치적이고 종교적인 이데올로기이다.

근본주의는 리버럴liberal 세속주의자의 계몽이라는 주제와 관련된 담화 안에 놓일 때 그 전체적인 범주를 가리키는 말로 사용된다. 근본주의는 경멸적인 어투로 사용되므로 정체되고 후퇴되어 있고 보수적이고 극단적이고 폭력에 의존하려는 성향이 있다.[1] 그래서 오늘날 무슬림들은 근본주의라는 말은 극단적인 테러와 관련된 용어로 사용하고 또 자유주의 계몽과 반대되는 말로도 사용된다. 구체적으로는 2011년 이전 아랍의 리버럴한 무슬림들이 극단과 테러를 일으키는 무리들을 가리킬 때 근본주의라는 말을 사용하였다. 근본주의라는 용어는 이 어휘가 서구 문화적인 틀을 벗어나 이슬람이라는 틀 안에서 사용하므로 본래 의미를 제한적으로 재상황화시킨 용어라고 하겠다. 이슬람주의와 근본주의를 동일시하면 종교적이고 세속주의 논쟁과 관련된 모든 이슈들을 서구적 환경과 정체성으로 옮기려는 위험성이 있다. 다시 말하면 근본주의는 이 용어를 사용하는 사람들에게 이슬람이라는 환경과 정체성을 있는 그대로 반영하는 용어가 아니다. 근본주의라는 용어의 상황적인 제한이 비서구 사회의 다면적인 사회 현상을 포착할 수 없다. 그래서 무슬림 사회의 사회 정치적 변화의 여러 면모를 이해하기 위해서 이슬람주의라는 용어를 더 많이 사용하고 있다.

근본주의라는 말과 달리 이슬람주의는 성격상 다면적이다. 이슬람주의는 정치적 담화이다. 그래서 사회주의나 자유주의(리버럴리즘)란 용어와 같이 정치적 담화에 사용하는 용어이다. 이슬람주의는 정치적 질서 안에서 이슬람율법을 그 중심에 놓으려는 용어이다. 이슬람주의는 이슬람 원리에 따라 사회를 재구성하려는 것이다. 무슬림의 정체성을 정치적 현장의 중심에 놓는 사람이 이슬람주의자이다. 이슬람주의는 이슬람언어를 사용하여 그들의 정치적 미래를 생각해 보는 사람들이라서 이슬람주의자는 이슬람 안에서 그들의 정치적인 미래를 바라본다. 그렇다고 이슬람주의 안에 단 하나의 노선만 있는 것이 아니다. 다양한 견해들과 내부적인 차이가 있다.[2]

무라드 와흐바 박사(2012.11.17)는 무슬림 형제단이 국민들에게 근본주의(우술리야트)를 강요하거나 이슬람의 종교를 변형시키지 말라고

1_ Anwar Alam, Islam and Post-Modernism: Locating the Rise of Islamism in Turkey, Journal of Islamic Studies 20:3 (2009), 352.

2_ 위의 글, 353.

했다. 종교적 근본주의는 아랍의 봄을 겨울로 바꾸게 한다고 했다. 이집트에는 2012년 두 가지 용어가 널리 퍼져 있었는데 그것은 이슬람주의자(이슬라미)와 세속주의 무슬림(알마니)이었다. 2012년 11월 2일 이집트 타흐리르 광장에서 무슬림들은 새 헌법은 세속주의(알마니야)이어서도 안 되고 리버럴(리브랄리야)도 안 되고 이슬람주의(이슬라미야)이어야 한다. 꾸란이 헌법이고 빵, 자유, 이슬람율법(샤리아 이슬라미야)을 요구한다고 외쳤다. 세속주의 무슬림들은 주권(시야다)이 국민(샤압)에게 있어야 된다고 생각하나 근본주의적 이슬람주의 운동(하라카 이슬라미야 우술리야)은 주권은 알라에게 있어야 된다고 했다. 무라드 와흐바는 공산주의가 무너진 것은 새로운 문화가 태동되었기 때문이라고 하면서 무슬림 형제단의 근본주의는 절대적인 교리이고 현대 문화의 길을 거스르게 하므로 그의 길은 공산주의의 종말과 비슷할 것이라고 했다. 그의 말에 의하면 이집트 형제단은 종교적 근본주의라는 것이다.

아랍 국가에는 무슬림 형제단, 살라피, 와하비와 같은 이슬람주의 운동이 아랍 각국마다 여러 이슬람주의 정당을 만들었다. 모로코의 정의 자선당, 정의 개발당, 요르단의 이슬람 행동 전선(무슬림 형제단 계), 팔레스타인의 하마스(형제단 계), 알제리의 평화 사회 운동(형제단 계)과 푸른 알제리 연합(하마스 계), 이슬람주의 무장 단체(알자마아 알이슬라미야 알무살라하), 바레인의 알아쌀라 알이슬라미야(살라피 계), 레바논의 이슬람주의 단체(알자마아 알이슬라미야, 형제단 계), 이라크의 이슬람주의 당(형제단 계), 쿠웨이트의 이슬람주의 헌법 운동(순니파), 리비아의 정의 건설당(무슬림 형제단 계), 수단의 국가의회당(알무으타마르 알와따니)과 국민 이슬람 전선, 시리아의 무슬림 형제단, 튀니지의 부흥 당(알나흐다), 예멘의 개혁을 위한 예멘의 회합(알타잠무으 알야마니 릴이슬라흐: 살라피 계와 무슬림 형제단 계 그리고 부족의 연합), 소말리아의 이슬람주의 개혁(알이슬라흐 알이슬라미) 등이 있다. 이집트에서는 아랍 혁명 이후 무슬림 형제운동이 자유정의당을 창당한 후 여러 이슬람주의 정당들이 정부에 등록했고 사우디아라비아에서는 무슬림 형제운동에게 정당을 설립하지 못하도록 했다.

요르단 정치 평론가 라미 쿠리Rami G. Khouri는 1970년대 말부터 1980년대 초 중반까지가 이슬람주의 운동의 첫 번째 물결이라고 했다. 주로 아랍 정권에 대한 지하 조직들의 저항 운동이 특징이었고 이 물결은 북아프리카와 레반트(Levant, 요르단 시리아 레바논 이스라엘 지역 통칭) 지역에서 성행했으나 정치적 억압을 받았다. 이슬람주의 운동의 두 번째 물결은 1990년 폭력적인 형태를 취하게 되는데 특히 알제리, 시리아, 이집트 등지에서 우사마 븐 라딘(빈 라덴) 식 테러가 있었다. 이들의 테러 목표는 이스라엘과 미국이 아니라 아랍 정권들이었다. 이들이 정치적 참여를 하려다가 제재를 받자 테러를 일으켰다. 많은 이슬람주의자들이 아프가니스탄에서 구소련을 몰아낸 후 그곳에서 배운 고도의 전투 기술과 폭발물 사용법을 익힌 후 고국으로 돌아갔다. 2001년 미국의 세계무역센터 테러를 계기로 우리는 이슬람주의의 제3의 물결을 보았다. 무슬림 형제단, 하마스, 히즈불라, 알자마아 알이슬라미야 등이 1975년부터 2001년 사이에 배웠던 전술을 가지고 민주적인 선거를 통하여 그들의 입지를 확고히 하려 했다.[3] 2010년 말과 2011년 아랍 세계에 번진 아랍 혁명은 이슬람주의의 네 번째 물결이라고 할 수 있다. 빈곤층의 고통과 좌절, 부패한 아랍 정권의 전복, 미국과 이스라엘의 아랍인에 대한 부당한 행위에서 벗어나고자 이슬람주의 정당을 선호했던 시기였다.

2 이슬람과 이슬라미

이집트 교육부가 2004년에 발간한 학생용 아랍어 사전에 보면 이슬람이란 '복종과 받아들임' 그리고 '알라가 무함마드에게 내려준 종

3_ 공일주, 이슬람 문명의 이해, 예영, 2006, 42.

교'라고 되어 있고 살람salām이란 '무슬림들 간의 인사, 안전, 화해'라고 되어 있다. 그리고 이 사전에서 무슬림이란 '무함마드의 메시지를 믿고 의무들을 행하는 사람'이라고 되어 있다. 만일 누군가 이슬람의 뜻이 '평화'라고 했다면 그는 아랍어를 잘 모르는 사람이다. 학술적으로 아랍어 사전을 아무리 뒤져봐도 이슬람islām이란 단어의 뜻 중에 '평화'라는 뜻은 없다. 혹자는 이슬람이란 말 대신에 회교라는 말을 쓰면 어떠냐고 묻는다. 한국에 이슬람이란 단어가 자주 등장한 것은 1980년대 이후이고 그 전에는 이슬람교를 '회교'라고 했다. 그런데 회족hui은 중국에 사는 10개의 무슬림 종족 중의 하나이고 중국의 무슬림들 중 이 회족이 이슬람을 가장 많이 믿었다. 이슬람이 중국에 들어온 것은 당나라 시절(618-907)인데 회족은 여러 시기에 걸쳐서 중동과 중앙아시아에서 중국으로 이주한 무슬림들이었다. 회족은 중국인 개종자가 아니었다. 그리고 중국에 이주한 회족 무슬림들은 중국사회와 문화에 가장 잘 문화 변용을 했고 그들은 중국어를 하면서 여러 중국 지역으로 퍼져갔다. 무슬림들이 중국에 와서 살았던 이들 회족의 이름을 따서 한국에서는 한때 이슬람을 '회족의 종교', 즉 회교라고 한 것이다. 회교라는 말은 오늘날 중국에 사는 회교도를 가리키는 말이므로 이슬람 국가 전체를 가리키는 말로는 적합하지 않다. 그래서 이슬람 혹은 이슬람교라고 하는 것이 적절하고 이슬람을 믿는 사람이 무슬림이다. 아랍어에서 '무슬림'이란 말과 '이슬람'이란 말은 어근이 s, l, m이고 이 어근이 어우러져 4형 동사 아슬라마'aslama가 되고 이 동사의 마스다르(동명사형)가 '이슬람islām'이고 이 동사의 능동분사형은 '무슬림'이다. 무슬림은 남성에게 쓰이는 말이고 여성에게는 무슬리마라고 한다.

아랍어 이슬라미islāmī[4]는 이슬람주의라고 번역한다. 무슬림들에

4_ 무함마드 아민은 알미스리 알야움이란 신문의 칼럼(2012.11.1)에서 무함마드 압두흐(1849-1905)가 유럽을 방문했을 때 '나는 이슬람이 없는 무슬림들을 보았다'고 했는데 이집트에는 '무슬림'이 없는 '이슬람'만 있다고 비꼬았다. 서구의 카피르(신을 믿지 않는 사람 혹은 무함마드의 메시지를 믿지 않고 이슬람의 의무를 행하지 않는 사람)는 신의 가르침에 따라 국민들을 대우하려는데 알라를 믿는다고 하는 아랍 무슬림들은 신을

게 '이슬람'과 '이슬라미'가 어떻게 다른지 물어보았다. 그는 '이슬라미'가 자신들과 다르게 수염을 기르고 여성들에게는 니깝을 쓰게 하는 무슬림들이라고 했다. 그러나 '이슬라미'의 정확한 의미는 이슬람을 최종권위marji'iyyah로 믿는 사람들이다. 다시 말해서 '이슬라미'는 이슬람교에 과도하게 헌신하는 조직이나 제도nizām를 가리키고 이를 '이슬람주의'라고 한다. 이슬람주의자들은 사회를 '(이슬람을) 믿는 사람들'이란 시각에서 보기 때문에 정치적 질서 안에서 이슬람을 그 중심에 놓으려고 한다. 이슬람주의는 이슬람 원리에 따라 사회를 재구성하려고 한다. 이슬람율법대로 살지 않는 사회는 그들에게는 쿠프르kufr(알라의 존재를 믿지 않는 것)이다. 다시 말하면 본래 쿠프르라는 어휘의 의미는 (이슬람)을 믿지 않는 것이란 의미였는데 이슬람주의자들이 사용하는 쿠프르는 이슬람의 교리와 율법대로 살지 않는 사회와 그 구성원을 가리킨다. 이슬람주의자들은 정치를 전쟁harb으로 보기 때문에 사회를 무슬림들의 국가dar al-islam와 비무슬림의 국가dar al-kufr로 나눈다. 이런 경우 쿠프르라는 말은 비무슬림을 가리킨다. 가끔은 무슬림들의 국가의 반대 개념으로 적국Dar al-harb이라는 말을 사용한다.

이슬람주의에는 급진적인 이슬람주의radical islāmī와 개혁 성향의 이슬람주의islāhī islāmī가 있다. 살라피는 살라피 다아위salafī da'awī와 살라피 지하디salafī jihādī로 나뉘는데, 전자는 전도를 위한 살라피이고 후자는 지하드를 하는 살라피이다. 또 사이드 꾸뜹이란 이름에서 따온 꾸뜨비qutbī도 있고 지하드 조직tanzīm al-jihād과 지하드 단체jamā'a al-jihād가 있다.[5] 일부 무슬림들이 이슬람을 정치화하고 그들이 정치적인 목적을 달성하기 위하여 급진적이고 과격하고 극단적인 방법을 강구한다. 이슬람주의자들은 국민의 다수를 이슬람 종교적 시각으로 본다. 그래서

믿지 않는 사람처럼 사람들을 대한다고 했다. 서양에서 대통령은 국민을 위해 봉사하나 아랍의 대통령과 왕은 국민 위에 군림하는 파라오나 신이라고 했다.

5_ 와하비즘wahhabism과 살라피즘salafism이란 말은 한국인들이 와하비파 혹은 살라피 파 등으로 번역하나 이 책에서는 와하비 운동 혹은 살라피 운동이라고 했다.

사회를 '믿는 자의 집단Jamā'a mu'minīn'이라고 한다. 또 이슬람주의자들은 알라에게 주권이 있다siyādah lillāh는 것을 강조한다. 사이드 꾸뜹은 이것을 알하키미야al-hakimiyyah(통치권)라고 했다.

이슬람주의는 나라마다 그 형태가 동일하지 않다. 이슬람이 소수 종교인 나라에서는 이슬람주의가 정치적, 경제적, 사회적 도전에 직면해서 헤게모니를 반대하기 위한 운동이 되었다. 가령 독일에서 이슬람주의자는 터키 이주민들이 정치적·사회적·경제적 주변화가 되는 것에 저항하기 위한 운동이다. 그들은 서구 사상의 구조적인 모순 때문에 독일에서 무슬림 이주 공동체가 불이익을 받고 있는 처지가 되었다고 믿었다. 이렇게 고립과 주변화된 무슬림들이 이슬람주의를 반대전략으로 사용하는 반면에 다른 이슬람주의자들은 민주적인 제도에서 민주적인 참여 전략을 사용한다. 후자는 사회·경제적 불의를 민주적인 제도로 정당화하려고 하므로 민주주의가 정의와 평등을 전달해 줄 수 있을 것이라고 생각한다. 두 번째는 이슬람주의자가 사회에 참여할 수 있는 합법적인 기회를 제공하여 민주적인 과정을 배울 수 있는 환경을 만들어준다. 그 결과 민주적인 참여가 자신들의 주장을 관철시킬 수 있는 수단이라고 생각한다. 인종, 종교, 정치, 문화가 다원적인 사회에서는 이슬람주의가 합법적인 방법으로 대중 사회에 파고들려 한다. 이슬람주의자는 이슬람의 정체성을 강조함으로써 이슬람주의는 그 대중 사이에서 존재할 기회를 얻는다. 네덜란드가 그 한 예인데 이런 방식으로 이슬람주의자들이 대중적인 공간에 자리를 잡을 수 있었다.[6] 이슬람주의 담화의 영향으로 네덜란드 무슬림들이 네덜란드 정부 당국과 접촉의 길을 얻었다. 이슬람주의자들이 네덜란드 정부의 관료들과 합법적인 기회를 모색하는 것이 네덜란드 무슬림 이주민들에게 필요했던 것이다. 이슬람주의자들이 '학습의 결과'로서 네덜란드 사회로 들어가 이슬람주의 운동을 일으키며 네덜란드 사회에서 자리를 잡았다.

6_ Gönül Tol, The Rise of Islamism among Turkish Immigrants in Germany and the Netherlands, Florida International University, 2008, 29.

세 번째는 이슬람주의 담화 안에서 이슬람이 종교・문화적인 얼굴로 나타난다. 이슬람이 소수인 사회에서 이슬람이 문화의 얼굴로 혹은 종교din의 이름으로 등장한다. 이슬람은 개인의 신앙으로 혹은 세상적인 관심사dunya로 그리고 정치적인 질서(dawlah, 국가)로 접근한다. 개인의 신앙은 이슬람이 종교로서 그리고 세상적인 관심사는 이슬람이 문화로서 접근한다. 그런데 합법적인 민주주의 제도 안에서 작동하는 이슬람주의는 두 가지 의미를 갖는다. 하나는 이슬람이 종교・문화적인 표시자로 나타나고 다른 하나는 민주주의를 사용하여 정치적인 표시자로 나타난다.[7] 이슬람 성향은 종교・문화적인 생활을 지배하고 민주적인 성향은 정치적인 영역을 지배한다. 이런 틀 안에서 이슬람주의는 민주적인 과정에 참여하여 자신들의 길을 찾아간다.

알자마아 알이슬라미야나 자마아 알지하드Jamā'ah al-jihād처럼 '자마아'(또는 '가마아')라는 말은 한 가지 목적을 가지고 만나는 사람들을 가리키는 말이다. 우리 말로는 단체(같은 목적을 달성하기 위하여 모인 사람들의 일정한 조직체)라고 번역한다. 그래서 알자마아 알이슬라미야는 이슬람 단체 그리고 자마아 알지하드는 지하드 단체라는 말이다. 무슬림 형제단은 아랍 여러 지역에 퍼져 있는데 과거에는 지하드 조직tanzīm al-jihād 혹은 지하드 단체Jamā'a al-jihād와 한때 관계를 가졌다. 알자마아 알이슬라미야와 살라피도 이집트 정치에 참여하면서 어느 정도는 온건한 면모를 보였으나 이슬람주의자 무르씨가 대통령의 자리에서 쫓겨나자 무기를 동원한 폭력을 서슴지 않았다. 지하드 조직은 타크피르로 유명하고 살라피는 극보수의 과도한 노선(타샷두드)으로 잘 알려져 있다.

이집트, 요르단, 사우디아라비아 등 대부분의 아랍 국가는 이란의 시아파와 달리 모두 '아흘 알순나'인데 아흘 순나는 샤리아에서 과거의 전통을 그대로 따르는 사람이다. 그리고 '아크와나akhwanah'는 국가의 행정을 무슬림 형제운동화하는 것을 말하고 '타아쿤ta'akhūn'은 개인

7_ 위의 글, 30.

을 무슬림 형제단원으로 만드는 것을 말한다. 무슬림 형제단은 이집트에서 자유정의당을 창당했고 살라피는 누르당을 그리고 지하드 단체(자마아 알지하드)는 안녕 발전당hizb al salāmah wal-tanmiyyah을 창당했고 알자마아 알이슬라미야는 건설 개발당hizb al-bina' wal-tanmiyyah을 창당했다. 이슬람주의자들의 정치 조직을 대별하여보면 다음과 같다.

지하드 조직　　샤리아를 시행하는 이슬람 국가를 건설하는 것을 목표로 쌀리흐 압둘라가 창단하였는데 그의 극단적인 사상 때문에 이라크의 무슬림 형제단에서 탈퇴하였다. 그를 이어 무함마드 압둘 살람이 리더가 되었는데 그는 아랍 통치자들을 이븐 타이미야의 견해에 따라 카피르로 단정했다. 이븐 타이미야는 이슬람 종교가 아닌 것을 따르는 자나 무함마드의 샤리아가 아닌 율법을 따르는 자를 카피르라고 했다. 그래서 1981년 무함마드 안와르 알사다트 대통령이 10월 6일 승리의 날 기념식에서 자마아 알지하드의 손에 시해되었다. 지하드 단체는 자마아 지하디 혹은 자마아트 지하디야라고 불리고 일신교와 지하드의 조직은 탄짐 알타우히드와 알지하드tanzīm al-tawhīd wa al-jihād 혹은 탄짐 알지하드tanzīm al-jihād라고 불린다. 지하디jihādī는 지하드를 하는 사람이란 뜻이고 이들은 다음 두 부류와 자주 함께 등장한다. 하나는 타크피르takfīr(상대를 카피르라고 함)이고 다른 하나는 근본주의 단체Jamā'at 'usuliyyah이다. 다시 말하면 아랍인들은 '지하드'라는 말을 타크피르와 우술리야라는 말과 같이 자주 사용하면서 지하드가 단순히 자기 방어를 넘어서 테러와 폭력과 연계되는 말로 사용한다. 시리아에서 정부군과 대항하여 싸운 누스라(지원) 전선은 대표적인 지하드 조직인데 이들은 알까이다의 리더 아이만 알자와히리에게 충성 서약을 했다.

이슬람주의자　　무슬림 형제단(혹은 무슬림 형제운동)과 살라피가 여기에 속한다. 살라피들이 2011년 이후 정치에 참여하면서 그들보다 먼저 정치에 참여한 무슬림 형제단과 때로는 협력을 때로는 공방을 벌였다. 그리고 이들을 정치적 이슬람political Islam이라고 부른다. 살라피의 대부분은 종교적 교리aqīdah에서는 알라를 두려워하는 무슬림인데 정치, 사회, 법률에서는 초보이다. 이들은 교리와 예배에 성실하고 살라프 쌀리흐(충실하게 행하는 살라프)들의 말을 충실하게 지키는 것과 21세기의 국가와 사회 문제를 이슬람과 연결짓는 무슬림들이다. 종교에 있어서 근본주의 성향을 갖는다.

2012년 이집트 새 헌법이 통과된 뒤 하짐 살라흐 아부 이스마일이 이끄는 알움마 알이슬라미야(이슬람 공동체)당, 알샤압(백성)당, 알파딜라(미덕)당, 알아말(노동)당, 알와딴(조국)당이 이슬람주의 세력에 합류했다. 살라피 운동에 가까운 알자마아 알이슬라미야의 건설 개발당과 살라피의 누르당도 이슬람주의 정당이다. 그리고 누르당에서 나온 알샤압당은 살라피 전선al-jabhah al-salafiyyah에 속한 사람들이고 누르당에서 2% 이상이 알와딴당으로 옮겨갔다. 2012년 이집트 대통령을 배출한 정당은 자유정의당인데 무슬림 형제단의 정당이다.

무바라크 전 정권 때에는 무슬림 형제단들 모두를 극단주의 세력으로 간주하여 알자마아 알이슬라미야와 더불어 극단주의 그룹에 포함되었다. 무슬림 형제단은 현대 이집트 역사에 뿌리를 둔 정치조직이고 이들은 종교의 옷으로 덮은 수단과 목적과 윤리를 가지고 정치에 참여한다.[8] 그러나 교리적인 베일이 정치 현장에서 이슬람의 윤리적인 가치를 드러내기 쉽지 않다는 것 때문에 아직까지 만족스런 정치를 보여주지 못하고 있다. 수피 무슬림들은 무슬림 형제단을 자신들의 조직원만을 위한 정치를 하는 사람들로 인식했고 이집트도 리비아,[9] 수단, 시리

8_ 2012년 무슬림 형제운동이 새 헌법을 통과시키고 나서 새 헌법에 따라 의회가 구성되기 전까지 이집트 정부가 슈라의회의 의원들 90명을 임명하였는데 그중에 42명이 이슬람주의자들(무슬림 형제단, 자유정의당, 살라피의 누르당, 가마아 알이슬라미야와 와사뜨당의 일부)이고 11명은 헌법 기초 위원회의 위원 출신이었고 그리고 5명의 알아즈하르 출신, 12명의 콥트 기독교인(이들 중 8명은 교회 추천자), 혁명 피해자 2명, 시나이 반도 출신 3명이 포함되었다. 그러나 민주전선당 2명과 혁명의 내일ghad당 2명을 제외하고는 리버럴 정당(와프드당, 두스투르당, 카라마당, 나세르당)은 슈라 의회에 포함되지 않았다.

아와 하등 다를 게 없다고 생각했고 무슬림 형제단을 극단적(무타따리프)이라고 평가했다. 무슬림 형제단이 정권을 잡은 뒤 여성, 기독교인, 전정권의 사람들이 권력 밖으로 밀려나 주변인이 되었다.

마다니(비이슬람주의 시민세력) 마다니에는 나세르당, 바아스당, 좌익을 포함한 리버럴한 세력과 세속주의 세력들이 포함된다. 무바라크 정부 때 관료 출신이거나 친무바라크 진영의 사람들은 2011년 혁명 뒤부터 대선까지 풀룰fulul(전정권의 사람)이라고 불리면서 대선에서 모두 패배했다. 무함마드 알바라다이의 알두스투르(헌법) 당과 아므루 무싸의 알무으타마르(회의) 당이 여기에 속한다. 마다니 세력으로는 리버럴 정당, 좌익, 콥트 기독교인들, 그리고 따하 후세인, 까심 아민, 알카와키비, 사아드 자글룰, 알나하스, 압둔 나세르 등의 유산을 따라가는 문화인들이 포함된다. 그들은 무함마드 알리 이후의 현대 시민 국가의 유산이었다. 현대 시민국가는 종교국가가 아니라고 주장했다.

세속주의 무슬림과 리버럴liberal 무슬림 2차 세계대전 후에 오스만 터키를 몰아낸 후 통합된 하나의 아랍 국가를 세우지 못하고 여러 아랍 국가로 나뉘었다. 독립 직후 최소한 아랍의 공동관심사를 해결하기 위하여 아랍 국가들이 모여 아랍 연맹을 창설했다. 아랍연맹은 아랍 민족주의의 황금기를 보내면서 아랍의 거리에서 부르짖는 소리에는 전혀 반응하지 않았다. 무바라크 시절에 이집트에서 세속주의almani 무슬림과 리버럴 무슬림으로 구분되었다. 세속주의 무슬림은 이슬람교 안에 있지만 종교에 헌신하지 않는 자이고 리버럴liberal 무슬림들은 이슬

9_ 2013년 5월 리비아의 마흐무드 지브릴 전총리는 지금 리비아는 국민의회(알무으타마르 알와따니, 2012년 8월 이후 합법적인 리비아 국민의 의회)가 리비아를 통치하는 게 아니고 무기와 종교, 부족 간의 연합을 통하여 리비아를 다스리고 있다고 했다. 리비아는 구정권의 일부 정치인과 공직자들의 정계 입문, 공직 임명을 법적으로 배제시켰기 때문에 향후 국정 경험이 없는 인재들이 공직에 나가더라도 상당기간 국정 운영의 혼란을 가져올 것이라고 했다.

람율법이 사회에 적용되는 것을 반대하고 신앙의 자유를 인정하며 자본주의를 신봉한다. 무바라크 정권 때는 이슬람교에 외곬으로 빠지지 않은 사람들을 리버럴 무슬림이라고 했다. 그런데 모든 세속주의 무슬림이 리버럴 무슬림은 아니다.

리버럴liberal 무슬림이란 종교는 국가의 문제가 아니라 오직 개인의 문제라고 생각하는 무슬림이다. 리버럴 무슬림은 이슬람율법의 적용을 거부하고 신앙의 자유를 허용하고 사회적 정의에 관심을 갖고 자본주의를 옹호하는 사람들이다. 이집트 무바라크 대통령 시절에는 종교는 알라에게 그리고 조국은 모두에게라는 구호가 유행했다. 이집트에서 이슬람주의자가 대통령이 된 후에는 이런 구호는 리버럴 사람들의 말이고 카피르의 말이라고 비난받았다.

이집트 무바라크 정권(1981-2011) 때 그리고 특히 가말 압둔 나세르(1956-1970) 시절에 무슬림 형제운동은 극단tatarruf주의자로 분류됐다. 이들은 그 당시 무슬림 형제단을 '상대에게 두려움을 불러일으키는 자'라고 했다. 무슬림 형제단은 온건한mu'tadil 인상을 주도록 수년간 노력을 해왔는데 그들은 정권을 잡고 나서 무바라크가 쓴 책략과 똑같은 일을 했다. 즉 무슬림 형제단이 살라피와 비교하여 자신들을 온건한 무슬림으로 비치도록 색칠을 했다. 무슬림 형제단은 여론이 그들을 온건한 무슬림으로 받아주기를 바랐다.

2012년 이슬람주의자들이 대선에 입후보자로 나섰을 때에는 무슬림 형제단과 살라피가 서로 엇비슷하게 보였다. 사실 무슬림 형제운동과 살라피 사이에는 공통분모가 있어서 동맹관계가 공개되었고 그들 사이에 협상도 있었다. 그들 사이에 어떨 때는 합의하고 어떨 때는 의견이 갈렸다. 2012년 10월 30일 무슬림 형제단은 살라피들에게 다음 총선에서 이슬람주의자 후보를 같이 준비하자고 했는데 일부 무슬림 형제단원은 살라피에게 아무거나 하도록 허용하는 것은 가장 위험한 일이라고 했다.[10] 2012년 이집트 헌법 개정을 논의하는 과정에서 살라피 무슬림들이 리버럴 무슬림 혹은 비이슬람주의 시민 세력madani을 이슬람에 대하여 전혀 모르는 사람들이라고 하면서 그들을 정치권에서 쫓아내라고 했다. 살라피 무슬림들은 이들 마다니 무슬림들의 말이 모두 카피르의 말이라고 했다.

3 국가와 사회의 이슬람화

이슬람 국가에서 사회와 정치에서 이슬람의 중요성이 증가되고 있다. 북아프리카의 아랍 혁명 이후 민주화보다는 이슬람주의자가 부상하였다. 이런 현상을 미디어(소셜 미디어, 전자 미디어)와 학술 서적들이 이슬람 부흥Islamic revival, 이슬람 행동주의Islamic activism, 이슬람 부흥주의Islamic revivalism 그리고 정치적 이슬람political Islamism이란 말로 대변했다. 또 다른 사람들은 이슬람을 향한 사회적 그리고 정치적 운동의 여러 성격을 통합하는 용어로서 이슬람주의Islamism, 이슬람 근본주의fundamentalism, 이슬람 극단주의Extremism 등을 사용했다. 그러나 사회와 정치에서 이슬람의 역할을 이야기할 때 학자들과 언론인들이 '이슬람주의'라는 용어를 더 많이 사용한다. 옥스포드 현대 이슬람 세계 사전에는 '이슬람주의는 국가나(혹은 국가와) 사회에 이슬람의 이데올로기 비전을 이행하는 데 관심을 갖는다. 이들은 기존의 정권을 비평하는 입장을 갖는다. 대부분은 이슬람 조직이나 사회 운동에 속해 있다(The Oxford Encyclopedia of the Modern Islamic World)고 했다.

아이윱(2008)은 이슬람주의는 정치적 목적 때문에 개인이나 그룹

10_ 2012년 이집트의 북쪽 마르사 마트루흐에서 콥트 기독교 소녀가 이슬람으로 개종했다는 이야기가 들렸다. 그런데 살라피 측에서 성명을 내고 그의 가족으로 소녀가 되돌아가면 가만 안 두겠다고 위협했다. 이집트 여성 위원회에서는 그 소녀를 가족에게 되돌려 주라고 내무부에 요청했으나 살라피 측은 그 소녀가 혼인할 나이만큼 성숙해 있고 이슬람을 받아들였으니 내보낼 수 없다고 했다. 그런데 정작 집권층이 된 무슬림 형제단에서는 이 사건에 대하여 아무 말이 없었다.

이나 조직이 이슬람을 방편으로 삼는다고 했다. 구벤Guven(2008)은 국가의 정치적이고 사회 문화적 구조에 대한 이슬람의 영향을 이슬람주의라고 했고 일부 논의에서는 이슬람주의를 정치적 이슬람이라고 말했다. 터키의 귤렌(2009)과 같은 이슬람학자는 이슬람주의와 정치적 이슬람이 둘 다 동일한 운동을 가리킨다고 말했는데 결국 두 단어가 동의어라는 것이다. 에스포지토Esposito(1999)는 무슬림 국가에서 이슬람과 이슬람주의가 회생하는 것을 다음과 같이 요약했다. 개인 생활에서 이슬람적인 일깨움의 변수는 여러 가지인데 종교적인 준수에 더 많은 관심을 갖고(모스크 출석, 기도, 금식), 종교적인 출판물과 프로그램이 확산되고 더 많이 이슬람 의상과 가치가 강조되고 수피즘의 활성화가 나타난다. 이런 확대된 갱생이 대중 생활에서 이슬람을 다시 강조하고 이슬람 성향의 정부, 조직, 법, 은행, 사회복지 서비스, 교육제도의 증가를 가져왔다고 했다. 위와는 달리 카라카스Karakas(2007)는 이슬람주의의 주된 목표는 이슬람 국가Islamic state를 세우는 것이라고 했다.

이슬람Islamic과 이슬람주의Islamism는 학자마다 그 정의가 다소 차이가 있으나 사회와 정치에 대한 이슬람의 영향을 나타낸다는 점에서는 동일하다. 야부즈Yavuz(2003)는 이슬람 혹은 이슬람주의 운동의 유형을 체계적으로 구분하면서 이슬람주의 운동은 문화적, 교육적, 경제적 영역에 참여하거나 통제하거나 영향을 줌으로써 사회의 윤리적인 규범과 생활양식 그리고 제도적인 구조와 정체성을 재구성하려고 한다고 했다. 그러므로 이런 운동의 목표는 국가 주도(수직적 이슬람주의운동)와 사회 주도(수평적 이슬람주의 운동)로 나뉜다.

아래 표에서 보듯이 국가주도의 이슬람주의 운동은 대개 전제적이고 엘리트 성향이 있다. 이런 경우 획일적인 종교 이데올로기를 통하여 국가를 통제함으로써 사회 문제를 수정하려고 한다. 이런 운동은 국가가 억압하는 형태이거나 새로운 기회의 공간을 열어주는 과정에서 형성되는 운동이다. 수직적인 형태는 대부분 민족주의를 부르짖는 사람들로 구성되고 종교는 국민 국가nation-state의 뼈대의 일부가 된다.

목 표	합법적	비합법적
수직적: 국가주도적, 엘리트, 위로부터의 사회적인 변화	개혁주의자: 다른 정당과 제휴하거나 자신의 이슬람 정당을 만들어 정책을 형성하거나 국가를 통제하려는 의도로 참여 대상: 교육, 법적 제도, 사회 복지 결과: 순응	혁명적: 제도를 거부하고 폭력을 사용한다 대상: 국가 결과: 적대적임
수평적: 사회 주도적, 연합과 제휴, 정체성 지향, 아래로부터의 사회 변화	사회적(매일 생활에 기반을 둔 운동): 이슬람의 정체성을 만들려고 광범위한 공간을 확보하기 위해 미디어와 소통 네트워크를 사용하는 그룹, 지상에서 잔나를 만들려고 사람이 많은 시장을 사용하려고 함, 이슬람을 문화적 자산으로 생각함, 공동체가 더 힘을 갖도록 제휴된 네트워크를 사용함 대상: 미디어, 경제 결과: 통합	정신적/내적: 자기 정화와 자의식을 증진하기 위하여 정치적 생활을 떠남 대상: 종교적 의식 결과: 대중생활에서 물러남

야부즈Yavuz(2003)에 의하면 이런 운동의 주요 목적은 국가를 수단으로 하여 사회의 총체적인 변화를 꾀한다고 하였다. 권력에 접근하는 목적과 사회를 변화시키는 목적을 달성하기 위하여 국가 주도형은 혁명세력과 개혁주의자가 주동한다. 그러나 이집트는 혁명 세력이 아닌 무슬림 형제단이 2012-2013년 1년간 국가를 다스렸다.

사회 주도의 이슬람주의 운동은 수평적인 운동인데 개인의 습관과 사회적인 관계를 바꾸기 위하여 시장과 미디어를 사용하고 안으로부터 사회를 변화시키려고 한다. 야부즈Yavuz(2003)는 수평적인 운동을 두 개의 범주로 나눴는데 하나는 매일 생활에 기반을 둔 운동(사회적인 운동)이고 또 다른 하나는 내부 지향의 운동(정신적 /내적 운동)이다. 새롭게 상상하는 정체성과 세계관의 건설을 위하여 새로운 주장을 발전시킬 목적으로 개인과 사회에 영향을 주는 데 그 목적이 있다. 그들은 이슬람을 문화적 자산으로 여기고 지지 네트워크를 만들려고 미디어, 경제, 정보 산업을 이용한다. 사회 운동은 이슬람주의의 연합을 구축하여 사회에 능력을 주는 것이다. 정신적 내적 운동은 사회 변화의 높은 개인주의적인 접근이라고 할 수 있다. 이 운동의 주창자는 개인이 바뀌는 것이 사회변화의 열쇠라는 것이다. 이런 운동에서 개인은 기도, 금식, 꾸란 읽기를 통하여 종교적인 의식에 깊이 참여함으로써 사회적인 의식을 기르려고 한다. 이런 사람들은 내적 중심의 개인의 변화를 추구하므로 대중 전체에 영향을 주는 것으로부터 물러나 있다.

이슬람주의는 사회와 정치에서 이슬람의 역할과 외적 표현이 증가된 현상으로 기술된다. 그러나 이슬람주의를 이와 다른 의미로 생각하는 사람들이 있다. 이들은 작게는 이슬람주의가 사회와 정치에서 이슬람의 역할을 논하는 것에서부터 심지어는 샤리아에 근거한 민족 국가를 완전히 건설하는 것까지 그 정의가 달라지고 있다. 이슬람주의가 어떻게 시작되고 확산되었을까에 대한 학자들의 의견은 다양하다. 우선 구벤Guven(2005)은 1970년대와 1980년대 이슬람주의가 상승한 것은 중동, 북아프리카, 중앙 아시아의 국가들이 세속주의 정부의 좌익과 민족주의자들의 어젠다가 신뢰를 잃으면서라고 했다. 헌팅턴(1996)은 역사적인 입장을 견지하면서 1995년 이란을 제외하고 무슬림 인구가 지배적인 국가에서 과거 15년 전보다 문화적으로 사회적으로 정치적으로 더 많이 이슬람주의가 되었다고 했다. 크레머Kramer(1999)는 이슬람주의는 현대 서구에서 불거지고 있는 이데올로기에 대한 반응으로서 나타났다고 했다. 구벤은 이슬람주의는 기존의 전제적인 세속적 정권에 대한 반대를 위한 '반발도구'로서 나타났다고 했다. 대부분의 경우 이슬람 국가에서 기존에 유행하는 이데올로기의 실효성과 효과를 묻기 시작했을 때 그들 사이에 이슬람주의 운동이 인기를 얻었다. 테르 하르Ter Haar and Tsuruoka(2007)는 세계화가 세속주의 민족 국가를 두 가지 면에서 약화시켰는데 하나는 경제적으로 비즈니스와 금융기관의 초국가적인 글로벌 연결을 통하여 세속국가를 약화시켰고 또 다른 하나는 세계화가 민족의 정체성과 단일성을 침식하면서 세속국가를 약화시켰다고 했다. 오니스Onis(2001)는 중동에서 정치적 이슬람은 세계화[11]의 물질적 혜택으로부터 제외된 그룹이 자신들의 의사를 표현하는 지역적인 현상이라고 말했다.

타미미와 에스포지토Tamimi and Esposito(2000)는 이슬람주의 상승은 실패한 세속주의 길에 대한 반작용으로 나타났다고 했다. 터키를 예로 들면 세속주의 세력들이 계속해서 대다수 국민들을 경제적으로 사회적으로 불이익을 주었다. 야부즈와 에스포지토Yavuz and Esposito(2003)는 이런 경제적, 사회적 불이익으로 이슬람주의 부흥의 직접적인 영향을 주었다고 했다. 터키에서 세속주의는 터키 사회의 많은 사람들을 제외시키거나 주변인화하거나 차별화시키는 긴 역사를 가지고 있다. 일부 학자들은 현대화 과정이 이슬람주의의 상승과 부흥을 가져왔다고 했다.

베트티간스Vertigans(2003)는 개인주의, 감소된 단결, 증가하는 불평등, 물질주의, 만연된 부패, 모더니티 등의 특징이 무슬림 국가에서 이슬람을 정치화하는 중요한 출발점이 되었다고 했다. 헌팅턴(1996)은 이슬람의 부흥은 현대화를 이해하려고 하는 노력과 현대화의 부산물이었다고 했다. 따라서 무슬림들은 현대화에 원동력과 나침반을 제공하려고 이슬람적인 이상, 실천, 제도를 다시 가져올 필요를 느꼈다고 했다.

아유비Ayubi(1991)는 또 다른 각도에서 현대화를 접근하였다. 현대화의 과정이 이슬람주의 성향의 사회적 및 정치적 운동을 일으키는 데 작용하였지만 무슬림들이 그 현대화의 가치와 결과를 거부한 게 아니고 현대화를 더 강하게 바라서 아직도 그들이 현대화를 얻지 못했기 때

11_ 2011년 이슬람 국가의 외무 장관 회의에서 과거의 '이슬람 회의기구'라는 명칭이 '이슬람 협력기구Organisation of Islamic Cooperation'로 바뀌었다. 이슬람 회의기구는 알악싸 사원과 팔레스타인 문제를 중점적으로 다뤘다. 이슬람 협력기구의 상징마크는 메카의 카아바와 우주 그리고 초승달이었다. 메카의 카아바를 중심으로 세계의 무슬림이 통일되는 것과 우주로 퍼져가는 이슬람의 세계화를 상징했다.

문이라고 설명했다. 그러나 현대화를 얻지 못했기 때문에 현대화를 싫어하기도 했다. 결국 실패한 세속주의와 현대화가 무슬림이 대다수인 국가에서 왜 이슬람주의가 상승하는지를 신빙성 있게 설명해 주는 실질적인 동기라고 했다. 이집트, 레바논, 알제리, 튀니지, 터키 등과 같은 가장 현대화된 무슬림 국가에서 정치와 사회에서 이슬람이 재기하고 있는 것은 현대화나 세속화가 실패한 증거(Tamimi and Esposito, 2000.3)라고 했다.

베르티간스Vertigans(2003)는 공산주의의 붕괴가 이슬람주의가 재기한 중요한 요인이라고 했다. 소련이 무너지고 나서 더 많은 국민 국가nation-state들이 생겨난 것을 그 예로 들었다. 새로운 국가들은 신자들에게 더 많은 자유를 주어서 신앙생활을 하게 하고 정치적인 목적을 달성하기 위하여 종교를 더 많이 지원하여 급진적인 무슬림들의 증가를 낳기도 했다. 헌팅턴(1996)은 공산주의와 소련의 붕괴가 그 반대 세력으로서 이슬람주의 상승을 가져온 중요한 요소이었다고 했다. 더구나 리버럴liberal 민주적인 그룹들이 무슬림들로부터 인기를 얻는 데 실패했다는 것이다. 그러나 이슬람과 공산주의 간의 관계를 중심으로 그 반대의 의견을 내는 학자도 있었다. 공산주의 상승을 막기 위한 반대도구로서 이슬람이 사용되었다는 것이다. 공산주의의 확산을 막기 위하여 정치적인 이슬람을 사용한 정부들이 공산주의 반대를 위한 대안적인 선택으로서 이슬람주의를 택했다는 것이다. 헌팅턴(1996)은 세속주의 세력이 종교적인 세력보다 더 취약했는데 그 이유는 후자가 모스크 그리고 복지 기관과 무슬림 기관 등과 연관되어 있었기 때문이라고 하였다. 어찌되었든 이런 주장들이 서로 모순되게 보일지라도 지난 30년간 이슬람주의가 상승하는 데 이런 요인들이 다소 기여했다고 말하는 것은 합리적인 설명으로 보인다.

헌팅턴(1996)은 무슬림의 인구 증가가 이슬람주의의 상승을 도왔다고 했다. 젊은이들이 항의, 치안 불안, 개혁, 혁명의 주역이 되었다. 15세부터 30세까지 실직한 청년들이 이슬람 내부와 비무슬림들에게 불안과 폭력의 자원이 되었다. 그러나 아유비Ayubi(1991)는 헌팅턴의 견해에 반대를 표명했다. 정치적인 자치 능력과 연령군의 능력으로 볼 때 아랍 사회에서 정치적인 참여는 주로 청년들과 더 나이 든 사회 구성원들의 손에 달려 있었다고 했다. 무슬림 국가에서 이슬람주의가 상승하는 또 다른 흥미 있는 동기로 재정적 그리고 정치적인 자신감을 들었다. 아유비Ayubi(1991)는 이슬람주의가 사회 운동과 정치에 성공적으로 채택된 가장 중요한 발전 중의 하나가 바로 재정적 및 정치적 자신감이라고 했다. 무슬림국가의 석유자원에서 오는 부는 국가들이 어떻게 통치되어야 하는지에 대하여 무슬림들에게 재정적 그리고 정치적 자신감을 가져다 주었다. 다시 말하면 원유에서 얻은 돈을 가진 후 무슬림들은 그들 방식으로 일을 하려는 생각을 하기 시작했다. 굴랄프Gulalp(2001)는 위와 같은 논리를 적용하여 이슬람주의가 서구의 가치와 신앙에 도전하는 데 사용되었다고 했다. 베르티간스Vertigans(2001)는 이슬람주의의 상승이 서구화를 반대하는 세력으로 등장했다고 했다. 베르티간스가 이슬람주의를 포스트 모더니스트의 도구로 간주하지 않았을지라도 포스트모던 상황을 사용하여 무슬림들의 지지를 이끌어낸 것은 가능한 일이라고 했다.

아이욥Ayoob(2008)은 이슬람주의에 대한 그의 분석에서 사회적, 정치적 운동의 적용은 그들 국내의 사회・정치적 상황에 따라 나라마다 다르다고 했다. 이슬람 국가에서 이슬람주의가 상승한 이유에 대하여 여러 가지가 있으나 특정 국가에서 이슬람주의의 상승에 대한 특정한 이유를 찾기 위해서는 해당 국가의 경제・사회・정치적 상황을 분석해 보아야 한다고 했다. 대중적인 영역에서 이슬람의 개념은 해당 국가의 종교적, 경제적, 사회적, 정치적 조망에 따라 다르다.

4 무슬림 형제단과 살라피

(1) 무슬림 형제단의 역사와 그 특징

전 세계 80여 개 지부를 갖고 있는 무슬림 형제단에 대한 연구가 크게 주목받게 된 것 중의 하나는 2012년 이집트에서 최초로 무슬림 형제단 출신의 이슬람주의자 무함마드 무르씨가 대통령에 당선되었기 때문이다. 무슬림 형제단은 처음에는 다아와 알이크완 알무슬리민(무슬림 형제 전도)이라고 불렸고 오늘날에는 자마아 알이크완 알무슬리민이라고 불리는데 자마아라는 말은 한 가지 목적으로 가지고 한 가지 사상으로 조직된 무리들을 가리킨다. 무슬림 형제단의 다아와와 살라피의 다아와는 방법(만하즈)과 사상(피크라)에서 서로 다르다. '알이크완 알무슬리문'은 아랍어 그대로 번역하면 '무슬림 형제들'이라는 말이다. 2011년 혁명 전까지는 이집트에서 이들을 금지된 무슬림 형제들이라 불렀다. 2012년 알이크완 알무슬리문이 만든 정당인 자유 정의당에 전화를 하여 이 뜻이 뭐냐고 물으니 '현대 이슬람주의 운동harakah islamiyyah mu'asirah'이라고 했다. 현대 이슬람주의 운동은 '정치적 이슬람(알이슬람 알씨야씨)'이다.

1924년 터키에서 칼리파 제도를 폐지하고 나서 1928년 이집트에서는 하산 알반나가 이 칼리파 제도를 복원하기 위하여 '무슬림 형제들' 운동을 일으켰고 1936년 처음으로 정치 활동에 참여하였다. 무슬림 형제단은 처음부터 공적인 업무와 조직적인 업무 두 가지로 집중되었다. 공적 업무는 학생, 변호사회 등 각종 조합, 정치인들에게 형제단을 개방하는 업무인데 이 일에 참여한 사람들은 개혁적인 성향을 가진 사람들로서 압둘 무님 아불 푸투흐가 있다. 조직적인 업무는 조직의 구조를 만들어 조직을 회원제로 하고 훈련프로그램을 실시하는 것으로서 보수적인 성향의 무슬림들이 이 일에 참여하였는데 마흐무드 잇자트가 여기에 속한다.[12] 보수적이고 조직적 성향의 형제단원은 점증하는 살라피 성향과 연합하였다. 무슬림 형제단은 점진적인 변화를 꾀하여 구제와 전도와 정치를 잘 조합해 나갔다. 사회적인 활동과 구제를 통하여 전도와 교육에서 정치와 공적 업무에 도달하도록 한 것이다. 이집트의 형제단은 종합적인 국제단체에서 정치 정당으로 바뀌어 갔고 종교적인 단체에서 이집트 정치 현장으로 뛰어들었다. 2005년 국회의석의 1/5을 차지한 무슬림 형제단은 2007년 정치 프로그램의 최종적인 형태의 윤곽을 제시했다. 그리고 1980년대와 1990년대 뜨거운 감자였던 여성과 콥트 기독교인의 권리에 관한 문제가 다시 논의되었다. 2008년 형제단 내부에서 실시한 선거에서 새로운 무슬림 형제단 지도국 임원으로 5명이 선출되었는데 모두 보수적이고 조직적인 성향을 갖는 인물들이었다. 2009년 형제단 내부 선거에서 개혁성향의 인물들이 후퇴하고 무함마드 하빕과 압둘 무님 아불 푸투흐가 지도국에서 떠났고 2010년 선거에서는 무함마드 바디으가 무슬림 형제단의 종정으로 선출되었다. 결국 형제단의 조직적 성향의 사람들이 지도국에 포진하게 되었고 2012년 대선에서 형제단이 대통령을 배출하게 되었다.

1928년 하산 알반나가 무슬림 형제단(자마아 알이크완 알무슬리민)을 출범시켜 구제기관으로 등록하였으나 종교적 전도(다아위 디니)의 일을 하였다.[13] 그는 형제단을 이집트 사회 속으로 확산시키고 싶어했고 대부분의 이집트 각 도와 지방에 형제단 사람들을 심었다. 형제단은 단순히 구제기관(자므이야 카이리야)에 그친 것이 아니고 사회생활, 교육, 문화, 체육 그리고 정치까지 모든 분야에 침투하였다. 형제단은 가족usrah에서부터 출발하여 동네와 더 큰 도로 확대되었다. 1940년대에는 형제단 안에 두 가지 구별된 흐름이 있었는데 하나는 개방된 업무를 하는 것이고 또 다른 하나는 조직내 업무를 하는 것이었다. 사이드 꾸뜹 시절에는 형제단이 순수한 종교적 기반의 정체성을 갖는 시기이었고 하산 알반나 시절의 특징이었던 공적 업무가 사라졌다. 그래서 사이드 꾸뜹 시기는 형제단의 이데올로기가 형성된 단계라고 할 수 있다.[14] 나

12_ Hossam Tammam, 앞의 책, 23.

13_ 위의 책, 36.

세르 대통령의 형제단 근절 정책 때문에 형제단은 폐쇄적인 조직을 가지고 신앙을 끌어올리고 종교적인 타끄와와 헌신과 희생을 강조하였고 형제단은 국가가 올바른 이슬람의 가치에서 벗어나 있다고 판단했다. 이 시기에 형제단의 많은 무슬림들이 사이드 꾸뜹의 영향을 받았고 형제단 안에는 꾸뜹계가 자리를 잡았다. 1970년대 감옥에서 나온 형제단원들은 기존 정치권이 그들을 의심의 눈으로 바라보고 그들에게 정면으로 맞서자 형제단은 조직(탄짐)을 탄탄히 하는 것만이 해법이라고 생각했다. 1970년대 형제단은 국가와 여러 기관의 통제 밖에서 피라미드식 조직을 만드는 전략을 시행하였다. 1970년대 형제단은 국가가 철수한 영역에서 그들의 세력을 뻗쳐갔고 알사다트의 경제 개방시에는 형제단의 투자가 늘었다. 1980년대에는 사회 분야와 서비스 분야에서 형제단의 투자가 성공했다. 알사다트 대통령은 경제 개방뿐만 아니라 종교와 정치와 언론도 개방했다. 1967년 이집트가 이스라엘에 패배한 뒤 알사다트는 종교 분야의 투자를 강화했고 1973년 중동전 승리[15] 이후에는 종교적 성장의 기회를 가졌다. 알사다트는 무으민(신앙인) 대통령으로 자처했고 종교인, 알아즈하르의 무슬림, 정치인들과 형제단을 만나는 내용을 언론에 공개했다. 사회적, 종교적 분위기가 알아즈하르와 대학들 그리고 심지어 형제단 안에도 와하비가 들어갈 수 있었다. 한마디로 1970년대는 이집트인들에게 강한 종교적 유입이 있었던 시기였다. 감옥에서 나온 때부터 1980년대 중반까지 형제단들은 다아와(전도)에만 치중했다. 다아와는 이 시기에 형제단의 이데올로기를 만들어가기 위하여 회원들을 모으는 데 중요한 역할을 했다. 그래서 형제단은 이집트에서 가장 강한 종교적인 조직(탄짐 디니)이 되었고 1980년대는 어떤 일정한 규범이 없이 정치판에 뛰어들었다. 그 당시 형제단에게 정

14_ 위의 책, 39.

15_ 1973년 아랍과 이스라엘 전쟁에서 이집트 군이 성공적으로 수에즈 운하를 건넜기 때문에 이집트인들은 이 전쟁을 이겼다고 하나 국제 사회는 이스라엘이 전술적으로 승리했다고 평가했다.

당을 만들 수 있도록 허용이 안 되었기 때문에 1984년에는 와프드 당과 협의하여 와프드 당에 들어갔고 1987년에는 노동당과 더 나은 조건으로 연합하였다. 그리고 무바라크 대통령 초기 정치 개방이 시작되면서 재빨리 형제단도 내부 변화를 시작했다. 1990년대 들어와 국제적인 상황이 변하면서 이집트 정치권에서는 정당의 이름을 가질 수 없었던 무슬림 형제단이 제1야권 세력으로 부상하였다. 무슬림 형제단 안에는 사상적 다원성이 있어서 모순의 극을 달리기도 했는데 살라피로부터 시작하여 종교적 외식을 중시하는 리버럴 무슬림도 들어 있었다. 형제단은 어느 특정 법학파를 따르지 않고 오직 순니 교리만을 인정했다. 형제단은 조직의 우산 아래에서 상당히 유연성을 보여주었는데 누구든지 형제단의 리더십에 순종하기만 하면 형제단 안으로 들어올 수 있었다. 다시 말하면 사상적으로 이슬람법적으로 광범위한 폭을 가지고 있어서 형제단의 포용력이 넓었던 것이다.[16]

이집트에서는 1970년부터 1984년까지 고등학교 입학률이 평균 41%의 연간 증가율을 보여주고 있었다. 1984-1985년에는 교육 예산의 38%가 13개 이집트 대학에 투자되었다. 형제단은 새로운 전략이 필요했는데 그것은 교육받은 사람들과 전문 직종에 일하는 사람들을 회원으로 가입시키는 것이었다. 그래서 이집트 교육계에 형제단원들이 많아졌고 특히 대학교 학생들 사이에 형제단원들이 많았다. 1980년 후반에는 카이로대학, 알렉산드리아 대학, 자까지끄 대학 그리고 나중에는 만수르 대학교와 알아즈하르 대학교 학생회를 알자마아 알이슬라미야가 장악하였다. 1980년대 후반에 형제단은 새로운 선거 전략을 가지고 교육계와 전문 직종의 기관장 자리를 두고 경쟁을 벌였다. 그리고 형제단은 각종 협회(변호사 협회 등)의 리더 자리를 조직적으로 체계적으로 장악하기 시작했다. 형제단의 조직적인 체계는 막스의 영향을 받았다. 형제단에게 시골은 매우 중요한 이슬람주의 운동의 요소이었다.

16_ Hossam Tammam, 앞의 책, 48.

경제와 관련된 구조적인 요인과 결부되면서 도시 이주가 활발해졌고 형제단의 사상이 이집트 도시 사회에 퍼져갔다. 시골에서 온 사람들은 종교적인 요소가 큰 몫을 차지하는 교육을 받았고 사회적인 유대를 찾기 전에 종교적인 연대감을 추구했다. 결국 시골은 조직적이고 이데올로기적인 의미를 갖는 유대를 강화시켜서 형제단 운동의 확산에 중요한 역할을 하였다. 국회의원 선거에서 이집트 시골 지역 특히 싸이드 지역(소학, 아시유뜨, 알미니야)과 델타지역(알가르비야, 알샤르끼야, 다까흘리야)에서 형제단들이 우세를 보였다. 형제단의 리더들 중에서 마흐무드 잇자트는 다까흘리야 출신의 카이로 시민이고 무함마드 바디으는 바니 수웨이프 출신의 알마할라 알쿠브라 시민이고 무함마드 무르씨 전 대통령은 알샤르끼야 출신으로 자까지끄 대학교 교수였다.

(2) 무슬림 형제단의 변천

1928년 초등학교 교사인 하산 알반나가 무슬림 형제단을 창설하고 나서 그 뒤 30년간 이집트 이슬람주의 운동이 처음 뿌리를 내리는데 결정적인 시기를 지냈다. 이스마일리야에서 카이로로 확산되고 주로 중산층이 이 운동에 가담하였고 하층과 농부와 근로자 층에서는 비교적 형제단원이 적었다. 도시에서는 직장인, 교육자, 심지어 종교인들도 무슬림 형제단에 가입했다. 하산 알반나는 소외 계층과 빈민계층에게 종교교육을 좀 더 쉬운 방법으로 할 수 있는 방안을 제시했다.

1947년 팔레스타인에 대한 유엔 분할안이 발표되고 이스라엘은 1948년 세계에 흩어진 유대인들을 팔레스타인으로 모아 이스라엘이라는 나라를 세웠다. 무슬림 형제단이 정치에 관심을 두기 시작했고 압둘무님이 1954년 가말 압둔 나세르 대통령의 암살을 기도했다. 이집트가 영국의 지배하에 있을 때 무슬림 형제단은 이슬람주의 운동의 새로운 단계에 접어들었다. 1948년 아랍 군대가 이스라엘에게 치욕적인 굴욕을 맛본 후에 마흐무드 파흐미 알누끄라쉬 파샤가 암살을 당했다. 그 결과 무슬림 형제단의 활동이 금지되었고 1952년 왕정을 무너뜨린 자유장교단의 쿠데타가 일어날 때까지 이집트 국가와 무슬림 형제단 사이에는 대결 국면이 형성되었다. 쿠데타 전에 영국은 파루끄 왕에게 무슬림 형제단이 국가를 전복시킬 수 있다고 했다. 1949년에는 무슬림 형제 운동의 지부가 2000개가 있었고 50만 명의 회원과 동조자가 있었다. 1953년 말 왕정이 무너졌고 정치권에서 유일하게 적으로 부상한 세력은 무슬림 형제단이었다. 무슬림 형제단은 사회개혁과 이슬람의 가치 보존 그리고 민족의 독립을 부르짖었기 때문에 국민의 인기를 얻었다. 1952년 쿠데타가 일어났을 때 무슬림 형제운동은 학생, 가난한 도시거주민, 군대 등 여러 사회 계층에 깊이 파고들어 인기 있는 정치 조직이 되었다. 1954년 카이로 대학교에서 정권과 무슬림 형제단 간의 충돌로 정부는 무슬림 형제단의 리더와 회원들을 체포했다. 그리고 형제단 조직이 해산되었고 무슬림 형제단의 모든 활동은 불법으로 금지되었다. 그해 10월에는 무슬림 형제단의 마흐무드 압둘 라띠프가 가말 압둔 나세르를 암살하려고 했다. 이 사건 이후에 875명이 재판을 받았고 250명의 장교가 군사재판에 회부되었다.

1970년대부터 이집트에 이슬람주의 설교가 많아졌는데 쉐이크 무함마드 미트왈리 알샤으라위가 이집트 암미야(대중아랍어)로 꾸란의 기존 주석을 뛰어 넘어 설교를 했고 그는 30년간 이집트 무슬림들의 인기를 얻었다. 1973년 이후 오일쇼크로 벌어들인 오일달러가 사우디아라비아의 와하비 운동을 주변 아랍 국가에 퍼뜨리는 데 성공했다. 그러나 이집트의 무슬림 형제단은 사우디아라비아의 와하비와 다른 점이 있었다. 이집트는 10세기부터 12세기까지 시아파 왕조 파띠마[17]조가 이집트를 통치했다. 시아파는 무함마드 가문과 그 후손을 숭배하고 그 후손들의 생일날을 기렸다. 이집트는 1171년 살라딘에 의하여 망하고 그 때부터 순니 이슬람이 확산되었다. 이집트는 순니와 시아 이슬람이 혼합된 신앙을 갖고 있었다. 그러다보니 이집트인들에게 와하비 운동은

17_ 무함마드의 딸 파띠마 알자흐라의 후손이라는 말로 왕조의 명칭을 파띠마조라고 했다. 그리고 알자흐라라는 이름에서 969년 알아즈하르라는 모스크를 세웠다.

이상한 것이었고 특히 무함마드의 후손과 왈리(수피들은 왈리를 알라와 인간과의 중개자로 여기고 꾸란의 속뜻을 인간에게 전해주는 사람이라고 믿음)를 숭배하는 것을 와하비(18세기 살라피 신학자 무함마드 븐 압둘 와합을 따르는 사람)들이 거부하였다.

1950년대와 1960년대 나세르 시절에는 아랍 민족주의라는 진보적인 이데올로기가 종교를 무슬림 개인의 신앙생활로 한정하고 신앙은 개인과 그의 신과의 관계라고 규정했다. 1954년 나세르의 살해 미수범으로 무슬림 형제단이 지목되었고 무슬림 형제단은 공식적으로 해체되었다. 형제단들 중 일부는 사우디아라비아로 망명하여 사업을 일으켰고 일부는 유럽에 정착했다. 1967년 이집트가 이스라엘과의 전쟁에서 패하자 아랍 민족주의 사상이 약화되었다. 1979년 이스라엘과 알사다트 이집트 대통령과의 평화협정을 이집트 무슬림들은 시나이 반도에서 죽은 수백만 명의 생명을 배신한 행위이고 민족적인 수치라고 비난했다. 그러나 많은 사람들이 평화협정을 찬성하기도 했다. 알사다트는 나세르 추종자나 민족주의자들의 공격으로부터 평화 협정을 방어하기 위하여 이슬람주의 운동 단체들을 동원했으나 무슬림 형제단은 유대인과 맺은 평화협정을 지지할 수 없었다. 무슬림 형제단 안에는 카피르(그 당시 이스라엘)에게 고개를 숙인 국내 적과 싸워야 하는 이데올로기가 시작되었다. 이것이 이집트에서 폭력적인 종교적 외식이 등장하게 된 계기가 되었고 일부는 광신자를 만들어 냈다.[18] 무슬림 형제단과 긴밀히 관계를 가졌다는 혐의로 이집트 공화국의 첫 번째 대통령 무함마드 나깁이 1984년 죽을 때까지 가택연금 되었다. 무슬림 형제단은 나세르 대통령 치하에서 옥살이하는 것을 피하려고 사우디아라비아 등 이웃 아랍 국가로 피신했다. 그리고 이집트에 남아 있던 무슬림 형제단원은 지하로 숨어서 활동했다. 이 시기에 무슬림 형제운동을 적극 도운 백만장자는 오스만 아흐마드 오스만이었다. 그는 나세르 대통령 때 무슬림

18_ Tarek Osman, Egypt on the Brink, Yale University Press, 2011, 99.

형제단원들을 사우디아라비아나 쿠웨이트로 피신시켜 자신이 만든 아랍 수주 회사(샤리카트 알무까월룬 알아랍)에서 일하도록 했다. 나세르 대통령에 이어서 이집트 대통령이 된 알사다트는 개방정책을 폈으나 그것은 일부 사람들에게만 국한되었다.

1973년 오일 쇼크 이후 유가가 상승하자 이집트 정부는 저소득층에 대한 보호를 점차 줄여가고 있었다. 가난한 이집트 남편들이 걸프지역에 근로자로 나가고 또 가난한 가정에서는 어린 딸을 돈 많은 걸프지역 무슬림과 일시적인 혼인을 하게 하는 등 국민들의 도덕은 땅에 떨어지고 부패가 만연했다. 일부 독실한 무슬림들은 이집트의 비윤리적인 타락에서 벗어나는 길은 걸프지역으로 이주하는 것이라고 생각하였다. 1971년 혁명 이후 알사다트는 투옥된 이슬람주의자들을 풀어주기 시작했다. 그는 알자마아(혹은 자마아) 알이슬라미야와 무슬림 형제단의 환심을 사고자 했고 대학교에서는 좌익과 마르크스주의자와 대항하고자 학생회에 속해있던 이슬람주의자들을 이용했다. 그러나 1977년 이스라엘과 평화를 위해 알사다트 대통령이 예루살렘에 방문한 것이 화근이 되어 이슬람주의자들은 정부와 대치 국면에 들어갔다. 정부는 1978년 주요 대학에서 학생회 선거에 나간 이슬람주의자 학생들을 대학교 직원들이 감시하게 했다. 그해 이스라엘 베긴 수상과 알사다트 대통령이 평화협정에 서명했고 1979년 미국을 다녀온 알사다트는 이슬람주의자들을 대량 체포하고 대학에서 학생회조직을 금지시켰다. 그는 1979년 종교와 정치가 완전히 분리된다는 연설을 하였고 이슬람을 실천하고자 하는 자는 모스크로 가고 정치에 참여하고 싶은 자는 법적으로 허가된 정당을 통하여 하라고 했다. 그는 '종교에는 정치가 없고 정치에는 종교가 없다'고 했다. 그가 살아 있을 적에 그는 전쟁과 평화의 영웅으로 추앙받았다. 그는 이마에 열심히 기도한 자국zabib이 있었고 늘 기도 염주를 가지고 다녀 종교심이 있는 사람으로 비쳐졌다. 그러나 이집트인들에게 알사다트는 서구에 충성을 다한 사람으로 인식되었고 나세르 대통령은 서구와 열강에 맞선 사람으로 알려졌다. 오늘날도 이집트인들은 나세르가 훌륭한 대통령이었다고 말한다. 알사다트가 피살된 뒤 무바라크 정권이 들어섰고 정부의 이슬람주의자에 대한 공격은 멈추지 않았다. 무바라크는 200여 명의 군인들을 그들의 종교적 견해 때문에 제대를 시켰다. 1981년 내무부 장관은 이슬람 극단주의자 2500명을 구류하고 있다고 국회에 보고했다. 알사다트 때부터 보안 사범으로 1600명을 구금하고 있었다. 1982년에는 302명이 국가 전복의 혐의를 받았다.

1979년 아프가니스탄에서 소련군과 전쟁을 한 지하디jihadist들이 있었다. 이슬람 종교지도자들은 아프가니스탄에서 이슬람의 대의를 위하여 종교적인 책무를 다하라고 했고 수만 명의 아랍인들이 아프가니스탄 전쟁에 참전했는데 그중 이집트인들도 수천 명이 있었다. 이들은 무자히딘(지하드를 하는 자들)이라 불렸고 전투적인militant 이슬람주의가 그들의 동기였다. 그들의 참전 목적은 알라의 적을 죽이는 것이었다. 그들은 더 강한 군대로써 적을 이길 수 있다는 신념을 가지고 조국으로 돌아갔다. 먼 이국땅에서 이슬람을 위하여 싸운 그들은 조국에 돌아와서 그들의 사명이 이슬람율법(샤리아)을 지키고 이슬람 통치를 실현시키는 것이라고 생각했다. 그들은 아프가니스탄에서의 경험으로 이집트 사회의 분노를 폭력과 호전성으로 바꾸어 놓았다. 1960년대와 1970년대 초에는 이슬람 사상에서 거부자rejectionist(교섭하는 것 자체를 거부하는 자)가 없었는데 사이드 꾸뜹이 처음 거부자로 등장했다. 그는 나세르를 살해하고 정권을 전복하려는 혐의를 받아 1966년 교수형에 처해졌다. 그는 전투적인 이슬람주의의 대부로 부상했다. 1974년부터 1985년까지 300만 명이 넘는 이집트의 하층 근로자들이 사우디아라비아와 쿠웨이트를 비롯한 걸프 지역으로 일하러 갔고 이집트보다 잘살던 그 나라의 문화를 그대로 받아들였다. 그들이 고국으로 돌아온 후에는 남자는 바깥일 여자는 집안일로 구분되었고 차고나 건물 1층에 작은 기도처(자위야)들이 생겨났다. 보수주의와 종교적 외식도 많아져갔다. 시간이 지나면서 '나하락 사이드(좋은 아침입니다)'라는 말보다는 '앗살라무 알라이쿰(무슬림끼리의 인사)'이란 인사가 더 많아졌다. 1970년대 말과 1980년대 이집트에서 이슬람주의 부흥은 이집트 리버럴리즘(자유주의)의 쇠퇴를 가져왔다.

1980년대와 1990년대 유럽이 아랍인들의 이주를 막았을 때 이집트인들은 잘사는 걸프 국가로 나갔고 1970년대와 80년대 걸프지역에 근로자로 나간 이집트인들은 사우디아라비아의 와하비를 접했다. 1970년대 말 이집트 사회가 종교적인 외식이 팽배해지자 사회 곳곳에서 부패와 자기 배 채우기에 바빴다. 이집트에서 전투적인 이슬람주의는 1970년 중반에 시작된 알자마아 알이슬라미야에게서 찾아볼 수 있는데 1970년대 말부터 20년간 크고 작은 여러 사건들을 일으켰다. 이슬람 지하드 혹은 알지하드는 여러 폭력 기록과 관련된 전투적인 이슬람주의자들이었다. 이들은 이집트에서 수백 명의 동조자를 가지고 있었는데 서로 느슨하게 연결되고 별로 조직적이지는 않았다. 그러나 무슬림 형제단원들의 일부가 이런 전투적인 이데올로기에 노출되었고 나중에는 이집트 당국에 체포되었고 감금된 형제단들이 나중에는 급진화되기도 했다. 이와 다르게 사아드 알딘 이브라힘이나 함디 따하와 같은 일부 학자들은 이집트에서 수천 명의 젊은이들이 급진화radicalization된 것은 사회적인 좌절감 때문이라고 했다. 우사마 븐 라딘의 2인자였던 아이만 알자와히리는 중산층의 의사인데 그가 수천 명을 살해하는 리더로 바뀐 것은 대표적인 이집트의 급진화의 일례라고 했다. 그는 알마아디에서 자라나서 15살 때 무슬림 형제단에 가입했다가 탈퇴하고 좀 더 급진적인 세포조직에 가담했다. 그는 사우디아라비아로 갔다가 아프가니스탄에서 구소련과의 전쟁에 참가하고 그곳에서 전투적인 이슬람주의의 대부 압둘라 유수프 앗잠(1941-1989)을 만났다. 전투적인 무슬림들은 1970년대 말부터 1990년대 말까지 기관과 관료를 대상으로 700여 건의 공격을 감행했다. 1982년과 2000년 사이에 이집트에서 2000명 이상이 테러 공격을 당했다. 이집트의 지성인 파라그 포다가 1992년에 살해되었고 1994년에는 이집트의 노벨 문학상 수상자 나깁

마흐푸즈가 공격을 당했다. 전투적인 이슬람주의자들이 늘어나고 이들의 공격이 급증하면서 일부 칼럼니스트들은 이집트에 이슬람 혁명이 일어날 것 같다고 했다. 1990년대 이집트 정부는 테러 용의자들의 파일을 만들어서 경제적으로 정치적으로 사회적으로 그들을 별도로 관리했는데 그 동기는 순전히 치안 확보를 위한 목적에서였다. 이집트 정부는 그동안 이슬람의 자카(구빈)를 지방 의회나 자선기관에 내던 것을 국가가 운영하는 은행에 내도록 했다. 사회적인 힘으로서 이슬람주의가 부상하고 있었고 전투적인 그룹과 이집트의 다른 이슬람주의 그룹 간에 분명한 구분이 생겨났다. 전투적인 이슬람주의자들이 이집트 정권에 대항하여 수백 명의 희생자와 수천 명의 투옥자가 생기고 있었을 때 무슬림 형제단은 사회적인 영역과 인프라 구축을 확대하기 위하여 정치적인 연설을 더 많이 발전시켰다. 1992년부터 2002년까지 무슬림 형제단원들이 변호사 협회, 언론인 협회, 의사회, 엔지니어 협회 등에서 활동하여 시민 사회 조직을 확대해 갔다. 형제단은 2005년과 2010년 총선에서 여당이었던 국민 민주당NDP의 유일한 경쟁자로 부상했다. 2005년 총선에서 88석을 차지하여 전체 의석 중 1/5이 되었다. 무슬림 형제단은 기독교 콥트인들이 아흘 딤마가 아니고 완전한 시민이라고 했다.[19] 하산 알반나의 손자 따리끄 라마단(옥스포드 대학교 교수)은 이슬람 종교의 전통을 서구에 살고 있는 무슬림의 경험에 뿌리를 둔 새로운 상황과 결합시켰다. 서구는 이슬람주의자들을 서구와 충돌하고 사회의 이슬람화를 치중하는 급진적인 이데올로기라고 자주 묘사해왔다. 1990년대와 2000년대의 알아즈하르는 그 이전 시대와는 아주 달랐다. 알아즈하르의 쉐이크가 원로학자들의 회의에서 선출됐으나 그 이후로 무바라크 대통령이 물러날 때까지 대통령이 임명하였다. 알아즈하르는 무바라크 재임 중 수십 년간 지적인 능력과 권위를 보여주지 못하고 권력의 시녀 노릇을 했다. 그래서 이집트 무슬림들은 알아즈하르의 쉐이

19_ 위의 책, 110.

크는 정부의 꼭두각시라고 그를 신용하지 않았다. 알아즈하르에서 훈련받은 저명한 신학자들이 알아즈하르를 떠나서 해외로 옮겨갔는데 그중 한 사람이 카타르에서 세계 무슬림 학자들의 연합회 회장을 맡은 유수프 알까라다위였다. 그는 알자지라 TV의 유명한 스타가 되었고 수많은 회의와 위원회에서 서구와 이슬람 간의 대화를 시도하였다. 알아즈하르는 샤리아를 준수하지 않는 정부를 당황하지 않게 하고 또 보수의 톤을 유지해야 하는 그 사이에서 균형을 잡기가 힘들었다. 이런 알아즈하르가 정치적인 딜레마에 빠져 있을 때 35세 이하의 4500만 젊은 무슬림들은 디지털 세대로서 종교와 정치 문제를 인터넷과 페이스북을 통하여 소통하고 있었다. 인터넷과 위성을 통하여 젊은 쉐이크(종교 지도자)들이 사람들의 관심을 끌고 있었을 때 그 대표적인 리더가 아므르 칼리드였다. 그는 2006년 뉴욕 타임즈가 선정한 세계에 가장 영향력 있는 무슬림 TV 설교가로 뽑혔다. 그는 무슬림의 삶의 방식을 바꾸지 않고 알라에게 더 가까이 가는 것에 대하여 설교를 했다.[20]

이집트는 1980년대부터 2000년대까지 국가가 주도하는 국정과제project가 없었다. 나세르 정부 때는 민족주의라는 분명한 이데올로기가 있었지만 민족주의 동력의 마지막 기회였던 1973년 전쟁 이후 이집트에는 이렇다 할 국정지표가 없어서 국민들이 뭘 추구해야 할지 몰랐다. 가난과 빈곤은 악순환처럼 반복되었고 정치권에서는 국민에게 아무것도 새로운 변화를 주지 못하고 있었다. 부패와 부정 비리의 골은 더욱 깊어져 갔고 대학을 나와도 높은 자리에 친인척이 없으면 금방 취직을 할 수 없었다. 사회적 절망감은 더욱 깊어가고 두뇌들은 해외로 빠져나갔는데 이런 사회적 빈 공간에 이슬람이 마지막 수단이 되었다. 이걸 알아챈 무슬림 형제단은 '이슬람이 해법이다'란 말을 선거 구호로 내걸었고 이집트 무슬림들이 그들의 삶의 해법을 찾고 있던 때라 그 말의 위력은 너무나 컸다. 국가에 대한 충성과 이데올로기가 없어지고 국가

20_ 위의 책, 114.

의 국정 목표가 없고 굴욕감이 팽배해진 상황에서 수십 년간 이집트인들이 표류하다가 내적 정체성으로서 이슬람주의를 택하게 된 것이다. 1980년대부터 인구가 4500만 명에서 8000만 명으로 두 배로 늘고 문맹(무지 이외에 정치적, 문화적인 문맹)과 도시화가 급격하게 증가했다. 1970년대 초 45%였던 문맹률이 2000년대 65%로 늘었다. 부패와 권위적인 통치에 식상한 지식층의 젊은이들은 이슬람주의에 더 관심을 가졌고 무바라크의 서구화와 실용주의에 반대할 수 있는 대안은 이슬람주의였다. 그들이 생각하는 참 이슬람으로 되돌아가는 것이 사회적인 병폐를 치료하는 약이라고 여겼다.

걸프지역에 다녀온 이집트 근로자들은 이집트보다 더 잘사는 걸프 국가를 보면서 반드시 서구적인 사상과 삶의 양식을 받아들여야 국가가 발전하고 사회가 진보하는 것이 아니라는 실례를 발견했다. 그래서 친 사우디, 친 쿠웨이트, 친 카타르, 친 두바이 성향의 이집트 무슬림들이 등장했다. 1990년대와 2000년대 이집트의 가장 부유한 가문 20개 중에서 8가문이 무슬림 형제단이나 살라피 그룹들과 직접적으로 관여되어 있었다.[21] 2000년대 이집트에서 이슬람주의는 높은 사회 계층에 침투되고 있었다. 2009년 오바마 미국대통령이 카이로를 방문하여 연설을 할 때 무슬림 형제단은 그를 별로 반겨하지 않았다. 미국이 이스라엘 편에 서 있다고 보았고 무슬림들의 신학적 담화에서는 이스라엘에 대하여 더욱 적대적이었다. 결국 무슬림 형제단 안에서 보수적인 그룹(자주 거부자로 역할을 함)과 진보적인 그룹이 형성되고 있었다. 무슬림 형제단은 2017년을 기하여 정권을 장악한다는 계획하에 집권을 위한 권력 장악 계획을 세웠다. 그러나 정권을 인수할 준비를 갖추지 못한 채 2011년 총선과 대선에 임했다. 무슬림 형제단이 하산 알반나의 사상과 달라진 것이 있다. 그 예로 2000년에 무슬림 여성들이 총선에 입후보하도록 처음으로 허용하였으며 2011년 총선에서는 64명의 여

21_ 위의 책, 118.

성 후보와 5명의 콥트 기독교인 후보를 자유정의당(무슬림 형제단의 정당) 이름으로 입후보하게 했다. 그리고 2012년 무슬림 형제단의 당수 무함마드 무르씨[22]가 대통령에 당선되었고[23] 6월말 대통령에 취임했다. 그러나 무르씨는 군부에 의하여 1년 후 대통령직에서 축출되었고 튀니지, 터키 등에서 이슬람주의자들은 이를 군사 쿠데타라고 했으나 이런 군부를 살라피의 누르당, 콥트 교황, 알아즈하르 쉐이크, 타마룻드(불복종) 운동 대표들은 지지한다고 선언했다.

무슬림 형제단은 1930년대와 40년대 아랍국가로 퍼져갔는데 이집트에 이어 규모가 두 번째로 큰 나라는 시리아이고 요르단, 알제리, 수단, 모로코, 사우디아라비아, 튀니지와 걸프 국가들로 퍼져갔다. 1987년 팔레스타인 지역에서는 하마스라는 이름으로 무슬림 형제단이 생겨났다. 이들 국가에서 무슬림 형제단과 정권과의 관계는 국가적, 종파적, 종교적 조건을 포함하여 그 지역의 사회적・정치적 관계에 따라서 나라마다 다른 모습을 보여주고 있다. 대부분의 아랍 국가에서 무슬림 형제운동은 사회적인 인프라를 통하여 확장되었고 일부 국가에서는 정당과 정치적 기관으로 발전했다. 시리아와 팔레스타인을 제외하고는 대부분 장기적인 생존을 위하여 상당한 정도의 실용적인 노선을 취했다. 시리아와 팔레스타인에서는 정권에 대항하여 폭력적인 행동을 감행했다. 팔레스타인에서는 2006년 총선에서 하마스가 가자 지구에서

22_ 무함마드 무르씨는 미국의 Southern California에서 박사학위를 받은 엄격한 이슬람주의자이다. 그는 무슬림 형제단의 정당인 자유 정의당을 이끈 보수파 이슬람주의자이고 이스라엘을 "살인자"로 지목한 적이 있었다. 무바라크 시절에 여러 차례 옥살이를 했고 한 번은 7개월 동안 감옥에서 보냈다. 무함마드 무르씨는 자까지끄 대학교 공학부의 재료 공학과 과장을 역임했다.

23_ 2012년 5월 23-24일 13명의 대선 후보 중 한 사람을 찍는 선거에는 리버럴한 대선 후보(아므르 무싸, 아흐마드 샤피끄)와 이슬람주의자 대선 후보(아불 푸투흐, 무함마드 무르씨)와 나세르 당의 함딘 쌉바히 등이 있었다. 5월 23-24일 1차 투표에서 1위를 한 무함마드 무르씨는 5,764,952(25%)를 얻었고 2012년 6월 16-17일 2차대선 투표 결과 51.73%의 표를 얻은 무함마드 무르씨(60)가 60년 만에 이집트의 최초 민선 대통령이 되었다. 그는 유세과정에서 "나흐다(경제와 사회발전을 위한 도약)"를 내걸었으나 집권한 후 몇 달이 못 되어 정치와 경제에는 문외한이라는 것이 밝혀졌다.

압승하여 라말라를 중심으로 하는 파타흐와 결별하고 2007년 가자 지구만 하마스(무슬림 형제단 계)가 치안과 정치를 담당하였다. 이슬람주의자 하마스는 그들의 생각을 팔레스타인 사회에 강요했는데 이슬람 복장을 여변호사와 여학생들이 착용하게 하였고 미용실에서 남성이 여성의 머리를 빗질하지 못하게 했다. 또 9살부터 남녀공학을 없애고 남자 교사가 여학교에서 가르치지 못하게 했다. 요르단에서 무슬림 형제단은 정권에 심각한 위협은 되지 않았으나 2013년 정부 개혁을 외치는 시위를 벌였다. 수단에서는 무슬림 형제운동이 박해와 억압을 받기도 했으나 정권과 협력하기도 했고 알제리에서는 정권의 일부가 되었다. 사우디아라비아는 무슬림 형제단의 망명처를 제공했고 카타르에서는 정부가 무슬림 형제단을 도왔으며 쿠웨이트에서는 무슬림 형제단이 국회에 들어갔다. 튀니지에서는 이슬람주의 알나흐다 당이 박해를 받다가 야스민 혁명 이후 선거에서 압승을 거뒀다. 무슬림 형제단은 역사적인 사건을 사회적인 힘으로 해석하여 중요한 정치적인 세력으로 부상하였다. 그런데 일부 국가에서 무슬림 형제단은 광범위한 사회적 · 정치적 야권과 연대하고 그런 항거가 사회적 · 정치적인 변화를 이끌었을 때는 상대와 맞서는 일도 주저하지 않았다. 아랍 혁명 이후 일부 아랍 국가에서는 과거 무슬림 형제운동이 받았던 핍박과 억압에서 벗어나 새로운 정치제도를 만드는 적극적인 파트너가 되었다. 이집트에서는 두 번 치른 총선에서 무슬림 형제운동이 40%와 47%를 차지하였고 튀니지에서는 나흐다당이 40%를 차지하였으며 모로코에서는 정의개발당이 27%를 얻어 최대 야당이 되었다. 걸프 국가의 재정 지원으로 무슬림 형제운동은 유럽과 미국에서 다아와 네트워트를 확대하였고 은행 설립, 모스크, 연구센터, 이슬람 편의시설, 사회 교육기관을 설립했다. 무슬림 형제운동은 기존의 무슬림들에게 정치적 이슬람을 확산시키고 있다. 유럽에서 무슬림 형제 운동과 직간접으로 연계된 나라는 영국, 프랑스, 독일이다. 독일의 이슬람 소사이어티(IGD), 영국의 무슬림 협회(MAB), 영국의 이슬람 기구 연합(BUIO) 등이 있고 무슬림 형제운동은 유럽의 다문화사회에서 이슬람이 주요 세력이 되도록 추진하고 있다. 무슬림 형제단은 무슬림들을 해당 지역사회와 결별하게 하고 서구와 항거하게 하므로 서구의 리버럴한 민주적인 가치를 거부한다. 무슬림 형제단은 민주주의가 아랍의 슈라에 상당한다고 했고 민주주의가 슈라의 현대적 버전이라고 생각했다.[24] 다시 말하면 이슬람식 민주주의라고 할 수 있다.[25] 무슬림 형제단의 백서bayan에 의하면 이슬람율법(샤리아)이 무슬림의 가장 중요한 구성요소라는 것이다. 그러므로 이집트인의 정체성을 결정하는 가장 중요한 요소는 무슬림의 경우 종교이고 비무슬림의 경우 문화와 무와따나(시민주권, citizenship)라고 했다. 2007년 이집트는 헌법 개정을 통하여 '무와따나'의 개념[26]을 새로이 하였다. 그러나 2012년 무슬림 형제단이 1년간 정권을 잡은 이집트에서는 이들이 종교 국가dawlah diniyyah를 지향한다는 비난을 리버럴 무슬림들로부터 받았다.

이슬람주의자들에게 국가라는 주제는 매우 중요했는데 1970년대 이후 정치적 이슬람의 이데올로기는 정치적이고 사회적인 개념보다는 더 많이 이슬람 국가 사상에 근거하고 있었다. 국가는 정치적 이슬람의 이데올로기에서 중심요소이고 자연히 사회적인 프로젝트를 담는다. 그렇다고 마르크스주의자처럼 어느 특정 계층에게서 온 프로젝트는 아니다. 현대 국민 국가(다울라 와따니야)는 세속주의 가치에 근거하므로 무슬림들은 이슬람 역사의 황금기와 살라피의 경험 그리고 꾸란과 하디스에 근거한 이슬람의 가치와는 갈등을 빚는다고 생각했다. 이집트의 이슬람주의는 무함마드 알리(1769-1849, 이집트 군과 경제와 문화를 개혁

24_ Mustafa Muhammad al-tahan, al-fikr al-islami al-mu'āsir, 2002, 294.

25_ 위의 글, 292-294.

26_ 무와따나는 다음 네 가지로 그 개념을 정의해 볼 수 있다. ① 소속감: 인종과 종교, 종파가 달라도 이집트인은 이집트 국가의 소속감을 갖는다. ② 권리: 안전, 치안, 건강, 교육, 근로, 공공서비스, 이동과 표현의 자유 등의 권리를 갖는다. ③ 의무: 공공질서를 존중하고 사유 재산을 보호하며 조국을 방어하고 국민들과 하나가 되고 조국의 번영과 건설을 위하여 참여한다. ④ 참정권: 투표와 입후보자 등 참정권과 국가의 미래와 정부 운영에 참여한다.

함)의 국가 유산과 함께 그의 개혁 기간에 시작된 사상적인 면을 없애려고 했다고 말한다. 1980년대부터 기존의 이집트 정치권에 들어간 무슬림 형제단은 종교의 전도(다아와)와 정치를 계속 결합시켰다. 무슬림 형제단은 1960년대와 1970년대 이데올로기를 형성하기 전부터, 즉 창립자 하산 알반나 때부터 지금까지 국가적인 어젠다와 국제적인 어젠다를 갖고 있다. 오스만 터키가 칼리파제를 파기한 뒤 무슬림 형제단은 1928년 이슬람 세계와의 연결점을 만들었다. 1960년대와 1970년대 무슬림 형제단은 이집트를 떠나 아랍세계로 퍼져갔고 유럽에서는 무슬림 형제운동을 일으키는 거점을 확보했다. 1982년 무쓰따파 마쉬후르 무슬림 형제단의 종정이 유럽의 형제단을 이집트의 형제단 밑에 모으는 일을 했는데 그것을 무슬림 형제단의 국제조직(알탄짐 알다울리 릴이크완 알무슬리민)이라고 불렀다.[27]

무슬림 형제단의 중요한 임무 중의 하나는 이슬람의 칼리파제를 복원하는 것이었다. 그러므로 무슬림 형제단을 이집트만의 이슬람주의 운동이라고 평가하는 것은 잘못된 이해이다. 무슬림 형제단은 이집트를 떠나 팔레스타인 문제에 개입하고 있고 무슬림 형제단의 국제 조직이 결성된 뒤 그 정신은 계속 이어지고 있다. 무슬림 형제단이 말하는 '세계의 우스타지야ustadhiyyah(권위자)'라는 말은 이슬람 칼리파제를 다시 복원하는 것을 가리킨다.[28] 정치적인 프로젝트의 일환으로 형제단의 사상에 세계적인 비전을 표현하고자 한 것이 칼리파제의 복원이다.

(3) 무슬림 형제단에 대한 다른 견해

2013년 카이로에서 만난 이집트인 변호사는 무슬림 형제단이 권력을 잡은 뒤 자신들의 잇속 챙기기에 급급하고 국민들의 민생과 복지는 안중에도 없어서 이슬람을 바르게 지켜보려는 살라피보다 더 국민에게 해악을 주는 집단이 무슬림 형제단이라고 평했다. 사실 역사적으

27_ Hossam Tammam, 앞의 책, 178.
28_ 위의 책, 179.

로 정치적 개혁에서 무슬림 형제단의 행동들이 여러 의문들을 불러일으켰다. 무슬림 형제단은 1960년대와 1970년대 '변화하는 이슬람주의 이데올로기'를 가진 단체였고 점차적으로 변화하여 이집트 정치에서 가장 중요한 집단으로 탈바꿈했다. 지난 30년간 무슬림 형제단은 제도권 안에서 활동하는 것을 견지하고 변화의 수단으로서 폭력을 사용하는 것을 거부해 왔었다. 무바라크 대통령 시절 이집트 정치권의 다이내믹한 변화로 2005년 봄(일명 카이로의 봄이라고 함)은 이집트 정치권이 가장 개방적인 모습을 보여 준 때였다. 2012년 무슬림 형제단이 집권하게 된 원인 중에는 이런 일련의 이집트 정치 발전 과정에서 그 답을 찾아볼 수 있다. 2004년과 2006년 사이에 일어난 정치 발전으로 무슬림 형제단 안에서 개혁의 메시지가 확산되고 있었다. 무슬림 형제단은 가장 큰 이집트 사회운동과 정치권에서의 제1야당이 되었고 알자마아 알이슬라미야 안에서는 민주주의를 적대시하는 태도에서 민주주의를 지지하고 민주주의를 요구하는 입장으로 전환했다.[29] 정치권에 입성한 무슬림 형제단은 역할 분담이 이뤄졌다. 국가가 필요로 하는 변화에 맞추고 형제단 내에서 증가하는 개혁의 흐름은 이집트 정치 생활 안에서 그들의 입지를 강화시켜 주었다. 또 형제단 내 보수 세력은 이런 개혁의 메시지를 못들은 척하면서 전통적으로 그들과 멀어져 있던 그룹들에게 영향력을 확대하였다. 무슬림 형제단은 정치적인 변화의 수단으로서 폭력 사용을 거부하고 기존의 정치권에 참여하면서 점진적인 변화를 꾀하였다. 국제적인 단체로 발돋움했던 무슬림 형제단은 이제 국내 정치 정당으로 탈바꿈하였다. 그래서 무슬림 형제단은 민주주의를 받아들인다고 선전했고 정치적 권리의 기본으로서 무와따나(모든 정치적 권리에서 여성과 비무슬림이 동등하다는 것)를 받아들였다. 그리고 이슬람주의자들과 세계열강과 가장 중요한 차이를 보였던 이스라엘 문제에 대해서도 형제단은 국제사회의 협약을 준수하겠다고 하였다.[30] 그러나

29_ Hossam Tamma, al-ikhwan al-muslimun, 18-19.
30_ 위의 책, 21.

무르씨 정권은 이슬람주의 국가들과 중국 등 일부 국가와만 외교관계를 가져 국제사회의 신뢰를 얻어내지 못했다.

무슬림 형제단의 무함마드 알비쉴라위는 무슬림 형제단은 이슬람주의 운동이라고 하였다. 그는 우술리(근본주의, 원리주의)라는 말은 이슬람의 근본들(우술)을 변질시키지 않고 그것을 지키는 사람들을 말하고 오늘날 서구인들이 사용하는 우술리(근본주의 혹은 원리주의)는 종교에서의 과도함(타샷두드)을 드러낸 사람들을 가리킨다고 하였다. 그는 자기 자신이 과도한 자(무타샷디드)라고 하는 것과 남을 과도한 자라고 말하는 것은 서로 다르다고 했다. 라쿰 디누쿰 왈리야 딘(너희에게 너희 종교가 있고 우리에게는 우리의 종교가 있다)은 말과 라 이크라하 피 알딘(종교에는 증오가 없다)는 말을 하면서 종교가 상대의 자유를 빼앗아서는 안 된다고 했다. 다시 말해서 무슬림 형제단은 알아즈하르처럼 중도 노선(와사뜨)을 걷는다고 했다. 그는 와하비와 살라피를 둘다 무타샷디드(과도한 자 혹은 광신자)라고 하면서 종교 텍스트에 대한 해석에서 무슬림 형제단과 차이가 있다고 했다. 2012년 10월 그는 이집트에 살라피들이 백만 정도 있고 무슬림 형제단원은 500만 명 정도 추산한다고 했다. 그는 무슬림 형제단은 종교 국가를 만드는 것이 아니고 시민(마다니) 국가를 추구한다고 했다. 종교국가라는 말은 서구나 교회들이 사용한 말이라고 했다. 그는 이집트 대선이 자유 민주 선거를 했다는 것을 강조하면서 이슬람에는 무함마드 초기부터 민주주의를 했는데 무함마드와 사하바(동료)들이 민주적인 방식의 토론을 했고 칼리파를 선출할 때도 민주적인 방식을 취했다고 했다. 그는 지금 이집트에서는 자유주의liberal 무슬림과 세속주의 무슬림almani이 큰 문제라고 하였다. 이들은 이슬람에 대하여 잘못된 이해를 하고 있다고 했다. 이집트의 2011년 혁명에서 청년들이 앞장섰고 무슬림 형제단은 뒤늦게 혁명에 가담한 이유가 뭐냐고 하니 알비쉴라위는 무슬림 형제단은 밖으로 나타나지 않게 리더십을 발휘하여 명실공히 혁명이 성공하기를 바랐기 때문이라고 했다. 그는 1928년 무슬림 형제단을 창시한 하산 알반나(1906-1946)와 오늘날의 무슬림 형제운동의 차이는 거의 없다고 했고 다만 여성에 대한 이슬람의 입장과 정당에 대한 입장만 바뀌었다고 했다. 하산 알반나는 무슬림들이 이슬람 정신으로 되돌아가고 서구 법 대신에 이슬람율법을 따르고 종교와 국가가 서로 분리되는 것을 반대한다고 했다.

무슬림 형제단원이 본 무슬림 형제단은 온건한 색깔을 가졌으나 이집트에서 만난 카이로 대학교 공대 교수는 무슬림 형제단이 광신적이고 농부나 비지식층의 표를 많이 얻어 정권을 잡았다고 했다. 무슬림 형제단 단원과 무슬림 형제단 단원이 아닌 무슬림은 무슬림 형제단의 성격에 대하여 서로 다른 말을 하고 있다. 무슬림 형제단은 보수와 진보 이외에 광신적인 부류가 있다는 것이다.

이집트의 무슬림 형제단의 색깔	① 보수적
	② 개혁적
	③ 살라피의 성향

1970년대 초 대학가들을 통제하기 위하여 알사다트 정부가 지원한 알자마아 알이슬라미야가 폭력에 가담하였다. 이들 회원들 중에는 이쌈 알아르얀, 압둘 무님 아불 푸투흐, 힐미 알가잣르 등이 있었다. 정치에 관심이 있었던 이들은 알자마아 알이슬라미야를 조직하여 폭력적인 방법으로 정부에 대항했다. 폭력 대상은 정부 인물뿐만 아니라 관광객도 포함되었다. 정부와 알자마아 알이슬라미야 간의 유혈 싸움이 10여 년간 지속되었다. 1980년 이집트 정부는 이슬람주의자들을 우술리윤(근본주의자)이라고 불렀다. 그리고 나중에는 그들을 무타따리프(극단적)라고 불렀고 1990년대 중반까지 이슬람주의자들의 폭력이 증가하자 이슬람주의자들을 테러리스트라고 불렀다. 당시 이집트 정부가 본 이슬람주의 성향과 이슬람주의자들이 본 자신들의 색깔이 차이가 났다.

무바라크 정권 시절에 턱수염을 기르고 모스크에 나타난 사람은 혹시 테러리스트가 아닌가 우려했고 니깝을 쓴 여성은 테러를 하는 사람들의 어머니, 누이, 아내는 아닌가 하고 의심했다. 당시 무바라크 대통령은 이슬람주의자들을 잠재운 대가로 서구에서 많은 원조를 받았다고 이집트인들은 말했다. 그러나 2013년 이집트 카이로 시내를 걸어가면 턱수염을 기른 남자 무슬림과 니깝을 한 여성들을 자주 볼 수 있다.

2012년 무바라크 정부가 '금지된 단체'라고 규정했던 무슬림 형제단 소속의 무함마드 무르씨가 대통령이 되었다. 그는 대통령이 되자마자 감옥에 갇힌 무슬림 형제단을 모두 석방하였다. 그는 무바라크 정권에서 정치한 사람과 고위 관리들을 향후 10년간 총선에 나올 수 없게 했다. 과거 85년 동안 서민들 속에서 일했던 무슬림 형제단이 집권하자 자신들의 이권 찾기와 배불리기에 여념이 없다고 이집트 국민들은 그들을 비난했다. 이집트 무슬림들은 이집트인들이 본성이 종교적dīnī이라고 말한다. 2012년 무슬림 형제단이 정권을 잡은 것은 종교적 영향 때문이라고 하는 이집트인들이 있었으나 이집트의 노벨상 수상자 아흐마드 주웰은 무슬림 형제단이 지난 30여 년간 사회사업을 잘했기 때문에 이집트 무슬림들이 그들을 동정하게 되었고 결국 대선에서 시민들의 표를 많이 얻을 수 있었다고 했다.

무슬림 형제단의 알비쉴라위는 사회주의, 우익, 세속적이고 리버럴 무슬림들이 이슬람에 대한 올바르지 않은 생각을 갖고 있다고 했다. 그런데 이와 반대로 이집트 길거리에서 만난 무슬림들 중에는 무슬림 형제단원들의 일부는 무타샷디드(강경함, 과도하게 지나침)하다고 했고 살라피들 모두를 무타샷디드라고 했다. 그러나 다른 무슬림들은 살라피들을 무타앗십(광신적인fanatic) 무슬림 혹은 극단적mutatarrif이라고 했다.[31] 살라피가 이슬람교적 텍스트에 권위를 더 부여하면서 이성(아끌)

31_ 정치와 종교의 용어로 요즘 아랍의 언론에 자주 나오는 무타샷디드와 무타따리프의 의미를 아랍어 사전에서 찾아보았더니 다음과 같았다. 첫째, 무타샷디드(과도한 자): 어느 일에 과도하게 열중하여 온건하지 않음(타샷두드). 둘째, 무타따리프(극단인 사람): 좋은 것과 나쁜 것 사이의 중간이 아니고 중도(양과 질에 있어서 두 상태의 중간)의 한도를 넘어섬(타따루프). 그리고 사회생활이나 운동 경기에서 자주 사용하는 '아싸비

의 역할을 부인하여 근본주의적인 성격이 들어 있다고 했다.

살라피 무슬림	① 강경적
	② 광신적
	③ 극단적
	④ 극보수적

살라피salafi들은 통치자에게 저항하는 일은 사탄이 하는 더러운 일이라고 비난하면서 이집트 혁명에 참가하는 일에 발을 뺐다가 혁명이 성공하자 그들은 입장을 재빨리 바꾸었다. 이집트에서 2013년 1월에는 살라피 계tayyar salafi의 정당들이 늘어나서 국민watan당, 건설개발당(알자마아 알이슬라미야의 정당), 이집트 움마당(하짐 아부 이스마일의 정당), 이슬람주의당(탄짐 알지하드의 정당, 전 안녕개발당), 진성asālah당, 새로운 행동당'Amal jadīd 등은 살라피 계이다. 그렇다면 살라피들은 형제단과 무엇이 다른가? 2012년 이집트에서 14세 콥트 기독교 소녀가 살라피 무슬림 청년을 좋아하자 이슬람으로 개종하였다고 하여 그 부모의 품으로 돌려주지 않았다. 또 이집트 노래와 수피 노래를 같이 부르던 파티장에 살라피들이 갑자기 들어와 이들의 가무를 못 하게 막았다. 이집트 수피 종단이 수피 성인 탄신일 기념과 묘소 방문을 금지하는 살라피들의 공격을 받았다. 마침내 이집트 무슬림 형제단 정부는 재빨리 살라피의 과도함tashaddud에 대비하려고 알아즈하르의 쉐이크(종교학자)들의 도움을 받아 4년제 이슬람 전도자 양성을 위한 학교(마으하드 릴이으다드 알두아)를 각 도마다 하나씩 만들었다. 이들은 이슬람율법과 이슬람을 가르치는 법 그리고 이슬람을 전도시키는 법을 가르친다고 했고 알아즈하르 교육과정에 맞춘다고 하였다. 이 말을 보면 무슬림 형제단이

야'는 자기 견해에 광신적이고 남을 이김이란 의미이고 '아싸비'는 재빨리 성질을 냄 그리고 '무타아십'은 광신적인 사람을 가리킨다.

보기에 살라피들이 너무 강경하고 극단적이라는 것이다. 그런데 살라피들은 자신들이 이슬람을 더 잘 안다고 형제단에게 불만을 표출했고 무르씨 대통령에게 여러 차례 정치적인 조언을 했는데 전혀 들어주지 않자 2013년 군부가 무르씨를 축출할 때 군부의 편을 들었다.

2012년 이집트 콥트 교황이 선출된 후 살라피들은 무함마드 무르씨 대통령이 교황 즉위식에 참석하는 것은 이슬람 법적으로 하람(금기)이라고 했다. 쉐이크 압둘 마지드 알샤딜리(알순나 와 알자마아 협회의 회장)는 무함마드 무르씨 대통령이 콥트 교황 즉위식에 참석하는 것은 이슬람법적으로 종교적으로 문제가 없다고 했고 국가의 통합을 위하여 참석하는 게 좋다고 했다. 그는 살라피들이 그렇게 말하는 것은 일종의 과도한 것이라고 했다. 그러나 끝내 무함마드 무르씨는 콥트 교황 즉위식에 참석하지 않았다.

아랍 혁명 이후 무슬림들에게 강경 무슬림(무타샷디드)이 부쩍 많아졌다. 무슬림들이 자유주의liberal 무슬림과 이슬람주의자 무슬림으로 나뉘어서 시위 중에 서로를 비난하고 무력 충돌하는 양극화가 심했다. 리버럴 무슬림은 이슬람주의자들을 종교적(디니) 혹은 과도한(무타샷디드) 무슬림이라고 했다. 2012년 이집트 새 헌법에서 중도 노선을 걷는다는 알아즈하르를 이슬람율법(샤리아)을 해석하는 기관으로 지정했다.32

2012년 자신들이 참 이슬람을 말한다고 주장하는 무슬림들과 극단주의자들은 무슬림 형제단과 무함마드 무르씨를 카피르kafir라고 하고 그를 시온주의자와 미국인의 손아귀에 있는 사람들이라고 했다. 아이만 알자와히리와 알까이다 조직도 무함마드 무르씨와 무슬림 형제단을 카피르라고 했고 아이만 알자와히리는 무함마드 무르씨를 반대하는 혁명을 일으키라고 촉구했다.33 그들의 요구대로 된 것은 아니지만 이

32_ 2013년 살라피의 누르 정당에서는 48억 달러 차관을 IMF에 신청한 이집트 정부는 차관을 받으면 앞으로 이자를 내기 때문에 이 문제 역시 이슬람율법에 어긋나는지 반드시 알아즈하르 원로학자들의 심의를 거쳐야 한다고 했다. 알아즈하르는 또 슈라 의회가 입법한 수쿠크(이슬람채권)가 이슬람율법에 맞지 않는다고 심의한 바 있다.

33_ 이집트에서는 지하드 세력들이 카이로, 알렉산드리아, 가르비야, 기자, 깔유비야, 스

집트의 청년 혁명 세력들이 2013년 4월 20일부터 시작하여 2개월 안에 2200만 명에게서 대통령 불신임과 조기 대선을 위한 서명을 받았다. 이들의 타마룻드(불복종, 불신임) 캠페인이 성공하여 무르씨가 군부에 의해 축출되었다.

오늘날 무슬림들이 상대 무슬림을 평가하는 기준은 두 가지인데 하나는 쿠프르(알라를 믿느냐? 혹은 자신이 믿는 알라와 같은 신앙을 갖는가?)이고 또 다른 하나는 타샷두드인데 그것은 상대 무슬림이 자신과 이슬람에 대한 이해와 같은가 다른가를 따진다. 그래서 좀 더 유연하고 개방적인 자세를 갖는 무슬림과 자신들의 생각만이 맞다고 고집하고 좀 지나치게 그리고 과도하게 말하는 무슬림들로 나뉜다. 왜 여성이 히잡을 안 쓰느냐? 히잡 말고 왜 니깝을 안 쓰느냐? 혹은 왜 기도를 5번 안 하느냐 등 무슬림의 신앙과 삶의 모습을 보고 서로 타샷두드(과도함) 혹은 이으티달(적당함)의 기준을 따진다. 무라드 와흐바 박사는 무슬림 형제단은 근본주의usuliyyah 운동이고 종교적 텍스트를 글자 그대로 지키는 이븐 타이미야에 근거를 둔 근본주의 운동이라고 했다. 그는 이집트의 자유정의당이 주창하는 사회 경제 발전(나흐다)이 자신들의 교의와 안 맞는다고 했다. 나흐다와 근본주의 사이에는 모순이 있다고 했다. 2012년 이집트 새 헌법이 이슬람율법을 강화하자 리버럴 무슬림과 기독교인 대표 그리고 언론인 대표들이 헌법기초위원회를 그만두었다. 헌법기초 위원회에서 탈퇴한 그들은 이집트가 사는 길은 "종교는 신에게 그리고 조국은 모두에게"라는 기치를 내걸 때 가능하다고 했다. 그러나 무슬림 형제단은 이런 말은 카피르나 할 짓이라고 묵살했다.

웨즈 등에 산재되어 있다. 살라피 무슬림들과 극단주의자들, 강경한 무슬림들은 파라오 시대의 신전과 유물을 우상이라고 반대하는 연설을 여러 차례 했다. 아스완 남쪽 아부 심불 도시에 있는 신전에 람세스 2세의 파라오 왕의 얼굴에 태양이 1년에 한 번 비치는 날ta'amud shams을 기념하는 행사를 부활시키는 것을 살라피들이 중단시켰다. 살라피들은 이런 신전들은 문을 닫고 조각상은 덮개로 씌우고 여행객들이 보지 않도록 해야 한다고 했다.

(4) 무슬림 형제단과 살라피화

무슬림 형제단은 이집트에서 가장 큰 사회 정치적 조직이다. 무슬림 형제단을 연구한 호삼 탐맘Hossam Tammam은 하산 알반나는 타자에 대하여 더 많은 관용을 보였고 다른 이슬람 사상에 더 많이 열려 있었다고 했다. 와하비wahhabi의 타협하지 않는 사상을 무슬림 형제단에 끌어들이지 말라고 했다고 한다. 하산 알반나는 무슬림 형제단이 살라피 사상을 받아들이라고 의도한 적이 없다고 했다. 하산 알반나는 수피에 우호적이었는데 살라피들은 수피즘(마음의 정화, 자아 발견)이 여러 이단적인 요소를 갖고 있다고 보고 수피들을 거부했다. 하산 알반나는 그의 추종자들이 이집트 사회의 여타 사람들과 다르게 독특한 외양을 갖는 것을 보면 실망할 것이라고 탐맘은 말했다. 살라피들이 턱수염을 길렀는데 하산 알반나는 형제단원들이 턱수염을 기르는 것을 반대했다. 그는 턱수염을 기르면 형제단 밖의 사람들과 자신들 사이에 심리적인 장벽이 생길 것을 우려했다. 하산 알반나의 초기에 무슬림 자매들muslim sisters은 다른 여성과 다른 의상을 입지 않았다. 오늘날 무슬림여성들이 히잡이나 니깝을 쓰는 것은 근대에 와서 생긴 이슬람주의의 특징적인 의상이다. 1950년대 이후 가말 압둔 나세르 대통령이 무슬림 형제단에 대한 무모한 탄압이 진행되자 무슬림 형제단 안의 열린 자세가 바뀌어 갔다. 수천 명의 형제단원은 나세르 시절 감옥에서 고통을 받게 되었고 많은 다른 단원들은 이집트를 떠나 망명길에 올랐다. 나세르 정권의 탄압을 못 이긴 무슬림 형제단의 리더들과 조직원들은 사우디아라비아가 그들의 주요 도피처가 되었다. 사우디아라비아에 정착한 형제단원은 사우디의 와하비 운동에 물들 수밖에 없었다. 와하비들은 이데올로기적인 다원성과 종교적인 다원성을 용납하지 않았기 때문에 이런 사상이 무슬림 형제단에게 영향을 주었다. 이것이 무슬림 형제단이 살라피화tasalluf가 된 첫 번째 물결이었다. 그 특징은 지도층의 엘리트들에 의하여 살라피가 이집트에 조용하게 영향을 주고 있었고 1960년대 말부터 형제단의 교육 내용 속에 살라피 문서들이 포함되고 있었다. 이집트는 당시 국가가 종교 기관을 통제하고 있었고 종교 기금이 폐지되었다.

형제단이 살라피화한 두 번째 물결은 1970년대 생긴 오일달러로 인한 변화 때문이었다. 이제는 지도층의 엘리트들이 아닌 일반 형제단원 간부와 더 나은 삶을 찾으려고 사우디아라비아에 간 형제단의 가족들이 와하비의 영향을 받았다. 사우디에 사는 이맘, 설교자, 전도자, 아랍어 교사들에게 와하비 교리에 대한 시험을 치렀고 그들은 더 이상 교리에서 아쉬아리파[34]를 따르지 않았고 수피도 아니었다.

당시 사우디아라비아 무슬림들은 이집트의 알아즈하르가 아쉬아리파를 따른다고 생각하고 살라피 형제단이 살라피와하비가 되도록 촉구했다. 살라피가 정치적이고 사회적인 맥락에서 형제단 안으로 들어갔고 점차적으로 니깝을 쓰는 여성이 보이고 무슬림들에게 아무렇지 않았던 생활 방식과 예술 활동이 점차 닫히고 있었다. 당시 이집트에서 형제단들은 대부분 중산층이었고 시골의 교육받은 계층이었는데 집에서 피아노가 없어지고 이샤릅(머리만 감싸는 스카프)을 쓰는 여성이 늘었다. 사우디아라비아의 오일 국부가 수천 명의 무슬림 형제단을 불러들였고 안와르 알사다트 대통령에 의하여 감옥에서 풀려난 형제단원들도 걸프지역으로 이주했다. 오일 달러는 사우디아라비아 사람들에게 그들의 와하비 사상을 전파하는 데 도움을 주었고 와하비 운동은 이집트를 비롯한 주변 국가에 많은 영향을 주었다. 1967년 이스라엘과의 전쟁에서 실패한 뒤 나세르 아랍 민족주의 실패는 이데올로기적인 빈 공간을 사우디의 와하비 사상으로 채우는 데 충분한 여지를 남겨 주었다. 사우디아라비아의 와하비 책들이 당시 이집트 대학가에서 조직된 알자마아

34_ 와하비 운동의 창시자 압둘와합은 이븐 타이미야의 책들에 의하여 영향을 받았고 아쉬아리파의 이성적인 해석에 의문을 갖고 살라프가 제시한 한계를 뛰어넘지 않도록 오직 꾸란과 순나에만 의존하자고 주장했다. 아쉬아리 파는 이성에 의존하였다. 무으타질라 파는 아리스토텔레스의 영향을 받은 이슬람의 메타피직스를 지지하였다. 아쉬아리파에게 타끌리드는 이슬람의 전승만을 가리켰으나 무으타질라파에게 타끌리드는 이슬람의 전승과 아리스토텔레스와 신플라톤주의의 전승도 포함되었다.

알이슬라미야에 속한 극보수 청년들에게 큰 영향을 주었다.

알자마아 알이슬라미야는 종교적인 단체이었는데 처음에는 학생회 문화부에 속해 있거나 그렇지 않은 형태로 있다가 점차 이슬람주의와 관련된 일을 하는 활동조직으로 바뀌어 갔다. 가장 첫 번째 알자마아 알이슬라미야는 카이로 대학교의 까쓰르 알아이니 의대에서 출발하여 알렉산드리아의 공대 그리고 나중에는 이집트의 여러 대학으로 퍼져갔다. 일부 학자들은 이들이 파키스탄의 자마아테 이슬라미Jamaat-e-Islami(1941)의 선례를 따른 것이라고 보았다.

무슬림 형제단의 리더들은 알사다트 대통령이 이슬람주의자들을 정계에 활동하도록 허락한 이후에 조직의 부활을 기도하였다. 조직의 젊은 피를 수혈하기 위하여 와하비 사상에 기울어진 이슬람주의자 대학생들을 모집하기 시작했다. 이렇게 새로 들어온 신입들은 조직 안에서 살라피 요소를 강화하는 데 기여했다. 그리고 이들 청년들은 형제단원들이 종교적인 문제와 교리적인 이슈를 등한시하고 턱수염을 기르는 살라피 입장을 받아들이지 않는다고 비난했다. 새로 들어온 청년들을 달래기 위하여 형제단의 옛 회원old guard들 중에는 형제단을 창시한 하산 알반나가 규정한 정체성을 포기하고 살라피 교리를 받아들인 단원도 있었다. 그 후 형제단의 리더들은 턱수염을 기르기 시작했다. 게다가 형제단의 공식적인 담화는 살라피 색깔을 분명하게 보여 주었다. 이를테면 무슬림 형제단의 대변인이 교회 건축을 하람(금지사항)이라고 발표했고 기독교인들은 지즈야(인두세)를 내야 하고 무슬림들은 음악을 거부하고 통치자나 국민의 뜻과 상관없이 샤리아가 시행되어야 한다고 말했다. 그러나 무슬림 형제단 안에는 무함마드 알가잘리, 무함마드 아부 자흐라, 사이드 사비끄, 유수프 알까라다위처럼 중도 온건'I'tidāl wasatiyyah 노선을 따르는 사람도 있었다. 무슬림 형제단 안에는 교리와 법에서 살라피적이고 비평적인 방식을 취하는 순수한 살라피 성향의 무슬림들이 내적 여건을 고려하면서 확대된 외적 맥락에서 자리를 잡아갔다. 이집트라는 환경에서 무슬림 형제단 안에 살라피적인 요소들이 있었고 자마아 안싸르 알순나(혹은 자마아 알순나 알무함마디야)는 와하비 사상에 아주 가까웠다. 자마아 안싸르의 창설자 하미드 알파끼 hamid al-faqi는 와하비 인물들을 이집트에 소개한 첫 번째 무슬림이었다. 이집트 대학들에서 당시 알자마아 알이슬라미야에 속한 학생들은 자마아 안싸르에 속한 사람들이었다. 카이로에는 살라피 서적들을 파는 서점이 있어서 젊은이들이 살라피 서적들을 사러 갔고 하산 알반나 역시 젊은 시절에 이 서점을 들락거렸다. 알반나가 무슬림 형제단을 창설하기 전에 그는 처음부터 다아와 살라피야(살라피 전도)를 지향했다.[35] 많은 살라피 서적들이 다시 출간되었고 그중에는 사우디아라비아 살라피의 책들과 이집트인 압드 알라흐만 압드 알칼리끄의 책도 있었다. 이 시기에 와하비 사상에서 관례가 된 이슬람법적인 논제 즉 남자와 여자 간의 관계와 남녀 유별의 문제, 음악, 예술, 문학의 문제 그리고 심지어는 축구 문제 등도 다루었다. 그런데 살라피의 니깝 문제는 이집트 사회는 물론 무슬림 형제단 안에서도 이견을 보였다. 이슬람법적인 의상은 다아와 살라피야가 확산된 알렉산드리아 대학교에서 여대생들에게 강요되었고 이집트 다른 대학들로 확대되기 전에 카이로 대학교로 전해진 후 이집트 사회로 퍼져갔다.[36] 더구나 남녀공학, 여교사와 여교수를 받아들이는 문제 그리고 남성이 턱수염을 기르는 것도 논쟁이 되자 1970년대 살라피의 주된 흐름은 고립주의를 형성해갔다. 그들이 이집트 사회를 변화시키고자 하는 강한 욕망에서 대체 사회를 만들기 위한 '이데올로기'로 발전해갔다. 1952년 7월 혁명 이전부터 형제단 세대들이 전수한 군대적인 가치와 듣고 순종하는 문화(사므으 와따아)에 근거한 비밀 군사적 경험이 형제단 안에 있었다.[37] 1954년과 1965년 사이에 형제단에게 강하게 영향을 준 꾸뜹계 주류도 형제단 안에 있었다. 이집트가 1967년 이스라엘과의 전쟁에서 패하고 1970년대 초까지 사

35_ Hossam Tammam, 앞의 책, 113.

36_ 위의 책, 114.

37_ 위의 책, 115.

회분위기가 저하된 상황에서 학생과 이집트 사회 속으로 살라피가 더 많이 확산되었다. 그때 무슬림 형제단은 간부와 조직들이 일격을 맞아 퇴조를 보이던 시기라서 형제단을 살라피화tasalluf하는 두 번째 물결이 시작되었다. 살라피와 형제단이 상호 협조하였고 살라피 계와 꾸뜹계가 조직력을 확보하였다. 형제단 안에서 일부 학생들이 양극화를 보이자 살라피 형제운동(살라피야 이크와니야)의 성격에 대한 협의가 이뤄졌다. '깨어남의 청년'이란 그룹들이 무슬림 형제단을 종교적으로 태만하고 교리를 무시하는 사람들이라고 비난했다. 무슬림 형제단의 지도부는 어쩔 수 없이 턱수염을 길러야 했는데 당시 무슬림 형제단의 종정 무쓰따파 마쉬후르가 이 일에 앞장섰다. 그러나 이때 이슬람 교리와 율법에서 와하비의 영향을 받은 무슬림들이 무슬림 형제단에 가입하는 것을 거부하였는데 그것은 자신들이 무슬림 형제단 안에서 중시되지 못한다는 것을 알았기 때문이었다.

1976년 알렉산드리아에서 다아와 살라피야(살라피 전도단)가 결성되었다. 그런데 알자마아 알이슬라미야의 청년들 중에는 정치사상에서 꾸뜹과 마우두디에 영향을 받은 사람들이 있었는데 이들은 강경적, 혁명적, 고립적인 사상을 발전시켰다. 무슬림 형제단과 살라피 간의 상호 영향을 주고 받았는데 운동에 있어서는 무슬림 형제단이 와하비에 영향을 주었고 이데올로기에 있어서는 살라피가 무슬림 형제단에게 영향을 주었다. 사이드 꾸뜹을 따르는 무슬림들은 살라피야 지하디야(지하드를 하는 살라피)라는 새로운 단체를 만들었다.[38]

그런데 1990년대 들어와서 이집트의 종교적·정치적 상황이 급변하였다. 무바라크 대통령은 무슬림 형제단이 대중적인 일을 할 수 있도록 비교적 자유를 주었다. 이집트 무슬림들은 종교에 대한 열심과 종교에 대한 지식을 구하였고 일부는 보수주의로 기울어서 이집트 사회의 종교적인 분위기와 더불어 살라피에 접근하려는 무슬림들이 있었

38_ 위의 책, 121.

다. 이집트 사회가 보수주의로 가고 있었기 때문에 살라피 이크와니(살라피 형제운동)의 종교지도자들이 인기를 끌었다. 무슬림 형제단 안에서 살라피들이 영역을 확대하는 가장 손쉬운 방법은 다아와(전도)를 강조하는 것이었다.[39] 또 1990년대 위성 TV가 확산되면서 사우디 사람들은 그들의 교리를 더 많이 확산시키는 데 힘썼고 살라피 성향의 무슬림 형제단의 설교가들은 위성 TV를 통하여 이슬람에 대한 그들의 이해를 전파하기 시작했다. 살라피 성향의 무슬림 형제단원은 국민들의 인기를 끌었고 무슬림 형제단 안에서 그들의 영향력도 커졌다. 그리고 형제단원들을 교육시키는데 이제는 두 가지 정체성, 즉 무슬림 형제단과 살라피의 특징들을 모두 가르쳤다. 이 두 가지가 잘 섞인 설교가들 중에는 이집트 정계에서 논란이 된 싸프와트 히가지(1963-)와 하짐 쌀라흐 아부 이스마일을 들 수 있다. 전자는 이슬람의 칼라파제를 부활하고 대통령 재임 기간 중 예루살렘을 되찾아 오는 데 가장 적합한 대선 후보로 무함마드 무르씨를 밀었고 아부 이스마일은 살라피 대선 후보였는데 그의 어머니가 이중 시민권을 가지고 있어서 중도에서 탈락하였다. 살라피와 무슬림 형제단의 두 가지 성향을 가진 무슬림들은 살라피와 무슬림 형제단 사이를 다리 놓는 역할을 하는 '살라피가 된 쉐이크'들이었다. 이들 살라피가 된 무슬림 형제단원들은 무슬림들에게 살라피에 가입하라고 강요했다. 무슬림 형제단의 사상은 정치적이고 운동권적인 측면에 관심을 두었고 다아와 살라피야는 교리, 교리 간의 차이, 복장 문제, 사회적인 관계에 더 관심이 많았다.[40]

그런데 사이드 꾸뜹과 같은 급진적인 사상을 가진 무슬림 형제단의 매파 인물과 공동 보조를 맞추는 살라피들이 있었다. 사이드 꾸뜹은 이슬람주의 사상가로서 무슬림 형제단 소속이었다. 그는 나세르 정권에 대항하여 지하드를 해야 하고 당시 이집트 사회가 자힐리야 시대에 살고 있다는 주장을 펴다가 처형되었다. 꾸뜹의 사상은 나중에 무슬림

39_ 위의 책, 123.

40_ 위의 책, 127.

형제단 지도부에 의하여 거부되었다. 그러나 폭력을 포기하라는 지도부의 요청에도 불구하고 무슬림 형제단원들 중에는 정치와 사회에 급진적인 견해를 갖고 사이드 꾸뜹의 사상에 동조를 보이는 사람들이 있었다. 2010년 무슬림 형제단의 최고 종정이 된 무함마드 바디으와 그의 보좌역 마흐무드 잇자트Ezzat, 고므아 아민gum'a 'Amin은 무슬림 형제단의 조직 업무를 하는 꾸뜹계qutbī tanzīmī에 속한다.[41] 사이드 꾸뜹은 알아즈하르에서 공부한 적은 없지만 이븐 한발과 이븐 타이미야의 영향을 받았고 모더니티와 서구화를 비평하는 데 이 두 사람의 사상을 사용하였다.[42]

모더니티와 이슬람주의 차이

구 분	모더니티	이슬람주의
권 위	모더니티의 해석	꾸란과 순나(하디스)
변 화	변화 수용	과거회귀
법	현대 시민법	샤리아
국 가	정치와 종교 분리	정치와 종교 일치

41_ 위의 책, 131.

42_ 이븐 한발의 삶에서 가장 주목할 부문은 8-9세기에 이라크와 레바논 지역에서 융성한 알무으타질라와의 갈등이었다. 그는 알무으타질라의 사상을 이단적이라고 보고 격렬하게 공격했다가 알마으문 칼리파에 의하여 심한 고문을 받았다. 이븐 한발은 꾸란을 문자적으로 해석literalist하라고 했나. 이런 사상이 바그다드와 디미스커스와 아이윱조 멸망 후 그리고 맘룩 시대 내내 지배적이어서 수세기 동안 이슬람 철학과 법학이 발전하지 못하고 창의적인 활동을 질식시켰다. 이븐 타이미야(1263-1328)는 바그다드에 살았던 이븐 한발의 제자였다. 그는 유럽에서 온 십자군과 동양에서 온 몽고의 침입을 받았던 시기에 살았다. 그는 다마스커스와 카이로로 근거지를 옮겨가며 그의 사상을 급진화하였다. 그는 현대화 사상을 순수한 종교에 대한 반역으로 생각하였다. 그는 문자적인 해석을 벗어나게 하려는 철학적 해석을 반대하였다. 이슬람 사상에 신선한 통찰력을 주는 수피즘도 혹평하였다. 이븐 타이미야는 이슬람율법의 엄격한 시행과 꾸란에 대한 문자적인 해석을 이슬람율법의 유일한 근거로 삼았다. 그리고 이런 이슬람율법과 지하드를 떠난 권력은 범죄라고 말했다. 이븐 타이미야의 사상은 사이드 꾸뜹과 지하드 운동가들의 글에 나타나고 있었다.

사이드 꾸뜹은 미국을 방문하고서 서구 사회를 카피르의 땅이라고 했다. 그는 나세르 대통령과 민족주의자들을 이슬람을 근절시키려는 배교자들이라고 했다. 무슬림 형제단이 살라피화된 현상은 사회적인 현상과 사상적인 현상 두 가지를 갖는다. 와하비가 무슬림 형제단 운동에 깊은 영향을 주었다. 그러나 이집트 내 살라피는 와하비에 의한 영향보다는 이집트 사회의 사상적, 사회적 맥락에 더 많이 영향을 받았다.[43] 무바라크가 2006년 말 무슬림 형제단을 탄압할 때 무슬림 형제단의 보수 진영은 개혁 성향의 형제단원들을 주변화시키는 데 성공하였고 매파가 리더십을 갖게 되었다. 매파들이 리더십을 확실히 바꾼 계기는 무슬림 형제단이 2007년 정치 현장에 나오게 되었을 때였다. 개혁 성향의 무슬림 형제단원은 민주주의와 리버럴한 가치를 주장하고 나섰는데 무슬림 형제단의 정치 프로그램은 이런 주장을 논박하기 시작했다. 이런 새로운 쟁점 사항으로 인하여 보수 진영의 사람들이 무슬림 형제단을 장악하였고 모든 법안이 이들 지도자 그룹의 허락을 받도록 했다. 특히 콥트 기독교인과 여성은 대통령 후보로 나갈 수 없다는 결정은 기독교인과 리버럴 무슬림들에게 혼란을 불러일으켰다. 2009년 형제단 지도국guidance bureau 선거에서 매파가 확실히 장악하고 진보적인 성향인 압드 무님 아불 푸투흐가 축출되었다. 2010년 초 꾸뜹계에 속하는 무함마드 바디으가 종정에 선출된 것을 계기로 보수적 성향은 자리를 굳혔다. 이슬람주의자들은 종교에 대하여 비판적인 태도를 갖는 좌익 세력들을 증오하였다. 무슬림 형제단은 빈곤층과 소외 계층보다는 중산층에 더 많은 관심을 쏟았다. 그러나 그 후 무슬림 형제단은 지도국의 이니셔티브에 따라서 지방에 대한 영향력도 강화했다. 그래서 지방에서 온 형제단원들에게 도시 토박이를 희생시키면서 조직에서 일할 수 있는 기회를 더 많이 부여하고자 하였다. 이집트의 일부 도에 해당하는 다까흘리야, 알샤르끼야, 알가르비야, 아시유뜨, 알미니야에

43_ Hossam Tammam, 앞의 책, 134.

서 온 무슬림 형제단의 영향력이 증가하였고 이들 도에서 온 사람들이 무슬림 형제단 본부의 주요 요직을 장악하였다. 무르씨 대통령과 사아드 알카타트니도 이들 도에서 온 사람들이었다. 이런 지방색 문화와 살라피 성향이 무슬림 형제단으로 하여금 서구에 비개방적인 성향을 갖게 했다. 오늘날 무슬림 형제단은 창설자 하산 알반나가 추구한 창단 취지와 크게 달라졌다. 하산 알반나의 대행이었던 알리 알기다위의 손자 칼리드 알기다위는 지금의 무슬림 형제단이 정치적인 야망 때문에 그리고 리더들의 생각이 달라져서 무슬림 형제단의 본래 원리에 합치되지 않는다고 했다.

무슬림 형제단의 리더들의 마음속에 사이드 꾸뜹에 대한 열렬한 충성을 아무도 숨기지 않는다. 세계의 여러 곳에서 테러를 하는 무타아슬리마(자신들이 참 이슬람을 시행한다고 주장하는 사람들)들 역시 자신들이 사이드 꾸뜹을 따른다는 것을 숨기지 않으면서 자신들을 '꾸뜨비'(꾸뜹을 따르는 사람)라고 부른다. 사이드 꾸뜹을 따르는 팔레스타인[44]의 하마스는 이스라엘 적에 대한 지하드를 하면서 집권하고자 하는 욕망을 갖고 있다. 그래서 2006년 하마스는 가자 지구에서만 자치를 하기 시작했다. 2010년 형제단과 폭력, 무력 간의 관계에 대하여 논란이 많았다. 체첸(시샨)에서 지하드 사건에 무슬림 형제단의 역할이 있었고 1990년대 알제리에서는 이슬람주의 무장 운동 단체가 활동하고 있었고 2007년부터는 알까이다와의 공조가 있었다. 이슬람주의자들의 운동에서 지하드는 이슬람의 율법의 하나로 여겨졌다. 1970년대 이후 이집트의 알자마아 알이슬라미야와 지하드 운동(하라카 알지하드)은 지하

44_ 무쓰따파 알낫자르는 '팔레스타인이 너에게는 무슨 의미이냐'라는 글에서 만일 당신이 이슬람주의자라면 팔레스타인 문제는 너에게 교리적인 문제라서 팔레스트인에 대한 너의 의무는 알라를 예배하는 것의 일부가 되고 알라에게 가까이 가는 것이 된다고 했다. 그러나 만일 당신이 리버럴 무슬림이라면 팔레스타인의 문제는 네가 방어해야 할 가치가 있는 것이 된다고 했다. 그런데 만일 당신이 좌익 세력이라면 팔레스타인에 대한 너의 입장은 민족 간 전쟁과 약자의 승리 그리고 인류에게 적대적인 세계 시온주의와 대항하여 싸우는 것과 어떻게 서로 조화시키느냐에 관심을 가질 것이라고 했다.

드 방식을 취했다. 2012년 집권에 성공한 무슬림 형제 운동은 무력과 폭력을 사용하는 것에 반대하는 입장을 취했으나 2013년 군부에 의하여 무르씨 대통령이 축출된 뒤에는 폭력을 조장하고 이집트 여러 광장에서 시위를 주도하며 폭력을 행사했다. 무슬림 형제단은 종교적인 단체로 출발하였으나 이집트 내 정치적 상황이 달라지면서 1948년 팔레스타인 전쟁에 참전하였고 자신들을 군사적 민병대라고 불렀다. 형제단은 판사 아흐마드 알카진다르와 총리 마흐무드 파흐미를 암살했다.[45] 이집트는 1974년 군사적 기술 조직으로서 이슬람주의 쿠데타 조직(탄짐 인낄라비 이슬라미)이 생겨났다. 알지하드, 알자마아 알이슬라미야가 등장하였고 쿠데타, 혁명, 무기 휴대, 국가와 충돌 등을 금하지 않았다.[46] 그리고 알지하드 조직과 알자마아 알이슬라미야는 1981년 알사다트 대통령을 시해하는 데 성공했다. 그러나 무슬림 형제단은 1980년대와 1990년대를 그들의 정치적 참여를 강화하면서 무력을 사용하는 집단을 반대하였고 자신들을 온건하다는 인상을 주려고 했다.

2012년 무슬림 형제운동은 이집트에서 정권을 잡은 후 사상의 온건 노선을 견지했다. 그러나 일부 이집트인들은 과거 무슬림 형제단의 가르침의 하나였던 '적을 제압하고 적에게 거짓말을 해도 된다'(무함마드 알사바그, 『조직의 실제와 무슬림 형제운동의 역할』, 1989)는 말을 기억해두라고 한다. 사이드 꾸뜹은 그의 사상과 걸맞지 않은 사회를 카피르라고 했다. 그래서 아랍 세계에 타크피르가 퍼져갔다. 현대화가 토착화되지 못한 불안한 상황에서 통치자들이 약속한 발전과 번영이 실현되지 못하는 환경에서 이집트인들의 일부가 사이드 꾸뜹의 사상을 받아들였다. 사이드 꾸뜹을 따르는 사람들은 자신들의 정체성을 드러내기 위하여 이집트 사회를 카피르로 몰아갔고 이런 강압적인 시도가 다른 무슬림들을 자신들의 그룹으로 끌어들일 수 있었다. 마치 이슬람이 시작되기 이전을 자힐리야 시대라고 하여 이슬람을 모르던 시대라고 한 것처

45_ Hossam Tammam, 앞의 책, 145.

46_ 위의 책, 150.

럼 이집트 사회를 자힐리야 시대라고 불렀다. 사이드 꾸뜹에게 이집트 지성은 보수적인 정체성을 유지하는 것이었고 여성들은 자녀 양육과 가사에만 전념하도록 제한하였다. 여기서 가장 중요한 모델은 서구를 모방하지 않는다는 것이었다. 이 시기에 사이드 꾸뜹은 서구의 물질적 가치에 적대적이었고 아랍의 정신적인 가치를 우선했다. 그는 탁상 공론을 버리고 균형 잡힌 사회를 실현시키기 위하여 정치 현장에 뛰어들어야 한다고 외쳤다.47

47_ 1952년 무함마드 나깁과 가말 압둔 나세르 등의 자유 장교단이 일으킨 군사 쿠데타를 7월 23일 혁명이라고 하는데 이 혁명 전까지 사이드 꾸뜹은 무슬림 형제운동에 긴밀한 관계를 가지고 있었으나 형제단의 회원으로 가입하지 않았다. 사이드 꾸뜹은 새로운 누크바(엘리트)이었던 자유장교단을 통하여 그의 사상을 실현하려고 했으나 그들이 그의 계획을 실현하는 데 도움이 안 될 것을 알고 그들과 결별했다. 무슬림 형제단과 사이드 꾸뜹과의 관계는 1950년에 시작하였고 1954년 11월 그가 체포되어 15년 징역형을 받았다. 감옥에서 그의 생각을 발전시켰는데 그는 이집트 사회의 대다수가 자힐리야 시대에 살고 있고 소수만 믿는 자(무으민)라고 하였다. 이 소수가 카피르 국가와 사회에 이슬람을 끌어다 주는 일을 해야 한다고 촉구했다. 1966년 그가 사형을 당하기 전 잠시 건강문제로 출옥한 기간에 『이정표』와 『이 종교』 책을 출간했다. 그는 서구화를 막고 이슬람의 순수성을 지켜야 한다고 했고 그가 죽은 후 이집트인들의 일부가 그를 따랐으나 무슬림 형제단은 그의 타크피르 사상을 거부하였다.

CHAPTER 04

현대 아랍 국가의 이슬람

1 종교적 외식 그리고 양극화와 테러

(1) 종교적 외식과 양극화

이집트의 35세 이하의 젊은이들이 꿈을 실현시키는 데 누구를 의지하느냐는 설문(2005년)에 70.8%가 알라를 의지하고 37%는 자신을 그리고 18.6%는 가족을 의지한다고 했다. 그리고 너 자신과 가족에게 바라는 것은 무엇이냐는 질문에는 76.2%가 안정되고 행복한 생활을 원했고 48.5%는 서로가 가까워지고 하나가 되는 것 그리고 33.6%는 더 높은 생활수준을 기대했다. 그러나 대부분의 이집트인들이 겪고 있는 고통 중에는 왕따를 당하거나 양극화에 끼어들고 있다는 것이다. 과거 무슬림 형제단들은 대학생들을 포섭하기 위하여 '알라를 통하여 널 사랑한다'는 말을 하면서 학생들의 학습자료나 학용품을 사주고 개인적으로 좋은 날에 축하하는 모임을 만들어 주고 종교 서적들을 선물해 주었다. 이와 유사한 전략으로 무바라크 정권 때 국민 민주당NDP은 학생들의 언어 훈련과 컴퓨터 교육에 장학금을 주고 스포츠 행사에도 지원을 아끼지 않았다. 그러나 당시 무슬림 형제단은 정치적 비판을 일삼았으나 국민민주당은 정치에 대한 비판을 듣고 싶어 하지 않았다. 이집트의 대다수의 젊은이들이 두 정당 간의 양극화에 참여했으나 소수는 시민사회 활동이나 인터넷에 빠져 있었다.

그렇다면 왜 이집트 젊은이들이 종교 그룹에 더 많이 참여했는가? 우선 기존 정치에 대한 환멸을 느꼈다는 것이다. 리더십의 정치적 담화와 그들의 리더십에 대한 기대가 서로 달랐다. 국가가 젊은이들의 발전을 돕는 역할이 약하고 젊은이들이 입당하여 정치를 배울 수 있는 기회가 없었고 국가와 정당에서 활동할 수 있는 기회가 제한되었다. 반면에 종교 운동들은 국민을 대변하여 그들의 이익을 위하여 변호해 주었다. 결국 국가에 충성하는 것보다는 종교에 충성하는 길을 택했다. 선거과정에 대한 불신과 정치권의 권모술수가 청년들로 하여금 종교에 더 많이 심취하게 했다. 알아즈하르와 같은 전통적인 종교기관의 역할이 주변으로 몰리면서 알아즈하르의 학자들의 공정성과 사고방식에 의심을 하기 시작했다. 결국 무슬림 형제단의 효과적인 접근에 젊은이들이 관심을 갖기 시작했다. 이집트에서 점증하는 실업률은 미래에 대한 불안을 가져다 주었고 젊은이들이 시간은 많은데 할 일이 없어서 여가활동이나 종교적인 의무를 행하는 데 시간을 할애했다.

모든 사회 계층을 하나로 묶는 사회 종교적인 환경에서 이집트인이 자신의 정체성을 다시 가지려고 종교적 외식이 이뤄졌다. 20세기 중반 중동에서는 세속주의, 아랍 민족주의, 사회주의들을 실험해 보았다. 이제 통치자들은 그들의 정치적인 행보에 종교적인 정통성을 부여하고 싶었다. 그런 종교적인 정통성은 종교적인 상징표현이나 종교적 외식의 형식을 띠었다. 이집트는 1952년 이전까지는 정체성의 위기가 시작되지 않았다. 1956년 이슬람 법원을 폐기하였던 나세르는 샤리아의 역할을 잊게 했다. 알아즈하르를 국가의 통제하에 두려고 1961년 개정법과 함께 나세르는 울라마들의 역할을 새로이 정했다. 1974년의 알사다트의 인피타흐(경제 자유화) 정책으로 인하여 개인의 도덕적・윤리적 기준을 파괴하였고 국민들은 물질을 더 많이 얻는 데 가치를 두었다. 1979년 이스라엘과 평화협정으로 이집트는 아랍 움마와의 연합이 깨졌다. 1981년 알사다트의 암살로 이집트인들에게 가치 붕괴와 도덕적 퇴폐가 1997년까지 계속되었고 1997년부터 현재까지 종교적 외식이 증가하고 있다. 정체성의 위기는 폭력(1981-1997)과 종교적 외식(1997-현대)으로 나타났다.

그러나 세속주의와 사회주의로 유명한 나세르 대통령은 알아즈하르의 종교학자들을 이용하여 아랍 리더의 이미지를 만들어 갔고 아랍 사회주의 이념과 국유화 인물이라는 이미지를 줄여가는 데 이슬람을 사용하였다. 오늘날에도 마찬가지이지만 나세르 역시 팔레스타인 문제를 사용하여 아랍과 이스라엘 간의 갈등을 정통성의 도구로 사용하였다. 그는 "라 사우트 야을루 파우끄 사우탈 마아라카(이스라엘에 대항하는 전쟁의 소리보다 더 큰 소리는 없다)"는 유명한 말을 남겼다. 울라마들은 이스라엘과 같은 적을 대항하기 위한 이데올로기적인 목적으로 지하드 개념을 사용했다. 그는 종교가 사회주의 국가의 개념과 하나가 되는 것처럼 이슬람사회주의Islamic socialism를 각급 학교에서 가르치게 했다. 나세르가 죽은 뒤 9년이 지나서 알사다트 대통령도 이스라엘과의 평화협정을 정당화하기 위하여 사용한 것은 이슬람교였다. 나세르의 종교적 외식은 종교적인 옷을 입고 아랍 영웅의 이미지를 만들어 사회주의, 범아랍주의, 세속주의를 강화하는 이데올로기이었다. 그러나 알사다트는 이데올로기적인 종교적 외식을 뛰어넘어 이스라엘과 평화협정을 위한 종교적인 구실을 만들었다. 그는 자신을 신앙인 대통령(알라이스 알무으민)이라고 칭하고 이마의 기도 표지zabib와 염주를 사용하고 고향에 갈 때는 갈라비야 전통의상을 입었다. 이집트인들에게 더 많이 호소력이 있도록 그는 종교적인 상징표현들을 사용했다.

1980년대 이슬람은 회사에까지 파고들어 샤리카트 타우지프 알아므왈(금융 투자회사)은 종교적 외식을 활용했다. 이들은 이슬람율법이 금한 대로 고정된 이자를 주지 않았다. 50만 명의 고객들이 이 회사에 돈을 맡겼는데 이 일은 이집트에서 전후무후한 경제적인 센세이션을 일으켰다. 이들 회사들은 고정이윤이 없었으므로 때로는 정부 은행보다 더 많은 이윤을 고객에게 주었다. 그러나 1988년 정부는 이슬람 투자 은행에 대한 강압 조치를 취하였고 알라이얀과 알샤리프 등의 성공 시대는 막을 내렸다. 정부는 이들 회사 창업주와 그의 가족들이 이슬람을 이용하여 벼락부자가 되고 호화스런 생활을 하는 것을 보았고 이들 회사들이 사회 경제적 발전의 잠재력을 가지고 정부의 세속주의 성향에 도전하는 것을 보게 되었다. 이집트인들은 일부 무슬림들이 종교를 가지고 비즈니스를 한다고 비판했다. 국영 언론매체들은 이들 회사가 다이아몬드와 금 거래 등 비이슬람적인 사업을 한 것을 낱낱이 밝히고 몇몇 저명인사들이 높은 이율을 받는 것을 고발했다. 민영 신문은 고위 공직자나 군인, 정부 관료들이 몇 명이나 이에 관여되었는지를 밝히려 하였고 국영 신문은 정부 관료들의 이름이 언론에 공표되지 않도록 애를 썼다. 1988년은 무바라크가 미국을 방문한 해였고 이집트 국민들은 찻집에서 무바라크의 방미를 이야기하면서 미국에 가서 고개를 조아리고 돈을 얻으러 간 것이라고 비아냥댔다. 이집트 정부는 금융 투자 회사의 문을 닫게 하고 자금을 동결시켰고 투자자들은 한동안 지나서 원금의 절반 혹은 원금 이하의 금액만 회수할 수 있었다.

종교적 외식은 이집트인의 정체성의 위기를 해결해 주는 게 아니라 하나의 증상symptom에 불과하고 종교의 기본 메시지에 초점을 두지 않고 종교적 상징에 초점을 두었다. 그렇게 함으로써 사회가 외적이고 표면적인 수준에 머물고 실제 행동의 변화에는 이르지 못했다. 종교와 상관없는 비디오 클럽과 상스러운 노래로 돈을 번 유행가 가수 사아드 알수가이르가 후원하여 지은 모스크에서 무슬림이 기도를 해야 하느냐 하지 말아야 하느냐를 두고 언론 매체들이 토론을 벌였는데 이 논쟁이 가수나 배우들 그리고 모스크를 지은 벨리댄서들을 더 종교적으로 외식하는 결과를 낳았다. 이들은 매년 순례와 우므라(소순례)를 가고 고아들을 돕고 마와이드 라흐만mawa'id rahman(금식하는 달에 지나가는 행인들이 금방 먹을 수 있게 무료 급식을 해 줌)을 하고 자신들이 히잡을 쓰기도 했다. 이집트인들은 이런 상징적 표현은 이집트인들의 것이 아니고 걸프의 것이라고 했다. 그러나 종교 중심의 사회에서는 종교적 신앙심religiousness이 종교적 외식을 동반할 수 있다는 것을 알 수 있다. 그러나 오늘날 아랍의 종교적 외식은 정도를 넘어섰다. 이집트인들의 종교적 외식에 대한 사례들을 찾아보면 이집트 속담에 "아침부터 점심까지 친구에게 충고하라. 만일 그가 너의 충고를 듣지 않으면 그를 속이라"는 말이 있다. 만일 이집트가 이슬람 사회가 아니라면 이런 속담도 그럴 수 있겠다고 넘어갈 수 있으나 이집트는 파라오 시절부터 종교심이 강한 나라이다. 여기서 속인다는 것은 기회주의 혹은 자기 편의를 나타내는 것이다. 그리고 이집트 무슬림들에게 내려오는 속담 중에는 "집에서 필요한 것은 모스크에서 금지된다. 집의 매트리스는 모스크에 기부하는 것이 금지된다"는 말이 있다. 이 속담은 세속적인 공간(집)과 거룩한 공간(모스크)을 구별한다는 것이다. 사실 이집트 사회는 개인의 예배(이바다)보다는 종교의 사회적 차원(무아말라)의 외식에 더 관심이 많다.

그러면 종교적 외식(겉치레)과 진실로 마음에서 우러나오는 종교적 신앙심과의 차이는 뭘까? 2012년 11월 9일 이집트 이슬람주의자 무르씨 전 대통령이 "한밤중을 지나 새벽 2시까지 잠을 안 자고 새벽기도를 하지 않는 사람은 알라가 먹을 양식을 주지 않는다"고 했다. 그는 "새벽 두시에 자는 사람이 어떻게 새벽기도를 하며 기도하지 않는 사람을 알라가 어찌 먹을 양식을 주겠는가"라고 했다. 정부가 밤 10시에 가게 문을 닫으라고 하니 국민들 대부분이 이를 반대하자 대통령이 직접 나서서 위와 같은 말을 모스크에서 한 것이다. 그러나 국민들은 그가 대통령으로서 종교지도자처럼 행세하는 것은 그가 할 일이 아니라고 했다.

(2) 종교적 외식과 테러

사우디아라비아 왕국을 건국한 압둘 아지즈 왕은 와하비 가문의 여성과 혼인하여 정치와 종교를 결합시켰다. 사우디아라비아의 왕은 법을 규정하고 이슬람 종교의 준수를 지휘하므로 다른 아랍 국가의 왕들과는 달랐다. 요르단의 경우 압둘라 국왕은 외교를 주로 관여하고 내치는 총리가 내각을 통하여 수행한다. 사우디아라비아 국왕은 사우디 국왕이라고 부르지 않고 메카와 메디나의 관리인khadim al-haramayn al-sharifayn이라 불린다. 2001년 9월 11일 미국에서 비행기 납치 테러가 일어났는데 19명 테러범 중에서 15명이 사우디아라비아 출신이었다. 우사마 빈 라딘이 사우디아라비아 출신이고 사우디아라비아는 오일 달러의 일부를 근본주의자 학교와 모스크를 세워서 와하비 운동의 이데올로기를 확산시키는 데 사용하였다. 9/11 이후 사우디아라비아는 미국의 공조로 테러리스트를 추적하고 체포하였다. 2003년 5월 사우디아라비아에서 테러 공격이 있었고 사우디아라비아 정부는 모스크에서 과격한 이념을 설교하는 이맘들을 교체하였다. 그런 사우디아라비아에 가서 이슬람을 접한 사람들은 사우디 이데올로기의 영향을 직간접으로 받았다. 그중 하나가 1970년대 사우디아라비아에 일하러 간 이집트인 근로자들이었다.

대부분의 이집트 모스크에는 옛날에는 노랗게 바랜 풀로 만든 매트나 꽃으로 장식된 카펫이었으나 오늘날에는 밝은 초록색 매트로 바뀌었다. 초록색은 사우디아라비아에서 이슬람의 창시자 무함마드가 좋아했던 색깔로서 생명과 식물과 번영을 상징하여 오늘날 초록색은 이슬람의 상징색이 되었다. 그런데 이런 초록색 매트는 보수적인 걸프국가의 영향이다. 걸프지역에서 돈을 번 일부 이집트인들은 이집트 상류층이 많이 사는 알무한디신, 알마아디, 알아구자, 알도이(도끼), 자말렉에서 살았고 일부는 토박이들과 섞여 살았다. 그들 중 일부는 걸프지역에서 번 돈으로 모스크의 재정을 도왔다. 사실 정부의 종교성이 모스크에 주는 재정은 너무 열악했고 거의 없다시피했다. 그래서 보수적인 걸프국가에서 일하다가 돌아온 이집트인들은 이집트에 종교적 외식religiosity을 증가시켜 준 주 요인이 되었다.[1]

모스크, 꾸란 독경, 아잔(기도에 부름)의 스타일, 턱수염, 베일의 모양, 갈라비야(겉옷)와 대중의 사회 문화적인 행동이 중상류층의 이집트인에게 영향을 주었다. 특히 세속적・서구적 이데올로기에 영향을 받은 도심지 사람들도 걸프의 영향을 받기 시작했다. 이집트인들이 걸프지역으로 이주를 시작한 것은 1973년도 10월 전쟁 이후인데 폭등하는 유가로 야심찬 국가 발전 계획을 갖고 있던 걸프 산유국의 요청에 따른 것이었다. 걸프 아랍 국가가 여러 분야의 전문기술자를 구하자 이집트인들이 대거 진출했다. 이집트 통계청에 의하면 1970년 7만 명이 근로자로 나갔고 1976년에는 140만 명이 걸프 지역으로 나갔다. 1970년대 말에는 4천만 인구 중에서 해외거주자가 3-4백만 명이었고 1981년에는 4백만 명이 해외에서 살았다. 그런데 이란・이라크 전쟁(1980-1988)과 이라크의 쿠웨이트 점령(1990-1991)으로 그곳에 살던 이집트인들이 귀국길에 올랐다. 1994년 이집트의 해외 이주민들 중 60%가 사우디아라비아에 살았다. 이들 중 80%는 '좋은 무슬림이 누구인가'를 생각하고 걸프지역에서 엄격한 이슬람을 배우게 되었다. 이집트 도심지역에서는 서구의 영향이 줄어들고 이슬람주의가 증가했고 시골에서는 걸프지역의 이슬람이 더 강하게 영향을 주었다. 해외로 나간 근로자의 가족들 중 94%가 보수적인 성향의 옷을 전달받았고 이집트 모스크의 매트는 초록색으로 바뀌어갔다. 아잔(기도하러 오라는 외침)과 꾸란의 독송은 더 낭랑한 목소리로 바뀌었고 이전보다 덜 음악적이었다. 여성의 히잡과 니깝 스타일도 사우디아라비아와 쿠웨이트 스타일로 바뀌어갔다.

이슬람의 종교적 외식은 종교적인 상징들을 존중하고 종교적인 의무의 실행을 증가시키는 것이었다. 종교적인 의무와 책임을 완수하는 데에서 개인적이고 사회적인 만족을 느꼈다. 종교적인 외식은 이집트인의 정체성의 위기가 직접적으로 표출된 것이었고 이런 위기는 이슬람의 두 영역 사이에 존재하는 모순 때문이었다. 그 하나는 예배(이바다)이고 다른 하나는 매일 매일 무슬림들의 사회적 상호활동(무아말라)

1_ Haitham E. Swelam, The Quadruplus Modus: A Discourse on Egypt's Identity Crisis in postcolonial Era, Indiana University, 2011, 144.

이다. 무슬림들이 매주 금요일 예배를 드려도 그들에게 매일 일어나는 사회 생활에서 전혀 변화가 없었다는 데 문제가 있었다. 모스크에서 예배는 드리는데 그들의 행동에는 변화가 없고 사람들에게 전혀 영향을 주지 못했다. 그러다보니 무슬림들이 결국 종교의 형식성이 강화되는 쪽으로 변질되고 말았다. 이슬람 사회가 계속 부패되어 가고 좋은 무슬림을 만나기 어려웠다.

이집트뿐만 아니라 아랍 무슬림들 모두에게 증가되는 종교적 외식과 이와 관련된 이슬람적인 상징 표현symbolism이 늘고 있다.[2] 걸프지역에 나갔다가 돌아온 이집트 근로자들이 이슬람의 종교적 외식의 상징적인 표현, 즉 갈라비야, 긴 턱수염, 베일 스타일, 걸프 음식 등을 이집트에 수입하였다. 이집트인들이 무슬림으로서의 정체성이 상실된 공간에 이런 것들이 그 빈자리를 차고 들어간 것이다. 아랍 무슬림들의 이데올로기적 진공상태에 지하드의 사상이 들어간 것과 같다. 일련의 신념들beliefs이 내재화되면 급진화되고 급진화된 무슬림들 중에서 자신의 확신에 근거하여 호전적인 사고를 갖고 폭력적인 지하드를 감행한다.[3] 이집트의 사이드 꾸뜹의 이념과 사우디아라비아의 와하비 운동이 결합된 것이다. 무슬림 형제단에 대한 이집트 정부의 탄압 때문에 일부 무슬림들은 무슬림 형제단에서 떠나 버렸다. 그러나 무슬림 형제단의 일부는 그냥 무슬림 형제단에 남고 그 일부는 사이드 꾸뜹의 이데올로기를 받아들였다. 이집트의 여러 대학교 학생회에서 활동한 무슬림 형제단은 사이드 꾸뜹의 이념을 받아들인 알자마아 알이슬라미야와 교류하게 되었다. 그런데 대학교 학생회에서 활동하던 무슬림 형제단 졸업생들이 졸업하여 이집트 사회의 전문직종에 취업하였다. 알자마아 알이슬라미야의 출신들은 더 급진적인 사람들로 바뀌었고 1990년대 여러 폭력을 일으켰다. 이집트의 많은 폭력의 주범은 알자마아 알이슬라

2_ 위의 책, 151.

3_ Leila Ezzarqui, De-Radicalization and Rehabilitation program: The case of Saudi Arabia, Georgetown University, 2010, 5-6.

미야와 지하드 조직이었다.

무슬림 형제단과 알자마아 알이슬라미야는 서로 이데올로기가 다르지만 대학에서 정치적 야망을 가진 이슬람주의자들이었다. 알자마아 알이슬라미야에 속한 대학생들은 일반 무슬림과 다르게 말하고 다르게 입고 다르게 행동하고 그들과 다른 식으로 음식을 먹었다. 그들은 사회문화적인 차이 때문에 고향에서는 이방인이었고 대학교에서는 다른 학생들의 눈에는 아웃사이더였다. 그들은 대학가에서 종교와 이슬람에 대하여 자주 말했고 경건한 이슬람의 가치를 설교하였다. 그들은 무슬림 여성은 베일을 쓰라고 하고 대학 내에서 남녀 동석을 거부했다.

1973년 아랍 산유국의 3달러 하던 원유가 40달러로 올랐고 그로 인한 국가의 부는 국가의 발전에 사용되기 시작하였다. 이때 걸프 산유국은 이집트의 값싼 노동력을 필요로 하였고 걸프지역에서 귀국한 이집트 무슬림들은 살라피와 와하비 사상을 이집트 가족 친척들에게 전하기 시작하였다. 이집트인들에게 문화적인 문맹, 종교적인 문맹, 학문적인 문맹이 심했고 이집트 무슬림들은 더욱 무타다이인(종교성이 강한)이 되었다.

2 종교 종파 간의 충돌

이라크 주민들 사이에는 인종과 종교의 뒤섞임이 너무 복잡하다. 이라크 사회는 어느 부족과 종족에 속하느냐와 어느 이슬람 종파에 속해 있느냐가 중요한 변수가 되었다. 사담 후세인 시절에는 순니파 무슬림과 시아파 무슬림이 혼인도 했다. 1995년 연구자료에 의하면 이라크의 주요 종족은 아랍인, 쿠르드인, 투르크멘Turkmen, 앗시리아인Assyrian, 야지드인Yezidi, 그리고 아르메니아인Armenian 등이 있었고 종교적 정체성으로는 순니 무슬림과 시아 무슬림이 있었고 기독교인들 중에는 칼다니야 기독교Chaldean와 앗시리아 기독교Assyrian 그리고 아주 극소수의 유대인들이 살았다. 이라크의 대다수는 전 인구의 65%를 차지하는 시아 무슬림이고 순니 무슬림은 32% 그리고 기독교인은 3%이었다(2008년 이라크 중앙정보부 통계). 기독교인들은 니느웨, 바그다드, 바스라에 주로 살고 순니 무슬림은 안바르, 바그다드에 살면서 사우디아라비아의 지원을 받았다. 시아 무슬림은 이라크의 여러 지방에 살고 주로 남부에 밀집되어 있으며 이란의 종교 성직자의 영향을 받았다. 순니의 종주국 사우디와 시아의 종주국 이란이 이라크의 순니와 시아에게 각각 영향력을 행사하고 있다.

이라크 문화는 걸프 문화와 공유한다. 이라크의 아랍어는 요르단, 오만, 이집트 대중 아랍어와 다르고, 바그다드 대중 아랍어는 매우 이라크적이고 지역적인 방언이 심해 다른 아랍인들이 그가 바그다드에서 온 줄을 금방 안다. 이라크인들은 가족적인 유대와 대가족에 대한 헌신이 국가에 대한 충성보다 강하다. 그래서 역사를 보면 상대에게 영향을 끼치고 정치적인 결과를 얻기 위해서 상호 교류적인 리더십을 통한 전통적인 부족적 리더십을 가졌다. 그러나 사담 후세인은 시아 무슬림들 중에서 특정 집단에게 분노를 표출하기도 했다. 특히 이라크 남부에 살던 습지의 아랍인Marsh Arab은 1950년에 40만 내지 50만 명이었는데 2003년 마아단 지역에 4천 명밖에 살지 않았다.[4] 1980년대 사담 후세인의 탄압에 못 이겨 이주한 것으로 보인다. 더구나 사담 후세인 때 시아 무슬림들이 대규모 체포되고 강제로 이주를 당하여 고문 그리고 심지어는 처형도 당했다. 이 습지대는 군탈영병과 반 사담 후세인 세력들이 몰려들었고 사람들이 몰려들자 이 지역의 환경파괴가 확산되었다. 이라크는 오랜 세월 권력다툼으로 불신 문화가 팽배해지고 가족 중심의 부족적 리더십이 강화되었다. 그러나 2005년부터 시아파 총리가 이라크 국가를 다스리면서 시아파 주도의 정권을 거부한 순니파들이 반정부 활동을 계속 벌였다. 이라크의 가장 심각한 문제는 순니 무슬림과

4_ C. Brandt Smith, The Effects of Current Leadership, Models in post-Sadam Iraq, Capella University, 2011, 37-38.

시아 무슬림 간의 종파 싸움이다. 폭동과 치안부재 그리고 국민의 1/4이 빈곤에 처해 있고 의사들의 절반은 이라크를 떠나 버렸고 10명 중 4명은 깨끗한 물을 마시지 못하고 전쟁 후유증으로 기형아를 출산하였다. 대량살상무기를 찾아 없애겠다고 호언 장담하던 부시 대통령은 이라크 전쟁으로 아랍인들에게 미국에 대한 반감을 더 갖게 해 주었다. 미군의 이라크 침공으로 순니 무슬림과 시아 무슬림 간의 종파적 갈등이 크게 확산되었으나 그 근원은 이미 1990년 걸프 전쟁 때부터 있었다. 걸프전에서 다국적군에게 시아 무슬림들이 협력했다고 의심하던 사담 후세인은 시아파 무슬림들을 탄압했다. 그리고 사담 후세인 이후 시아파들이 정권을 잡자 권력에서 밀려난 순니파들이 자신들의 정치적 입지를 찾으려고 폭동을 일으켰다. 미군이 이라크에서 철수한 뒤에도 시아 무슬림들을 표적으로 한 순니 무슬림들의 공격이 계속되었다. 미국이 자유와 민주주의를 심겠다던 이라크에는 미군이 떠난 뒤에도 이런 구호가 무색할 정도로 치안 부재, 빈곤, 정치 불안, 잔인한 고문과 인권 유린이 계속되고 있다.

2003년 이후 이라크에서 순니 무슬림과 시아 무슬림 간의 충돌로 타크피르 문화를 확산시키는 가운데 다종교 사회인 시리아에서는 22년간 이슬람주의자들이 침묵하다가 아랍의 혁명 이후 새롭게 부각되었다. 1982년 하마의 대학살로 이슬람주의자들이 진압되었으나 2004년 전투적인 이슬람주의자들이 다시 등장했다.[5] 바샤르 알아사드는 아버지의 권력을 세습한 후 국회에서 행한 취임 연설에서 대개 아랍 통치자들이 행하는 것처럼 꾸란에 나오는 비스밀라히 알라흐마니 알라힘(자비롭고 자애로운 알라의 이름으로)이라는 말로 시작하지 않았다. 바아스당의 세속주의 정책을 이어받아서 시리아내 각급학교의 여학생들과 여성들에게 히잡을 쓰지 못하게 했다. 2001년 9월 바샤르는 무슬림 형제단의 리더 알리 사드르 알딘 알바야누니의 동생 아부 파트흐가 시리아

5_ Line Khatib, Islamic and Islamist Revivalism in Syria, Canada, 230.

로 돌아오도록 허용했고 1년 뒤 바아스 정권은 700명의 무슬림 형제단 정치범들을 석방했다. 2004년에는 112명의 무슬림 형제단 정치범을 석방하였고 2004년 2월에는 40년 만에 처음으로 '종교적 메시지의 갱신 tajdīd al-khitāb al-dīnī'이라는 이슬람 대회를 열었다. 2005년 바아스당 대회에서는 시리아가 온건한 이슬람의 선두주자가 되자고 했다. 이슬람주의자들에게 말할 기회를 주지 않으면 그 좌절이 근본주의로 변질되므로 이슬람주의자에게 말할 수 있는 기회를 주자고 했다. 2007년 시리아 군사관학교에서는 처음으로 종교인을 불러다가 강의를 들었다.

이라크에 대한 미군의 침입과 시리아의 경제 위기는 이 지역에서 전투적인 이슬람주의자의 부흥을 가져오게 했다. 시리아 정부는 국내 이슬람주의자들과 타협을 해야 했는데 그들을 사회적으로 용인하고 시리아 국회 내 국민 진보 전선[6]이나 독립된 정당으로 활동하도록 허용했는데 10년 전만 해도 전혀 생각할 수 없는 일이었다. 이런 타협적인 조치가 호전적인 이슬람주의자의 부상을 막지 못했다. 2004년 알까이다와 연계된 그룹이 테러를 했고 2005년에는 알까이다와 연계된 지하드 조직, 준드 알샴(다마스커스의 군대)에 속한 2명의 대원들이 체포 혹은 사살되었다. 2006년 9월에는 10여 명의 무장대원들이 다마스커스 미 대사관 공격 시도를 했고 2008년에는 정치 감옥소에서 무슬림 형제단과 이슬람주의자들의 항거가 있었는데 그들이 곧 진압되었다. 2008년 9월에는 다마스커스 공항으로 가는 중앙정보부 건물 근처에서 200킬로그램이 넘는 폭발물이 터져 17명이 사망했는데 정부는 이슬람주의자 테러리스트의 공격이라고 했다.

시리아 사회의 통제를 위하여 바샤르 정권은 이슬람주의자들과 타협하여 국가와 이슬람주의자 연합state-islamist alliance을 꾀하였다. 시리아에서 세속주의가 정치와 사회 부문에서 점차 쇠퇴하고 종교적인 관

6_ 국민 진보 전선(al-Jabha al-Wataniya at-Taqaddumiya, NPF)은 1972년 하피즈 알아사드에 의하여 창당되었다. 사회주의를 지지하는 좌익 정당들과 아랍 민족주의 성향의 사람들이 연합하여 만들어진 정당이고 아랍 사회주의 바아스당이 이끌도록 했다.

심을 갖는 사람과 정권 간에 새로운 갈등이 시작되었으나 바샤르 알아사드 정권은 이슬람주의자를 통제하는 데 실패했다. 국가가 동원된 이슬람주의자들에 대한 지원은 역으로 정권과 다양한 세속주의 시리아 사회에 대한 도전으로 다가왔고 국내 이슬람주의 활동을 증가시켜 주었다. 시리아 이슬람주의자들은 비즈니스 중심의 정책과 반 정부활동을 벌였고 이 둘이 서로를 강화시켜준 데 비하여 시리아 사회와 시리아 정권의 리버럴 요소는 점차 약화되어갔다.[7] 아랍 혁명 이후 정권을 수호하기 위해 수만 명의 국민을 살해한 바샤르 알아사드에게 2013년 미국 오바마 대통령은 바샤르의 정권퇴진을 종용했고 영국과 프랑스는 시리아 야권이 무장하는 것에 찬성했다. 시리아 혁명 세력과 무장 저항 세력은 주로 순니 무슬림이고 바샤르는 시아의 분파 알라위파이었다. 2012년 11월 11일 시리아 혁명과 야권을 위한 국민 연합이 카타르에서 결성되었고 2013년 3월에는 이스탄불에서 이들 야권이 중심이 된 시리아 국가 위원회가 시리아 임시 정부의 총리를 선출했다. 그러자 이집트로 피신한 시리아 알라위파들은 이스탄불에서 결성한 임시 정부를 지지한다고 하면서 그동안 시리아의 바샤르 정권이 자신들의 의사와 상관없이 그들이 정권에 이용당했다고 하면서 혹시 앞으로 야권세력들이 시리아를 통치하면 알라위파에 대한 보복성 정치는 하지 말아달라고 요청했다. 바샤르 알아사드 정권은 아랍 연맹이 제안한 시위자에 대한 발포 중단을 거부함으로써 2011년 11월 아랍 연맹의 회원권이 정지되었고 2013년 3월 도하에서 열린 아랍 연맹 회의에서는 바샤르 알아사드 대신에 시리아 야권 연합의 대표가 이 회의에 참석하였다. 아랍 혁명 이후 시리아 반정부 세력으로서 이슬람주의자들이 급속도록 확산되었고 순니 보수주의자와 지방의 수피, 무슬림 형제단, 엄격한 극보수 살라피들이 반정부 세력의 중심이 되었다. 2013년 4월 2000년 이상된 시리아의 유대교 회당이 약탈을 당했다. 오늘날 아랍의 종교와 종파 간

7_ Line Khatib. 앞의 글, 232.

의 충돌은 아래와 같다.

(ㄱ) 시리아: 시아 알라위파와 순니 무슬림
(ㄴ) 레바논: 마론 정교회-드루즈(종교)-순니 무슬림-시아 무슬림
(ㄷ) 이라크: 순니 무슬림-시아 정권-쿠르드(인종)
(ㄹ) 바레인: 순니 정권과 시아 무슬림
(ㅁ) 예멘: 후스 시아 무슬림과 순니 무슬림
(ㅂ) 이집트: 콥트 기독교-순니 무슬림

사우디아라비아는 순니파 종주국으로서 시아파 종주국인 이란과 종파적인 문제에서 늘 불편한 관계를 가져왔다. 한마디로 순니 무슬림 국가에 시아 이슬람이 전파되는 것을 사우디아라비아나 이집트 등 순니 무슬림들이 철저하게 막겠다는 것이다. 이라크에서 순니 무슬림들의 정권이 사담 후세인의 몰락으로 시아 정권으로 바뀌자 사우디아라비아와 카타르는 이라크의 순니 무슬림들을 적극 지원하였다. 이집트는 오랫동안 기독교와 순니 무슬림 간의 종교간 갈등이 심했다. 무함마드 무르씨 대통령이 이란과의 외교관계를 열자 이집트 내 살라피 다아와와 누르 정당은 이집트와 이란 간의 관계를 연 무함마드 무르씨와 무슬림 형제단을 반대하는 캠페인을 벌였다. 이란은 이집트인 여행객들의 이란 입국 비자를 면제했다. 살라피측에서는 이집트 정부가 이란과 개방한 후 시아파 TV 채널과 출판사를 허락했기 때문에 시아 이슬람이 이집트에 급속도로 확산될 우려가 있다고 했다. 순니 이슬람에서는 시아가 진리의 길을 잃고 변질된 종파firqah dāllah wa al-munharifah라고 했다. 이집트에서 순니 학문의 메카인 알아즈하르는 시아 종교에 대한 개요에서 시아는 종파madhhab가 아니고 다른 종교라고 했다. 레바논에서는 1970년대부터 확대된 종파 간의 갈등이 지금도 계속되고 있다. 순니 무슬림이 다스리는 바레인에서는 시아 무슬림들의 정치적인 소외가 여러 차례 시위를 불러왔고 예멘 북부에 사는 후스 시아 무슬림들의 소요

사태로 사우디아라비아가 개입하기도 했다. 팔레스타인에서는 유대교와 순니 이슬람 간의 충돌이 계속되고 있다.

3 현대화

2011년 아랍 혁명 이전에 아랍 국가들 중에서 민주주의가 상대적으로 중시된 나라로는 쿠웨이트, 레바논, 요르단, 바레인 등이고 세계화에 적극적인 국가로는 요르단, 레바논, 쿠웨이트, 바레인, 카타르, 튀니지, 아랍에미리트 등이었다. 그러나 아랍 국가들이 모두 현대화를 거부하는 몸짓을 강하게 보였다.

사무엘 헌팅턴(1996)은 이슬람의 부흥은 현대화를 이해하려고 하는 노력과 현대화의 부산물이었다고 했다. 그러나 아유비Ayubi(1991)는 현대화modernization의 과정이 이슬람주의 성향의 사회적 및 정치적 운동을 일으키는 데 작용하였지만 무슬림들이 그 현대화의 가치와 결과를 거부한 게 아니고 현대화를 더 강하게 바랐고 아직도 그들이 현대화를 얻지 못했기 때문이라고 설명했다. 오늘날 아랍 무슬림들이 현대화를 온전히 얻지 못했기 때문에 현대화를 싫어하기도 했다. 아유비는 결국 실패한 세속주의와 현대화가 무슬림이 대다수인 아랍 국가에서 왜 이슬람주의가 상승하는지를 신빙성 있게 설명해 주는 실질적인 동기가 되고 있다고 했다. 그러나 이집트, 레바논, 튀니지, 터키 등과 같이 비교적 가장 현대화되어가는 무슬림 국가에서도 그들 정치와 사회에서 이슬람주의가 부흥하고 있는 것은 현대화나 세속화의 부산물이라고 할 수 있는가? 아랍 혁명이 일어난 아랍 국가들의 공통점은 장기 독재, 1인 전제 정치, 자유와 사회 정의 부재, 청년실업과 미래에 대한 불확실성, 경제의 불균형 분배, 사회적 갈등과 이슬람 종파 간의 갈등, 빈부 격차 심화 그리고 정치와 경제 개혁에 대한 열망 등이다. 아랍 세계가 현대화가 지체되면서 아랍인들은 새로운 이데올로기를 찾고 있었다.

19세기	20세기	2011년 아랍 혁명 이후
현대화의 지체와 리버럴리즘	아랍의 부진을 탈출하기 위한 시도로서 '이슬람주의'이데올로기 등장	국가와 사회로 이슬람주의의 확대 시도

아랍 혁명 이전에 모든 아랍국가들이 전제정치를 했지만 그렇다고 야당의 목소리를 항상 억누른 것은 아니고 언론의 자유를 어느 정도 개방했다. 튀니지에서는 기존 제도권 정치가 아닌 영역에서 특히 축구 경기장, 인쇄물, 공연예술, 페이스북이나 트위터를 통한 인터넷 캠페인, 거리 시위 등이 허용되었다. 2011년 1월 14일 튀니지의 야스민 혁명[8]에 이어서 북아프리카와 중동에서 기존 정권에 대한 저항의 물결이 번져갔다. 튀니지와 비슷하게 청년들과 야권이 이집트, 알제리, 요르단, 바레인, 모로코, 이란, 리비아, 사우디아라비아, 예멘 등지에서 정치와 사회 경제개혁을 요구했다. 물론 아랍 국민들의 요구사항은 아랍각국마다 달랐다. 튀니지에서는 고물가가 자인 알아비딘 븐 알리Zine El Abidine Ben Ali(일명 벤 알리) 대통령 반대로 선회하여 사회 경제적인 내러티브 안에서 시위가 시작되었다. 이집트에서는 정권 세습 루머가 끊이지 않는 가운데 아랍 혁명의 구호는 정권 물러가라고 외쳤고 예멘과 바레인에서는 정치와 경제 사회적인 변화를 요구하면서 기존 엘리트 층에 대한 불만을 표출했고 예멘에서는 다시 남예멘이 북예멘과 분리하자는 세력들이 생겨났다. 요르단에서는 공정한 선거법과 총리 하차 등 내각의 변화를 요구했고 일부 시위자들은 압둘라 국왕의 퇴진을 부르짖었다.

아랍 혁명 후 언론에서는 튀니지 혁명의 뿌리가 SNS(소셜 네트워크 서비스)라고 했다. 물론 야스민 혁명이 사람들을 동원하고 재빨리 사람들을 결속하게 하는 데 페이스북이나 트위터가 없으면 불가능했겠지만

8_ 자스민이란 용어는 영어식 표기이고 아랍인들은 야스민이라고 부른다. 야스민은 튀니지의 국가 꽃이고 튀니지 혁명을 야스민 혁명이라고 부르기 전에는 무함마드 부아지지 혁명Mohamed Bouazizi과 페이스북 혁명으로 불리었다.

정치적인 혁명과 시위, 저항 등 정치적인 참여는 복합적인 원인이 있었다고 할 수 있다.[9] 튀니지 혁명이 일어나기 전 5년 동안 튀니지에서 페이스북은 다이내믹한 커뮤니티 기반의 대화가 일어난 대중적인 공간으로 발전했다. 자인 알아비딘 븐 알리 대통령도 열렬한 페이스북 사용자였다. 그러나 그와 그의 가족에 대한 국민의 불만과 비난은 당국에 의하여 인터넷에서 통제되고 검열되었다. 튀니지인들이 의미 있는 정치참여를 하려면 정당, 단체, 시민사회 조직을 통해야 했다. 그러나 일반인들이 중요한 정치발전 과정에 의견을 내고 그들의 소망과 관심을 표현하기 위해서는 페이스북만 한 게 없었다. 시위자들에 대한 경찰의 과잉 진압과 폭력 행위가 삽시간에 튀니지 남부에서 페이스북을 통하여 전국으로 전해졌다. 2011년 1월 14일 이전에는 페이스북에서 부아지지의 분신 자살에 대한 내용보다는 대통령이 경찰에게 총기를 사용하여 무고한 시민들을 진압하라고 한 명령에 초점을 둔 내용들이었다. 이런 이야기가 퍼지자 튀니지 당국은 인터넷을 중단시켰다. 2011년 1월 11일 튀니지의 암마르 장군은 대통령의 명령에 거부하여 시위하는 시민들에게 총을 쏘지 않겠다고 했다. 튀니지에서 혁명 이후 개혁과정에서 2011년 푸아드 알무밧자아 대통령이 이끈 과도 정부는 튀니지에 많은 변화가 필요하다는 것을 실감하고 이슬람주의 정당 알나흐다 당을 합법화했다. 그리고 여당이 해산되고 헌법 개정을 위한 위원회가 생기고 내무부 안의 비밀 조직이 해체되었다. 조용한 경찰 국가가 시끄러운 정치판으로 바뀌었다. 튀니지인들은 자스민 혁명 이전에 축구를 좋아했다. 그들은 축구를 통하여 자신이 좋아하는 팀을 응원하면서 경찰과 제도권을 반대하는 구호도 외칠 수 있었다. 튀니지 혁명과 이집트 혁명은 갑작스런 일로 혁명이 일어난 것이 아니라 그 이전부터 진행되어 온 국민적 요구가 진행되면서 그 절정에서 혁명이 일어난 것으로 보는 것이 적절하다. 이집트는 2005년 무슬림 형제단이 국회의석의 20%를 차

9_ Laryssa Chomiak, Confronting Authoritarianism: Order, Dissent And Everyday Politics In Modern Tunisia, University of Maryland , 2011, 160.

지하였고 튀니지의 경우 시디 부아지드에서 멀지 않은 남부 가프사 Gafsa 지역에서 2008년 경찰이 무력으로 시위를 진압한 적이 있었다. 결국 시민들 속에 뿌리를 내린 정권에 대한 정치적 논쟁이 점차 발전하여 혁명으로 발전했던 것이다. 사실 전제주의적 통치권하에서 시민들이 정치적인 게임에 관심이 없었던 것은 아니었다. 일반적으로 아랍무슬림들은 축구, 정치, 성(여성)에 대한 이야기를 하지 말라고 하지만 실제는 이런 이야기를 즐긴다. 혁명 이후 엘리트 중심의 정치가 거리 정치로 내려와서 은폐된 정치적 담화가 이제는 공개적인 토론으로 발전했다. 튀니지의 알나흐다 운동의 지도자이고 아랍 혁명 이후 여당 연합의 강력한 파트너였던 라쉬드 알간누쉬Rachid Ghannouchi(프랑스어 이름)는 무슬림 형제단에 속한 사람이다. 2013년 7월 알간누쉬는 무슬림 형제단 국제기구의 제2인자가 되었고 무슬림학자들의 국제 연합회 회장인 유수프 알까라다위의 후계자로 점쳐지고 있다. 알간누쉬는 알나흐다 운동 안에서 상호 공동이해를 위하여 두 개의 리버럴 성향의 정당과 연합했다. 튀니지 지도층은 샤리아의 의미와 샤리아를 법률에 사용하는 방법에서 의견 차이가 있었다. 알간누쉬는 미래에 살라피들이 튀니지를 장악할 가능성은 없다고 말하고 그 이유는 튀니지에서 살라피들이 여러 단체(가마아트)로 되어 있어서 하나의 흐름이 아니라고 했다. 그는 강경한 그룹이 튀니지 사회를 장악할 수 없다고 했으나 2013년 5월 샤리아 지지 그룹(자마아 안싸르 알샤리아, 살라피 계)이 튀니지에서 살라피 대회를 여는 것을 튀니지 정부가 반대했다.

알간누쉬는 이슬람주의 운동harakah islamiyyah이 최종에는 승리할 것이라고 했다. 이슬람주의 운동이 어려운 과도기를 거친 후에는 아랍 세계를 장악할 것이라고 했고 그는 튀니지의 좌익 세력들과 세속주의 세력들이 모두 이슬람주의에 합류하기를 바랐다. 결국 최종에는 이슬람만이 마르지이야(최종 권위)가 되어야 한다고 했다. 그는 아랍 세계의 정권들이 이슬람주의자와 세속주의 무슬림들이 과도기에는 서로 연정을 하고 나중에는 세속주의 무슬림이 이슬람주의 무슬림에 가까워지면 이슬람주의자들이 정치를 주도하게 될 것이라고 했다. 그의 주장은 모든 무슬림들에게 '이슬람'이 공통분모가 되고 나중에는 이슬람이 모든 이들에게 마르지이야가 되어야 한다고 했다. 알간누쉬는 아랍의 봄 당시 석유의 부를 가지고 아랍의 봄에 가장 많이 저항했던 걸프 아랍국가들 특히 쿠웨이트, 바레인, 카타르가 변화할 것이라고 했다.

4 민주주의 실험

알아즈하르의 쉐이크[10] 아흐마드 알따입은 이슬람의 슈라(아랍의 의결제도)가 민주주의의 한 형태였다고 했다. 일부 무슬림들은 이슬람은 슈라를 통해서 일찍부터 민주주의를 해 왔다고 강조했다. 그러나 노벨 수상자 아흐마드 주웰은 CBC 채널과의 인터뷰에서 2012년 이집트에서 요구되는 민주주의의 종류를 재검토해야 한다고 했다. 이슬람주의적 민주주의Islamic democracy는 미국식 민주주의와 다르다고 했다. 주웰은 이집트인들은 삶의 실제와 종교를 서로 분리하는 것을 받아들이지 않는다고 하였고 오랜 역사 속에서 이집트인들에게 가장 기본적인 요인은 신앙aqidah이라고 했다. 2012년 이집트 이슬람주의 정부가 통과시킨 새 헌법에 대하여 그는 일부 조항은 잘 된 조항들이었으나 많은 헌법 조항이 문제가 있다고 했다. 2012년 이집트 이슬람주의자들이 중심이 되어 만든 헌법 6조는 "정치제도는 민주주의와 슈라, 무와따나, 다당제, 평화적 권력 이양, 권력의 분리와 그들 간의 균형, 법에 의한 통치, 인간의 권리와 자유의 존중 등의 원리에 근거하고 이 모두는 헌법에 명시된 것과 같다"고 했다. 이 헌법 조항을 보면 무슬림들은 민주주

10_ 쉐이크의 의미가 다양하다. 쉐이크 알아즈하르라는 말은 알아즈하르의 종교 수장을 가리키고 걸프 국가에서 쉐이크는 국정을 맡은 가문의 사람을 가리키고 수피즘에서 쉐이크는 수피 스승을 가리킨다. 아랍 교회에서 쉐이크는 장로를 가리키고 대학에서 쉐이크라고 부르면 그가 해당 분야에 지식이 뛰어난 사람이라는 것이다.

의와 슈라가 서로 다르다고 생각하여 두 낱말을 따로 표기했다. 헌법 전문가들은 위 6조에서 '민주주의와 슈라'라는 말은 민주주의 국가로 가되 이슬람 마르지이야(최종 권위)가 동반되어야 한다고 해석했다. 다시 말하면 이슬람교가 그 중심에 있고 민주주의가 부차적인 모양새다. 이것이 바로 이슬람식 민주주의이다. 일부 무슬림들은 이슬람의 슈라가 바로 민주주의라고 했다. 이슬람 역사에서 보면 초기의 정통 칼리파(무함마드의 계승자)들이 세운 제도는 슈라이었다. 현대에 와서는 일부 무슬림들은 이슬람에는 인간적 가치관이 있다고 보고 슈라가 현대 민주주의와 유사하다고 생각했다. 무슬림들은 이슬람에 좋은 가치들이 있다는 데 부인하지 않았다. 다만 시간과 장소가 일치될 때 이슬람의 온전한 가치가 잘 전달된다고 했다. 다른 국가에 살고 있는 사람들은 시간과 장소가 달라졌으므로 아랍 국민들이 알고 있는 것과 다를 수 있다고 했다. 7세기 아라비아반도에서 이슬람 이전에는 국가dawlah가 없었다. 우리가 알고 있는 민주주의라는 말의 democracy는 그리스어인데 국민의 통치hukm al-sha'b라는 두 단어로 되어 있다. 민주주의는 국민이 자신들을 통치하는 것을 말한다. 그러나 아랍에서 슈라는 이슬람 이전 시대부터 있었던 제도인데 각 부족들의 수장들이 모여서 의견을 수렴하는 것이었다. 이것이 이슬람으로 들어와서 국민들을 대신하여 문제를 풀고 묶는 사람들이 슈라이었다. 그러나 아랍 무슬림(국민)들이 통치자와 의견이 달라지면 혁명을 일으켰다. 이슬람 역사에서 칼리파 알리 븐 아비 딸립에 대항하여 무슬림들이 혁명을 일으켰다. 그를 떠난 사람들이 카리지 파가 되었다. 칼리파 우스만 븐 압판에게 혁명을 일으킨 사람들이 그를 살해했다. 슈라에 의한 무슬림들의 정치는 칼리파들을 시해하는 것이 그 특징 중 하나였다.

오늘날 무슬림들은 민주주의와 슈라를 결합시키고 있다. 이집트에도 국회가 '마즐리스 알슈라'와 '마즐리스 알샤압'으로 나뉘어 있다. 마즐리스 알슈라는 이집트 대통령이 임명하고 마즐리스 알샤압은 국민들이 선거구에서 뽑은 국회의원들이다. 이집트인들은 마즐리스 알샤압을 첫째 방이라고 부르고 마즐리스 알슈라는 둘째 방이라고 부른다. 이집트 역사를 보면 키데위[11] 타우피끄와 아흐마드 우라비 간의 대화를 볼 수 있는데 키데위 타우피끄는 자신이 이집트인들의 주인master이라고 생각하고 이집트인들은 자신의 이익을 위한 노예들이라고 생각했다. 그래서 아흐마드 우라비[12]가 '빵, 자유와 사회 정의'라는 구호를 외쳤는데 2011년 이집트 혁명에서 이런 구호들이 다시 사용되었다. 칼리파 우마르 븐 알캇땁은 '알라가 인간을 자유인으로 창조했다'고 했다. 그래서 무슬림들은 오늘날 인간은 노예가 아니라 자유인이라고 했으나 이슬람에서 알라와 인간과의 관계는 인간이 알라의 노예라는 것이다. 무슬림들은 오늘날 과거의 노예시장은 없어졌으나 아직도 노예가 남아 있다고 보았다. 과거에는 자유라는 말이 노예의 반대말로 생각되었다. 그런데 가난의 멍에, 무지의 멍에, 질병의 멍에가 이집트 국가가 갖는 3대 문제이고 억압과 두려움 역시 노예신분'ubudiyyah이 낳은 부산물이라고 했다.

아랍 혁명 이후 2012년 이집트 대선에서는 유권자들에게 식용기름과 설탕이 오고 갔고 이슬람주의자들은 자신들을 찍으면 잔나(파라다

11_ 무함마드 알리는 자신을 와알리(Wāli, 행정관의 명칭)라는 칭호로 불렀는데 오스만 통치 하에서 총독(만둡) 역할을 드러낸 표현이고 이스마일은 자신을 키데위라고 했는데 이 말은 이집트가 좀 더 독립적인 상황이었음을 나타내는 칭호이었다. 1914년 세계 1차 대전 후 오스만 터키와 이집트가 결별하면서 오스만 술탄과 동등한 지위를 갖는다고 생각하여 자신을 술탄이라고 불렀다. 1919년 독립 운동이 일어나고 1922년 영국으로부터 독립하면서 영국의 왕과 동등한 지위를 갖는다고 천명한 이집트 왕들은 자신들을 "왕"이라고 불렀다. 그 뒤 과도기를 거치고 영국은 1946년 이집트를 떠났다. 1869년부터 1968년까지 99년간 수에즈 운하 회사들이 수에즈를 운영권을 가지고 있었고 가말 압둔 나세르는 1956년에 수에즈 운하를 국유화시켰다.

12_ 1953년 이집트 군부가 정권을 잡고 나서 가말 압둔 나세르는 역사를 지우려 했고 이집트인들은 그 이후 아무도 무함마드 알리 때부터 파루끄 왕 시절까지인 1805년부터 1952년까지 150년간의 역사에 대하여 직접적으로 구체적으로 캐묻지 못했다. 무함마드 알리 계보에 속한 10명이 이집트를 다스렸고 11번째 푸아드 2세 왕이 아직도 살아있다. 나세르 시절에는 위와 같이 150년간의 이전 왕조에 대하여 아무도 소리를 내지 못했다. 그래서 이 시기에 대한 이집트 내 연구는 사회적이고 문화적인 연구에 머무를 수밖에 없었다.

이스)에 가고 그들을 찍지 않으면 지옥에 간다고 했다. 이집트가 리버럴한 통치자 무바라크를 권좌에서 쫓아내고 이슬람주의자 무르씨가 대통령에 취임한 뒤 자신은 "현대 민주주의 시민국가"를 만들어 가겠다고 했다. 그러나 이집트 리버럴 무슬림들은 그가 민주주의가 아닌 독재를 하고 있고 시민 국가가 아닌 무슬림 형제단만을 위한 정치를 하고 있다고 하였다. 서방 언론도 그가 대통령직에서 떠난 뒤 그가 재임하는 동안 민주주의를 하지 않았다고 평가했다. 그런데 모로코의 온건 이슬람주의 운동(정의 개발당)은 이집트 무슬림 형제단보다 이데올로기적인 향방에서 더 많이 친민주적인 변화를 보여주었다. 모로코가 아랍 혁명에서 벗어날 수 있었던 것은 왕정이지만 좀 더 포용적이고 개방적인 정치제도를 가지고 있었고 이슬람주의자들이 독식할 수 없는 정치구조 때문이다. 이슬람주의자들의 민주주의는 다음 3가지 변수에 의하여 형성되었다.[13]

(1) 더 폭넓은 대중의 변화와 이슬람 이데올로기의 변화 폭
(2) 이슬람주의 운동에 대한 정부의 정책들
(3) 이슬람주의 운동가들의 조직 형태

그러나 이슬람주의자들이 주장하는 민주주의는 서구의 민주주의와는 전혀 다르다. 수단은 이슬람주의 운동의 우호적인 정치 환경을 만들기 위하여 파이살Faisal 이슬람 은행과 같은 이슬람 금융기관을 도입했었고[14] 이집트는 무바라크 정부 시절 무슬림 형제단을 금지된 단체로 지목했었다. 무슬림 형제단은 2005년 이집트 총선에서 1/5의 의석을 차지했고 결국 2012년 무슬림 형제단이 이집트 대권에서 승리를 거

13_ Ashraf Nabih elsherif, Democratization of Islamist Movement in Egypt and Morocco: Political Opportunities, Organizational Frameworks, and the Ideological Marketplace, Boston University, 2011, iv.

14_ Mustafa A. Abdelwahid, The Rise of The Islamic Movement in Sudan 1945-1989, Auburn University, 2008, v .

머쥐었다. 아랍 혁명 기간 아랍 권위주의 국가에서 제대로 민주화가 일어난 것은 아니었다. 아랍에서 개혁이 일어나는 동안 아랍 권위주의 리더들은 민주화를 통제하였다. 정권은 그들의 정치적 안정을 위협하는 한도까지 민주화를 허용하지 않았다. 표면적으로는 민주주의로의 변화가 가능한 것처럼 보였지만 실제는 그렇지 않았다. 아랍 혁명이 이뤄지는 동안에 서구는 민주화의 제3의 물결이 중동에도 퍼지지 않겠나 하는 소망을 가졌다. 그러나 팔레스타인과 레바논을 제외하고는 아랍 정권들이 아랍의 봄을 통제하였다. 이런 권위주의 국가에서 선거가 자주 실시되는 기회를 얻었지만 정권을 보호하기 위한 조치로서 민주주의를 부르짖는 것과 국민들의 의지에 따라 민주화가 이뤄지는 것과는 구분이 되어야 한다.

전제주의 국가 분류표[15]

완전한 전제주의 국가	부분적 전제 국가
이라크(사담 후세인 시절) 시리아(바샤르 알아사드 시절) 사우디아라비아	알제리, 요르단, 이집트, 쿠웨이트, 레바논, 모로코, 카타르, 팔레스타인, 튀니지, 아랍에미리트연합

그렇다면 민주화가 아랍에서 참 민주주의를 실현하게 할까? 아랍에서 민주주의 선거가 민주주의자들을 선출한 것이 아니라 리버럴하지 않은 이슬람주의자들을 선출하는 결과를 낳았다. 아랍에서 민주화가 점차적으로 진행되려면 우선 먼저 아랍 정권들이 자유화liberalization에 투자를 해야 한다.[16] 그러나 완전한 전제주의 국가에서는 참된 민주화가 덜 일어날 수밖에 없다. 모든 아랍의 권위주의 국가에서는 정권을 유지하기 위하여 아직도 민주화를 통제하고 있다.

15_ Alissa Emily Gordon, Collapse of the Arab Spring: Democratization and Regime Stability in Arab Authoritarian Regimes, Georgetown University, 2010, 16.

16_ 위의 책, 46.

5 극단화와 지하드

서구에서는 팔레스타인의 하마스, 레바논의 히즈불라,[17] 사우디의 와하비, 이집트의 지하드 조직들을 극단적이라고 했으나 아랍 무슬림들은 이들이 지하드를 했다고 말한다. 시나이 반도에는 지하드를 하는 살라피salafiyyah jihādiyyah와 이슬람주의 지하드al-jihād al-islamī가 있다. 2012년 이집트 시나이 반도에서 활동하면서 타크피르를 하는 지하드 요원jihādiyyah takfīriyyah이 체포되었고 2005년에는 시나이 반도 남부의 샤름 알쉐이크와 따바에서 잡힌 폭파범 무함마드 압둘라 알리얀은 일신교와 지하드 조직tanzīm al-tawhīd wa al-jihād에 속해 있었다. 2012년 팔레스타인과의 국경지역 라파흐와 알쉐이크 주웨이드 지역에서 활동하는 '지하드 하는 사람과 근본주의 단체al-jihādiyyah wa al-jama'at al-'usuliyyah'가 있었다. 알지하디(지하드 하는 자)와 알자마아트 알우술리야(근본주의 단체)를 알자마아트 알지하디야(지하드 단체)라고 불린다. 이 말은 근본주의자와 지하드인들이 서로 연결되어 있다. 이집트의 지하디와 타크피리, 팔레스타인의 자마아 하마스, 레바논의 히즈불라는 이스라엘을 대항하여 싸우는 세력들이다. 이집트인들에게 하마스는 팔레스타인 해방과 독립을 위하여 이스라엘과 싸우는 저항과 희생 정신의 상징이었다.[18]

무슬림들에게 '지하드'가 이슬람의 다섯 가지 기둥에 포함되지 않지만 무슬림 형제단과 살라피 무슬림들은 지하드를 알라를 위한 의무라고 믿는다. 그러나 일부 무슬림들은 오늘날 서구가 알고 있는 '지하드' 개념과 실제 이슬람에서 주장하는 지하드 개념이 다르다고 한다.

17_ 레바논에는 12 이맘파, 이스마일파, 알라위파 등의 시아파들이 살고, 정당 또는 저항 세력 혹은 테러그룹으로 불리는 히즈불라가 있다.

18_ 2013년 3월 21일 오바마 미국 대통령이 이스라엘을 방문하고 레바논의 히즈불라를 테러리스트 조직이라고 칭하였다. 그는 유럽 연합이 히즈불라Hezbollah를 테러리스트 조직에 넣는 것을 꺼린다는 것을 의식하면서 이 말을 일부러 한 것으로 보인다. 아랍 무슬림들은 팔레스타인의 하마스(순니파)와 레바논의 히즈불라(시아파)를 테러리스트로 보지 않고 저항세력으로 간주한다.

팔레스타인에서 지하드는 알라를 위하여 그 점령된 땅을 되찾으려고 적과 싸우는 것을 의미한다. 2012년 이스라엘이 팔레스타인의 가자 지구를 폭격했을 때 이집트 무슬림들 중 무슬림 형제단, 시민 세력과 청년들이 아랍 연맹 건물 앞에서 모여서 지하드의 문bab al-jihad을 열어달라고 했다. 다시 말하면 지하드를 할 수 있도록 가자ghazah로 가는 길을 열어달라는 것이었다. 지하드를 하는 살라피salafiyyah jihadiyyah는 이집트 대통령에게 지금이 이스라엘과 전쟁을 할 때라고 하면서 전쟁을 위한 결정을 해달라고 요구했다. 이들은 이스라엘을 대항하여 하마스(팔레스타인의 무슬림 형제단)를 도울 무기와 돈을 팔레스타인의 가자 시민들에게 보내는 것을 지하드라고 했다. 지하드를 하는 사람들jihādiyyun은 알라를 위하여 지하드를 하고 싶다고 했다. 이처럼 지하드라는 어휘가 살라피야 지하디야 그리고 지하디윤 등의 아랍어 단어와 같이 사용되면서 지하드가 무기와 돈을 지원하거나 직접 상대와 싸우러 나간다는 의미를 갖는다.

그렇다면 살라피와 와하비는 어떻게 다를까? 와하비 운동은 18세기 사우디아라비아 중부 나즈드 사막에 있는 다르이야에서 무함마드 븐 압둘와합에 의하여 시작되었다. 압둘와합은 급진적인 한발리 법학파를 따랐고 와하비 운동은 그들에게 충성을 다하지 않는 부족들을 억압하면서 사우디 가문의 왕자들의 후원으로 성장해갔다. 와하비는 무함마드의 무덤을 약탈하고 1801년 카르발라를 급습하여 이맘 후세인 모스크를 강탈했다. 이집트의 무함마드 알리 파샤가 터키 지원을 받아 와하비 전쟁으로 알려진 군사 점령에 나갔던 8년간은 와하비 운동이 진정되었다. 그리고 그의 두 아들에 의하여 1818년 와하비 요새는 정복되고 주동 인물들은 살해되었다. 그런데 300년이 지난 지금 이집트는 사우디아라비아의 광신적인 종교 운동의 추종자들이었던 와하비와 유사한 입장을 갖는 살라피들이 이집트 정치권에서 활동하고 있다. 특히 지하드를 하는 살라피jihādī salafī들이 문제이다.

무슬림 형제단의 슬로건은 "그리고 준비하라wa-'a'iddu"라는 말이다. 이 말은 꾸란 8장(안팔) 60장에 나오는 문장인데 "너희들이 할 수 있는 한 알라의 적과 너희 적들 그리고 네가 모르는 그들이 아닌 사람들을 놀라게 해 줄 군마와 힘을 준비하라"고 되어 있다. 이 말은 알라의 적들과 전쟁을 할 준비를 하라는 뜻이다. 무슬림 형제단 깃발에는 두 개의 가로놓인 칼이 있는데 이것은 전쟁 상태에 있는 것을 상징하고 또 사우디아라비아 가문의 휘장이 그려져 있는데 이 말은 18세기 중반 칼로써 나즈드에서 시작되었던 와하비 운동을 지지한다는 것을 상징한다. 무슬림 형제단은 종정(무르쉬드 아암)에게 맹목적으로 충성을 해야 한다. 그래서 무슬림 형제단의 회원이 되려면 꾸란에 한 손을 올려놓고 그 종정에게 충성 맹세를 했다. 그들이 불순종하면 그가 심지어 리더 그룹에 있더라도 회원 자격이 박탈된다.

무슬림들에게 '지하드'라는 개념은 공격적인 지하드, 방어적인 지하드 그리고 자신의 혼soul을 위한 지하드 등으로 나눠 설명한다. 오늘날 대부분의 무슬림들에게 지하드는 무슬림의 적에 대한 무슬림의 투쟁을 가리키는 말이다. 알라를 위하여 적과 직접 싸운다는 것은 공격적인 지하드이고 남이 공격했을 때 자신의 생명과 재산을 지키는 지하드는 방어적인 지하드이다. 그리고 자신에게서 악을 정화시키는 지하드는 혼을 위한 지하드이다. 공격적인 지하드는 비무슬림 지역을 침입하고 그들을 이슬람으로 개종시키며 기존 정부를 바꾸기 위해 폭력을 사용하는 지하드이고 방어적인 지하드는 외부 침입으로부터 무슬림 지역을 방어하는 것이나. 2008년 이집트의 알아즈하르 학원에 속한 각급학교의 교재를 검토하였는데 공격적인 지하드가 아닌 방어적인 지하드와 자신의 혼을 정화하는 지하드가 언급되어 있었다. 알아즈하르 교재들은 외부의 공격에 대하여 무슬림들이 방어하되 다른 사람을 공격하지 않는 것이라고 했다.

그런데 공격적인 지하드를 추구하는 무슬림들이 주로 읽은 책은 사이드 꾸뜹의 『이정표』와 무함마드 압둘 살람 파라즈faraj 『소홀히 한 의무al-farīdah al-ghaybah』 그리고 비무슬림에 대하여 차별을 하라고 한 『무라바Murabaa 정원』 등이었다. 파라즈의 『소홀히 한 의무』는 이슬람의 지하드는 공격적인 성격을 갖는다고 주장했고 이슬람은 칼로 전파된다고 했다.[19] 이집트인 사이드 꾸뜹의 『이정표』에서는 온 세계가 자힐리야(이슬람을 모르는 것) 시대에 살고 있다고 하면서 이슬람의 궁극적인 목적은 이런 자힐리야 사회의 바탕을 바꾸어야 한다고 했다. 그는 이 땅에서 인간이 세운 나라들을 무너뜨리고 알라가 다스리는 나라를 세우려면 공격적인 지하드를 해야 한다고 했다.[20]

이집트에서 지하디(지하드를 행하는 사람)는 아프간의 탈레반에서 온 사람들이라고 하지만 아랍 자체 내에서 자생하는 지하드 조직이 있다. 지하디는 세속주의almani 무슬림을 카피르kafir라고 부른다. 살라피들은 무슬림 형제단을 알라가 내려준 파트와를 변질시킨 사람들이라고 했고 살라피는 세속주의 무슬림들을 새벽에 기도하지 않는 카피르라고 했다. 살라피들은 '지하드 없이 세속주의 무슬림이 순수해질 수 없다'고 했다. 살라피 무슬림이 세속주의 무슬림을 카피르라고 하자 무슬림 형제단의 유수프 알까라다위는 세속적 무슬림과 리버럴 무슬림은 카피르가 아니라고 했다. 이슬람주의자들은 무바라크 정권 때 리버럴 무슬림과 세속주의 무슬림 그리고 사회주의자 무슬림들이 이집트를 망가뜨려 놓았다고 주장했다.[21] 우사마 븐 라딘은 꾸란에 나온 대로 유대교인

19_ 사우디아라비아의 국기와 이집트 무슬림 형제운동의 국기에는 두 개의 칼이 있는데 무슬림에게 물으니 이 두 칼은 이슬람을 상징한다고 했다. 1826년 이후 이집트 왕조 시기에 이집트 국기들이 왕에 따라 조금씩 변화를 보였는데 무함마드 타우피끄 왕 때는 빨간 바탕에 초승달이 있었고 그 우편에 별이 하나 있었으나 1953년 이후에는 초록 바탕에 초승달이 있고 그 우편에 3개의 별이 있었다.

20_ Babikir F. Babikir, Islamic religious Curricula and Terrorism: A Case Study of the Azherite schools in Egypt, 2008, 116.

21_ 무바라크 정부 때까지 살인과 암살을 일삼던 무장 조직이 무슬림 형제단 안에 있었다(무함마드 아부 알가르, 알미스리 알야움 지, 2012.11.27). 무르씨 대통령이 시위세력에 의해 궁지로 몰리고 있을 때 무르씨를 지지하는 무슬림 형제단에서 불법 민병 조직을 만들었다. 그런데 이집트 내 거주하는 팔레스타인의 하마스가 이집트 대통령 무르씨가 신변의 위험이 오면 그를 보호하겠다고 하마스의 군 조직인 알악싸 여단이 발표하기도 했다.

과 기독교인은 카피르(알라를 믿지 않는 자)이고 심지어는 무쉬리쿤(우상 숭배자)이라고 했다. 사우디아라비아의 2001년 이전의 학생들 교재에서는 이런 카피르를 박살내고 멸망시켜야 한다고 했다.[22]

이집트 지하드 운동의 공통적인 요인은 모두 사이드 꾸뜹의 책들에 근거를 하고 있다. 그들을 억압하는 이집트 정부에 대항하여 지하드를 하고 타크피르를 하는 것은 사이드 꾸뜹의 책에 근거한 것이다. 이집트에는 지하드 조직으로 자마아 알타크피르와 알히즈라(무함마드가 메카에서 메디나로 이주한 것에 근거하여 세속 정권의 자힐리야 사회로부터 참된 무슬림을 격리시켜야 한다고 주장함), 탄짐 알나준 민 알나르(지옥에서 구조받은 사람들의 조직), 샤밥 무함마드(무함마드의 청년), 알와시꾼 민 알나스르(승리에 대한 확신), 탄짐 알지하드(지하드 조직) 그리고 가장 큰 조직이었던 알자마아 알이슬라미야 등이 있다. 탄짐 알지하드는 1970년대 무함마드 압둘 살람 파라즈의 책을 읽은 사람들에 의하여 시작된 단체인데 1980년대 말과 1981년 초에 분명한 조직으로 성장했다. 1960년대부터 이집트의 여러 곳에서 소규모로 지하드 이슬람 조직들이 버섯처럼 자라고 있었다. 알사다트 대통령을 시해한 것은 지하드 조직과 알자마아 알이슬라미야의 합작이었다.[23]

알자마아 알이슬라미야는 이집트에서 가장 크고 넓게 퍼진 이슬람주의 운동인데 주로 사이드(이집트 남부지역) 농촌지역에서 단원들이 많았고 아시유뜨 대학에서 발아하여 여러 대학으로 퍼져갔다. 이들은 알라가 하라고 한 것은 행하고 금한 것은 하지 않는다는 것을 주창하고 좌익 학생회(공산주의와 사회주의)와 콥트(이집트 기독교)를 공격하였다. 지하드 조직은 완전히 비밀 조직이었다. 알자마아 알이슬라미야는 자신들의 과업을 선전하고 대중화하려고 했다. 2011년 이전까지 이집트 정부는 무슬림 형제단을 테러리스트 단체로 분류하였고 무바라크 정부 때는

22_ Babikir F. Babikir, Islamic religious Curricula and Terrorism: A Case Study of the Azherite schools in Egypt, 6.

23_ 위의 글, 33.

그들을 '금지된 형제들'이라고 불렀다. 지하드를 주창하는 사람들은 이븐 카시르의 책, 쉐이크 알이슬람과 이븐 타이미야 그리고 그의 학생 이븐 알까임의 책들을 읽었다. 이들은 자신들과 관련된 종교교육을 학교에서 받지 못했기 때문에 모스크에서 이런 책들을 읽었다. 지하드 조직의 지도자(아미르)로 알려진 무함마드 압둘 살람 파라즈는 그가 살고 있는 아파트 1층에 마련한 조그마한 모스크에서 설교를 시작하였고 알샤우카니의 책 『알라를 위한 지하드의 법fiqh al-jihad fi sabil allah』과 사이드 꾸뜹의 책 『이정표』 그리고 이븐 타이미야의 『파트와들』 그리고 아부 알아알라 마우두디 쓴 두 권의 책 『이슬람 쿠데타의 방법manhaj al-inqilab al-islami』과 『이슬람 국가의 통치권al-hakimiyyah fi al-dawlah al-islamiyyah』을 가르쳤다.

지하드 단체의 무프티(이슬람 법적인 견해를 발행하는 자)이었던 우마르 압둘라흐만 박사는 경찰들의 감시를 피하여 저녁에 모스크에서 이런 강의를 했다. 알자마아 알이슬라미야는 의과대학에 작은 기도실을 만들어 대학 강의를 시작하기 전 이슬람주의 교육을 했다. 지하드 조직의 리더들과 회원들은 '알자므이야 알샤르끼야와 안사르 알순나' 그룹에 속한 모스크에서 교육을 받았다. 살라피들의 교육과정은 문자적이고 가장 보수적인 접근 방법을 가졌다. 지하드 조직의 초기 교재는 사이드 꾸뜹의 두 권의 책 『꾸란의 그늘에서』와 『이정표』이었다. 이들의 중요한 일은 전도(다아와)와 회원 모집 활동이었다. 회원들의 집들이나 대학 캠퍼스들이 지하드 그룹들이 공부하는 장소가 되었다. 지하드 조직은 자살특공대의 살인 행위를 합법화하기 위하여 파트와(무프티의 이슬람 법적인 견해)를 발행했다. 이집트 지하드 조직의 창설자로 알려진 아이만 알자와히리(우사마 븐 라딘에 이어 알까이다의 제2인자)는 알마아디 고등학교에 다닐 때 무엇 때문에 이 단체에 가입하려고 했느냐는 물음에 그는 사이드 꾸뜹의 책들 때문이라고 했다. 아이만 알자와히리는 사이드 꾸뜹을 검시관 박사로 묘사했는데 그 이유는 그가 마치 몸의 가장 세세한 부분까지 다 알고 있는 것처럼 전문가적인 입장에서 자세히 기

록해 주고 있기 때문이라고 했다.[24]

무슬림들은 이집트에서 지하드 사상을 형성하게 해준 사이드 꾸뜹의 『이정표』가 가장 위험한 책이라고 했다. 그는 1965년 나세르 정권하에서 이 책을 썼는데 그는 1966년 무력으로 정권을 무너뜨리려 한 죄목으로 사형을 당했다. 이 책은 지하드의 원칙적인 사상을 전하여 주는데 이 책을 읽고 나서 나중에 폭력적인 지하드 그룹이 생겨났다. 기성사회를 자힐리야 시대라고 하고 알라의 통치(하키미야) 그리고 폭력적인 혁명을 통하여 사람들에게 자유를 주고 이슬람을 정화시켜야 한다고 했다. 그에 의하면 무슬림 국가는 단순히 무슬림이 거주하고 있는 땅을 가리키지 않고 또 역사를 거쳐서 이슬람 체제하에 살았던 사람들이 사는 곳을 가리키지 않는다고 했다. 오히려 이슬람 국민Islamic nation은 이슬람 방식의 규정대로 생활하고 그 규정에 의한 사회적 질서와 규율 그리고 가치들을 지키는 사람들의 그룹이라고 했다. 알라의 샤리아가 없어졌기 때문에 이런 특성을 가진 국가가 사라져버렸다고 했다. 그래서 이런 국가를 다시 세우는 것이 절실하다고 했다. 오늘날은 이슬람의 본래 가치가 사라진 채 살고 있어서 지금은 무슬림들이 자힐리야 시대에 살고 있다고 했다. 알라의 통치를 공격하고 타끄와의 원칙들을 훼손하고 알라보다는 사람들에게 권위를 부여하는 시대에 살고 있다고 했다. 이런 자힐리야가 근절되지 않고서는 이슬람의 진정한 가치가 이슬람 사회에서 다시 회복되지 않을 것이라고 했다.[25] 다시 말하면 사이드 꾸뜹은 두 종류의 사회가 있다고 했는데 하나는 이슬람 사회이고 다른 하나는 자힐리야 사회라고 했다. 이슬람 사회는 이슬람이 교리와 알라에 대한 예배, 이슬람율법, 인간 행동을 통하여 시행되는 사회라고 했다. 그가 말한 이슬람 사회는 사람들이 무슬림이라고 부르는 그런 사람이 살고 있는 땅이 아니라고 했다. 그들이 기도를 하고 금식을 하고 순례를 했다고 하더라도 알라의 샤리아가 적용되지 않으면 이슬람 사

24_ 위의 글, 40.
25_ 위의 글, 45.

회가 아니라고 했다. 그래서 일부 무슬림들이 기존 사회와 엘리트 계층을 떠나 지하드 그룹으로 참여하였다. 그리고 그들 자신을 기존 사회와 격리시키는 방법은 꾸란에 대한 지식이 있고 참 이슬람 사회로 들어가게 해 주는 그룹의 선두가 되는 것이라고 생각했다. 그들의 목적은 자힐리야 사회의 바탕을 변화시키는 것이라고 했고 이런 변화가 그들을 타끄와로 향하게 해 주는 제도가 된다고 했다. 이런 근본적인 변화를 이루기 위해서 그리고 인간이 다스리는 국가를 멸망시키고 알라가 다스리는 국가를 만들기 위해서 사이드 꾸뜹은 공격적인 지하드를 해야 한다고 했다. 알라가 승리를 얻기까지 그 싸움은 계속되어야 한다고 했다. 그는 노예 상태에 있는 인간에게 완전한 자유를 선포하는 것이 이슬람이라고 했다. 그러려면 기존 정권을 무너뜨려야 한다는 것이다. 그는 이 말 때문에 사형장의 이슬로 사라졌다.

아랍 혁명이 시작되면서 아랍 지역의 종교적 흐름의 로드맵이 크게 변화하고 발전하고 있다. 과거에는 이런 로드맵에서 변화가 잠재되어 있어서 짧지 않은 긴 시간이 걸리고 많은 저술과 논찬이 필요하였다. 사상적인 변화는 이슬람법적 지침에 의존하여야 하기 때문이다. 그런데 아랍 혁명과 잦은 시위 이후 일부 무슬림들이 살라피 사상에서 지하디 사상으로 변화한 것이 아랍의 종교적 성향의 로드맵이 보여준 가장 위험한 변화였다. 아랍 혁명 이후 지하디 성향으로 확대되면서 혁명 전에는 살라피 우산 아래에 있었던 사람들이 혁명 후에는 지하디 우산으로 들어갔다. 살라피 성향이 지하디 성향과 구별되는 가장 중요한 것은 무장 폭력이었다.

2013년 6월 요르단대학교에서 아랍의 살라피 변화라는 주제로 학술대회가 열렸다. 이슬람주의 운동의 전문가 아흐마드 자글룰은 이집트에서 살라피 정당들이 난립하면서 일부 살라피들의 윤리적인 물의 때문에 정치적인 살라피들의 신뢰성과 윤리성에 큰 오점을 남겼다고 했다. 시리아의 이슬람주의 운동의 전문가 압둘라흐만 알핫즈는 시리아에서 살라피는 변함없이 개혁적인 살라피 혹은 고전적이고 학문적인 살라피였다고 했고, 1980년대 초 하피즈 알아사드 체제와 충돌하면서 급진적인 살라피들이 등장했으나 그 당시에는 살라피의 패배로 끝났고, 아랍 혁명 전 10년 동안 살라피 지하디가 확산될 수 있는 좋은 옥토가 만들어졌다고 했다.

튀니지 전략 연구소 소장 파트히 알사이디는 다른 사람들이 생각하는 것과는 다르게 튀니지의 살라피 성향은 상당히 융통성이 있어서 변화 속에서 지역화하는 능력이 있었다고 했다. 그 이유는 교리적인 비전이 분명하고 완벽하였기 때문이라고 했다. 그런데 요르단의 우사마 샤하다는 요르단의 살라피는 새로운 역할을 받아들이지 않았다고 하면서 요르단의 살라피는 종교적이고 학술적인 다아와이기 때문에 정치적인 문제는 이런 다아와의 일부가 되었다고 했다. 즉 요르단 살라피에게 정치와 현실은 모두 종교에 종속되어야 하고 그 반대는 아니라고 했다.

레바논에서 살라피는 가족으로부터 시작하여 자선단체로 발전한 뒤 살라피 지하디로 확대되었다. 레바논에서는 살라피들이 주로 팔레스타인 난민촌에서 활동하였고 살라피들은 히즈불라(레바논의 시아파 저항세력 혹은 테러그룹)를 반대하였다. 레바논의 수도 베이루트에서 순니 무슬림들은 살라피를 받아들이지 않았다. 아흐마드 알아시르는 레바논의 살라피인데 그는 순니 쉐이크였고 시아파 히즈불라를 반대하는데 그의 목소리를 높였다. 2013년 6월 무장 세력들이 레바논의 시돈에서 레바논군과 히즈불라 세력과 충돌했고 2012년 11월에는 살라피 아흐마드 알아시르의 지지자와 히즈불라의 지지지들 사이에 충돌이 발생했다. 2013년 4월에는 알아시르가 그의 추종자들에게 시리아 반군에 참여하도록 촉구했고, 그는 시리아에 사는 순니 무슬림을 방어하고 자신의 백성을 위하여 자신을 방어하는 것이 모든 무슬림들의 종교적 의무라고 했다. 알아시르는 불법적으로 시리아 국경을 넘어갔고 몇 추종자들과 함께 꾸사이르 근처에서 히즈불라 무장 세력과 시리아 정부군에 대항하여 싸웠다.

시리아와 요르단의 살라피 운동에는 무함마드 나시르 알딘 알알바니(1999년 사망)를 빼 놓을 수 없는데 그는 알바니아 출신의 이슬람 학자이다. 세속적인 통치자가 다스리던 알바니아에서 시리아로 이주했고 그곳에서 학교교육을 받으면서 꾸란과 아랍어를 배웠다. 그가 20대가 되자 하디스를 공부하기 시작했고 이집트인 라쉬드 리다가 발행한 알마나르 잡지에 깊은 관심을 가졌다. 그는 1967년 시리아 당국에 체포되었으나 그가 풀려난 후 사우디아라비아 메카에 있는 이슬람 법학의 고등 교육기관장에 임명되었다. 그러나 알알바니의 견해에 대하여 사우디 당국자들 간에 논란이 되면서 그는 오래 그곳에 있을 수 없었고 1979년 시리아에 돌아오자 다시 옥살이를 시작했다. 시리아의 살라피들은 옥살이를 한 사람들이 중심이 되었다. 알알바니는 잘 알려진 살라피 운동가이고 20세기 살라피 운동의 주도세력이다. 살라피 운동이 와하비 운동과 자주 결부됨에도 불구하고 알알바니는 와하비운동에 비판적이었다.

2011년 아랍 혁명 이후 살라피는 이집트, 튀니지, 리비아에서 주목을 받게 되었다. 알아흐람지의 암마르 알리 하산에 의하면 이집트에서 살라피와 무슬림 형제단은 사회를 이슬람화할 필요가 있다는 데 동의하였으나 여성과 기독교인들이 정부 고위직에 임명하려는 무슬림 형제단의 견해에 살라피가 반대했다. 무슬림 형제단은 외교 정책에서 시아파 이란에 대하여 비교적 관대했으나 살라피는 이란과의 외교를 극구 반대했다. 이슬람 국가에서 활동하는 주요 살라피 운동가로는 알제리의 압둘 하미드 븐 바디스, 아프가니스탄의 무함마드 무흐신 칸, 방글라데쉬의 무함마드 아사둘라 알갈립, 이집트의 하짐 살라흐 아부 이스마일, 무함마드 후세인 야으꿉, 요르단의 우마르 술라이만 알아쉬까르, 모리타니아의 무함마드 알샨끼티, 모로코의 무함마드 타끼 알딘 알힐랄리, 나이지리아의 우스만 단 포디오, 파키스탄의 이흐산 일라히 자히르, 사우디아라비아의 무함마드 븐 압둘 와합, 압둘라 븐 압둘라띠프, 쌀라흐 알파우잔, 쌀리흐 알딸립, 알리 자비르, 압둘아지즈 븐 압둘라 븐 바즈 그리고 시리아의 무함마드 나시르 알딘 알알바니, 무함마드

븐 자밀 제노, 영국의 하이삼 알핫다드, 소말리아의 무함마드 알수말리, 예멘의 무끄빌 븐 하디 알와디이 등인데 살라피 리더들은 사우디아라비아에 그 수가 가장 많고 그 다음이 이집트이다.

요르단과 시리아에서 살라피는 부족들이 중심이 되었고 종교적 외식(타다윤)이 그 특징이었다. 시리아에서 1990년대 이슬람 사상의 빈 공간을 살라피가 채워갔고 이라크에서는 2003년 미군이 점령한 후 살라피들의 활동이 두드러졌다. 레바논에서는 1970년대 레바논 전쟁이 살라피들에게 영향을 주었고 살라피들은 모스크를 중심으로 그리고 다아와를 통하여 지지자들을 모았다. 이처럼 아랍 국가에서 살라피들은 충돌이 있는 곳에 살라피 지하디(지하드를 하는 살라피)들이 생겨났고 아랍 국가에서 살라피들은 점차 정치적으로 종파적으로 서로 다른 성향을 가지게 되었다. 아랍 혁명이 일어난 이집트와 튀니지 그리고 내전이 일어났던 레바논과 아랍 혁명이 일어난 시리아와 왕국인 요르단과 사우디아라비아가 정치적 · 종교적 상황은 다르지만 살라피들이 국민의 일부라는 사실이다. 두 번째 살라피의 특징은 아랍 혁명 이후 모든 살라피들이 정치적 성향을 추구하였다는 점이다. 아랍 혁명으로 무슬림들은 자유가 모두에게 있다는 것을 확인하고 살라피들이 정치에 몸담게 되었고 이슬람 사회에서 가시적으로 살라피 활동이 드러나게 되었다. 이집트에서 아랍 혁명 이후 살라피는 정치에 큰 영향을 받아서 살라피의 사상이 변화되었고 살라피가 갖는 본래 정신이 사라졌다. 이슬람학자들은 아랍의 살라피가 본래의 이슬람 사상으로 돌아가야 한다고 했고 살라피들이 폭력에 의존하지 말고 다른 그룹과의 대화가 필요하다고 진단했다. 이슬람 학자들은 아랍 민족이 통합되는 것이 우선하므로 이슬람 사회와 국가 그리고 움마 안에서 서로 나뉘지 않아야 한다고 했다. 아랍 국가에서 살라피들이 아랍 국가마다 다른 양상을 보이는 것처럼 이슬람의 다양성을 우리가 너무 일반화해서는 안 된다. 살라피와 같은 종교운동이 하나의 문화 안에서 사고되어야 하는데 살라피들이 기존 사회와 벽이 생긴 부분도 있다.

이집트에서 알자마아 알이슬라미야와 탄짐 알지하드의 사상적인 변화는 지하디 우산에서 살라피 우산으로 바뀐 것이 가장 주목된 변화이다. 그러나 아랍의 봄 혁명이 일어난 뒤 살라피 우산에서 지하디 우산으로 역방향의 변화가 일어났다. 그리고 시리아의 내전은 살라피 성향의 많은 사람들이 지하디 성향으로 바뀌게 하였다. 현재의 상황으로 보면 아랍 국가에서 지하디 우산이 계속적으로 확대될 것으로 보인다.

CHAPTER 05

유대교, 기독교, 이슬람의 경전 주석

1 꾸란 주석에서 유대교와 기독교

유대교, 기독교, 이슬람교가 셈족의 종교적 기반에서 시작되었다. 그 지역이 모두 서남아시아에서 태동했다. 유대교는 이라크 남쪽 우르에서 시작하고 기독교는 이스라엘 땅에서 그리고 이슬람은 사우디아라비아의 메카와 메디나에서 시작했다. 세 종교의 경전에 대한 면밀한 연구를 하면 구전으로 내려온 시기, 문서로 만들어지는 과정, 편집과 수집, 분석 그리고 나중에 그들의 커뮤니티가 공인하는 과정으로 나눌 수 있다. 경전으로 결정되는 모든 과정이 세 종교가 각각 다르다. 유대교는 1세기 얍네yabneh, 기독교는 4세기의 니케아nicea, 이슬람은 8세기의 메디나에서였다. 근동에서 시작된 세 종교 중에서 신이 진짜 선택한 백성은 누구인가? 고대 이스라엘의 선택이란 개념은 나중에 기독교와 그리고 기독교와 동시대에 발전한 랍비 유대교에 통합되어갔다. 랍비 유대교는 고대 이스라엘의 유일신교와의 연속성을 강조한 반면에 기독교는 예수 그리스도의 죽음과 부활 그리고 구원을 믿었다. 그런데 이슬람은 예수 그리스도의 죽음과 부활을 부인하고 이스라엘의 선민 사상을 거부하고 이슬람 이전의 하니프(일신론)를 새로이 제시하였다. 유대교에서 선택받았다는 말은 '종교 민족의 계보'와 관련되었고 이슬람에서 선택받았다는 것은 '종교 커뮤니티'를 의미했다. 고대 이스라엘에게 선택받았다는 말은 보존의 수단으로 구별되는 것을 의미했고 랍비 유대교인에게는 선택받았다는 말은 그들 가운데 계속되는 고난 속에서 큰 위로가 되었다. 기독교에서 선택은 구원받을 개인들을 하나님이 자유롭게 선택한다는 것으로서 선택은 무조건적이고 개별적이다. 이슬람에서의 선택은 국가의 종교를 가리켰고 이슬람을 움마(이슬람 공동체)의 종교라고 하는 것이 신이 더 좋아하는 것이라고 무슬림들은 생각했다.

세 종교 중에서 유대교와 기독교는 많은 공통된 신앙의 요소를 갖고 있어서 유대교와 기독교 간의 밀접성을 유대-기독교Judeo-christian라는 말로 불렀고 무슬림들의 눈에는 유대-기독교의 가치가 서구와 밀접하게 관련되어 있다고 생각했다. 그러나 오늘날 미국이나 유럽이 기독교나 유대교의 가치관에 따라 사회와 문화가 형성된 곳은 없다. 오늘날 동성연애가 서구와 유럽을 강타하고 미국에서는 몰몬교를 기독교라고 말하는 사람들이 늘었으나 몰몬교는 기독교가 아니다. 고대와 중세의 서구는 기독교에 깊이 뿌리를 두고 있었다. 서구 가톨릭은 한때 기독교 성지에서 무슬림들을 몰아내기 위하여 십자군을 조직한 때가 있었다. 그때 무슬림들에게 서구는 '기독교 서구'로 인식되었다. 그래서 오늘날 아랍의 무슬림들은 서구와 기독교를 분리하지 못하고 있다.

많은 이슬람 극단주의자들은 일부 서구 국가들이 이스라엘을 지원하는 것은 이슬람을 해치려고 유대교와 기독교 두 종교가 음모한 것이라고 생각한다. 우사마 븐 라딘과 같은 이슬람 극단주의자들은 이런 연합을 십자군 주창자와 시온주의자의 연합이라고 생각했다. 이슬람과 싸우기 위하여 유대교(이스라엘)와 기독교(미국)가 연합한다고 무슬림들이 오해하고 있었고 이것이 미국의 중동 외교를 힘들게 했다.

꾸란 5장 51절에서 "믿는 자(무슬림)들아, 유대교인과 기독교인을 아울리야(협력자들, 친구들, 리더들)로 삼지 마라. 그들끼리 서로가 협력자일 뿐이다. 그들을 협력자로 택하는 자는 누구나 그들 중의 한 사람이 된다. 알라는 부당한 일을 행하는 민족을 인도하지 않는다"고 되어 있다. 이 꾸란 구절은 바드르(624년) 전투에서 유대인들이 협력자들의 도움을 받아 무함마드와 무슬림들에게 대항한 내용이다. 메디나 지역의 유대인과 샴(시리아와 레바논, 팔레스타인 일부 지역)의 기독교인들이 무함마드를 돕지 않았다. 알라가 모든 믿는 자(무슬림)들에게 말하기를 "그들을 알라와 무함마드를 믿는 사람들의 협력자로 삼지 말라"고 했다고 전하였다. 여기서 협력자로 삼지 말라는 말은 '도움을 구하지 말라'는 뜻이다. 유대교인은 그들과 종교가 다른 사람에 대항하여 그들끼리 한편이고 기독교인들도 그들과 같은 기독교인끼리 한패라고 꾸란 주석가 알따바리(838-923)가 주석했다. 무함마드 당시에 알라와 무함마드와 믿는 자(무슬림)에게 유대인들이 불의와 부당한 짓을 했다는 것이다. 다시 말하면 유대교인과 기독교인은 '알라와 무함마드 그리고 이슬람을 믿는 사람'들에게 대항했다고 결론을 맺는다. 꾸란 주석가 이븐 카시르(1302-1370)는 수라 5:82절에 근거하여 유대교인과 기독교인은 이슬람의 적들이라고 했다. 알바이다위는 부당하게 불의를 행하는 사람을 '적과 동맹한 사람이나 카피르(알라를 믿지 않는 자)와 동맹한 사람'이라고 했다. 무슬림들의 꾸란 주석을 보면 무슬림이 유대교와 기독교를 적이나 카피르로 생각한다는 것을 알 수 있고 무슬림들은 카피르는 지옥에 간다고 하였다. 위 구절은 무슬림에게 부당한 일을 행하는 사람들은 유대교인과 기독교인이라는 것이다.

역사를 보면 기독교와 이슬람교 간의 충돌은 11세기부터 13세기까지 발생한 십자군 전쟁이었고 이 시점을 중심으로 꾸란 주석은 반기독교와 반 유대교가 아주 심했다. 십자군 전쟁을 겪은 이들 무슬림 주석가들이 반기독교적인 시각으로 꾸란을 주석하였기 때문에 이븐 카시르와 잘랄라인의 주석에는 상당히 많은 주석상의 오류가 있다. 오늘날 이집트 무슬림 이맘(금요 예배 인도자)들은 이븐 카시르(1372년 사망)와 잘랄라인(15세기)의 주석을 자주 본다. 물론 알라지(1209년)와 알바이다위(1286년)의 주석이 이들 주석보다 먼저 나왔고 알따바리(922년) 주석은 이슬람력 310년이므로 이들 중에서 가장 오래된 주석에 해당한다.

이슬람력 2세기 중반부터 반기독교와 반비잔틴 감정이 확산되어 무슬림들의 꾸란 주석에서 반기독교적인 주석을 했다.[1] 다시 말하면 오늘날 무슬림들의 꾸란 주석 중에는 꾸란 원본의 뜻과 다르게 해석된 부분이 많다는 것을 알 수 있다. 꾸란 2:114에 대한 연구에서 반스브루그 Wansbrough는 꾸란 주석이 2세기 중반부터 이슬람의 히자즈(메카와 메디나가 위치한 지역) 기원을 확립시키려고 일관되게 주석을 바꾸었다고 했다.[2] 그리고 이와 동일하게 일관된 개념을 갖는 이븐 압바스ibn Abbas(이슬람의 예언자 무함마드의 사촌, 꾸란 주석가)의 말들을 찾아 이슬람 초기 자료에 권위를 부여하려는 진지한 시도가 이뤄졌다. 이븐 압바스의 원래 전승 자료 중 더 많은 핵심자료들은 점차 물을 타서 희석이 되게 하였다. 이렇게 물을 탔다고 해서 원래 내용이 완전히 사라진 것은 아니었다. 이슬람력 200년경 꾸란 주석에 이즈마아(만장일치)가 점차 도입되었으나 어느 분야에서는 만장일치가 거의 이뤄지지 못했다. 그러므로 우리가 할 일은 지금 무슬림들에게 내려오는 꾸란 주석들의 원전 비평을 할 필요가 있고 주석가들이 왜곡한 사실이 무엇인지를 알아내야 한다. 무함마드의 본래의 말을 후세 무슬림들이 왜곡한 꾸란 주석이 많기 때문이다.

"알라의 마스지드(기도 장소)에서 알라의 이름을 언급하는 것을 금하고 그들을 자리에서 떠나도록 힘쓰는 것보다 더 악한 자가 누구이겠는가? 두려움이 없이 그들에게 그곳에 들어가지 못하게 했다. 이 세상에서 그들에게는 수치이고 저 세상에서는 고통스런 벌이 있다(수라 2:114)."

1_ Suliman Bashear, Quran 2:114 and Jerusalem, Bulletin of SOAS, University of London, Vol.52, No.2, 1989, 232.

2_ Wansbrough, Quranic Studies, Oxford, 1977, 179.

꾸란 주석가 이븐 꾸타이바(828-889), 알파라(731-822)와 이슬람력 4세기의 알따바리(922)와 알마투리디(853-944)까지 모두 당시 기독교 세계의 리더였던 비잔틴에 대한 적대감을 그들의 주석에서 영속되게 표현하였다. 위 수라 2:114은 이슬람력 4세기(10세기)가 되기 전까지는 이슬람 법규ahkam에 포함되지 않았던 내용이다. 알따바리는 수라 2:114-115 구절에 대한 주석을 다음과 같이 하였다.

"(114절) 그의 모스크에서 신의 이름을 말하는 것을 금하고 그들을 없애려고 하는 기독교인들보다 누가 더 부당한가? (115절) 동과 서가 모두 알라에게 속해 있다. 그래서 네가 얼굴을 돌리는 곳마다 그의 이름을 불러라. 그렇게 한 사람과 그곳에서 신의 이름을 부르지 못하게 한 사람들에 의하여 예루살렘 성소가 파괴된 것 때문에 그의 땅에 있는 곳 어디서나 신의 이름을 부르지 못하게 해서는 안 된다."

위 꾸란 원문과 알따바리의 주석을 비교해 보면 꾸란 원문에는 없는 '기독교인들'이란 말이 첨가되어 있다는 것을 알 수 있다. 다시 말하면 알따바리의 주석이 올바른 주석이 아닐 수 있다는 것을 증명해 주고 있다. 그런데 문제는 한글로 번역된 꾸란 해설이나 주석이 이런 주석 비평을 오래 동안 연구한 다음에 한글로 번역된 것이 아니라는 점이다. 실제 무함마드(570-632)가 꾸란을 내려받았다고 한 때와 그 이전에는 무슬림들이 예루살렘에 가서 기도하는 것이 확립되어 있지 않았다. 이슬람력 4세기의 또 다른 자료를 남긴 알리 븐 이싸 알룸마니al-rummānī (908-994)는 수리 2:115의 주석에서 2인칭을 무슬림이라고 칭하여 기존의 예루살렘에 대한 것으로 주석한 2:114에 큰 변화를 가져오게 하였다. "동과 서는 알라에게 속해 있다. 네가 (얼굴을) 돌리는 곳마다 알라의 얼굴이 있다(수라 2:115)." 알룸마니가 2인칭의 대상(위 구절에서 '네가')을 무슬림이라고 바꾼 다음부터 많은 후세 주석가들은 역사적인 사실을 떠나 2:114절을 예루살렘 혹은 메카의 이야기라고 해석하였다. 심지어 이븐 카시르는 이 구절들이 메카의 컨텍스트라고 주장하고 그 밖의 주석은 거부하였다. 그런데 이슬람력 2세기와 3세기에 이슬람의 꾸란 주석이 형성되던 시기에 수라 2:114-115에 대한 서로 구별된 2개의 내용이 혼합되는 과정을 거쳤다. 2:114-116에서 비잔틴 말기의 성전 자리에 대한 유대적인 경건성이 강조되어 반기독교 논증을 하는 꾸란 주석 그리고 신의 본질과 일신론의 문제에 대하여 주류 기독교에 대항하는 무슬림 신학적 논증이 서로 결부되어 주석되었다. 2세기 후반까지 이런 두 개의 텍스트 내용이 널리 퍼져가다가 히자즈(메카와 메디나가 위치한 지역)의 무함마드 논리가 강조되는 문서들이 들어오게 되었다. 그런데 후세 학자들이 전통적인 주석들을 병렬시켜 서로 대조시켜 본 결과, 개념과 주제에서 유대 기독교적인 내용인 수라 2:114-116과 무함마드식의 히자즈의 틀을 갖는 수라 9:28-30, 2:142-16의 아라비아 내용과 혼합되는 과정이 일어나고 있었다[3]는 것을 알아냈다. 그렇다면 이런 혼합 과정이 일어나기 전 적어도 이슬람이 시작된 뒤 1세기 반 이전의 자료들을 찾아보아야 어느 것이 꾸란의 참된 의미인지를 찾아낼 수 있을 것이다. 그런 점에서 오늘날 무슬림들이 즐겨 읽는 모든 꾸란 주석들이 이슬람력 300년 이후의 것들이므로 우리는 오늘날 무슬림들의 꾸란 주석을 100% 신뢰할 수 없다는 결론에 이르고 꾸란 주석들의 진위 여부를 연구하는 작업이 꾸란의 한국어 번역과 주석보다 먼저 이뤄져야 한다는 것을 알 수 있다.

수라 2:114를 보면 이슬람 초기에 비잔틴 사람들이 성전 자리를 거룩하게 사용하지 않은 것을 볼 수 있다. 역사를 보면 콘스탄틴의 기독교로의 개종과 그의 어머니 헬렌Helen의 예루살렘 방문 이후 비잔틴 사람들은 먼저 성전 자리를 개축하려고 했다. 그런데 그들의 이런 성전 개축 시도가 성전 자리의 신성함을 계속 손상시키는 결과를 낳았다. 그들은 성묘 교회(부활 교회라고도 함)를 짓기 위하여 주변의 바위를 깨서 건축하는 돌로 만들었다. 아랍인 카압ka'b이 여기를 방문하고 예루살렘의 아름다움을 찬미했는데 이런 이야기는 무함마드가 꾸란을 내려받기

3_ Suliman Bashear, Quran 2:114 and Jerusalem, 235.

전 이미 메카에 퍼져 있었다. 무함마드가 메카에 있었을 때 무함마드를 따르던 사람들이 모두 예루살렘을 향하여 기도를 했다. 그러나 메디나에서 유대인들이 무함마드를 반대하는 입장에 서자 그 이후로 무함마드는 그의 추종자들에게 예루살렘이 아닌 메카를 향하여 기도하도록 알라가 명했다는 말을 전했다. 예루살렘을 버리고 메카를 택한 역사적인 배경은 수라 2:114-116에서 생생한 힌트를 주고 있으나 구체적으로 이를 언급한 무슬림 자료는 거의 없다. 예루살렘의 황금돔 비문에는 알마시흐가 메신저이고 종이라고 되어 있었고 하나님의 아들이라는 말은 없었다. 이슬람력 2세기부터 예루살렘의 지위는 위험에 빠져 있었다. 칼리파 압둘 말리크(646-705)와 왈리드 1세(668-715) 때부터 예루살렘보다 메카와 메디나로 순례가는 것이 무슬림들에게 우선시되면서 그들에게 예루살렘의 지위는 낮아지고 있었다. 압바시야조(750-1258) 초기 압둘 말리크 시절에 황금돔(바위의 돔이라고도 함)에 걸어두었던 신성한 물건들을 메카의 카아바로 옮기면서 메카로 순례가는 현상이 더 두드러졌다. 압둘 말리크 시절에는 예루살렘 모스크의 문들이 금과 은으로 만들어져 있었다. 그러나 두 번의 지진이 일어나고 압바시야조의 두 번째 칼리파 알만수르(714-775)와 세 번째 칼리파 알마흐디(745-785)가 보수 공사의 비용을 거부하면서 예루살렘의 모스크는 더욱 피폐되었다. 세월이 흘러 오늘날 무슬림들은 메카, 메디나에 이어 예루살렘의 알악싸 모스크를 이슬람에서 세 번째로 중요한 모스크로 지정하고 있다.

2 무슬림의 기독교에 대한 이해: 꾸란의 알마시흐

(1) 이싸 븐 마르얌의 명칭과 칭호

서구에서는 꾸란의 이싸를 예수라고 번역한 일들이 많았다. 그 이유는 원어(아랍어) 연구가 부족하였거나 무슬림 학자들의 주장에 그대로 따라간 경우가 허다하다. 성경에는 예수 그리스도 혹은 예수 혹은 그리스도가 등장하고 꾸란에는 이싸 븐 마르얌 혹은 알마시흐 이싸 븐 마르얌이라는 인물이 등장했다. 상당수 이슬람 관련 서적들이 성경의 예수와 꾸란의 이싸를 동일 인물로 보았다. 그렇다면 꾸란은 알마시흐 이싸 븐 마르얌을 어떻게 기술하고 있을까?

알마시흐al-masih 아랍어에서 알마시흐라는 단어를 대부분의 무슬림들이 칭호title로 이해한다. 수라 3:45에는 '그의 이름은 알마시흐 이싸 븐 마르얌'이라고 했다. 아랍 무슬림에게 알마시흐가 '기름 부음을 받은 자'의 의미냐고 물으면 그런 의미가 없다고 한다. 다시 말하면 알마시흐는 성경에서 말하는 메시아messiah의 의미와 거리가 멀다.[4]

이싸isa 아랍어 이름 '이싸'는 '무싸'라는 이름과 각운rhyme을 맞추기 위하여 이싸라고 했다고 하는 사람도 있으나 정확한 근거는 알 수 없다. 이 어휘를 아랍어 성경 번역에 사용하거나 무슬림을 복음화시키는 데 사용하면서 아랍 기독교인들 사이에 논쟁이 되었다. 현재 아랍 무슬림들에게 복음을 전하기 위하여 새로 번역한 '알샤리프' 아랍어 성경에서는 이싸가 예수라는 단어 대신에 사용되고 있고 일부 기독교인들도 무슬림들에게 복음을 전할 때만 이싸를 예수 대신에 사용하고 있다. 전통적인 아랍 기독교인들은 아랍어 성경에서 예수를 '야쑤아' 라고 하므로 아랍 교회에서는 지금도 예수를 야쑤아라고 부른다. 그런데 꾸란의 이싸는 십자가에서 돌아가지 않았고 부활하지도 않았으며 성경에서 증거된 예수 그리스도의 행적과 다른 부분들이 많아 이싸와 예수가 동일 인물인가 하는 점에서 의문을 제기해 왔다.

마르얌의 아들ibn maryam 꾸란에서는 이싸를 마르얌의 아들로 자주 소개된다. 기독교인들은 예수 그리스도를 하나님의 아들이라고

4_ 공일주, 꾸란의 이해, 32.

하는 데 반하여 무슬림들은 이싸를 마르얌의 아들이라고 했다. 아랍인들은 전통적으로 아들과 딸의 이름을 부를 때 본인의 이름 다음에 아버지의 이름을 쓰는 게 아랍인들의 전통이다. 그런데 꾸란에서는 유일하게 이싸를 어머니 마르얌의 아들이라고 한 것은 아랍인들에게 자주 있는 일이 아니다.

칼리마 민후 꾸란 구절에 칼리마 민 알라a word from Allah가 나온다. 꾸란에 야흐야가 '칼리마 민 알라'를 확증한다고 되어 있다. '칼리마 민 알라'를 무슬림들은 이싸라고 주석했다. 야흐야가 이싸보다 먼저 와서 이싸를 확증해 준다는 의미이다. 기독교인들은 '하나님의 말씀Word of God(대문자로 시작하는 것에 유의)'이란 말을 사용하는데 '하나님의 말씀'이란 말은 여러 의미들을 담고 있다.

첫째, 성경은 하나님의 말씀이다.

둘째, 말씀은 로고스이므로 하나님의 말씀은 예수 그리스도(로고스)이다.

그런데 꾸란에 나오는 '칼리마 민 알라a word of allah(word 소문자로 시작하는 것에 유의)'는 항상 '이싸'를 가리키는 어휘인가? '칼리마 민 알라'가 예수 그리스도라면 '칼리마 민 알라'는 신적divine인 의미를 갖는다는 것인가? 꾸란의 '칼리마 민 알라'를 신성을 갖는 이싸로 해석하면 무슬림의 신학에 큰 문제가 생긴다. 무슬림들은 '알라 이외에는 신이 없다'고 하므로 칼리마 민 알라가 신성을 갖는다고 말하면 이는 이슬람 신론에서 있을 수 없는 일이다. 이싸가 신성을 갖지 않고 오직 인성만을 갖는다는 것이 이슬람 신학이다. 수라 4:171에는 여러 개의 어휘들이 등장하는데 알마시흐 이싸 븐 마르얌은 알라의 메신저(라술)이고 알라의 칼리마kalimatuhu이고 알라의 루흐(루흐 민후)라고 했다. 무함마드 사이드 딴따위는 그의 주석에서 알라의 칼리마가 마르얌에게 주어져서 이싸를 잉태했다고 했고 루흐 민후라는 말은 이싸가 알라의 여러 비밀들 중에서 한 가지 비밀이라고 풀이하여 '루흐'를 정확히 설명하지 못했다. 수라 19:30을 보면 이싸가 예언자였다고 한다. 이싸가 알라의 종(압둘라)이다. 수라 3:45은 천사가 마르얌에게 '칼리마 민후kalimah minhu(알라에게서 온 말)'로 '알라가 너에게 기쁜 소식을 전해준다'고 했다. 그의 이름은 알마시흐 이싸 븐 마르얌이다. 무함마드 사이드 딴따위는 그의 꾸란 주석에서 '칼리마 민후'라는 말을 알라로 인하여 존재한 칼리마라고 했다. 또 알마시흐는 이싸의 칭호라고 하면서 그 의미는 알라를 예배하기 위하여 땅을 청소하는 자라고 했다.

성경의 디모데 전서 2:5절은 하나님은 한 분이요. 또 하나님과 사람 사이에 중보도 한 분이니 곧 사람이신 그리스도 예수라고 했다. 성경에서 예수는 하나님의 아들이고 중보자인데 꾸란에는 예수가 하나님의 아들인 것과 중보자 됨에 대한 언급이 없다. 이슬람 신학에서 이싸가 사람이면 그는 절대로 하나님이 아니다. 요한복음 4:14은 말씀이 육신이 되어 우리 가운데 거하시매 우리가 그 영광을 보니 아버지의 독생자의 영광이요, 은혜와 진리가 충만하더라고 하여 예수가 사람의 아들son of Man인 것을 증거한다. 예수는 참 인간이요 참 하나님이다. 예수 그리스도는 인간의 육신으로 나타난 하나님의 영원한 아들이다. '하나님의 아들'이란 개념은 무슬림들에게 가장 큰 장애물이다. 결국 꾸란에 나온 이싸는 성경의 예수가 아니라는 것이다.

그런데 왜 무슬림들은 꾸란의 이싸를 예수라고 번역할까? 그것은 첫째는 꾸란과 성경의 예수가 같다고 함으로써 기독교인들에게 이슬람을 전하기 위함이고 둘째는 성경이 다른 누군가에 의해 왜곡되었으므로 지금 무슬림들에게 남아 있는 꾸란의 이싸가 정설이라는 것이다. 결국 이런 무슬림들의 견해에 따라 꾸란의 이싸가 성경의 예수와 같다고 한다면 그는 꾸란과 성경을 잘 모르고 하는 말이다. 이슬람학자들은 꾸란에는 '아들 되심sonship'이란 말이 성적인 관계를 통하여 아들을 낳는다는 개념을 절대로 벗어나지 못한다. 기독교인들은 하나님의 아들이란 개념에서 육체적인 관계를 통하여 예수가 하나님의 아들 되심을 믿지 않는다. 아랍어 Ibn(-의 아들)이란 말은 육체적인 의미는 물론 은유적인metaphorical 의미를 갖는다. 가령 아랍인들은 이븐 알발라드라는 말을 사용하는데 단어 그대로 번역하면 '그 지역의 아들'이지만 아랍인들은 이렇게 이해하지 않고 '그 지역을 가장 잘 아는 사람' 또는 '그 지역에서 태어난 사람'이란 의미로 이해한다. 요한복음은 하나님의 아들을 '영원하신 말씀eternal Word'으로 제시했고 4복음서에서는 아들의 영원하심을 강조한다. 요한복음 1:1절에서 태초에 말씀이 계셨다는 것과 꾸란 4:171절의 '그의 칼리마his word'는 서로 동일한 것처럼 보이지만 같은 단어들이 두 커뮤니티에서 다르게 해석된다.[5] 전통적인 무슬림들이 이 단어에 대한 해석에서 이싸가 알라의 말씀으로 창조되었다는 것은 이싸가 알라의 말씀이라는 것으로 해석했다. 그래서 13세기 꾸란 주석가 알바이다위al-baydawi는 '이싸는 아버지 없이 알라의 명령으로 존재하게 되었기 때문에 칼리마a word로 불리었다'고 했다. 또 다른 주석가 알라지는 다른 해석을 했는데 이싸가 예언자들이 말한 말을 성취하였기 때문에 '칼리마'라고 불리었다고 했다.[6] 유대인들은 창세기 1장의 창조적인 하나님의 말씀creative Word of God 혹은 잠언 8:22-3에 묘사된 하나님의 지혜를 반영하는 의미로 사용했다. 요한이 예수를 '말씀the Word'이라고 말하였을 때 대부분의 독자들은 이 어휘를 위의 의미들 중 하나 또는 둘의 의미로 이해했다. 요한이 예수를 하나님의 말씀이라고 말했을 때 예수를 통하여 우주가 창조되었다는 것을 의미하였다. 다시 말하면 요한이 예수를 하나님의 말씀이라고 생각한 것은 예수가 하나님을 완벽하게 계시한다(요한복음 1:18)는 것을 의미한다.[7]

이싸의 출생과정에 대한 꾸란과 무슬림들의 설명이 성경과 다른 점이 있다. 무슬림들은 마르얌이 임신하기 전에 아들의 이름이 '이싸'라는 것을 알았다고 한다. 그리고 요람에 있을 때 사람들에게 그가 말을 할 줄 안다고 했고 루흐 알꾸두스(알루흐 알아민, 지브릴 천사)가 그녀

5_ Colin Chapman, Cross and Crescent, IVP, 2008. 331.

6_ 위의 책, 332.

7_ 위의 책, 334.

에게 바람을 불었다고 한다. 바람 부는 것이 그녀가 볼 수 없는 빛으로 그녀에게 왔다고 아흐마드 바흐자트는 주석한다. 루흐 알꾸두스가 소리 없이 왔다가 사라졌다고 했다. 그 빛이 그녀의 뱃속에서 아이로 바뀌었다.[8] 그런데 그녀는 큰 대추야자 나무 밑에서 쉬고 있었다. 그녀가 산고를 느꼈다. 그 고통이 잦아지고나서 아이를 낳았다. 그 아이가 커서 메신저(라술)가 되었다. 이싸는 알라의 칼리마a word로 창조되었다. 이상과 같이 꾸란에는 다음과 같은 이싸에 대한 이름과 칭호title들이 있었다.

(1) 이싸는 예언자이다.
(2) 이싸는 메신저(라술)이다.
(3) 이싸는 알라의 칼리마이다.
(4) 이싸는 알라에게서 온 루흐이다.
(5) 이싸는 알마시흐이다.

꾸란은 이싸를 '그의 칼리마(kalimatuhu, 4:171)'와 '그로부터의 한 칼리마(kalimatun minhu, 3:39,45)'라고 했다. 무슬림 주석가들은 이 둘이 한 가지 타이틀이라고 한다. 꾸란 주석가 알라지는 이싸의 기적적인 탄생의 관점에서 이것을 해석해야 한다고 말한다. 알라가 '있으라'고 말하면 모든 태아가 생명을 갖게 된다고 했다. 또 다른 주석에 의하면 이싸는 그의 메시지의 신적 기원을 증명하기 위하여 많은 표시(표적)들과 함께 알라의 말씀Word of allah을 전했기 때문에 이싸가 알라의 말씀이라고 했다고 한다. 여기에는 몇 가지 질문이 있다. 만일 이싸가 피조된 방식 때문에 알라의 말씀이라고 불렀다면 이싸처럼 피조된 아담은 왜 알라의 말씀이라고 불리지 않는가? 이싸가 알라의 말씀을 강력하게 전하였기 때문에 이런 타이틀을 받았다면 왜 무함마드에게는 이런 타이틀

8_ Ahmad bahjat, Isa, al-ahram newspaper, 2011, Jan.18.

을 붙이지 않는가? 이슬람은 알라가 한 분이라는 신론을 지키기 위하여 무리한 설명들을 나열하고 있는 것은 아닌가? 그러나 이 타이틀의 참 의미를 찾으려면 요한복음에서만 알 수 있다. 꾸란은 이 부분에 대한 언급이 없기 때문이다. 태초에 말씀이 계시니라 이 말씀이 하나님과 함께 계셨으니 이 말씀은 곧 하나님이시니라(요한복음 1:1). 예수님은 하나님의 말씀이라고 한 것은 요한복음 1장 1-3절 그리고 14절에서 보듯이 하나님의 영원하신 말씀의 성육신이시기 때문이다. 기독교인들에게 하나님의 영원하신 말씀은 예수 안에서 계시되었고 반면에 무슬림들에게 알라의 말씀은 꾸란이 되었다. 기독교인들에게 예수는 참하나님이고 참 인간이지만 무슬림에게 이싸는 오직 인간일 뿐이다.

꾸란 4:171에서 이싸는 '루흐 민후ruhun minhu'라고 했다. 이 꾸란 구절의 문맥에 따르면 '민후from him'에서 him은 알라를 가리킨다는 무슬림과 지브릴 천사를 가리킨다는 무슬림들로 나뉜다. 알라지는 그가 들은 다섯 가지 서로 다른 해석을 나열했다.

(ㄱ) 이싸가 아버지 없이 태어났기 때문에 마르얌에게 바람을 불어 넣어 지브릴 천사를 통하여 창조되었다고 믿는다. Him은 지브릴 천사이다.

(ㄴ) 이싸는 알라에게서 온 루흐이다. 수라 42:52에서 우리(알라)가 너에게 루흐ruh를 아우하awha했다고 한다. 아우하는 '보냈다, 영감을 주었다, 다른 사람에게 감춰진 말을 오직 그에게만 말했다'의 의미이다.[9] 꾸란 사전에서는 '아우하awha'는 '가리켰다, 메신저를 보냈다, 영감을 주었다, 비밀히 말했다, 재빨리 신호sign를 보냈다, 가까이에 있는 사람을 제외하고 들을 사람에게만 속삭이는 소리로 뭔가를 말했다'라는 의미를 갖는다.[10] 이런 의미를 위 꾸란 구절에 적용하면 알라가 네게 루흐

9_ 공일주, 꾸란의 이해, 140.

10_ Abdul mannan Omar, Dictionary of the Holy Quran, 604.

를 주었다 혹은 루흐를 보냈다 혹은 알라가 그에게만 말했다는 의미이다. 그런 점에서 이싸는 알라에게서 온 루흐라는 것이다.

(ㄷ) 이싸는 알라에게서 온 자비란 의미에서 알라에게서 온 루흐라는 것이다. 수라 58:22에서 알라에게서 온 루흐로 너를 강하게 해 주었다는 말이 있다. 이싸가 사람들을 가르쳤기 때문에 알라에게서 온 자비라는 것이다.

(ㄹ) 지브릴이 마르얌에게 입김을 불어서 이싸가 창조되었다는 의미에서 이싸가 루흐라는 것이다. 알라의 명령으로 이런 행동을 수행하였기 때문에 지브릴이 알라에게서 온 루흐라고 불린다. 수라 21:91에서는 우리(알라)의 루흐로부터 우리가 바람을 불어 넣었다고 한다. 무슬림들은 '우리의 루흐'를 지브릴 천사라고 한다.

(ㅁ) 알라가 이싸를 루흐라고 한 것은 이싸를 높여주기 위함이다.

위 다섯 가지 설명에서 네 번째 주석은 루흐를 천사 지브릴이라고 했다. 그러나 꾸란에서 천사들과 루흐를 구분할 때도 있다(수라 70:4; 78:38; 97:4). 또 이싸를 지원해 준 루흐 알꾸두스라는 말도 있다(수라 2:87, 253; 5:113). 신약에서는 예수 그리스도를 영spirit이라고 하는 구절이 한 군데 나온다. 기록된바 첫 사람 아담은 생령이 되었다 함과 같이 마지막 아담은 살려 주는 영life-giving spirit이 되었나니(고전 15:45). 이 구절의 문맥으로 보아 살려주는 영은 죽음을 이기고 부활하셔서 그를 믿는

예루살렘, 알마시흐 승천 교회

자에게 새 생명을 주시는 그리스도를 가리키는 말이다. 복음서에서는 가브리엘 천사와 성령을 분명하게 구별한다. 성령은 예수를 잉태하게 한 하나님의 영이지만 가브리엘의 역할은 마리아에게 무슨 일이 일어날지 그리고 어떻게 임신할지를 설명해 준다(마태복음 1:20; 누가복음 1:35). 성령은 예수가 세례를 받을 때 예수에게 내려온 하나님의 영이다(마태 3:16). 성령은 예수가 사역하는 동안 활동하시었다(마태 12:28; 누가 4:1-2; 요한 3:34). 예수가 죽기 전(요한 14-16장)에 그리고 부활한 직후(사도행전 1:18) 예수는 제자들에게 그가 하늘로 승천한 후에 성령을 그들에게 보내겠다고 약속했다. 이 성령은 진리의 영이다(요한복음 14:15-18; 15:26-27; 16:7-15).[11]

꾸란에서 이싸에게 알마시흐라는 타이틀은 11번 나타난다. 일부 무슬림 주석가에게 알마시흐는 예수의 히브리어 이름 마시아흐mashiah라는 단어에서 왔다고 한다. 무슬림들 중에는 알마시흐가 칭호가 아니고 개인의 이름personal name이라고 한 사람도 있다.[12] 아랍 기독교인들은 알마시흐는 '기름부음을 받은'이란 말로서 예수의 칭호라고 생각한다. 구약에서는 성스런 기름을 부어서 그들이 선지자, 왕, 제사장의 직책offices을 수행하게 한다. 메시아messiah는 다윗 자손들 중에서 하나를 일으켜 세우겠다고 약속된 왕이다(삼하 7장). 그러나 꾸란의 알마시흐는 성경의 메시아의 직책을 갖고 있지 않다. 그러므로 꾸란에서 이싸에게 주어진 타이틀(칭호)들은 복음서에 나타난 타이틀의 의미들과 같지 않다.

11_ 다니엘서와 신약에서 가브리엘은 메신저이고 해석자이지만 이슬람에서는 메신저일 뿐이다. 그런데 유대교의 가브리엘은 파괴자, 음모자, 관리자, 협조자이지만 이슬람에서 지브릴은 파괴자, 여행 동반자, 상담자, 가르침을 주는 자, 구조자로 등장한다. 가장 나중에 등장한 이슬람에서 지브릴의 역할이 유대교와 기독교의 가브리엘의 역할보다 더 많아졌다. 바벨론 포로 이후에 천사들이 인격적으로 소개되었고 성경에서는 다니엘서에서 처음으로 가브리엘 천사가 등장하였고 누가 복음에서는 마리아의 수태고지에 나타났다. 성경의 아브라함과 예수에게 말했던 동일한 천사가 무함마드에게 꾸란을 내려주었다는 것을 그의 추종자들에게 확신시키려고 지브릴의 이름을 사용한 것이었다.

12_ Chawkat Moucarry는 그의 책 Faith to Faith에서 알마시흐는 칭호라고 했다.

(2) 이싸 븐 마르얌의 탄생

알라가 아랍인 무함마드를 통하여 무슬림에게 내려준 율법과 교리는 무함마드의 입을 통하여 내려준 와히(알라의 말, 메시지, 책) 속에 들어 있다. 그 와히가 꾸란이다. 꾸란은 알마시흐가 동정녀에게서 태어났다고 한다(수라 3:45-47). 그런데 꾸란은 동정녀 탄생에서 다른 의미를 생각하였다. 즉 알마시흐가 아담과 같다는 것이다. 이싸 븐 마르얌이 인간으로서 독특하나 인간 그 이상은 아니라고 했다. 그러나 일부 무슬림들에게는 이싸의 동정녀 탄생이 그들에게 기독교 신앙을 갖게 된 원인이 되기도 했다. 누가복음 1:26-38절과 마태복음 1:18-25절에서 예수의 동정녀 탄생에 대한 확실한 내용이 들어 있다. 천사가 일러 가로되 마리아여 무서워말라 네가 하나님께 은혜를 입었느니라(누가복음 1:30). 보라 네가 수태하여 아들을 낳으리니 그 이름을 예수라 하라(누가복음 1:31). 천사가 대답하여 가로되 성령이 네게 임하시고 지극히 높으신 이의 능력이 너를 덮으시리니 이러므로 나실 바 거룩한 자는 하나님의 아들이라 일컬으리라(누가복음 1:35). 저에게 잉태된 자는 성령으로 된 것이라(마태복음 1:20b). 아들을 낳으리니 이름을 예수라 하라. 이는 그가 자기 백성을 저희 죄에서 구원할 자이심이라 하니라(마태복음 1:21).

성경은 복음서에서 예수의 탄생을 가브리엘 천사가 예수의 어머니에게 말하고 있으나 꾸란은 남자가 만진 일이 없는데 어떻게 아이를 가질 수 있느냐고 알라에게 묻고 있다. 꾸란에서 나의 주님rabbi은 알라를 가리키는 말이다. 또 성경은 성령으로 잉태한다고 했으나 꾸란은 알라의 전능성과 운명을 강조하고 있다. 수라 3장 47절의 뒷부분에서 알라는 그가 원하는 대로 창조하고 알라가 운명 지워주면 그가 말한 대로 이뤄진다고 한다. 그러므로 꾸란과 성경에 나오는 사건들의 대조 연구에서 사실과 그 의미의 차이를 살펴보아야 한다. 꾸란은 성경의 사실을 빠뜨린 경우가 많고 또 그 사실을 왜곡하는 경우도 있고 심지어 의미에서도 차이를 보여 찬찬히 꾸란을 읽고 이해하지 않으면 의미 구별과 차이점을 알기 어렵다.

꾸란이 중요시하는 동정녀 탄생을 수라 21:91에서 한 번 더 살펴보자. 21:89절은 자카리야가 등장하고 90절은 야흐야 그리고 91절은 이싸에 대하여 각각 한 구절씩 언급하고 있다. 다시 말하면 이싸에 대한 서술이 일목요연하게 나열되어 있지 않아서 꾸란만 읽고 있으면 이런 등장인물 간의 관계를 전혀 이해하기 어렵다. 꾸란 21장 89절은 자카리야가 주님께 부르짖을 때 자손을 달라고 하고 90절에서는 알라we가 그에게 야흐야를 주었다고 한다. 그리고 91절에서는 알라we의 루흐를 통하여 그녀의 국부에 바람을 불어 넣었다고 했다. 여기서 '루히나'는 문자적으로 번역하면 '우리의 영혼'이다. 그러나 꾸란은 본질적으로 성령이란 말이 없으므로 무슬림 주석가들은 루히나를 우리의 천사라고 번역했다. 여기서 천사는 지브릴 천사를 가리킨다.

이슬람 역사에서 하늘에 있는 모경에서 지브릴이 읽은 내용을 무함마드에게 전해준 내용이 꾸란이라고 한다. 지브릴은 하늘에 기록된 내용을 땅에 사는 무함마드에게 전해준 천사이다. 결국 무슬림들은 이싸의 동정녀 탄생도 성경의 동정녀 탄생의 실제를 왜곡하고 있다. 이싸가 아버지 없이 태어났다고 하고 이싸의 탄생은 성령이 아니라 천사가 마르얌의 국부에 바람을 불어서 창조했다고 말한다. 꾸란은 이싸의 기적적인 탄생을 말하고 있다는 점을 제외하고는 동정녀 탄생 과정도 성경과 다르다.

(3) 이싸 븐 마르얌의 기적

꾸란의 15개 수라에서 93개 구절이 이싸에 대하여 말하고 있다. 기독교인과 무슬림들이 이싸와 예수를 중요한 위치에 올려 놓았다는 데는 공통점이 있지만 이 두 신앙에서 이싸나 예수를 얼마나 중요하게 여기느냐는 점에서는 차이를 보인다. 이 둘 사이의 차이점이 이 두 신앙의 근본적인 차이를 지적하고 있기 때문에 공통점보다 차이점이 더 중요한가? 이싸에 대한 이슬람의 견해는 꾸란에 근거를 두었다고 하나 수세기 이슬람 역사를 통하여 윤색되어 왔다. 꾸란에서 이싸는 예언자요, 메신저요, 종abd이다. 수라 19:30-31에서 이싸는 이슬람의 다섯 가지 기둥 중 기도(쌀라)와 구빈(자카)을 했다고 적었다. 수라 5:111-112에서는 이싸의 제자들에게 알라와 그의 메신저들을 믿고 그들이 복종하였다는 것을 증거하도록 요구하고 있다.

이싸의 표적(표시)[13]은 꾸란 5:110절에 잘 나와 있다. 이 구절에서 이싸는 병자를 고치고 흙으로 빚은 새가 숨을 쉬고 맹인과 문둥병자를 낫게 하나 이 모든 것이 알라의 허락으로 행해진다. 꾸란에서 이싸는 알라의 허락이 없으면 이런 기적을 할 수 없다고 하여 이싸는 알라와 다르다는 것을 분명히 해 주고 있다(수라 5:110). 그러나 마가복음 2:10-12에서 병자를 고치시고 죽은 자를 살리신 것은 모두가 예수 그리스도의 능력에 의한 것이다. 여기서 우리가 주목할 것은 7세기의 꾸란의 어휘와 21세기의 꾸란의 어휘가 동일하더라도 그 의미가 바뀌는 예가 있다는 것과 꾸란에 나오는 카파루kafaru가 단순히 믿음을 거부한다는 의미[14]이었지만 오늘날에는 이슬람의 전 체제와 꾸란의 율법을 거부한다는 의미가 들어 있다는 것을 기억해 둘 필요가 있다. 그렇다면 꾸란의 이싸와 성경의 예수는 기적의 종류에서 한두 가지 비슷한 기적이 있다는 것을 제외하고는 이 두 인물의 정체성identity이 서로 다르다는 것을 알 수 있다.

(4) 이싸 븐 마르얌의 승천과 다시 오심

성육신과 십자가가 이슬람과 기독교 간의 핵심적인 차이라고 할

13_ 성경에서는 하나님의 능력을 세상에 나타내는 특별한 현상을 기적miracle이라고 하고 표적sign은 이를 대하는 사람들의 마음속에 믿음이 생산되기를 바라는 구체적인 의도를 담고 있는 사건을 말한다(한규삼, 요한복음 다시보기, 2005.12).

14_ kafaru minhum의 영어 번역은 'disbelieved among them'라고 되어 있는데 영문대로 번역하면 '그들 중에 믿지 않은'이란 말이다. kafara는 이슬람 이전에는 '보답할 줄 모르는'의 의미로서 감사하다shakara의 반대말이었다. 그러나 이 단어가 꾸란 속으로 들어오면서 이슬람 신학의 맥락context에서 특별한 의미를 가졌다. 꾸란으로 들어온 이 어휘는 '(알라를) 믿는다'라는 의미의 반대말이 되었다. 그래서 꾸란의 사전에는 'to become an unbeliever; to be ungrateful; to curse'라고 되어 있다.

수 있다. 일부 무슬림들은 이싸의 죽음을 인정한다. 그러나 대부분의 무슬림들은 이싸가 죽지 않고 하늘로 올리어 갔다고 말한다. 꾸란이 이 부분에서 아주 명쾌하지 않다. 그러나 거의 모든 무슬림들이 꾸란은 이싸가 죽지 않았다고 가르치는 것으로 이해한다. 이싸의 죽음에 대한 꾸란의 구절 중에는 그가 미래에 죽을 것이라고 말하는 부분도 있다. 수라 19:33에서 태어난 날(과거)과 죽을 날(미래) 그리고 살아서 올리어 갈 날을 언급하고 있기 때문이다.

수라 3:54-55에서 '내가 너를 데려간다'는 아랍어 어휘가 무타왑피카mutawaffika인데 이 단어의 해석을 '데려간다'가 아니라 '너를 죽게 하여'라는 말로 해석하면[15] 이싸가 죽었다는 말이 된다. 한마디로 이 단어의 해석이 뭐냐에 따라 이싸가 죽었다 혹은 죽지 않았다고 결정되므로 꾸란은 이싸의 죽음에 대하여 명쾌한 답을 주지 못한다. 위 구절에서 아랍어 어휘 '무타왑피카'는 '너를 받아들이겠다'는 의미가 있다. 무슬림들은 통상적으로 이싸가 죽지 않고 하늘로 올리어 갔다고 하나 일부 꾸란 주석가들은 '너를 잠자게 하여 수면 중에 너를 들어올리겠다' 혹은 '땅으로부터 너를 붙잡아 나에게 들어올리겠다'라고 해석한다.[16] 알따바리를 비롯한 전통적인 주석에 의하면 ① 내가 너를 잠자게 하여 네가 잠자는 동안 나에게 들어올리겠다, ② 내가 땅으로부터 너를 붙잡아 너를 나에게로 들어올리겠다, ③ 내가 너를 죽게 하여 너를 나에게로 들어올리겠다고 하였다.[17]

기독교인 변증가들은 꾸란 3:55와 5:117에서 동사 다왑파tawaffa를 '죽게 하다cause to die'로 해석했다.[18] 수라 4장 157절에서는 우리들이 알마시흐 이싸 븐 마르얌을 죽이지도 않았고 십자가에 매달지도 않았다고 한다. 그리고 수많은 이슬람 학자들에게 논점에 되어 온 부분은 그

15_ 공일주, 꾸란의 이해, 293.
16_ 위의 책, 293.
17_ Neal Robinson, Christ in Islam and Christianity, SUNY press, 1990, 119-120.
18_ 위의 책, 125.

들에게 그렇게 보였을 뿐(슙비하 라훔shubbiha lahum)이라고 한 구절이다. 이 장의 158절에서 알라가 그를 그에게로 들어올리셨다고 한다. 그들에게 그렇게 보였을 뿐이라는 말에는 다음 3가지 견해가 있다.[19]

(ㄱ) 외형이 유사한 자가 십자가에 죽었다.
(ㄴ) 자원자가 십자가에 죽었다.
(ㄷ) 이싸는 죽었다.

위 첫 두 가지가 대부분 무슬림들의 견해이다. 대다수 꾸란 주석가들은 꾸란 4:159절의 마지막 문장은 이싸가 미래에 죽을 것이고 산 채로 하늘로 올라가 적예언자를 죽이기 위하여 다시 온다고 믿는다. 꾸란 4:157에서 '슙비하 라훔shubbiha lahum'을 유사함(겉모습)이 그들에게 이뤄졌다고 해석하면 십자가에 돌아가신 분은 이싸가 아니고 이싸를 닮은 사람이었다는 것이다.[20] 알따바리를 비롯한 초기 꾸란 주석가들은 이를 다음 두 가지로 해석하였다.[21]

(ㄱ) 일부는 모든 제자들이 이싸처럼 보이게 되었다고 했다. 그리고 유대인들이 그들 중 이싸라고 생각된 한 사람을 죽였다.
(ㄴ) 일부는 이싸가 그를 따르는 사람들에게 자원하여 달라고 했다고 한다. 그들 중의 하나가 이싸와 겉모습이 유사하여 이싸 대신에 죽었다.

무슬림들은 알라가 어찌 그의 거룩한 예언자를 십자가에 매달 수 있느냐고 반문하면서 이싸가 십자가에 달리신다는 것을 거부한다. 다

19_ 공일주, 꾸란의 이해, 287-292.
20_ Neal Robinson, 앞의 책, 106.
21_ 위의 책, 127-129.

시 말하면 무슬림들이 머릿속에 그려본 알라의 개념과 예언자의 상이 성경의 하나님과 예수와 전혀 들어맞지 않았다. 성경은 예수 그리스도가 십자가에 돌아가셨고 부활하셨는데 예수가 죽으심으로 그가 죽음을 이기셨다는 것을 보여준다. 이르시기를 인자가 죄인의 손에 넘겨져 십자가에 못 박히고 제 삼일에 다시 살아나야 하리라 하셨느니라(누가복음 24:7). 꾸란에 이싸가 하늘로 들어올리어진다는 내용은 있으나 꾸란에 이싸가 되돌아온다는 분명한 구절이 없다. 고전 주석가들은 이싸가 돌아오는 것을 암시하는 내용을 수라 4:159와 43:61에서 찾아내려 했다. 꾸란 주석가들이 이싸가 돌아오는 때를 암시한 구절을 찾으려고 인용한 꾸란 구절로는 43장 61절이었다. 그러면 이싸가 다시 온다는 것에 대한 무슬림들의 말을 다음과 같이 요약해 볼 수 있다.[22]

(ㄱ) 꾸란은 이싸가 되돌아오는 것을 암시한다고 결코 확인할 수 없다. 이런 내용을 고려해 볼 꾸란의 두 개의 절 4:159와 43:61절이 있지만 이 둘 다 이런 해석에 의문을 제기할 만한 문법적인 이유들이 있다. 더구나 이와 다르게 해석한 무함마드의 동료들의 말이 있기 때문이다.

(ㄴ) 그럼에도 불구하고 이싸가 되돌아온다는 믿음은 무슬림들에게 잘 정립되어 왔다. 꾸란 주석가들은 꾸란에서 몇 개의 구절들을 이와 관련시키고 있었고 하디스 학자들 부카리bukhari와 무슬림muslim의 하디스에도 이런 말이 나오기 때문이다.

그렇다면 꾸란의 이싸 븐 마르얌은 성경의 예수 그리스도와 동일인인가? 꾸란에서 이싸 븐 마르얌은 알마시흐 혹은 이싸 븐 마르얌으로 기록되었다. 꾸란의 알마시흐는 이싸 븐 마르얌의 다른 칭호일 뿐 성경의 메시아의 의미를 갖지 않는다. 꾸란의 이싸는 마르얌의 아들(븐 마르

22_ 위의 책, 103-104.

얌)로 불린다. 성경에서는 마가복음 6:3절에 이 사람이 마리아의 아들 목수가 아니냐라는 말에서 마리아의 아들이란 말이 나오지만 예수의 공식적인 칭호는 아니다. 아랍 기독교인들은 성경의 예수를 '야수아'라고 하므로 누군가 '이싸'라는 말을 사용하면 이싸가 예수가 아니라는 것을 안다. 마찬가지로 아랍 무슬림들은 누군가 '야수아'라고 하면 그가 이싸가 아니라고 생각한다. 그런데 영어로 번역된 꾸란을 보면 상당수가 이싸를 Jesus라고 번역한다. 그렇다면 꾸란의 이싸는 누구인가?

꾸란의 이싸는

(1) 하나님의 아들이 아니고 인간 피조물이다.
(2) 십자가에 못 박히지 않고 죽지도 않았으며 하늘로 올리어 갔다.
(3) 이슬람의 전승에 따르면 이싸가 다시 와서 십자가를 다 부수고 이슬람을 전파한다고 한다.
(4) 이싸는 성육신 하지 않았다.
(5) 이싸는 인간과 본성이 같다.

꾸란에서 이싸는 칼리마 민 알라 혹은 칼리마 민후라는 다른 칭호가 있었는데 그 이유는 그가 아버지 없이 '알라의 말(칼리마)'로 잉태되었기 때문이라고 한다.[23] 이런 이싸가 성경의 예수와 동일 인물이라고 할 수 있는가? 꾸란은 알마시흐가 동정녀에게서 태어났다(수라 3:45-47)고 한다. 성경에서는 '잉태된 자는 성령으로 된 것(마태복음 1:20)'이라고 한다. 꾸란은 알라의 전능하심으로 잉태되었다고 한다. 우리의 루흐로부터 알라가 마르얌에게 바람을 불어서(수라 21:91) 이싸가 잉태되었다. 꾸란에서 '우리의 루흐'에서 천사들 혹은 지브릴 천사를 가리킨다. 이싸는 예언자, 메신저, 알라의 종이라고 하고 무슬림들은 이싸가 무슬림이라고 한다. 꾸란의 이싸는 알라의 허락으로 병자를 고치고 흙으로 빚은 새가 숨을 쉬고 맹인과 문둥병자를 낫게 하였다. 물론 이싸가 요

23_John Penrice, A Dictionary and Glossary of the Quran, Library of Islam, 1988, 127.

람에서 말을 하기 시작했다.

대부분의 꾸란 주석가들은 이싸가 경전의 백성들에게 대항할 것이라고 한다. 이상과 같이 이싸의 이름과 칭호, 기적과 승천 그리고 되돌아오심에 대한 내용들이 성경과 차이를 보여주고 있기 때문에 꾸란의 이싸 븐 마르얌은 성경의 예수 그리스도와 다르다고 말할 수 있겠다.

3 유대교, 기독교, 이슬람의 종말과 해석

지금은 무슬림들이 서구에 대한 반작용으로 더욱더 종교적이 되고(cook, 2005) 심지어는 종말론적 성격을 갖게 되었다. 라인하트Rinehart(2006)는 이런 반작용은 전혀 놀랄 일이 아니라고 했다. '종말론은 모든 정치적 이데올로기들의 지적 모판'이기 때문이라고 했다. 가치관과 문화에 대한 공격에 직면할 때 공동체를 하나로 묶을 수 있는 강력한 힘은 종말론적 기대라고 했다. 그래서 과거 10년 동안 변화하는 세계에서 무슬림의 이해를 돕고자 할 때 종말론적 사고가 밀접하게 관련되고 있었다.

무슬림의 종말론적 전통은 세속화와 리버럴한 문화가 증가하는 추세에서 이슬람 공동체를 보호해주는 바람막이가 되어 준다고 생각했다. 그래서 특히 1967년 6.1전쟁 이후 세속화된 이슬람 정부가 좌절감에 빠져 있을 때 서구 사상을 경멸하는 무슬림들은 정치적 활동을 고무시키기 위하여 이슬람의 종말론적 수사를 더 많이 사용하였다. 그러나 종말론은 이슬람에만 있는 것이 아니다.

미국에서는 사회적 문화적 이념과 삶의 패턴을 보존하기 위한 수단으로서 종말론이 언급되었다. 제리 파월Jerry Falwell과 같이 1980년대 미국 정치계에 알려진 보수 기독교인들은 천년 왕국을 강조했다. 제리 파월은 현재 삶의 어려움을 극복하기 위하여 기독교인들이 정치에 참여해 달라고 외쳤고 주님이 오셔서 그의 백성을 데려가실 때까지 인내하라고 했다. 제리 파월만 종말론적 이야기를 한 것이 아니다. 2010년 미국 정부가 개인의 의료 정보 등이 담겨 있는 베리칩Verichip을 적어도 2017년까지는 모든 국민의 몸에 이식하게 될 것이라고 했다. 그리고 성경의 요한계시록 13장에 나오는 짐승의 수가 666이라는 것을 666 시스템을 사용한 바코드와 관련시키는 사람도 있었고 이제는 666을 베리칩과 연관 지어 요한계시록의 내용과 오늘의 세상 일과 관련시키는 사람도 있다.

이처럼 종말론적인 종교 신앙이 정치적인 면뿐만 아니라 국제 문제와 국내 문제와도 연계되어 있고 종말론적 사고는 기독교뿐만 아니라 이슬람에서도 매우 중요한 주제이다. 종말론이란 말은 세속적인 용어로서도 사용되지만 일반적으로 종말론은 종교적 용어로 이해한다. 그래서 종말론은 종말(마지막 날), 부활, 최후의 심판과 관련되거나 죽음, 부활, 내세란 낱말들과 연관된다. 기독교와 이슬람에서는 최후 심판, 몸의 부활, 우주의 재창조를 언급한다. 기독교에서는 지상의 인간이 갖는 몸과 다른 부활의 몸을 갖는다고 믿지만 이슬람에서는 지상의 인간이 갖는 육체를 다음 세상에서도 그대로 갖는다고 믿는다. 기독교와 이슬람, 유대교는 역사는 언젠가는 끝이 있다는 것을 가르친다. 그 때는 언제인지 아무도 모른다. 이슬람의 종말론은 순니파와 시아파가 서로 차이가 난다. 사실 이슬람의 종말론은 방대하고 자주 혼돈스럽다. 그 이유는 꾸란에 종말론에 대한 구체적인 사실들이 체계적으로 설명되어 있지 않아 하디스나 무슬림 전승을 통하여 이를 체계화하다보니 서로 차이가 나는 부분이 생긴 것이다.

(1) 순니파의 종말론

이집트의 나일강 강변을 따라가면 하다익 알마아디(카이로의 지명)라는 지역에 다다르고 그 지역의 어느 도로 담벽에는 아랍어로 다음과 같은 글귀가 쓰여 있다. “너희(아랍 무슬림)들이 국경을 열어라. 말이 달리게 하라. 너희 군대(아랍 무슬림)는 억압에 놓인 쇠사슬을 풀어라. 오랜 세월 계약ahd을 어기는 유대인yahud을 짓밟아라. 팔레스타인은 되돌아온다. 그 약속의 날Al-Yawm Al-Maw'ūd이 곧 올 것이다."

이집트 카이로, 담벽에 쓰인 글귀 "팔레스타인이 되돌아온다."

위 글에서 약속의 날을 이슬람에서는 '마지막 날'을 가리킨다. 유대인을 쳐부수고 팔레스타인을 해방시켜야 한다는 정치적인 의미와 이슬람 종교가 승리한다는 종말론적 의미가 서로 맞물려 있다. 이슬람 전승에서 종말론24은 무슬림 신앙체계에 실질적인 역할을 한다. 이슬람에서 알라와 무함마드를 믿는 것은 마지막 날(심판의 날)이 있다는 것과 관련되어 있다. "알라와 그의 천사들, 그의 경전, 그의 메신저들, 최후의 날을 믿지 않는 사람은 길을 잃어버린 사람이다(수라 4:136)." 꾸란은 위 구절에서 알라, 무함마드, 경전을 믿는 것과 나란히 최후의 날을 믿는 것을 강조하고 있다. 이런 신앙은 서로 연결되어 있어 절대 분리시킬 수 없다. 다른 어떤 경전보다도 이슬람의 꾸란이 최후의 날을 가장 많이 강조하고 있다. 꾸란의 중심 주제가 무엇인가를 아는 무슬림이라면 종말의 문제에 깊이 관심을 가질 것이 분명하다. 이슬람의 하디스(무함마드 언행록) 역시 이슬람의 종말론적인 가르침을 강조하고 있다. 이슬람에서 종말은 인간이 돌아갈 곳이라고 생각하여 아랍어로 마아드

24_ 2010년 이집트의 무함마드 무르씨는 이집트인들에게 유대인jews과 시온주의자들을 증오하도록 우리의 자녀와 손자들을 양육해야 한다고 강조했다.

ma'ad라고 했다. "그가(알라) 너를 처음 창조한 대로 너는 되돌아갈 것이다(꾸란 7:29)." 꾸란 주석가들은 '되돌아간다'를 '생명이 알라에게 되돌아 간다' 혹은 '알라에게 되돌아간다'고 해석했다. 그래서 무슬림들은 신문에 부고장을 낼 때 '우리는 그에게 되돌아간다'고 쓰고 있다. 이슬람에서는 개인이나 집단 혹은 자발적이거나 강제로 알라에게 되돌아간다는 것이다. 그럼에도 무슬림의 종말론은 이 세상에서 무슬림들이 공정하고 이슬람의 윤리에 따른 삶을 사는 것을 배제하지 않는다.

이슬람 종말론을 정치적인 관점에서 보는 무슬림들이 있다. 우주의 종말과 다가올 세상은 오늘을 사는 무슬림들의 윤리, 철학, 정치와도 관련되어 있다는 것이다. 무슬림들은 정치를 '이상적인 인간사회를 기술하고 그것을 실현하는 수단'으로 보기 때문에 정치를 종말론의 한 가지로 본다. 인간의 일시적인 선은 영원한 선이란 관점에서 이해되기 때문이다. 결국 무슬림들은 이 세상의 삶을 살다가 알라의 심판을 받을 때가 있다는 것을 기억하고 이 땅에서 꾸란과 무함마드의 말대로 살아가야 한다고 말한다.

1948년 이스라엘이 팔레스타인 땅에서 나라를 건국한 사건이 무슬림과 기독교의 묵시적 종말론에 대한 관심을 크게 증폭시켰다. 성전산과 예루살렘은 두 공동체에게는 물론 유대교 시온주의자에게 가장 중요한 묵시적인[25] 주제들이었다. 성경에는 에스겔, 다니엘서, 계시록 등 묵시적인 내용들이 있고 무슬림은 묵시적인 시나리오를 개발하는데 꾸란과 하디스를 활용하였다. 예루살렘은 기독교와 시온주의자의 묵시적 종말론에서도 중요한 주제가 되고 있다.

기독교 묵시론적 종말에서는 적그리스도가 와서 유대 성전을 더럽힌다고 말한다. 그러므로 무슬림들이 사용하는 알악싸 사원이 성전

25_ 묵시의 본래 의미는 "이전에 숨겨진 지식의 드러남"이란 뜻이고 상징symbol을 많이 사용한다. 성경에서 묵시는 하나님이 예정하신 미래 역사의 계시이다. 성경에서는 묵시문학은 다니엘서와 요한계시록 이외에 에스겔 37-48장, 스가랴 1장 7절에서 7장 8절까지의 내용들이다.

산에서 다른 곳으로 옮겨져야 하고 그리스도의 재림 준비를 위하여 제3의 성전이 건립되어야 한다고 했다. 시온주의자들은 이스라엘의 적들이 예루살렘을 공격하는데 그리스도가 재림하여 이스라엘을 대항하는 적들을 부수고 성전을 청소하며 적그리스도를 멸망시킨다고 믿는다.[26] 성전산과 예루살렘은 유대인 시온주의자에게도 중요하다. 유대인 시온주의자들은 제3의 성전이 성전산에 세워지면 이것이 오랫동안 기다렸던 메시아 오심의 전주곡이 된다고 믿는다.

무슬림들에게 널리 퍼진 종말론적 스토리 중에는 이싸가 예루살렘에 나타나 적예언자를 무찌른다고 한다. 일부 무슬림들은 그 적예언자(닷잘)가 유대인들이라고 한다. 이런 시나리오라면 무슬림들은 유대인의 예루살렘 점령을 시온주의자들이 바라는 가장 핵심적인 것과 연관되어 있다고 생각한다. 오늘날 무슬림들은 이스라엘을 시온주의자 그리고 이슬람의 적이라고 부른다. 그런데 이싸가 예루살렘으로 되돌아오기 위해서 무슬림들은 예루살렘을 비무슬림으로부터 해방시켜야 한다. 무슬림에게 적예언자는 지상에서 무슬림들을 살해하려는 세력을 말한다. 다른 시나리오에서는 적예언자가 곡과 마곡과 동맹을 한다고 말한다. 그리고 해가 서쪽에서 뜬다고 한다. 무슬림들이 예루살렘으로 피한다. 그러고 나서 마흐디가 포위당한 무슬림 남은 자들의 기도를 인도하기 위하여 예루살렘에 나타난다. 이싸가 천사로 구성된 군대를 이끌고 지상으로 되돌아온다. 그는 예루살렘에 진격한 군대와 적예언자를 무찌른다. 승리자이시만 그는 마흐디의 리더십에 따르고 예루살렘의 큰

26_ 요르단 국왕 압둘라 2세와 팔레스타인 대통령 마흐무드 압바스는 2013년 3월말 예루살렘과 성지를 유대화하려는 어떤 시도에 대항하여 예루살렘과 성지 방어를 위한 공동의 목적을 실현하고자 상호 합의서에 서명하였다. 요르단 왕실은 요르단 왕이 예루살렘의 무슬림 성지들의 관리자라는 것을 확인하고 특히 알악싸 사원(알하람 알샤리프)을 보존하기 위한 법적 노력을 다한다고 했다. 유대인들은 성전산이 가장 거룩한 예배의 장소이고 해롯 성전은 70년 로마인에 의하여 파괴되었었다. 알악싸 사원과 황금돔은 예루살렘에서 가장 민감한 장소이고 팔레스타인과 이스라엘 경비대 사이에 자주 충돌이 있어왔다. 이스라엘은 1967년 예루살렘의 동부를 점령하였으나 팔레스타인은 이 동부 예루살렘이 팔레스타인의 수도가 되기를 희망하고 있다.

모스크에서 기도한다. 그는 모든 십자가를 부수고 모든 돼지들을 죽인다. 모든 회당과 교회들도 파괴한다. 50년 동안 그는 예루살렘에서 다스리며 이 땅에 이슬람을 확장시킨다. 그러고 나서 이싸는 죽어서 무함마드가 묻혀 있는 메디나에 묻히고 죽은 자들의 최후 부활을 기다린다.

2013년 5월 8일 이집트인 이슬람학자 유수프 알까라다위가 카타르 비행기를 타고 팔레스타인 가자를 방문하여 예루살렘과 알악싸를 해방시키자고 했다. 그는 가자의 팔레스타인 무슬림들에게 팔레스타인 땅 전체를 해방tahrir시키기 위하여 우리가 함께 일하자고 했다. 그는 덧붙여서 진리를 갖고 있는 자(무슬림)가 항상 승리한다고 하면서 시온주의 국가는 망한다고 했다.[27] 1967년 전쟁 이후 이스라엘은 동예루살렘에 살고 있는 아랍인들의 거주를 제한하고 또 가족들이 서로 합치는 것을 제한해왔다. 이스라엘의 민족주의자들은 예루살렘은 통합된 유대민족의 수도가 되어야 한다고 주장해왔다. 또 이스라엘이 성전산 부근에서 고고학적 발굴을 하는 목적이 모스크들을 붕괴시키기 위한 목적이라고 팔레스타인 아랍인들은 주장해왔다. 2004년 예루살렘의 마스터플랜에 의하면 이스라엘인 거주민의 비율을 70%까지 높이고 아랍인은 30%로 내린다고 했다. 아랍인들은 2009년 예루살렘을 아랍 문화의 수도로 선포하였고 동예루살렘을 미래의 팔레스타인 국가의 수도가 되어야 한다고 재천명했다. 그러나 가자지구를 다스리는 하마스와 라말라를 중심으로 한 파타흐가 이스라엘의 점령과 정치적인 이유 때문에 서로 나뉘면서 이스라엘 안에 사는 팔레스타인 아랍인들은 정치적인 폭력에 휩쓸리고 두 지역의 당국자들에 의하여 시민의 권리가 억압당하고 있다.

27_ 유수프 알까라다위의 가자 지구의 방문을 두고 BBC 아랍어 방송에서 실시한 여론 조사에서 74%가 '종교인의 가자지구 방문은 팔레스타인의 분리를 조장시킨다'고 답했다. 종교학자(울라마 알딘)가 팔레스타인 대표부가 있는 라말라로 가지 않고 이슬람주의 하마스가 다스리는 가자지구를 전격 방문한 것은 팔레스타인의 파타흐(라말라 중심)와 하마스(가자 지구 중심)를 통합하는 일에 장애가 된다고 보았다. 알까라다위는 과거에 팔레스타인을 위하여 전사(피다이야)로 참여한 적이 있다고 했다.

이처럼 예루살렘과 성전산은 유대교, 시온주의자, 무슬림들에게 종말 시나리오에서 아주 중요한 장소이다. 1967년 이스라엘의 예루살렘 점령 이후부터 이스라엘과 팔레스타인 간의 평화적인 이니셔티브에서 예루살렘[28]이 항상 등장하고 있었다. 그러나 이런 종말론적 시나리오에 동의하지 않는 무슬림과 기독교인들이 있다. 또 다니엘서 9:27과 에스겔서 38-39장을 사용하는 전천년 시온주의자들의 성경 해석을 거부하는 사람들도 있다.

모든 이슬람의 종말론에서 마지막 심판이 역사와 세계의 정점에 해당된다. 꾸란은 '그때(마지막 때)'라는 말을 써서 경고한다. 이슬람에서 아담과 하와는 파라다이스에서 창조되었는데 그들이 금지된 열매를 먹자, 시험test 기간 동안 지상으로 보내졌다고 한다. 그 시험이 신앙과 행동의 지침을 주는 이슬람이라고 하고 이 시험에서 통과한 사람은 마지막 심판에서 파라다이스로 가고 실패한 사람은 지옥으로 간다고 믿었다. 이싸의 재림과 마흐디는 세상이 마지막 심판을 준비하도록 하는데 있다. 그러나 꾸란에서 이싸의 종말론적 역할은 꾸란에 구체적으로 나오지 않는다. 꾸란은 이싸가 죽지 않고 하늘로 올라갔다고 하고 그는 마지막 심판의 표시(징후)라고 한다. 이싸의 종말론적 역할에 대한 꾸란의 서술에서 부족한 부분을 하디스가 채워준다. 마흐디 역시 꾸란에서 그가 구세주라는 인물로 언급된 구절을 찾을 수 없다. 다만 하디스에서 그가 '그날'을 위해 세상을 준비시키는 인물로 나와 있다. 마흐디라는 말은 지휘하는 자라는 말인데 다른 사람을 지도하는 자, 인내, 리더리는 뜻을 갖는다. 마흐디는 마지막 날에 이 땅에 나타날 통치자이다. 부

28_ 2013년 이집트의 정부는 팔레스타인 주재 이집트 대사에게 예루살렘의 알악싸 모스크를 시찰하고 이스라엘이 이슬람 성지들을 훼손했는지를 보고하라고 했다. 예루살렘의 중심부에 있는 알악싸 모스크는 무슬림 신앙의 핵심에 속해 있다고 이집트 대사 야세르 오스만이 주장했다. 2013년 3월 도하에서 열린 아랍 연맹에 속한 정상들의 모임에서 예루살렘의 아랍 이슬람의 정체성을 보존하고 그 지역에 사는 팔레스타인 무슬림의 정착을 영속화하기 위한 '예루살렘 펀드' 10억 달러를 조성하여 이슬람 개발 은행을 통하여 팔레스타인에 보내자고 결의하였다.

카리와 다른 하디스에 의하면 내 이름을 가진 자와 내 부족의 사람이 아라비아의 주인이 되면 세상은 종말이 온다고 했다. 마흐디는 나의 후손이 될 것이고 그는 이 땅을 정의와 공평으로 채울 것이고 이 땅을 7년간 다스릴 것이라고 했다. 마흐디는 이싸를 만날 것이며 마흐디의 등장이 부활의 더 큰 징후들 중의 하나가 된다고 했다.[29]

이슬람에서 '그날'의 메인 이벤트는 다음과 같다. 첫 번째 나팔이 울리고 산들이 산산이 부서져 가루가 되고 하늘이 찢어진다. 그같이 두려운 날에 모든 인간과 모든 생물이 흔적이 없어지고 오직 알라만 남아 있다. 그리고 마침내 두 번째 나팔이 울리고 알라는 모든 죽은 자들을 부활시키고 그들이 심판을 받게 한다. 모든 사람이 두려워하며 보좌 앞에서 서 있고 책(장부)들이 펼쳐지는데 선행과 악행의 기록이 읽혀진다. 매일 한 사람의 장부에서 한 페이지씩 읽혀진다. 무함마드가 제일 먼저 부활하여 무슬림들의 중재자가 된다. 심판은 5만 년간 지속된다. 알라는 심판을 통과한 사람에게는 파라다이스나 지옥을 할당해 준다. 지옥에는 7개의 층이 있고 파라다이스는 8개의 층이 있다. 어떤 시나리오에서는 지옥의 불들을 통하여 악이 일소되면 여러 층을 통과하여 위층으로 옮겨지는 사람도 있다고 했다. 심판이 완전히 끝나면 인간을 시험test하는 기능이 완성되었으므로 땅이 없어진다. 심판의 날에 모두가 잘 되게 해달라고 비는 꾸란의 개경장의 기도는 꾸란이 보여주는 종말론의 핵심이기도 하다.

(2) 시아파의 종말론

이란의 이슬람 혁명(1979년)을 이해하려면 이란의 마흐디 사상Mahdism의 역사적인 배경을 알아야 한다. 시아파에서 무슬림 공동체(움마)의 적법한 리더(이맘)는 무함마드의 딸, 파띠마와 그의 남편을 통한 무함마드의 직계 자손이어야 한다고 믿었다. 이런 문제에 대한 초기 무

29_ Deeb al-Khudrawi, A Dictionary of Islamic terms, Beirut: al-Yamamah, 1995, 422-423.

슬림들의 갈등은 때로는 폭력으로 치닫기도 했다. 결국 알리Ali(무함마드의 사위)가 이슬람 세계의 이맘leader이 된 것은 칼리파 아부 바크르, 우마르, 우스만이 죽은 뒤에야 가능했다. 그의 아들 후세인은 칼리파가 되었으나 이라크의 카르발라 근처에서 비참하게 살해되었다. 이 일로 인하여 이슬람 움마(국민, 공동체) 안에서 순니파와 시아파가 서로 나뉘고 있었다. 후세인이 죽은 후에 시아파 안에서 이마미야(열두 이맘파)가 널리 확산되고 있었다. 시아의 열두 이맘파에 의하면 무함마드가 오직 12명의 이맘만 있을 것이라고 말했다고 한다. 그러고 나서 마흐디(구세주)가 온다고 했다. 869년(이슬람력 255년) 12번째 이맘 무함마드 븐 하산 븐 알리가 태어났다. 그런데 그가 5살이 되었을 때 사라져버렸다. 열두 이맘파들은 이 12번째 이맘이 마흐디라고 믿었다. 마흐디는 최후 심판 전에 땅 끝까지 이슬람이 전해지고 평화와 정의를 확산시킬 사람이라고 했다. 거의 12세기 동안 마흐디(사라진 무함마드 이븐 하산)는 자취를 감추고 있었다. 그런데 때가 이르면 최후 심판을 위하여 세계를 준비시키려고 그가 나타날 것이라고 했다. 마흐디 신앙에서 마흐디가 이싸와 함께 이 땅에 나타난다는 것이다. 이싸는 마흐디의 리더십을 따르고 이 둘이 세계를 통하여 공의와 정의를 함께 세워간다는 것이다. 당시에 마흐디가 사라진 것은 무함마드의 길과 12번째 이맘의 명령에 불순종하였기 때문이라고 했다.

이란 혁명의 리더들은 마흐디의 정치 종교적인 제도를 발전시켜 마흐디를 소망하는 것과 조화시켜 나갔다. 이란 사회가 마흐디가 명한대로 완전함에 접근하는 것을 보았을 때 그가 다시 온다고 가르쳤다. 그런데 이란의 마흐디 종말론은 무함마드가 메디나에서 한 것처럼 우주적인 평화와 정의를 가져오기 위해서 정치와 군사력을 효과적으로 사용해야 한다고 보았다. 마흐디 신앙은 정치적 권한이 알라에게서 오고 그의 계시된 율법이 오류를 저지르지 않는 이맘30들에 의하여 해석

30_ 순니파의 이맘은 모스크에서 예배를 인도하는 사람을 주로 가리키지만 시아파에서 이맘은 순니파의 이맘보다 더 높은 지위를 갖는다.

된다고 믿었다.

이런 종말론에 익숙한 이란의 아흐마디네자드 대통령은 이스라엘 국가는 정의에 근거하여 세워진 나라가 아니므로 이 땅에서 제거되어야 한다고 했다. 2006년 이스라엘이 레바논을 공격할 때 히즈불라가 이스라엘의 공격을 막아낸 것은 마흐디가 이란과 그의 협력자들을 도왔기 때문이라고 생각했다.

시아파들은 마흐디가 다시 오는 날이 가까워지고 있다고 믿었다. 믿음이 있는 무슬림들은 적예언자와 유사한 것에 항거해야 한다고 했다. 이란의 순교자들의 피는 이런 파멸로부터 충성된 신자들을 구하려고 마흐디의 재림을 부추긴다고 했다. 묵시론적인 파국은 마흐디의 오심을 위한 준비라고 했다. 이싸는 마흐디보다 먼저 와서 마흐디의 오시는 길을 예비한다. 마흐디가 오면 이싸는 그의 리더십에 따르고 마지막 나팔 소리와 최후의 심판의 때와 세계의 종말을 인류에게 준비시키고 세상에 우주적인 평화를 확산시키려고 둘이 함께 일한다고 했다.

알마시흐(이싸)의 재림은 아흐마디네자드 이란 대통령의 머릿속에도 각인되어 있었다. 예언자들의 메시지의 공통점에 근거하여 국제적인 이슈에 대한 회의를 열자고 그가 부시 대통령에게 보낸 서한에서 '알마시흐'의 재림을 언급하면서 "정의가 우주적이 되고 예수 그리스도가 임재하는 약속된 세상에서 우리가 어떤 역할이라도 해야 되는 것이 아닌가요?"라는 말을 한 적이 있었다. 그가 꾸란의 '이싸'라는 말 대신에 예수 그리스도라는 말을 사용하여 부시 대통령과 대화를 시도한 것이다. 그러나 무슬림들이 말하는 예수 그리스도는 기독교인들이 믿는 예수 그리스도가 아니다. 우리는 전술한 바와 같이 여러 차례 아랍 무슬림들과 아랍 기독교인들이 동일한 용어를 다른 의미로 사용하는 예가 많다고 했다. 그런데 문제는 이슬람을 잘 모르는 기독교인들이 무슬림들의 이런 말에 속아 넘어간다는 것이다. 그래서 기독교인 안에서도 이슬람에 대한 이해가 달라지게 되었다. 무슬림들 중에서는 "여러분 이싸가 곧 오신다는 것을 아시지요? 그리고 마흐디가 그분 다음에

옵니다"는 말을 할 때 그들이 말하는 이싸는 성경의 예수 그리스도가 아니다.

(3) 기독교의 종말론

기독교 신앙에서 종말론은 매우 중요하여 조직 신학에서는 종말론을 꼭 다룬다. 종말에는 두 가지가 있는데 하나는 인생의 종말이고 다른 하나는 역사의 종말이다. 인생의 종말에서 인간이 죽으면 우리의 영혼과 육신이 분리(생물학적 죽음)되고 우리가 모태에서 태어날 때 하나님과 우리의 관계가 죽어 있다(영적인 죽음)고 생각한다. 그리고 주님이 재림하실 때 모든 불신자들이 불 못으로 들어간다(영원한 죽음)고 믿는다. 그러나 예수를 믿고 거듭나면 영적인 죽음이 없고 예수님이 재림하면 주와 함께 영원히 산다. 그래서 기독교인들은 인간이 죽는 날을 영원한 삶을 시작하는 관문이라고 믿는다. 이 땅을 떠나면 주님과 함께 영원히 살며 우리의 눈으로 주님을 보고 만나는 날이 온다. 성경은 성도는 죽으나 사나 그리스도의 것이라고 믿는다. 성도는 죽음이 끝이 아니라고 믿고 죽음을 영광스런 삶의 시작으로 본다.

죽음에서 부활하는 과정에서 인생이 죽고 영혼과 몸이 만나기 전의 중간기가 있다. 영혼 수면설(제칠일 안식교, 여호와 증인)을 믿는 사람들은 이 중간기를 영혼과 몸이 분리되는 죽음 이후, 육체는 썩어져 부활을 기다리지만 영혼은 잠든 상태에서 부활을 기다린다[31]고 주장하는데 이는 성경적인 견해가 아니다. 로마 가톨릭은 인간이 죽으면 천국과 지옥의 중간 상태인 연옥으로 가고 이 세상의 죄악을 씻고 천국 갈 준비를 한다고 믿는데 이것 역시 성경적이 아니다. 성경이 말하는 죽음 이후의 중간기는 성도가 죽으면 낙원에서 살면서 부활을 기다린다는 것이다. 죽음 이후에 성도가 부활하기 전 낙원에서 예수님과 함께 살고 불신자는 음부(지옥의 직전 상태)에서 육신의 부활을 기다린다. 불신자는

31_ 정성욱, 스피드 조직신학, 홍성사, 2007, 212.

부활 후에 지옥에 간다.

역사의 종말은 예수 그리스도가 재림하고 심판하는 것이다. 곳곳에 적그리스도의 미혹이 있어서 종말의 징조가 많다. 마지막 적그리스도Anti-christ 이외에 수다한 작은 적그리스도들이 많다. 종말의 징후로 거짓 선지자가 사람들을 미혹하고 곳곳에 전쟁이 많아지고 처처에 기근과 지진이 있고 타 종교가 그리스도인들을 핍박하는 일이 많아진다. 불법이 성하고 동성애가 많아지고 사랑이 식어져간다. 오늘날 종말의 징조가 점점 더 많아지고 있는데 종말에 대한 마지막의 징조는 천국 복음이 모든 민족에게 증거 되면 그제야 끝이 온다는 것이다. 예수 그리스도의 재림이 가까워오고 있다는 증거들이다.

전천년설은 예수 그리스도의 재림 전에는 7년 대환란이 있다고 말한다. 대환란의 시기에 마지막 적그리스도가 등장하는데 이 기간 동안에 짐승의 표 666을 받지 말아야 한다고 했다. 한때는 컴퓨터의 바코드가 666이라고 했다가 요즘 미국에서는 베리칩(몸 피부에 칩을 심어 인간의 건강 정보를 넣는다고 함)이 666이라고 주장하는 사람도 있다. 미국 정부는 2014년까지 모든 사람이 베리칩을 심어야 하고 2017년까지 베리칩을 심지 않으면 벌금을 내도록 했다. 그러나 베리칩 자체가 666이라고는 말할 수는 없다. 장차 적그리스도가 등장하여 우리에게 666을 받게 하는 것이 베리칩과 비슷하게 보였던 것이다. 성경은 "666을 받으면 적그리스도를 숭배해야 하고 매매를 못하게 한다(계시록 13장)고 했다(계시록 13:17-19)."

예수를 믿는 사람들은 적그리스도의 핍박과 그의 통치 시기 중에 끝까지 인내하여야 하고 그 시기에 믿는 자에게는 예비하신 보호처가 있을 것이나 그 시기에 성도가 만일 적그리스도를 하나님으로 믿겠다는 그런 표를 받으면 참 하나님으로부터 영원한 심판을 받게 된다고 하였다. 로마 시대에 그리스도인들이 당한 핍박보다는 적그리스도에게서 받을 핍박이 더 심하다. 그러므로 성도는 대환란에도 믿음을 끝까지 지켜야 한다. 대환란 시기 전후에 하나님을 배반하는 큰 음녀[32]가 등장한다. 7년간 환란이 끝나면 예수님이 구름을 타시고 모든 사람이 볼 수 있게 재림하시고 성도들은 공중으로 들어 올려져서 주님을 영접한다. 전천년 세대주의는 그리스도인들이 대환란을 거치지 않고 대환란 전에 성도들이 휴거된다고 하였다.

예수가 재림할 때 죽은 성도가 먼저 부활한다. 신앙의 선배들이 예수의 재림과 함께 부활하고 나서 그때까지 살아 있는 성도들은 부활체로 변화한다. 전천년설을 믿는 사람들은 예수 그리스도의 재림 후에 천년 왕국이 있고 예수 그리스도가 부활성도들과 함께 통치한다고 믿는다. 천년 왕국은 하나님이 창조하신 에덴동산의 회복을 의미한다. 천년 왕국 이후에 마귀가 잠시 놓이고 주님과 최후의 전쟁(곡과 마곡의 전쟁)을 시도한다. 이때 주님이 마귀를 불 못에 던지고 부활한 불신자들은 백보좌 최후의 심판을 받게 된다. 예수 그리스도가 재림하면 예수를 믿는 사람들은 새 하늘과 새 땅(만물이 죄의 저주로부터 해방되어)을 상속으로 받아 새 예루살렘 성에서 주님과 함께 영원히 산다. 새 예루살렘 성에는 저주가 없고 눈물과 애통하는 것이 없고 사망과 고통이 없고 밤이 없고 속된 것과 가증한 일이 없다. 새 하늘과 새 땅에는 생명수의 강이 있고 생명나무 실과가 있고 하나님의 어린 양의 보좌가 있고 완전한 안식을 누리며 항상 하나님을 예배하고 섬기며 기쁨과 희락의 삶을 살게 된다. 이것이 곧 천국의 모습이다. 천국으로 인도하는 길은 오직 예수를 통해서만 갈 수 있다. 예수를 믿지 아니하는 죄인은 불과 유황으로 타는 불 못으로 들어간나. 불 못은 꺼지지 않고 영원히 불타는 곳이고 영원한 고통의 장소이다. 이 죄인들은 죽고 싶어도 죽지 못하고 살아서 그 고통을 맛본다. 죄인은 음부에서 고통을 당하다가 부활한 후 불 못으로 간다. 지옥은 이 세상에서 맛볼 수 없는 가장 고통스런 곳이고 하나님과 영원히 분리된 곳이다. 이것을 성경은 둘째 사망의 상태라고 했다(계시록 21:8). 종말론은 기독교 신앙 체계의 기본이 될 뿐만 아니라

32_ 큰 음녀가 로마 가톨릭의 종교 통합주의라고 하는 학자도 있고 종교 다원주의라고 말하는 학자도 있다.

기독교 사상을 이해하는 데 중요하다. 기독교 종말은 심판, 죽음, 부활이 중요한 어휘들이다. 칼 바르트Karl Barth(1933)는 "기독교는 마지막이 모든 것이 끝난다는 것만을 의미하지 않고 마지막(끝)과 처음(시작)이 서로 긴장관계를 갖는다"고 했다. 그러므로 기독교에서 종말은 마지막이란 의미를 뛰어넘어 새로운 시작이란 말과 이어진다. 기독교에서 마지막은 곧 시작을 의미하는 것이다. 새로운 시작은 내세에 대한 기대를 갖게도 하지만 많은 기독교인들은 이런 소망이 현재 살고 있는 인생의 삶에서 변화를 일으키라는 요청으로 이해한다. 다시 말하면 종말론은 이 세상 뒤에 종말이 있다는 것뿐만 아니라 이 세상에서 더 나은 삶을 살 수 있다는 소망적인 기대를 갖게 한다.

예수 그리스도는 하나님 나라kingdom of God와 다가올 세상world to come을 서로 구별하였다. "율법과 선지자는 요한의 때까지요 그 후부터는 하나님 나라의 복음이 전파되어 사람마다 그리로 침입하느니라(누가 복음 16:16)." 하나님 나라는 이미 요한의 때부터 시작되었다고 말하고 있어서 종말과 하나님의 나라를 다른 개념이라는 것을 알 수 있다.

예루살렘, 종말을 기다리는 무덤

예수는 십자가에 돌아가고 죽은 지 사흘 만에 다시 살아나서 제자들에게 보였다. 부활한 후 갈릴리에서 만난 제자들에게 "그러므로 너희는 가서 모든 족속으로 제자를 삼아 아버지와 아들과 성령의 이름으로 세례를 주고 내가 너희에게 분부한 모든 것을 가르쳐 지키게 하라(마태복음 28:19-20a)"고 하였다. 그리고 예루살렘에서 승천하였다(누가복음 24:50-51). 교회는 하늘에서와 같이 땅에서 하나님 나라가 완성되는 날을 향하여 가는 종말론적 공동체이다. 예수 그리스도는 종말 전에 세상을 휩쓸고 갈 환란이 있음을 예언했다. 종말이 가까워지고 있다는 가장 중요한 표시는 교회가 모든 족속을 향하여 복음을 간증하러 나간다는 것이다(마태복음 24:14). 그리고 메시아가 다시 돌아와 그가 시작한 하나님 나라를 완성한다(요한계시록 1:7).

(4) 유대교의 종말론

유대인의 종말은 우선 먼저 유대 민족의 마지막 세계와 관련되었고 두 번째로는 각 개인의 미래와 관련되었다. 주의 날을 미래의 심판의 날로 강조한 사람들은 예언자들이었다. 이 말은 두 가지 의미로 이해되었는데 종말은 하나님의 진노를 도발한 자에게 하나님이 분명히 벌하는 것을 보여 주는 때이고 다른 의미는 의인들이 구원을 받을 때로 인식되었다. 좀 더 쉽게 말하면 주의 날은 이스라엘의 적들에게 파멸이 오는 날이고 그의 백성에게는 승리가 오는 날이다. 아모스(3:2)나 이사야(2:12)는 주의 날에 유다와 이스라엘의 교만한 자와 죄를 지은 자들이 파멸을 당하는 날이라고 했다.

주의 날의 개념과 더불어 예언자들은 다윗 가문의 한 아들이 통치하는 것을 통하여 메시아에 대한 소망으로 발전시켰다. 메시아가 모든 피조물 간에 평화와 화목의 세상을 가져다준다는 것이다. 이사야 11장 1-11절에서 다윗의 혈통인 구세주가 나와서 새로운 하늘과 새 땅을 보여주고 있다. 에스겔서 37장에서는 죽은 자가 부활하는 것을 보여주고 있는데 유대인들만 부활할 것이라고 했다. 그러나 페르시아의 영향으로 부활의 교리가 변화되었는데 다니엘서 12장 2절에서 부활이 악한 자와 의인에게 모두 확대된 것을 볼 수 있다. 유대인의 종말 드라마 중에서 북방의 야만 민족 곡과 마곡의 리더십 아래 이방 민족들의 연합군이 이스라엘과 마지막 접전을 한다(에스겔 38-39장). 그러나 유대학자들은 곡과 마곡이 누구를 말하는지 의견만 분분했다.

또 하나 종말과 관련된 것으로서 유대인의 3차 성전 건축이 있다. 모세 이후에 유대교인들은 하나님이 성막tabernacle에 있다고 믿었다. 성막 안에는 바깥 뜰과 성소, 지성소로 되어 있고 성소 안에는 진설병, 분향단, 촛대가 있고 성소와 지성소 사이에는 휘장이 있고 휘장을 지나면 지성소가 있는데 그곳에는 언약궤가 있고 언약궤는 하나님이 임재하는 곳이었다. 성막은 솔로몬의 성전으로 대체되었는데 기원전 586년에 제1차 성전이 파괴되었고 안티오쿠스 4세 에피파네스Epiphanes 통치 시절에 2차 성전이 더럽혀졌다. 그리고 2차 성전은 디도Titus에 의하여 70년에 파괴되었고 로마 황제 하드리안에 의하여 132-135년 예루살렘은 유린당했다. 그 후 유대인들은 성전이 없이 기도했으나 일부 학자들은 이스라엘에 대한 신적 회복이라는 약속의 일부로서 에스겔서(40-48장)에 기록된 3차 성전이 예루살렘의 성전산에 세워져야 한다고 믿었다. 다시 말하면 일부 유대인들은 제3의 성전이 다시 세워지고 그곳에서 짐승을 희생하는 제사가 다시 이뤄진다고 믿는다.

그러나 다른 학자들은 2차 성전이 에스겔서에 나온 대로 성전을 건축하지 않은 것은 에스겔서를 문자적으로 이해하지 않고 상징적으로 이해했기 때문이라고 주장했다. 문자적으로 이해한 일 때문에 벌어진 사건이 한 차례 있었다. 1967년 이스라엘이 성전산을 접수하자 유대인 랍비가 성전산에서 기도를 해야 한다고 하면서 이스라엘 경찰과 무슬림 경비대원들의 반대에도 불구하고 몇 년간 성전산이 내려다보이는 곳에서 기도했다. 그러나 당시 이스라엘 정부는 성전산이 종교 의식을 치르기에는 불결하므로 성전산에서 기도하는 것을 금지시켰다. 참고로 기독교인들 중에서도 의견이 서로 나뉜다. 하나는 에스겔서에 나오고 있는 성전은 문자적으로 그리고 종말론적으로 해석해야 한다는 사람들이 있는가 하면 또 다른 사람들은 하나님은 그의 백성들 가운데 그리고 교회에 계시는 영적인 실재라고 믿었다.

고대 유대교에서 죽음과 죽음 이후의 삶에 대한 신앙이 있었다는 다른 증거로는 히브리어 낱말에서 찾아볼 수 있다. 스올Sheol은 죽은 자(의로운 자이든 악을 행한 자이든)가 죽음 이후에 갈 곳이다. 레파임Rephaim이나 테라핌teraphim은 저 세상에서 사는 자를 가리킬 때 사용되는 어휘였다. 사울 왕의 운명을 알기 위하여 사무엘이 행한 일은 인간 세계와 레파임 세계 간을 연결했다는 증거로 해석되었다. 이사야 14장 9절과 이사야 26장 14절에서 음부netherworld에 사는 자로서 레파임을 언급하였다. 신명기에서 강신술을 금지한 것은 고대 유대 사회에서 죽음의 신앙이 있었다는 것을 증명하는 것으로 해석될 수 있다. 엘로힘elohim이 죽은 조상들의 영들로 해석되기도 했는데 사무엘상 28:13-14에서 사무엘의 영을 엘로힘과 상응시키고 있다. 이 구절과 같이 죽은 조상들이 인간들의 미래에 대하여 알려줄 수 있는 능력이 있고 살아 있는 사람들의 생활에 영향을 줄 수 있다고 믿었다. 구약에서 살아 있는 힘living force이나 호흡으로 이해되는 네페쉬nephesh라는 어휘는 두 가지 용어를 갖는다. 하나는 네페쉬 하이야hayyah 또 다른 하나는 네페쉬 메트met인데 살아 있는 자와 시체가 네페쉬를 갖고 있다는 것이다. 이 용어가 죽은 자의 사는 곳과 관련되어 사용되었다는 것은 초기 유대교에서 죽음 이후의 삶을 믿었다는 증거라고 할 수 있다.[33]

혼Soul과 죽음 그리고 죽음 이후에 영혼의 운명에 대하여 유대교와 유대 철학은 분명치 않은 개념을 갖는다. 반면에 예루살렘 성지와 종교에서의 계명mitzvah의 필요성은 상대적으로 아주 분명한 개념이다.[34] 그렇게 불분명한 이유는 전승에 대한 해석이나 구약 때문이다. 히브리어

33_ Adem Irmak, Death and its beyond in early Judaism and Medieval Jewish philosophy, University of Denver, 2011, 48.

34_ 위의 글, 21.

구약이 죽음과 죽음 이후를 분명하게 말하지 않기 때문에 일부 학자들은 죽음 이후와 관련이 없다고 주장했다. 초기 유대교와 중세 유대학에서는 죽음 이후에 대하여 어느 정도 자리를 잡았으나 내세 신앙에 대한 절대적인 그림을 그리기가 어렵다. 토라에서는 혼soul에 대하여 말하지 않았다. 그런데 중세 유대학자 사디야saadya는 죽음 이후의 삶은 개인이 죽은 다음에 시작되는데 죽은 자의 혼은 그의 몸이 땅에 묻힌 다음부터 고통이 시작된다고 했다. 사디야의 개념은 무덤이 스올sheol(죽은 자의 혼이 가는 곳)의 문이라고 생각한 학자들의 개념과 유사하다. 그는 죽은 자의 혼은 신이 판결하기 전까지 보관된다고 했다. 신은 모든 혼과 몸의 창조를 마친 뒤에 몸과 혼을 재결합한다. 사디야는 인간만이 모든 피조물 중에서 율법에 순종할 수 있다고 믿었고 이런 이유 때문에 신의 질서에 따라 그들이 부활하고 혼은 몸과 다시 결합할 것이라고 했다. 그는 몸과 혼이 함께 영원한 삶을 갖는다고 믿었고 내세에 상과 벌이 있다고 믿었다. 에덴은 의로운 자를 위한 상이고 게헨나는 악한 자를 위한 벌이다. 악한 자들이 갈 곳은 땅속 아주 깊은 곳이라고 했다.[35]

다른 중세 유대학자 할레비Halevi는 사디야와 다르게 인간의 몸 안에 있는 땅의 요소는 땅으로 돌아가고 그의 영spirit은 하나님께 돌아간다고 했다. 그는 에덴동산은 하나님이 창조하신 영적인 평면이고 게한나는 더러운 뼈를 태우는 장소로서 예루살렘에 가까이 있는 계곡이라고 했다. 사디야와 할레비가 제안한 혼의 성격을 살펴봤는데 그들은 혼이 인간 몸의 불멸의 부분이라고 생각했다. 물론 그리스 철학과 기독교 신학과 이슬람 신학도 혼이 죽지 않는다고 믿었다. 사디야와 할레비는 혼의 창조주에 대하여 동의하고 혼은 하나님이 창조하셨고 하나님은 생명을 주는 자이고 생명의 근원이라고 했다. 사디야는 하나님이 몸을 창조하려고 결정했을 때 혼과 몸이 창조되었다고 했고 하나님만이 영원하므로 혼은 영원하지 않다고 했다.[36] 혼은 무형이므로 인간이 볼 수

35_ 위의 글, 52.
36_ 위의 글, 53-54.

없고 죽음의 천사가 몸과 혼을 나눈다고 했다. 사디야는 혼은 인간의 마음속에 거한다고 했고 이성과 지혜와 지성으로 되어 있다고 했다. 인간의 혼은 몸과 떨어져서 존재할 수 없고 혼이 행실로 나타나기 위해서는 몸이 필요하다고 했다. 할레비는 혼을 통하여 인간이 하나님과 함께할 수 있다고 했고 죽음 이후 혼의 부활을 인정했다.[37] 이 두 중세 유대학자에 따르면 유대교에는 내세가 있고 내세의 상과 벌이 있다는 것이다.

(5) 천년설과 종말론

일반적으로 기독교에서 종말론에 대한 세 가지 이론이 있는데 그것은 전천년, 후천년, 무천년이다. 요한계시록 20장에 나오는 천년을 어떻게 해석하느냐에 따라 서로 다른 이론을 낸 것이다. 천년설은 예수 그리스도가 언제 오시느냐에 대한 해석이다. 천년설은 기독교의 기본 교리가 아니므로 학자마다 성도마다 각기 다르게 믿기도 하는데 그 천년설을 요약하면 다음과 같다.

무천년설 무천년설은 지금이 교회 시대(요한계시록 20:1-6)이며, 사탄의 영향력이 점차 줄어들어 복음이 온 세상에 전파되는 시기라고 말한다. 그리스도와 함께 천 년 동안 다스릴 사람들은 죽은 그리스도인들이고, 그들은 이미 하늘에서 그리스도와 함께 통치하고 있다는 것이 바로 무천년주의자들의 관점이다. 천 년 동안 행해지는 그리스도의 통치란 땅 위에서 이루어지는 육체적인 통치가 아닌 하늘의 통치를 말한다. 무천년이라는 말은 다가올 천 년이 미래에 일어나지 않고 요한계시록 20장이 지금 교회 시대에서 성취되고 있다고 믿는다. 즉, 천 년이 지금 진행 중이라는 것이다. 그러나 정확히 교회 시대가 언제까지인지 알려지지 않고 있으며, 이 천 년이란 수치도 하나님의 완전한 목적

37_ 위의 글, 55.

이 성취되는 오랜 기간을 가리킨다. 이 교회 시대는 그리스도가 오실 때까지 지속되고, 그리스도가 재림하면 믿는 자와 믿지 않는 자들이 함께 부활하고 믿는 자의 몸은 그들의 영과 다시 결합되어 영원한 천국의 기쁨에 참여한다. 믿지 않는 자들은 최후의 심판을 받아 영벌에 처해지지만 믿는 자는 그리스도의 심판대(고린도후서 5:10) 앞에 서되, 믿는 자의 심판은 천국에서 받게 될 상급을 결정하는 것이다. 이때부터 새 하늘과 새 땅이 시작된다. 마지막 심판 직후 영원한 상태가 시작되며 그런 상태가 영원히 지속된다. 일부 무천년주의자들은 그리스도가 아무 때나 온다고 주장하나 다른 사람들은 어떤 징후가 성취되어야 그리스도가 온다고 말하기도 한다.

현재시대 — (우리가 지금 천년 왕국에 있다: 아직 미완성) — 그리스도의 재림 / 의인과 악인의 부활 / 마지막 심판 — 영원한 상태

무천년설 신봉자들은 메시아의 초림과 함께 상징적인 천년 왕국이 있다고 믿고 그의 재림 때 천년 왕국이 끝난다고 믿는다. 사탄은 그리스도의 죽음으로 묶여 있고 죽은 신자들의 혼들은 지금 하늘에 하나님과 함께 살아 있다. 그리스도의 재림 때에는 믿는 자와 믿지 않는 자가 부활한 후 마지막 심판이 있고 새로운 창조가 있다.

후천년설 후천년설은 그리스도가 천 년 기간 이후에 돌아온다는 관점이다. 이들은 점차 복음이 전파되고 교회가 성장함에 따라 세상의 많은 사람들이 예수를 믿게 되고, 그 결과 기독교의 영향력이 커지게 되며 세상은 점점 더 하나님의 기준에 따라 기능하게 된다고 본다. 그래서 점차적으로 평화와 의의 천 년 시기가 이 땅 위에 도래하고, 반드시 문자적으로 천 년이 아닌 오랜 세월을 의미하는 천 년의 기간이 지속된다고 믿는 것이다. 이 천 년 시기가 끝나는 마지막 시점에 그리스도가 이 땅 위에 재림하고, 믿는 자와 믿지 않는 자 모두가 휴거되어

(들리움을 받아) 마지막 심판이 이뤄지게 되며 비로소 새 하늘과 새 땅이 시작된다. 만약 세상에 전쟁과 갈등이 없다면 후천년설이 설득력을 얻을지 모르나 오늘날과 같은 세상에서는 이런 후천년설은 큰 설득력이 없다.

현재시대	—	세상이 더 좋아진다 복음이 증가한다 세상의 점진적 기독교화	—	그리스도의 재림 의인과악인의 부활 마지막 심판	—	영원한 상태

후천년설 신봉자는 천년이란 숫자가 문자 그대로 1000년을 가리키지 않는다고 말한다. 천년 왕국은 메시아의 오심과 교회의 시작과 동시에 시작되었고 메시아의 재림 이전에 전례 없는 교회의 부흥이 있다고 믿는다. 교회는 흔치 않는 영적 활력을 가지게 되고 숫적으로 증가할 것이다. 그리스도의 재림 때에는 의인과 악인이 부활하고 마지막 심판이 있다.

전천년설 전천년설은 역사적(고전적) 전천년설, 환란전 전천년설(세대주의), 그리고 점진적 전천년설 등으로 그 종류가 다양하다. 전천년이란 말은 그리스도가 천 년 시기 이전에 되돌아온다는 것이다. 전천년설은 현재의 교회 시대가 대환란이 올 때까지 계속된다고 보는 관점이다. 교회 시대의 끝에 환란이 오고, 그 후 그리스도가 이 땅으로 돌아와 천년 왕국을 세운다는 것이다. 예수 그리스도가 돌아오시는 그날, 이미 죽은 성도들은 올리어져 그들의 몸이 그들의 영과 재결합하게 되고, 이 믿는 자들이 정확히 천 년 동안 이 땅에서 그리스도와 함께 통치한다. 그러나 일부 전천년주의자들은 이 천 년 기간이 문자 그대로의 천 년이 아니라 상징적인 수치라고 말하기도 한다. 이 기간에 그리스도는 그의 부활체(부활의 몸)로 이 땅 위에 몸을 입고 나타나 왕으로서 온 땅을 다스릴 것이다. 죽은 상태로 올리어진 믿는 자와 그리스도가 재림할 때 이 땅 위에 있던 성도들은 영광스런 부활체를 받는다. 이런 부활체의 모습으로 그리스도와 함께 이 땅을 다스린다. 예수 재림시 이 땅 위의 믿지 않는 자들 가운데 많은 사람들이 그리스도에게 돌아와 구원을 받는다. 예수는 완전한 의로 이 땅을 다스리고 땅 위에는 평화가 있을 것이다.

많은 전천년주의자들은 이 땅이 다시 새로워질 것이라고 말하나, 그들 중 일부는 새 하늘과 새 땅은 마지막 심판이 있은 후에야 볼 수 있을 것이라고 말하기도 한다. 천 년 기간 동안 이 땅에는 사탄의 영향력은 없을 것이다. 그러나 천 년 기간이 끝나면 사탄은 무저갱에서 풀려나, 외적으로는 그리스도에게 복종하는 척하나 내적으로는 그리스도를 거부하는 불신자들과 합류하여 세력을 형성한다. 사탄은 이들 반역도들을 모아 그리스도에게 대항하나 그들은 결정적으로 패하게 된다. 그리스도는 역사를 통해 이미 죽었던 불신자들을 죽음에서 들어올리어 마지막 심판을 하고, 심판 후에는 믿는 자들만 영원한 상태로 들어간다. 교회가 박해를 당하고 악과 고난이 이 세상에 증대될 시기에는 설득력이 있어 보이는 관점이다.

역사적 전천년설

교회시대 — 환란 — 휴거(携擧) — 그리스도의 재림 — 천년 왕국 — 사탄이 풀려남 — 백보좌심판 — 영원한 상태

역사적 전천년설을 신봉하는 그리스도인은 문자 그대로의 천년 왕국을 주장한다. 교회 시대 이후에 대배교가 일어나고 나서 적그리스도가 통치하는 환란의 시기를 갖는다. 휴거 때 죽은 의인들이 부활하고 그리스도가 내려올 때 유대인들이 개종한다. 천년 왕국 이전에 아마겟돈 전쟁이 일어나고 적그리스도가 멸망한다. 천년 왕국 때에는 성전이 재건되고 제사장이 희생 제사를 드리며 사탄이 묶인다. 사탄이 풀리면 곡과 마곡의 전쟁이 일어나고 죽은 악인들이 부활하고 백보좌 심판이 진행된 후 영원한 상태가 이어진다. 그런데 세대주의는 인간 역사를 일

련의 세대(시대)로 나눠 각 시대마다 그 특징(율법 시대, 은혜 시대 등)을 제시하여 두었는데 그중 마지막 시대가 천년 왕국 시대라고 했다. 그러나 기독교에서 천년설은 기본 진리가 아니므로 어느 것이 맞고 어느 것이 옳지 않다고 말하지 않는다. 각자가 어느 것을 취하든 그것이 성도의 삶에 어떤 영향을 주느냐와 관계가 있기 때문에 각자가 선택할 사항이다. 전천년설은 이 세상이 주님 오실 때까지 극도록 타락하고 부패한다고 말하고 후천년설은 세상이 좋아지고 나서 주님이 오신다고 생각한다. 세대주의자들은 모두가 전천년설을 믿는데 전천년설을 믿는 사람 모두가 세대주의자는 아니다.[38] 여기서 전천년설을 믿는 사람들은 이스라엘과 이방인이라는 단어를 문자 그대로 구별한다. 천년 왕국과 새 하늘은 서로 다르다. 천년 왕국은 문자적으로 천년을 가리키거나 상징적인 숫자가 되고 새 하늘은 영원하다(요한계시록 22:4).

아래 표에서 천년 왕국은 정치적이고 종교적인 장소가 예루살렘이지만 새하늘과 새땅에서는 새 예루살렘이다. 그렇다면 기독교인들에게 이스라엘은 어떤 의미가 있는가? 우선 천년설을 신봉하는 사람에 따라 어떻게 이스라엘에 대한 시각이 다른지 살펴보자. 어거스틴, 아퀴나스, 칼뱅, 차알스 하지 등과 청교도들이 무천년설을 따랐다. 일부 청교도들은 이스라엘의 회복을 믿었다. 존 스토트나 콜린 채프먼과 같은 현대 무천년설 신봉자들은 문자적인 이스라엘에 대한 미래가 없다고 했다. 후천년설의 신봉자들은 지상의 하나님 나라로서 교회가 통치를 선포하는 승리자적인 성격 때문에 최근에는 이런 견해에 대한 인기가 시들해졌다. 교회를 새로운 이스라엘로 보기 때문에 소수만 이런 견해를 갖는다.

38_ 갈라디아서 6:16을 보면 "무릇 이 규례를 행하는 자에게와 하나님의 이스라엘에게 평강과 긍휼이 있을지어다"라고 되어 있다. 그리스어로 된 성경에서 그리스어 문법으로는 '(이 법을) 따르는 자들에게'와 '하나님의 이스라엘'이 동격으로 만난다. 앞의 문맥을 보면 유대인 중에서 이방인들에게 할례를 받으라고 주장하는 유대인을 바울이 지적하고 있는데 이들은 새로 지음 받은 자로서 이 법을 따르지 않는 사람들이다. 여기서 세대주의자들은 '이스라엘'이라는 낱말을 미래의 다가올 메시아 왕국의 사람들을 가리킨다고 말하는데 이 문맥으로 보아 이스라엘이란 말은 참 그리스도인들을 가리킨다. 평강과 긍휼이 있을 자는 이 법을 따르는 자와 하나님의 이스라엘인 것이다.

분 류	천년 왕국	새 하늘
삶의 길이	백 세에 죽는 자를 젊은이라 하겠고 백 세가 못 되어 죽는 자는 저주 받은 자(이사야 65:20)	나이를 먹지 않는다(계 21:4)
죽음	있다	없다
죄성	활동	없어지다
주민	초기에는 기독교인 그러나 나중에는 믿지 않는 자도 포함된다	의인들과 천사들만 있다(요한계시록 21:27)
육체	죽음을 면하는 자와 죽음을 면하지 못하는 자	죽지 않을 자만 있다(영화되어 있다)
사탄	묶인 다음에 나중에 풀린다	유황 불못에 던져져서 결코 다시는 풀려 나오지 못한다
정치적 종교적 장소	예루살렘(이사야 2:2-3, 미가 4:1-2,7)	새 예루살렘(계 21)
장소	지구(요한계시록 5:10)	새 하늘과 새 땅 (요한계시록 21:1)
주요 성경구절	시편 72, 이사야 2, 11, 65-66 요한계시록 20:1-6	요한계시록 21-22장

역사적 전천년설을 믿는 사람으로는 무디, 차알스 스펄전 등이 있고 이들은 문자적으로 천년을 믿었다. 어떻게든 해서 이스라엘 땅으로 유대민족이 현실적으로 되돌아오는 것은 예수를 메시아로 인식하는 것을 통한 영적 회복과 관련시켰다. 세대주의적 전천년설을 신봉하는 사람들은 교회와 이스라엘을 서로 구분하는데 이런 구분은 이들의 문자적 해석 때문에 생겼다. 이들은 예수가 예루살렘에서 다스리고 실제 이 땅에 왕국을 세우는 것을 의미한다. 예수가 천년 통치하는 동안에는 사탄이 묶인다. 이런 왕국이 세워지기 전에 수많은 유대인들이 예수를 믿게 되고 그들이 세상에 복음을 전할 것이다. 이스라엘의 회복된 정치적 실체는 회복된 성전과 성전 제사의 세계적인 중심지가 된다. 세대주의자들의 성경 해석을 일부 메시아닉 유대인(예수를 믿는 유대인 혹은 히브

리 기독교인)들이 비판을 했으나 메시아닉 유대인들은 기독교계에서 문자적인 이스라엘(땅과 유대민족)에 대한 관심을 버리지 않았다. 그러나 메시아닉 유대인들은 교회와 이스라엘을 두 개의 하나님의 민족으로서 엄격하게 구분하지 않았다.

예루살렘과 서안에 살고 있는 이스라엘의 메시아닉 유대인들에게 성경이 땅과 유대민족에 대하여 어떻게 가르치고 있느냐고 물었는데 설문에 응한 사람들 중 대다수가 그 땅의 성경적 약속은 유대인에게 영원히 적용된다고 답했다. 95%의 응답자는 성경이 유대 민족에게 그 땅을 약속한 것으로 이해했고 20%는 이것이 예수의 가르침들 중에서 핵심적인 부분에 해당한다고 보았다. 다섯 명 중의 한 명은 복음의 메시지가 그 땅에 대한 유대 민족의 권리를 분명하게 언급하지 않았다고 보았다. 그러나 90%의 응답자는 땅의 문제가 복음의 필수적인 요소로 간주되지 않지만 그 땅을 유대인에게 약속한 것은 영원히 유효하다고 보았다. 대다수의 응답자는 하나님의 약속의 성취로서 유대인들이 그 땅으로 돌아와야 한다고 생각했다. 이들은 시온주의를 세속주의 운동이라기보다는 유대 민족이 예수를 믿게 하는 데 있어서 하나님의 계획과 예언의 성취에 필수적인 도구라고 생각했다. 현대 이스라엘 국가의 이상적인 경계가 어디까지냐에 대한 질문에 대해서는 76%가 유대와 사마리아(점령지역들)라고 했고 59%는 골란 고원을 포함시켰고 49%는 요르단 강 동편도 포함시켰다. 이런 견해는 응답자들의 종말론적 견해를 표명한 것인데 마지막 날에 이스라엘의 경계가 지금의 이스라엘 경계보다 더 넓어질 것으로 내다보았다. 그러나 대부분의 응답자들은 지금이 마지막 때를 살고 있는가에 혼란을 보이고 있었다. 팔레스타인 아랍 기독교인에 대하여는 94%가 메시아닉 유대인과 기독교인들이 그들과 더 많은 교류를 가져야 한다고 했고 85%는 땅의 문제보다는 친교가 더 중요하다고 보았다. 팔레스타인 사람들의 정치적 권리에 대해서는 응답자의 대다수는 그 땅에 살고 있는 팔레스타인 사람들이 그 땅에 살고 있는 유대인과 상응한 권리를 갖고 있다고 보았다. 그러나 응답자

의 절반 정도는 과거에 팔레스타인 사람들이 살았던 땅으로 팔레스타인 난민이 돌아오는 것을 거부했다.[39]

(6) 아랍의 종말론

아랍의 가톨릭, 정교회, 장로교회는 성경의 예언을 영적으로 해석해왔다.[40] 알레고리Allegory는 스토리나 텍스트 안에 있는 상세한 것들을 상징적으로 해석하는 것으로서 그 상세한 것들 뒤에 있는 영적인 의미를 추구한다. 바벨론 포로 이후에 유대 랍비들은 성경의 글자들을 거의 예배할 정도였다. 이집트 알렉산드리아에 살던 유대인들은 거의 매일 그리스 철학가들을 만나면서 알레고리가 그리스신들의 추잡한 모습을 깨끗하게 해준다는 것을 알게 되었다. 롯의 혈족 상간과 노아의 음주 그리고 야곱의 많은 부인들과 같은 구약의 역겨운 부분들을 랍비들이 알레고리화하기 시작했다. 알레고리 해석은 해석자에 의하여 의미를 창안하게 한다. 클레멘트와 오리겐 등 알렉산드리아 신학파는 계시록을 알레고리적 견해로 이해했다. 아랍 정교회와 복음 교회는 동일한 성경 번역본을 사용하면서 성경 예언에 대한 문자적인 해석을 거부했다. 그러나 성경을 문자적으로 해석한 세대주의 신학은 유대인들을 팔레스타인 땅으로 돌아가도록 했기 때문에 세대주의자들은 아랍 무슬림과 적대적인 관계를 낳았고 아랍 기독교인들을 기독교 시온주의자라고 오인하게 된 원인이 되었다. 아랍 국가에서 세대주의적 전천년설dispensational premillennialism은 자주 친시온주의자pro-Zionist로 불린다. 시온주의는 종교와 정치가 서로 얽혀 있고 1970년대 이후 아랍 무슬림들에게 확산된 이슬람주의 역시 종교(이슬람)와 정치가 얽혀 있다. 세대주의적 전천년설은 아랍이 아닌 서구에서 들어온 종말론이므로 아랍인들

39_ Richard Harvey, Mapping Messianic Jewish Theology, Paternoster, 2009, 230-231.

40_ 이집트 콥트 교황 시누다는 교인들에게 문자적인 것은 (뭔가를) 죽이고 영적인 것은 (뭔가를) 살린다고 가르쳤다. 고린도후서 3장 6절은 의문은 죽이는 것이요 영은 살리는 것이라고 했다.

중에는 극소수의 사람들만 성경의 예언을 문자적으로 해석한다.

시온주의 리더로 잘 알려진 데오도르 헤르츨은 팔레스타인 땅만이 시온주의의 씨가 자라서 꽃을 피워 유대 국가가 될 것이라고 주장했다. 그는 히브리인들의 옛 고향 '시온'이란 말에서 그의 운동을 시온주의운동이라고 명명했다. 이 운동은 팔레스타인에 유대 민족의 국가 watan를 세우라는 것이었다. 결국 식민주의 열강의 도움으로 유대인들이 팔레스타인에 들어오게 되었고 아랍 이스라엘 간 여러 차례 전쟁을 치르면서 팔레스타인에 유대인의 정착촌을 건설해갔다. 그리고 이스라엘 사람들은 그 땅에 살던 팔레스타인 아랍인들을 쫓아내기 시작했다. 시온주의 세력들은 예루살렘이 이스라엘의 영원한 수도가 되기를 바랐다. 시온주의자들은 그들의 계획을 정당화하기 위하여 예루살렘은 다윗시대 때 유대 왕국의 수도였다는 것을 상기시켰다. 아랍 무슬림들은 이스라엘이 이 지구상에 있어서는 안 된다고 주장했다. 이집트 콥트 기독교의 교황 시누다와 그를 이은 타와두로스는 팔레스타인 무슬림이 동예루살렘을 차지하고 이 땅에 대한 팔레스타인의 주권이 회복되기 전까지는 이스라엘 성지를 방문하지 말라고 기독교인들에게 요청했다. 시누다 3세 교황 때는 이집트 기독교인들이 예루살렘 성지에 순례를 안 갔으나 그가 죽은 뒤 2013년 일부 이집트 기독교인들이 성지순례를 갔다.

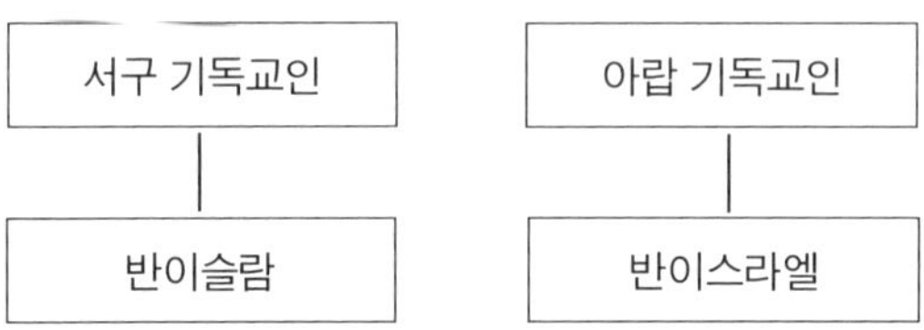

세대주의 전천년설을 신봉하는 사람들은 성경의 이스라엘이라는 어휘를 문자적으로 해석한다. 그러나 아랍 기독교인들 대부분은 무천년설을 따르기 때문에 앞으로 미래에 다가올 천년 왕국에서 이스라엘

의 역할을 아예 제외시켜 버린다. 위 표와 같이 반이스라엘과 반이슬람 사이에 다양한 요소들이 즉 신학적, 성경적, 종교적 요인과 정치적 요인이 결합되어 있다. 그러나 모든 서구 기독교인들이 반이슬람이 아니고 모든 아랍 기독교인들이 반이스라엘이 아니다. 루이스 하마다는 미래에 이스라엘을 특별한 지위에 두지 않았다. 그는 아브라함의 언약을 이스라엘에게만 속하는 것으로 보지 않고 모든 구속받은 하나님의 자녀에게 속한 것으로 보았다. 그는 현대 국가로서의 이스라엘과 선택된 하나님 백성으로서 이스라엘을 구분했다. 그런데 유진 미럴Eugene H. Merrill은 하마다의 생각을 '매우 기대에 어긋나는 것'으로 간주하고 하마다가 아랍 이스라엘 관계의 복잡성에 동정을 보낸 것이라고 했다. 유진 미럴은 하마다가 하나님 언약의 백성 이스라엘에게 하나님이 하신 지속적인 역할을 빠뜨리고 있다고 주장했다. 전천년 세대주의자 유진 미럴은 하나님이 이스라엘에게 하사한 언약이란 개념을 우리가 받아들인다고 해서 아랍인들에 대한 하나님의 사랑을 부인하는 것이 아니라고 하였다. 하나님이 구원하시기를 원하는 사람들 사이에 복음을 전하는 일을 적극적으로 해야 한다는 것이 그리스도인들에게 필요 없다고 하는 것도 아니라고 했다.[41] 요르단의 이마드 샤하다는 하마다를 유대 민족을 대항하는 깊은 편견을 노출시킨 아랍인의 예라고 하였다.[42] 이스라엘에 대한 이런 아랍인의 인식은 성경을 읽을 때 성경의 해석에 영향을 주고 종말론적 견해에도 영향을 준다.

대부분 아랍 기독교인들은 무천년설을 지지하므로 하나님이 이스라엘과 하신 약속은 이미 성취되었다고 말한다. 한마디로 교회는 '영적' 이스라엘이라는 것이다. 전천년설을 맹렬히 비난한 루이스 버코프Louis Berkhof는 이스라엘에게 행하신 하나님의 약속들은 교회 안에서 영

41_ Eugene H. Merrill, Review of God loves the Arabs Too, by Louis Bahjat Hamada, in Bibliotheca Sacra, October-December, 1987, 474.

42_ Imad Shehadeh, Israel and The Millennium, an Appraisal of Premillennialism, Dallas Theological Seminary, 1988.4.

적으로 성취되었다고 주장하였다. 그런데 성경에서 약속된 땅은 문자적으로 가나안 땅을 의미하지만 이스라엘에게 약속된 그 땅은 그 땅의 최초 정복시에 성취되었거나 이스라엘과 유대 왕조 시기에 성취되었다고 보았다. 무천년설을 지지하는 안토니 회케마는 이스라엘에게 약속한 것들이 이스라엘 역사에서 이미 성취되었다고 했다.

아랍에서 세대주의 전천년설은 시온주의와 결부되고 있어서 무슬림과 함께 살아가야 하는 아랍 기독교인들은 이를 쉽게 받아들일 수 없었다. 금세기에 아랍 무슬림들은 '시온주의 기독교'라는 말을 자주 사용하였고 이것이 정치적인 기독교 혹은 시온주의 유대교와 동일어로 사용되었다.[43] 그러나 오늘날 무슬림들이 시온주의와 기독교가 서로 공통점이 있는 것으로 잘못 생각하고 있기 때문에 이런 용어들의 사용을 분명히 할 필요가 있다. 이집트 콥트교황이었던 시누다 3세는 시온주의 기독교(마시히야 시히오니야)는 미국에서 온 비드아(혁신)이고 아랍세계에서 발원한 것이 아니라고 했다.[44] 아랍인 이스학 파리드는 시온주의 기독교라는 말은 이데올로기 용어라고 했다. 그는 베이루트에서 열린 중동 교회 협의회에서 시온주의 기독교라는 말 대신에 '기독교 이름을 빌린 시온주의 지지 그룹'이라고 부르자고 했다. 무슬림들이 사용하는 '시온주의 기독교'라는 말은 종교와 정치를 섞은 용어이다. 금세기 무슬림들에게 종교와 정치가 섞인 이슬람주의 물결이 무슬림들의 사고를 지배하면서 이런 아랍 무슬림들의 사고 안에서 아랍세계에서 만나는 기독교를 시온주의 기독교라고 부른 것이다.

전천년 세대주의자들은 성경에서의 이스라엘이 오늘의 이스라엘의 정치와 전혀 관계가 없다고 주장하지만 아랍무슬림들의 신문에서는 이들을 친시온주의자라고 불렀다. 세대주의 전천년설은 이스라엘의 예루살렘에 성전을 다시 짓고 그곳에서 양의 제사를 드리는 것을 기대하므로 그 땅을 온통 차지하고자 하는 무슬림들에게는 이것을 절대로 받

43_ Nasr allah zakariya, almaji' al-thani lilmasih, 225.

44_ 위의 책, 226.

아들일 수 없었다. 아랍 팔레스타인 무슬림들이 이스라엘과 싸우고 있기 때문에 누구든지 이스라엘을 돕는 사람들은 무슬림들 입장에서 친시온주의자로 보인다는 것이다. 세대주의 신학을 강화하기 위하여 세대주의자들은 아마겟돈에서 싸울 자들이 누구인지를 찾으려고 종말과 관련된 성경 구절을 찾았다. 그러고는 마지막날에 이스라엘을 대항할 공격자들을 이슬람이라고 했다. 세대주의자들의 관점은 그들의 신학을 진리로 받아들이기 때문에 자주 이슬람의 가장 나쁜 것과 기독교의 가장 좋은 것과 비교하곤 했다. 이런 세대주의적인 도전 앞에서 세대주의와 아마겟돈을 강조하는 것을 삼갔던 복음주의 교단의 지도자들이 무슬림과 기독교인 간에 놓여진 장애를 제거하는 데 노력하였다.

유대인들은 메시아의 소망을 실현시키기 위하여 메시아가 오기를 아직도 기다리고 있다. 그가 와서 다윗 왕국을 다시 세우고 수도는 예루살렘으로 정할 것이라고 믿었다. 예수 그리스도가 베들레헴에서 태어나 예루살렘에서 십자가에 돌아가셨다. 예루살렘에 사는 유대인들 중 일부가 예수 그리스도를 구주로 믿어 예루살렘교회가 생겨났고 이 교회의 목회자는 예수의 이복동생 야고보였다. 그는 야고보서를 기록했다. 그런데 무함마드가 610년 예루살렘을 향하여 기도하기 시작했고 그가 어느 날 밤에 예루살렘에 왔다가 하늘로 올라갔다가 내려왔다는 이야기가 무슬림들 사이에 전해지고 있었다. 서기 637년 아랍 무슬림 군대가 예루살렘을 정복했다.[45] 1517년 오스만 터키가 올 때까지 800년간 아랍인이 예루살렘을 차지했다. 1831-1841년 이집트의 무함마드 알리가 예루살렘을 점령한 기간을 제외하고는 터키인들이 1차 세계대전 때까지 예루살렘을 통치하였다. 1916년 사이크스 피코 협약[46]으로 팔레스타인을 터키와 분리하고 예루살렘을 국제적인 관리하에 두었

45_ Nasr allah zakariya, almaji' al-thani lilmasih, Cairo, Logos, 2003, 109,111

46_ 이 협약은 오스만제국령의 아랍 땅들을 분할하기 위한 것으로서 시리아 · 이라크 · 레바논 · 팔레스타인을 프랑스와 영국 관할지역으로 분할한다는 내용이다. 협약 당사자인 영국의 사이크스 경Sir Mark Sykes과 프랑스의 피코Franois Georges-Picot의 이름을 따서 사이크스 피코 협약이라 부른다.

다.[47] 오늘날 예루살렘은 아랍 팔레스타인이나 이스라엘 사람들의 수도로서 국제사회가 아직 인정하지 않고 있으나 팔레스타인은 동 예루살렘을 미래의 수도로 삼겠다고 말해 왔다. 예루살렘이 이스라엘과 팔레스타인 간의 갈등의 쟁점이 되어왔다. 예루살렘이 이스라엘의 수도라는 것을 입증시키려고 유대인들이 그들의 교리를 억지로 짜 맞추었다고 아랍인들이 주장했다. 일부 아랍 기독교인들도 이스라엘이 국제사회의 여론을 끌어내려고 언론을 통한 영향력을 증대시켜왔지만 절대로 역사는 바꿀 수 없다고[48] 팔레스타인의 입장을 지지한다.

그러나 아랍 기독교인들은 예수를 믿고 그를 영접한 사람들의 무리가 '참 이스라엘'이라고 한다. 이들은 성경에 나오는 '이스라엘'이라는 말이 하나님의 영적 백성을 나타내는 영적인 의미라고 했다. "그러나 하나님의 말씀이 폐하여진 것 같지 않도다. 이스라엘에게서 난 그들이 다 이스라엘이 아니요(로마서 9:6)." 바울은 육에 의한 이스라엘과 영에 의한 이스라엘로 구분했다. 또 육적 아브라함과 영적 아브라함을 구분했는데 영적 아브라함의 씨가 예수 그리스도이고 예수그리스도를 믿는 모든 사람들이 바로 아브라함의 영적 자손이고 하나님이 주신 약속을 누리며 산다고 했다. 하나님의 나라는 먹는 것과 마시는 것이 아니요 오직 성령 안에 있는 의와 평강과 희락이라(로마서 14:17). 또 예수는 하나님 나라에 대하여 또 여기 있다 저기 있다고도 못 하리니 하나님의 나라는 너희 안에 있느니라(누가 17:21)고 하여 하나님의 나라는 예수 그리스도를 믿는 사람들의 마음속에 있다고 하였다. 아랍 기독교인들

47_ 1917년 발포어는 팔레스타인에 유대인의 국가를 세우는 것을 약속했고 다음 해 예루살렘 시를 영국의 알렌비 장군이 점령하였다. 팔레스타인에 1918년 5만 6천 명의 유대인이 살았으나 1946년에는 60만 명을 넘어섰다. 통곡의 벽의 소유권을 주장한 아랍 무슬림들이 유대인과의 잦은 다툼이 있자 1947년 팔레스타인을 아랍과 유대인에게 분리하는 유엔 분할안이 통과되었다. 1948년 아랍·이스라엘 간의 전쟁이 시작되었고 1967년 전쟁에서는 이스라엘이 예루살렘과 가자지구를 지배하였고 이집트 땅이었던 시나이 반도와 시리아 땅이었던 골란고원도 점령했다. 그때부터 예루살렘은 이스라엘 점령하에 놓였다.

48_ Nasr allah zakariya, almaji' al-thani lilmasih, 114.

은 하나님 나라는 영적인 의미이므로 예수는 땅에 있는 왕국을 가리키지 않았다고 해석한다. 예수께서 대답하시되 내 나라는 이 세상에 속한 것이 아니니라(요한 18:36). 다시 말하면 예수 그리스도의 나라는 예수를 구주로 믿는 자들의 마음속에 실현되고 있고 영적 예루살렘을 소유하고 있다고 믿는다. 교회가 이스라엘이라는 어휘로 전해지는 모든 약속을 이어받는 영적인 이스라엘이라고 했다.[49] 성경을 영적으로 해석하는 기독교인들은 다니엘서에 나오는 시간의 끝(종말)이 요한계시록과 연결되지 않는다고 하면서 다니엘서는 바벨론 포로 당시의 경건한 유대인들을 격려하기 위한 메시지라고 했다.[50]

아랍 무슬림이나 유대교인들은 아랍 그리스도인들의 공동체가 성경을 어떻게 이해하고 해석하는지 알아야 한다. 이집트 까쓰르 알두바라 장로 교회 무니스 압둔 누르 목사는 하나님의 말씀을 문자적으로 해석tafsīr harfī하거나 정치를 종교와 섞는 것은 교회를 잘못된 길로 가게 하는 위험한 일이라고 했다.[51] 그 이유는 잘못된 성경 해석과 사람들의 무지 때문이라고 했다. 아랍 기독교인 중에서 성경의 예언을 문자적으로 해석하는 마히르 사무엘은 지금 세계에서 일어난 세계화와 유로 단일화, 복제 등의 현상이 종말이 가까이 오고 있다는 징후라고 했다.[52]

지금까지 천년설, 시온주의, 세대주의 전천년, 이슬람주의 그리고 성경 예언의 문자적 해석과 영적 해석[53] 등을 거론하여 서로 상관관계를 찾고자 했다. 결론적으로 세대주의 전천년설을 신봉하는 아랍 기독

49_ 위의 책, 172-173.

50_ 위의 책, 207.

51_ Munis Abd al-Nur, Kalimah Ma'ak, Fine, 2012, 57.

52_ Nasr allah zakariya, 앞의 책, 201-202.

53_ 구약에서 호세아가 고멜과 혼인한 일은 이스라엘이 하나님께 신실하지 못한 것을 상징하는 알레고리이고 이사야서 5장 1-7절에 나오는 포도원의 노래는 하나님이 이스라엘을 심판하시는 것에 대한 알레고리이다. 신약에서는 예수 그리스도가 씨 뿌리는 자의 비유(마가 4:1-20)와 세를 주고 간 포도원 주인의 비유(마가 12:1-12)를 통하여 알레고리를 사용하였고 바울은 사라와 하갈의 이야기를 통하여 은혜의 언약과 율법에서 알레고리를 사용했다(갈라디아서 4:24-31).

교인들은 극소수이고 미국에서 시온주의를 지지하는 사람들도 소수이므로 모든 기독교인을 친시온주의자라고 부르는 무슬림들의 생각은 잘못된 것이다. 서구는 9/11 테러 이후 아랍인들을 기독교인과 무슬림으로 구분하지 못하고 모든 아랍인들을 하나의 움마로 간주하는 잘못된 이해가 있었다. 그동안 아랍 기독교인들은 성경의 예언을 영적으로 해석하면서 이스라엘이 팔레스타인 땅으로 되돌아오는 것은 종교적인 의미가 아닌 정치적 운동의 결과라고 해석했다. 그러나 성경 예언을 문자적으로 해석하는 극소수 아랍인들은 이스라엘이 약속의 땅으로 돌아오는 것은 하나님 계획의 일부라고 믿었다. 그리고 예수 그리스도의 재림 전에 이런 일이 일어난다고 믿고 그리스도의 천년 통치를 글자 그대로 믿었다. 아랍 기독교인들은 예루살렘을 건설하고 성전을 다시 세우려고 유대인들이 팔레스타인 땅으로 돌아가야 한다고 주장하는 사람들은 그들의 문자적인 해석에서 극단적인 사고를 보여주는 사람들이라고 했고[54] 성경 예언을 문자적으로 해석하는 사람들은 본질적으로 유대인의 사고와 다르지 않은 사람들이라고 했다.

4 세 종교에서 아브라함과 이브라힘

하나님God, 야훼YHWH, 알라Allah를 믿는 기독교, 유대교, 이슬람은 지난 20년간 종교 간 대화를 통하여 서로에게 다가가려는 다양한 방법들을 모색해 왔다. 세 종교의 극단주의자들을 대항하기 위해서 세 종교가 대화에 관심을 갖기도 했고 그런 대화를 위하여 세 종교의 경전scripture과 신학의 공통점을 찾으려 하였다. 심지어 이런 접근이 힘들 때는 종교적인 제도를 넘어서서 인간의 공통적인 문제와 윤리 등에 접근하기도 했다. 그들에게 종교 간의 대화는 서로 간의 공감대를 형성하기

54_ Al-kanisah al-injiliyyah, Qasr al-dubarah, maji' al-masih thaniyyatan wa sawabiquhu al-tarikhiyyah, 7.

위하여 일부 경전 텍스트를 재해석하기도 했다. 무슬림들의 꾸란에 대한 해석으로 순니 주석, 순니 살라피 주석, 시아 주석, 수피 주석 등 여러 가지가 있다.

세 종교가 갖는 신론도 서로 다르다. 성경 출애굽기를 보면 10장 2절에서 하나님은 이스라엘 백성들에게 나는 야훼YHWH 하나님이라는 것을 가르쳐 주었고 자손들에게 내가 야훼 하나님인 것을 알려주라고 했다. 이슬람의 꾸란에서는 알라가 이슬람의 알라이고 무함마드에게 순종하는 자는 알라에게 순종하는 자라고 했다. 그러나 기독교는 예수를 구주로 영접했다면 그것은 성령 하나님이 그에게 알게 하신 것이라고 했다. 내가 아버지께로서 너희에게 보낼 보혜사 곧 아버지께로서 나오시는 진리의 성령이 오실 때에 그가 나를 증거하실 것이요(요한복음 15:26). 또 성령으로 아니하고는 누구든지 예수를 주시라 할 수 없느니라(고린도전서 12:3B). 이처럼 성경에 나오는 성령에 대한 개념은 무슬림에게 아주 생소한 것이었다.

요르단의 아피프는 아랍 무슬림이 이스마엘의 자손이라고 하면서 이스마엘과 이삭 간의 형제 싸움이 지금도 계속되고 있다고 했고 그 증거로 이스마엘이 들나귀라서 많은 사람들과 충돌하고 있다고 했다. 그러나 이스마엘과 아브라함에 대한 그의 이해와 해석은 모든 기독교인들이 수긍할 내용이 아니다. 예를 들면 이스마엘을 들나귀라고 한 것은 당시 문화에서 사람의 특성을 동물에 비유하여 표현한 것을 간과한 것이다. 창세기 49:9에서 유다를 사자새끼라고 했고 잇사갈은 나귀(49:14)라고 했으며 단은 뱀(49:17)이고 납달리는 암사슴(49:21)이라고 했다. 그러므로 이스마엘이 들나귀라고 해서 반드시 남을 해치는 이미지는 아니다. 더구나 이스마엘이 이삭과 놀다가 그를 놀리기는 했어도 그를 핍박한 내용은 창세기에 없다. 결국 그의 성경 해석은 기존 서구학자들의 잘못된 해석을 그대로 따랐기 때문이다. 성경은 너희가 그리스도께 속한 자면 곧 아브라함의 자손이요. 약속대로 유업을 이을 자니라(갈라디아서 3:29)고 했다. 누구든지 예수 그리스도를 믿으면 그리스도의 속량으로 말미암아 하나님의 자녀로 입양된다. 입양된 자녀는 아브라함에게 하나님이 약속하신 유업을 받는다.

성경에서 아브라함은 유대인이 아니고 이방인이었다. 그의 육적인 자손들은 유대인이거나 네게브 사막에 살던 주민들이었다. 그러나 성경은 갈라디아서 3:29에서 그리스도께 속한 자가 아브라함의 자손이라고 하였으므로 누구든지 예수 그리스도를 구주로 영접하면 그가 유대인이든 이방인이든 아브라함의 영적 자손이다. 그러나 꾸란에서 이브라힘은 유대교인도 아니고 기독교인도 아니고 하니프 무슬림이라고 했다. 유대교인들은 자신들이 혈통으로 보아 아브라함의 자손이라고 했다. 그렇다면 세 종교가 아브라함에 대한 서로 다른 진술을 하고 있다. 만일 어느 무슬림이 기독교인들에게 '우리가 모두 아브라함의 종교'라고 한다면 그는 꾸란의 본래 진술을 숨기고 있는 것이다. 종교 간의 대화에서는 종교적 이방인을 받아들이기 위해서 서로 다른 형태의 신앙을 실천하는 상대 종교가 갖는 본래의 진술과 정의definition를 뛰어넘어야 했다. 세 종교가 아브라함의 종교라고 말하면 기독교의 성경, 유대교의 타나크 그리고 꾸란에서 정의하는 아브라함 또는 이브라힘의 본래 개념이 종교 간의 대화라는 이름으로 묻히고 만다. '유대교, 기독교, 이슬람이 아브라함의 종교'라고 주장하는 사람들이 그 속 이야기를 자세히 전하지 않기 때문에 그 말을 듣는 사람들은 본질을 파악하기 어렵다. 종교 간의 대화를 하려면 서로 간의 공감대 형성을 위하여 서로의 경전 텍스트를 재해석하기도 한다. 그러나 종교 간의 대화가 해당 종교가 갖는 고유의 특성을 덮어버리자는 것은 아닐 것이다.

사도행전 16:14-15에 보면 루디아라는 외국인이 유대인의 하나님을 믿는 이야기가 나온다. 루디아는 하나님을 공경하고 하나님은 그녀의 마음을 열어서 바울의 메시지를 듣게 하였다. 그녀는 바울의 일행에게 내가 하나님을 믿는 자로 알거든 자기 집에 들어와 유하라고 강권한다. 루디아에게 개종은 유대인의 종교에 충성하던 그녀가 공적으로 기독교로 바꾸었다기보다는 기독교의 진리를 받아들였다는 의미였다.

1948년 이후 팔레스타인 땅에 이스라엘이 건국된 이후에는 유대교인은 무슬림들에게 철천지원수가 되었다. 무슬림들과 대화를 나누다 보면 무슬림들은 세상에서 가장 못된 사람들이 유대인들이라고 비난한다. 과거 이슬람과 기독교 간의 대화에 참여하는 사람들은 국제 사회에서 이슬람이 폭력으로 치닫는 것을 피하고 서로 간의 평화를 만들어 가는 것에 초점을 두었다. 그러나 앞에서 살펴보았듯이 종교와 정치가 얽힌 시온주의 때문에 유대인들이 무슬림들이 살던 팔레스타인 땅으로 들어왔고 급기야 이스라엘과 팔레스타인 간의 문제는 20세기 이후 인류가 갖는 여러 문제들 중에서 가장 풀기 힘든 난제가 되었다. 오늘날 이슬람은 정치와 종교가 얽혀 있는 이슬람주의 때문에 동료 무슬림들이 이데올로기 싸움으로 내몰렸고 꾸란의 종교적인 용어이었던 카피르(알라를 믿지 않는 자)가 순니와 시아 무슬림 간의 종파 싸움에서 상대를 카피르(이슬람의 율법을 지키지 않는 사람)로 몰아 상대를 살해했다. 지금은 이슬람세계에서 세속주의 무슬림(종교와 국가를 분리하자는 사람)과 이슬람주의(정치를 종교의 일부로 생각하는 사람) 무슬림으로 나뉘어 종교와 정치가 서로 얽혀 있으니 무슬림들의 종교에 대한 이해가 순수하지 못하게 되었다. 그렇다면 종교적인 텍스트의 해석에서는 아무런 문제가 없는가? 세 종교는 이 땅에서 사람들이 올바르게 사는 것이 뭔지를 다루었다. 이슬람은 다른 사람과의 관계에서 '쌀리흐'라는 어휘를 사용했는데 '쌀리흐'는 인간의 행함과 관련되었다. 성경의 갈라디아서 3:5-11에서는 너희에게 성령을 주시고 너희 가운데서 능력을 행하시는 이의 일이 율법의 행위에서냐 혹은 듣고 믿음에서냐. 아브라함이 하나님을 믿으매 그것을 그에게 의로 정하셨다 함과 같으니라. 그런즉 믿음으로 말미암은 자들은 아브라함의 자손인 줄 알지어다. 또 하나님이 이방을 믿음으로 말미암아 의로 정하실 것을 성경이 미리 알고 먼저 아브라함에게 복음을 전하되 모든 이방인이 너로 말미암아 복을 받으리라 하였느니라. 그러므로 믿음으로 말미암은 자는 믿음이 있는 아브라함과 함께 복을 받느니라. 무릇 율법 행위에 속한 자들은 저주 아래에 있나니 기록된바 누구든지 율법 책에 기록된 대로 모든 일을 항상 행하지 아니하는 자는 저주 아래에 있는 자라 하였음이라. 또 하나님 앞에서 아무도 율법으로 말미암아 의롭게 되지 못할 것이 분명하니 이는 의인은 믿음으로 살리라 하였음이라. 바울은 갈라디아서에서 행함이 아니라 믿음으로 의롭다함을 얻는다고 했다. 행함으로 사람이 의롭게 되는 것이 아니고 믿음으로 의롭다 함을 얻는다. 창세기 15장 6절은 "아브람이 여호와를 믿으니 여호와께서 이를 그의 의로 여기시고"라고 했다. 이 본문과 동일한 로마서 4장 3절은 아브라함이 행함이 없이 오직 믿음으로 의롭다 함을 얻었다고 했다. 의롭다고 여김을 받은 것은 그의 믿음이다. 이 시점에서 아브라함은 이미 하나님과의 관계를 가지고 있었다. 창세기 15장은 아브라함과 언약을 세운 이야기이고 25년 뒤에 일어난 22장의 사건은 이삭을 바친 이야기이다. 아브라함이 이삭을 바치기로 한 그의 결단은 그의 믿음이 최고도에 이르렀다는 것을 말한다. 그런데 야고보가 창세기 22장의 사건을 강조한 것은 아브라함의 믿음이 아니고 그의 행함work이었다. 야고보서 2:21-24에서 "우리 조상 아브라함이 그 아들 이삭을 제단에 바칠 때에 행함으로 의롭다 하심을 받은 것이 아니냐. 네가 보거니와 믿음이 그의 행함과 함께 일하고 행함으로 믿음이 온전하게 되었느니라. 이에 성경에 이른바 아브라함이 하나님을 믿으니 이것을 의로 여기셨다는 말씀이 이루어졌고 그는 하나님의 벗이라 칭함을 받았나니, 이로 보건대 사람이 행함으로 의롭다 하심을 받고 믿음으로만은 아니니라." 이 내용을 보면 야고보는 아브라함의 믿음을 가리키고 싶었을 때는 창세기 15장을 찾아갔고 아브라함에게 의와 성숙한 믿음을 가져오게 한 행함을 가리키고 싶었을 때는 아브라함이 그의 아들을 바치는 창세기 22장을 찾아갔다. 야고보는 아브라함의 믿음은 이삭을 바친 행위로 완성되었다고 했다. 야고보가 지적한 칭의(의롭다함을 얻는 것)는 아브라함이 이삭과 함께 모리아 산으로 올라가기 전까지는 이뤄지지 않았다. 그러나 바울은 아브라함이 이삭을 바치기 25년 전 그가 단순히 하나님을 믿었을 때 의롭다 함을 이미

받았다고 했다. 그렇다면 누가 아브라함을 의롭다고 선언하는가? 인간은 결과에 해당하는 행위를 볼 수 있지만 하나님은 뿌리까지 볼 수 있다. 창세기 15장에서 하나님은 아브라함의 마음에서 믿음을 보았기 때문에 그를 의롭다고 선언하였다. 그러나 인간들은 그 뿌리를 볼 수 없다. 인간들은 아브라함이 행한 것을 보고서야 아브라함이 의롭다고 선언할 수 있었다. 그러므로 여기서 우리는 두 가지 측면에서 칭의를 바라볼 수 있다. 하나는 믿음으로 하나님 앞에서 또 다른 하나는 행함으로 인간들 앞에서라고 할 수 있다. 하나님은 우리의 믿음을 보고 우리를 의롭다고 선언하고 인간들은 우리의 행함을 보고 의롭다고 선언한다. 기독교는 믿음으로 의롭다 함을 얻는다고 하지만 이슬람은 행위로 의를 만들어 간다고 한다. 사실 교회는 그리스도와 연합을 통하여 언약의 영적인 유익에 참여하는 것이다.

5 경전의 변질과 꾸란 주석

(1) 경전의 변질

성경과 꾸란을 오랫동안 연구하다보면 이 두 경전이 신학적으로 연계성이 없다는 데 동의한다. 그러나 앞서 말했듯이 성경의 아브라함과 꾸란의 이브라힘이 서로 같다고 주장하는 사람들에게는 성경과 꾸란의 본래의 의미를 놓칠 때가 많다. 아랍어로 꾸란을 읽고 히브리어로 구약을 읽는 사람들은 그 원전에서 서로 다른 내러티브가 있다는 것을 잘 안다. 그러나 성경과 꾸란을 깊이 연구하지 않은 저서들이 서점가에서 팔리면서 일부 사람들은 꾸란에도 성경의 내용이 있고 나중의 것이 처음의 것에서 파생되었기 때문에 꾸란이 성경에서 왔다고 주장한다. 나중의 것이 처음의 것에서 파생되었다는 시각은 그 자료 속에 무엇이 이전의 내용이고 무엇이 나중의 내용인가를 평가하는 데 적잖은 어려움을 준다.

꾸란의 12장 유수프 장은 종교 역사 연구에 폭넓은 의미를 가져다 준다. 창세기 39장을 잘 아는 성경학자가 꾸란의 유수프 장을 읽고 나서 구약과 꾸란은 그들 페이지들 안에 독특한 내러티브에 대한 특별한 주장이 나타난다고 했다. 구약과 꾸란이 각각 독자로 하여금 자신이 원본original version이라고 우긴다는 것이다. 꾸란과 창세기의 유수프 이야기는 복잡하여 두 스토리들이 독자들에게 자신들이 각각 최종적인 권위가 있다고 주장한다. 꾸란은 다른 버전들이 있다는 것을 인정하고 다른 버전에 대하여 논증적인 자세를 보인다. 꾸란은 구약에 의존적이다.[55] 꾸란은 구약과 그 자신 간의 관계를 주석가들이 살피라고 요구한다. 다시 말해서 성경의 요셉 이야기를 주석하는 사람은 꾸란의 유수프 이야기를 참고할 필요가 없으나 꾸란의 주석가는 성경을 반드시 참조해야 한다. 이런 입장을 갖는 학자는 성경의 요셉과 꾸란의 유수프 이야기에서 행동이 진행되는 단계를 비교해 보면 유사점과 차이나는 부분이 나타나지만 이야기가 서로 일관되게 연결되어 있다고 말한다. 그런데 어느 것이 바탕이고 어느 것이 그 바탕(기본)에 더 보탠 것인지 말하지 못한다.[56] 성경의 요셉 이야기가 꾸란보다 그 내용이 3배나 더 많다. 성경의 내용이 꾸란과 같은 보조를 맞춘다고 말하면서 만일 토라에서 꾸란으로 옮겨갔다는 논리를 성급하게 세운다면 꾸란이 이야기하는 것을 자세히 연구할 수 없다. 이런 논리를 따르면 무함마드 시대 때 요셉의 이야기나 그와 유사한 이야기가 무함마드에게 전해졌다고 할 것이다. 그래서 본래는 서로 별개의 내용들이었던 것들이 함께 짜 맞춰지기도 하고 제외되기도 했다고 할 것이다. 그러나 어떤 이야기가 들려지거나 사람들에게 읽혀질 경우 오직 한 가지 상황에서 전해진 게 아닐 수 있다. 어떤 이야기는 서로 유사한 많은 집단들에게 알려진 이야기일

55_ Marilyn Robinson Waldman, New Approaches to Biblical Materials in the quran, Edited by William M. Brinner and Stephen D. Ricks, Studies in Islamic and Judaic Traditions, Brown Judaic Studies, 1986, 47.

56_ 위의 책, 50.

수도 있고 만일 그런 경우라면 여러 개인이나 다른 집단들이 알고 있는 내용일 것이다. 꾸란의 유수프 이야기를 성경적인 것의 버전version으로 볼 수 있지만 사실은 동일한 내용이 아니다. 이 두 가지를 비교한 결과 수많은 형식상의 근친성을 발견했음에도 이 둘은 주제와 신학적, 윤리적인 면에서 동일한 이야기가 아니다.[57]

토라는 계속성이 있고 역사적인 설명이 확장되어간다. 그러나 꾸란은 몇 개의 이야기체로 된 역사를 포함한다. 꾸란의 수라chapter들의 표준적인 순서를 보면 교훈이나 경고나 가르침이나 훈계가 연계성이 없다. 토라는 설명적인 산문으로 되어 있으나 꾸란은 압축되고 자주 생략되어 시와 유사하게 되어 있다. 꾸란은 덜 자세하고 더 빠른 속도감을 보여준다. 꾸란 전체 분량은 성경 이야기의 1/3밖에 안 된다. 그러나 꾸란의 유수프 장은 꾸란의 다른 장이 없어도 홀로 읽혀질 수 있다. 다시 말하면 다른 장들과 서로 맥락이 연결되지 않는다. 꾸란에서 알라가 그의 메신저(무함마드)를 끊임없이 간섭하고 인도하면서 다른 인물은 덜 부각시킨다. 상대적으로 더 큰 역사적인 내러티브의 일부가 되지 못한 꾸란의 이야기들은 아주 심하게 그 맥락이 분리되어 있다. 그렇다면 꾸란의 유수프를 성경의 요셉 이야기 버전version으로 간주될 수 있는가? 어느 하나가 다른 것과 동일 이야기에 바탕을 두었다는 식으로 접근하지 않는다면 아니라고 할 수 있다. 그렇다면 꾸란의 것을 이해하기 위하여 무함마드 시대 때 통용된 이야기들이나 성경의 이야기를 반드시 알아야 하는가? 두 경전을 비교할 준비가 되지 않았다면 아니라고 할 수 있다. 형식적인 유사성이 반드시 주제와 윤리와 신학적인 의미에서 동일한 이야기를 전해준다고 할 수 없기 때문이다.[58] 다시 강조하거니와 꾸란과 성경은 동일한 경전이 아니고 서로 다른 독립된 경전이다.

그런데 주석적인 주제의 발전에는 내러티브한 구조가 영향을 주었다는 주장을 노만 칼더Norman Calder의 '알따바리에서 이븐 카시르까

57_ 위의 책, 50.
58_ 위의 책, 58.

지의 타프시르'(꾸란 텍스트의 의미들에 대한 해석)에서 볼 수 있다. 그는 이슬람의 신학적인 교리와 심지어 예언자의 하디스에 대한 주석적인 결정을 하기 위하여 내러티브의 방식을 도입했다. 그는 특히 알따바리가 내러티브의 중요성을 인식했던 사람이라고 했다. 칼더는 꾸란에서 이브라힘에 대한 구절의 주석적인 문제를 깊이 다루었다. 알따바리는 사람들에게 '인기 있는' 내러티브를 더 중시했다. 꾸란 주석가에게는 이브라힘이 희생 제물로 바치려 한 희생제물로서 이스마일을 택한 많은 전승들에 익숙해져 있었다. 그러나 알따바리 자신은 이삭을 희생 제물로 인정하는 것을 우선시했는데 그 이유는 이삭과 예루살렘에 대한 이미 '설정된' 내러티브가 있었기 때문이다.[59] 칼더는 신학적인 교리보다는 인기 있는 내러티브가 역사적으로 먼저 나타났다고 알따바리가 생각한 것 같다고 했다. 그래서 인기 있는 내러티브가 주석가에게 큰 영향을 주었다.

무슬림들의 전승에서 이삭을 희생제물이라고 한 것은 17개가 있었고 이스마일을 희생제물이라고 한 것은 24개라고 알따바리가 말하였다. 그는 이삭이 희생 제물이었다고 하는 것을 반대하는 3가지 진술을 반박하여 자신의 입장을 변호했다. 결국 세월이 흐르면서 무슬림 신학자들은 이스마일이라고 한 말을 우선시했다.[60] 이런 견해는 이븐 카시르에 잘 나타나고 있었다. 알따바리는 주석적인 결정을 할 때 내러티브를 활용했으나 이븐 카시르는 당시 무슬림들의 우세한 생각들이 그의 주석에 영향을 미쳤다.

칼더Calder의 연구와 니켈Nickel의 연구를 보면 유대인들의 완고함obstinacy이란 주제가 꾸란 주석가들의 생각에 지배적인 내러티브의 주제가 되었고 '왜곡되었다'는 말이 들어 있는 구절들의 주석에서 내러티브의 영향이 특히 두드러졌다. 꾸란 이전의 경전들이 변질되었다는

59_ Gordon Nickel, Narratives of Tampering in the Earliest Commentaries on the Quran, Leiden: Brill, 2011, 211-212.

60_ 위의 책, 212.

무슬림들의 주장은 무까틸muqatil(8세기 꾸란 주석가) 혹은 심지어 알따바리 때까지도 완전하게 나타나지 않았으나 세월이 흐르면서 이런 진술이 확산되었다. 그렇다면 성경이 '왜곡되었다'는 말이 들어 있는 구절들의 주석적인 발전에 내러티브가 영향을 주었다는 주장에 대한 테스트로서 시라(무함마드의 전기)에서 그 이전 경전에 대하여 뭐라고 말하는지를 알아보는 것이 중요하다. 시라에서 무함마드를 확대하여 설명한 내러티브 주제는 주로 그 이전의 예언자들을 무함마드와 연결시킨다는 점이다. 시라는 무함마드가 온다는 것이 그 이전 경전에 예언되어 있다고 공개적으로 주장했다. 여러 집단의 사람들 사이에 무함마드가 오기로 예언되었다는 이야기들을 많이 모아서 그런 주장을 하게 되었다는 것이다. 이븐 이스학은 경전의 백성들(기독교나 유대교 등)이 꾸란 이전의 경전에서 무함마드에 대한 진술을 읽었다고 했다.[61] 예를 들면 유대 랍비들과 기독교 수도사들이 무함마드가 등장하고 있었을 때 이슬람의 예언자에 대하여 언급하면서 그들의 경전에 무함마드가 오는 때와 그에 대한 설명이 있었다고 했다. 시라에는 한 예언자가 온다고 예언하는 유대인의 말이 들어 있었다고 한다. 아랍인들은 당시에 자신들이 갖지 못한 지식을 가진 경전의 사람들이 있었다고 전했다. 이븐 이스학은 아랍인들이 알고 있는 것을 확증하기 위하여 한 메신저가 온다고 그 이전의 예언자들이 말한 것을 알라가 무함마드에게 전해주었다고 했다. 무함마드를 만나기 위하여 아비시니아(에티오피아)에서 온 기독교인들이 메카에 왔을 때 아비시니아 사람들 일부는 무함마드가 꾸란을 낭송하는 것을 듣고 무함마드를 믿기 시작하였다.

무함마드의 시라에는 요한복음 15:23-16:1의 구절을 언급하고 있는데 그 속에 시리아어 무하만나muHamanna(그리스어 바라끌리츠al-baraqlitz)가 무함마드를 가리킨다고 했다. 꾸란 이전의 경전이 변질corruption되었다는 이슬람의 주장doctrine은 오늘날 유대인들과 기독교인

61_ 위의 책, 213.

들이 무슬림과 함께 만나는 장소에서 논쟁의 초점이 되고 있다. 무슬림의 이런 주장의 기원과 발달은 무슬림 논증학 학자들의 탐구가 시작되면서 학술적인 호기심의 주제가 되어왔다. 일부 무슬림 학자들은 변질론doctrine of corruption은 꾸란에서 언급된 이와 관련된 어휘들과 함께 시작되었다고 했다. 그들은 '손을 댔다tampering'는 어휘와 관련된 다양한 어휘들이 포함된 꾸란 구절들이 여럿이 있다는 것을 그 증거로 제시했다. 다른 학자들은 꾸란 자체가 그 이전의 경전들이 변질되었다고 비난할 수 없다고 주장했다. 오히려 성경이 변질되었다는 주장은 무슬림들이 유대인과 기독교인들을 만나는 과정에서 생겨난 것이라고 했고 '손을 댔다'는 말이 들어 있는 구절들의 해석이 더 큰 문제라고 했다. 변질론의 꾸란 기원에 대한 주장은 가장 초기 무슬림 주석가들이 '손을 댔다'고 한 구절들이 무엇을 의미하는 것으로 이해했는지를 연구함으로써 밝혀질 수 있었다. 이런 구절들에 대한 초기 주석가들을 연구하면 이런 주장에 대하여 다른 신앙 공동체가 어떻게 반응했는지도 알 수 있다. 무슬림들은 과거의 어느 시점에서부터 유대인들과 기독교인들이 알라가 준 계시를 바꾸었거나 그 계시를 왜곡했다고 믿었다. 경전이 변질되었다는 주장은 아랍어로 타흐리프tahrīf라고 하는데 경전을 주제로 글을 쓴 무슬림들은 성경의 텍스트가 변질corrupt되었다고 주장했다.[62] 골드지허Ignaz Goldziher는 경전이 바뀌었다falsification는 것이 무슬림 논증학의 중심 주제라고 하였고[63] 이것이 경전의 백성을 반대한 신학적 논증의 발달을 추적해보는 중요한 열쇠가 된다고 하였다. 존 반스브루그John Wansbrough는 유사한 논법으로 변질론이 무슬림의 외적 논증의 주된 일이 되어왔다고 했다. 변질론 주제는 이슬람의 무효론Naskh(먼저 내려온 꾸란 구절을 나중에 내려온 구절이 무효화시킨다는 이론)[64]과 더불어 이

62_ 위의 책, 1.

63_ 위의 책, 2.

64_ 나스크는 율법적이고 주석적인 문제와 깊이 관련되어 있다. 꾸란의 나스크는 글자나 표면적인 의미에 근거하지 않고 진술의 개념에 근거하는 추론적이고 상황적인 나스크이다.

슬람의 자기 정체성의 발달에 주요한 모티브가 되었다. 이런 두 가지 과정(변질론과 무효론)을 통하여 이슬람이 그 이전의 종교들을 반대하고 이들 종교들과 별개의 길을 걸어가게 되었다. 좀 더 넓은 맥락에서 모세 펄만Moshe Perlmann과 하바 라자루스 야페Hava Lazarus-Yafeh는 '경전이 왜곡되었다는 주장은 이슬람 발흥시와 그 이전의 다른 종교 공동체에 널리 퍼진 것으로서 당시 유행한 논증적인 주제'라고 했다. 반스브루그 Wansbrough는 이슬람이 등장할 때 변질론이 무슬림 논증의 기본적인 주제라고 하였다. 다른 학자들은 이슬람 초기에 시아 학자들과 순니 학자들 간에 꾸란의 지위에 대하여 무슬림내 논증이 일어났을 때 왜곡이란 주제가 논의되었다고[65] 했다.

꾸란 주석의 형성기에 대한 연구는 학술적인 연구에서 많이 다뤄지지 않은 분야이다. 오늘날 초기 주석가들에 대한 학자들의 연구가 비교적 거의 없는 형편이다. 형성기의 꾸란 주석에 대한 자료들을 연구하는 것은 가장 초기의 무슬림 주석가들이 무슬림 경전의 텍스트에서 의미를 어떻게 발전시키었는지를 발견하는 것이다. 동시에 후세에 남겨진 주석들을 통하여 각 주석가들의 방법론이 경전의 텍스트와 어떻게 상호작용하였는지를 아는 데 도움을 준다. 이렇게 연구될 주석들은 이슬람력 2세기부터 4세기까지의 주석들이고 이런 주석은 이슬람 정체성의 발달을 아는 데 매우 중요한 학술적인 부분이 된다. 또 이런 연구는 초기 이슬람의 지적 역사를 아는 데 도움을 준다. 그동안 왜곡이란 주제와 관련된 꾸란의 구절들을 연구한 많은 학자들은 꾸란에 기록된 단어들이 그 이전의 경전들의 텍스트 변질을 고발하는 것은 아니라고 했다.[66] 이런 견해는 1955년 몽고메리 와트W. M. Watt의 '성경에 대한 무슬림 태도의 초기 발전'이란 글에 나타나 있다. 와트는 꾸란 이전의 경전에 대한 꾸란식 접근은 꾸란이 실제 말하고 있는 것과 그 이후의 모든 주석들이 말하고 있는 것과 구분을 해야 한다[67]고 했다. '왜곡한

65_ Gordon Nickel, 앞의 책, 3.
66_ 위의 책, 6.

다'는 표현과 이와 관련된 동사들이 포함된 꾸란 구절들을 연구한 결과 그는 꾸란은 신구약의 텍스트가 변질되었다는 일반적인 견해를 갖고 있지 않다고 했다. 다시 말하면 꾸란은 꾸란 이전에 기록된 텍스트가 왜곡되었다는 것을 의미하지 않는다고 했다. 이와 비슷한 의견을 가진 무슬림 학자 마흐무드 아이윱Mahmoud Ayoub은 '일반적인 무슬림의 견해와는 달리 꾸란은 유대인과 기독교인들이 자신들의 경전의 텍스트를 바꾸었다고 할 수 없다'고 했다. 와트와 아이윱은 꾸란 구절에서 '왜곡'에 대한 의미와 이런 구절들이 어떻게 해석되는가는 서로 다르다고 했다. 후자가 무슬림들의 일반적인 견해가 되었는데 다시 말하면 무슬림들이 꾸란을 해석하는 과정에서 유대교와 기독교인들이 자신들의 경전을 왜곡했다고 주장한 것이었다. 이런 입장에 대한 견해로서 존 버튼John Burton의 '경전들의 변질'이란 글에서 "많은 비무슬림들은 꾸란에서 아직도 유대인과 기독교인들이 예언자들의 계시 텍스트를 왜곡했다는 것으로 비난받고 있다고 생각한다"고 했다. 이것은 무슬림들이 꾸란을 읽고 해석하는 방식에서 문제가 있었기 때문이다. 이런 비난은 무슬림들이 경전의 백성을 반대하기 위한 것일 뿐이고 꾸란이 직접 그렇게 말하고 있는 것은 아니었다. 오늘날 무슬림들이 꾸란이 말하고 있다고 주장하는 것은 실제 꾸란이 말하고 있는 것이 아니고 꾸란의 주석가들의 생각을 전하고 있는 것이다. 꾸란이 그 자체가 말하고 있는 것과 오늘날 무슬림이 말하고 있는 것 사이를 구별한 버튼의 주장을 보면서[68] 우리는 그가 꾸란 주석이 큰 문제라고 지적한 것을 주목할 필요가 있다. 오늘날 한국어와 영어로 번역된 꾸란이 아랍어 꾸란이 본래 말하고자 하는 내용과 의미에서 크게 멀어진 것도 이런 맥락에서 쉽게 이해할 수 있다.

최근의 꾸란 연구에서 가장 중요한 학자들의 통찰력 중의 하나는 꾸란의 문체가 암시적이고 생략적이라는 것이다. 꾸란 텍스트는 자주

67_ 위의 책, 6.

68_ 위의 책, 8.

어휘나 일련의 정보가 생략되어 있다. 그래서 의미가 좀 더 분명하게 설명될 필요가 있었다. 꾸란의 각 내러티브는 주석적인 보완이 없이는 자주 이해되기 어렵다. 꾸란을 읽는 사람은 문장의 여러 경우에서 주어와 목적어를 잘 구분하지 못하여 해석의 모호성을 갖는다.[69] 그러므로 이슬람에서 '경전 변질론'이 꾸란에 있느냐를 묻는 대신에 주석가들이 꾸란에 나오는 '왜곡'이란 구절들의 의미를 어떻게 이해했는가를 다시 물어야 한다. 꾸란 주석에서 '왜곡'이란 어휘가 부각된 것은 무슬림 신앙과 생활에서 경전이 아주 중요하다는 것을 반영하는 것이고 나아가서는 이런 이해가 다른 종교와의 관계에도 영향을 미쳤다. 결론적으로 기존의 꾸란 번역이 꾸란 원본에서 상당히 멀어져 있다는 것을 인식하고 이슬람력 2-3세기 이후 어느 부문의 주석이 잘못되었는지에 대한 연구가 우선되어야 한다. 그리고 꾸란과 성경의 어느 이야기가 형식적으로 유사하다고 하여 반드시 주제와 윤리와 신학적인 의미에서 동일한 이야기라고 할 수 없다.

(2) 시편 37:29과 꾸란 21:105의 대조

성경과 꾸란에서 서로 동일한 구절은 없다. 다만 서로 유사한 구절이 몇 개 있는데 그 중 하나가 시편 37:29과 꾸란 21:105이 유사한 구절이어서 이 둘을 대조해 보고자 한다.

"알디크르(모경) 이후에 알자부르(시편)에 우리(알라)가 써두었다. '충실하게 행하는(쌀리훈) 종은 그 땅을 상속할 것이다(꾸란 21:105).'"

알따바리al-Tabarī와 이븐 카시르Ibn kathīr의 주석을 보면 '나의 종 쌀리훈'을 '무함마드의 움마'로 번역했다. "하늘에 있는 모경 이후에 알자부르에 알라가 기록해 두었는데 나의 움마(무함마드의 움마)가 잔나의 땅을 상속할 것이다." 다시 말하면 알라와 무함마드를 믿는 무슬림들의 움마(공동체)가 그 땅을 상속한다는 것이다. 이런 주석은 비유적인

69_ 위의 책, 8.

Majazi[70] 주석이다. 또 다른 꾸란 주석을 보자. "하늘에 있는 꾸란 이후에 알자부르(토라)에 알라가 기록해 두었는데 나의 종, 알라에게 순종하는 신자들이 잔나의 땅을 상속할 것이다." 이것은 알라지al-rāzī(1149-1209)의 주석인데 그는 하늘에 있는 경전이 꾸란이라고 결정하고 알자부르는 타우라(토라, 모세 오경)라고 주석한 것으로 보아 글자 그대로가 아닌 비유적인figurative 주석이라고 할 수 있다. 알라지는 이 세상의 땅은 쌀리훈인 사람과 쌀리훈이 아닌 사람들이 살 수 있는 땅이라고 했다. 그러나 위 구절의 참 의미를 이해하는 데 이런 꾸란 주석가들의 주석에만 의존할 수 없으니 위 구절을 아랍어 본문에서 다시 번역하면 아래와 같다.

"하늘에 있는 모경 이후에 알자부르에 알라가 기록해 두었는데 나의 종들 중에서 '쌀리훈'이 잔나의 땅을 상속할 것이다."

꾸란 주석가들이 자신들이 주석한 해당 구절의 의미가 꾸란이 실제 말하고 있는 의미라고 주장하는 것 중에는 실제 꾸란이 말하고 있는 것이 아닐 때가 있다. 수라 21:105절에 대한 꾸란 주석가들의 주석을 한번 더 살펴보자.

알잘랄라인[71] 주석 "우리가 알디크르(모경) 다음에 알자부르(시편)에 기록하였다. '그 땅(잔나: 파라다이스의 땅)을 나의 쌀리훈이 상속할 것이다.'"

사흘 알두스타리[72] 수피 주석 "나의 쌀리흐 종들이 그 땅을 상속할 것이다. 알라가 말했다. '알라가 그들을 그와 연결짓고 그들에게 쌀리훈의 덕을 하사하였다. 그들은 알라와 좋은 상태에서 가장 내밀한 비밀을 넣어 준 사람들이다. 그들은 모두 전심으로 알라 이외의 것들에 초연한 사람들이다.'"

70_ 어휘의 비유적인 사용은 은유, 제유, 환유 등을 가리킨다.
71_ 15세기 잘랄 알딘 알마할리와 잘랄 알딘 알수유띠, 두 사람의 주석을 가리킴.
72_ 9세기 페르시아의 수피학자.

무흐신 칸[73]의 주석 "우리가 모경(알라와 함께 하늘에 있던 경전) 다음에 알자부르(시편, 즉 타우라, 인질, 꾸란 등 모든 경전)에 기록했다. 나의 쌀리흐 종들이 그 땅(파라다이스의 땅)을 상속할 것이다."

무함마드 사이드 딴따위[74]의 주석 잔나의 땅이나 세상의 땅이 쌀리훈에게 있다는 것을 우리가 보존된 판(모경, 디크르)에 기록한 뒤에 우리는 하늘의 책들 속에 기록하였다.

압둘 할림[75]의 꾸란 주석 우리가 (가장 첫) 경전에 기록했듯이 우리가 시편에 기록했다. '나의 의로운 종이 그 땅을 상속할 것이다.'

위 꾸란 주석들을 보면 우선 알자부르에 대한 번역이 '시편' 혹은 '모든 경전' 혹은 '기록된 책' 등을 가리키고 있어서 한 가지 의미를 찾기 어렵다. 또 땅은 대부분이 잔나의 땅이라고 했으나 일부는 지상의 땅을 가리키고 알디크르는 하늘에 있었던 모경 혹은 첫 경전을 가리켰다. 여기서 하늘에 있는 모경은 꾸란이라기보다는 꾸란 이전의 책들을 가리킬 수도 있고 땅을 상속한다면 인간이 지금 살고 있는 땅을 상속한다는 말이 되기도 한다. 다시 말해서 꾸란의 주석가들이 이 한 구절을 두고 너무나 다르게 주석하고 있다는 것이다. 이집트 지하철에서 턱수염을 기른 청년이 꾸란을 읽고 있길래 이 구절을 해석해 보라고 하니 다음과 같이 해석했다. "이 구절에서 땅은 이 땅을 가리키고 여기서 상속한다는 말은 이슬람 종교를 이 땅에 세운다는 말이고 쌀리훈은 종교(이슬람)를 철저히 지키고 남을 도와주는 사람들"이라고 했다. 이처럼 무슬림들이 꾸란의 한 구절을 여러 가지로 주석하고 해석하여 독자들은 어느 번역과 주석을 맞는지 알기 어렵다. 앞의 주석들을 보면 지상

73_ 아프가니스탄의 살라피.

74_ 이집트의 전 알아즈하르 쉐이크.

75_ 런던 SOAS의 이슬람학 교수.

에 사는 무함마드 공동체가 땅을 상속할 것이라는 해석이 있고 둘째는 지상에 사는 쌀리훈이 하늘에 있는 잔나를 상속할 것이라고 했고 셋째는 나의 종들 중에서 '쌀리훈'이 잔나의 땅을 상속할 것이라고 했다.

꾸란의 주석에 문제가 있다면 그런 경우에는 꾸란 원문의 의미를 파악해 보아야 한다. 가령 이 꾸란 구절에 나오는 쌀리훈(복수형) 혹은 쌀리흐(단수형)는 무슨 의미인가? 꾸란 주석에서 쌀리흐를 순니 무슬림들은 '충실하게 행하는 자'라고 의미 부여를 하고 살라피 순니 무슬림은 '반드시 행할 규례faridah를 향하는 자'를 가리켰다. 그런데 오늘날 아랍인들은 아랍어 쌀리흐가 '종교에 충실하고 남에게 유익을 주는 사람'이란 뜻으로 풀이한다. 아랍어로 '말리크 쌀리흐'라는 말이 있는데 백성이 모두 유익을 얻도록 널리 베푸는 왕이라는 뜻이므로 쌀리흐는 '맡은 일에 충실하고 남을 위하여 좋은 일을 행하는 사람'이라고 풀이한다. 꾸란이 지시하는 의미와 오늘날 무슬림들이 인식하는 의미와 다소 차이가 있다.

성경의 시편 37:29에는 "의인이 땅을 차지함이여 거기 영영히 거하리로다."고 되어 있다. 시편은 악한 자를 징벌하는 것과 대조적으로 의로운 자를 하나님이 복 주신다고 한다. 의로운 자는 땅에서 안전하게 살도록 해 주신다는 말인데 "의로운 자는 땅을 상속 받아서 그곳에서 영원히 살리라"고 했다. 히브리어 성경에서 '그들이 땅을 상속한다'는 말은 irɔshu artz(이러쉬 아르쯔)라고 되어 있고 그 뜻은 '땅을 소유하고서 그곳에 산다'는 말이다. 위 구절에서 '그 땅을 상속할 것이다'는 아랍어로 "al-arda yarithuha(알아르다 야리수하)"라고 되어 있다. '야리수'라는 말은 사람이 죽은 후에 그의 재산을 자손에게 유산으로 물려주는 것을 가리킬 때 사용된다.

히브리어 성경에서 '의로운 자들'은 sadiqim(짜디낌, 아랍어로는 씻디꾼)이라고 하는데 그 뜻은 행동과 성품에서 올바른 자(just, lawful, righteous)이다. 시편 기자는 의로운 자를 흠이 없는 자blameless(18절), 믿음이 있는 자faithful(28절), 온전한 자upright, 그리고 정직한 자integrity(37

절)라고 했다. 시편 37장 29절에서 주님이 그의 백성에게 약속의 땅을 주었는데 그 땅을 지키는 것이 자주 위협을 받게 되었고 하나님은 그의 백성에게 소유권을 보장받게 해 주었다. 이것이 곧 시편이 말하는 본래 의미이고 이를 더 확대하면 그 의미는 메시아와 함께 하는 날 그 땅에서 영원히 사는 것을 가리킨다. 하나님은 선행을 하는 공의로운 자를 사랑하시고 보호하시고 땅에서 그들을 안전하게 살게 해 주신다. 유대교는 율법과 언약이 뗄 수 없었고 부분적이지만 유대교가 이해한 진리는 야훼 하나님의 구원이 의로운 자the righteous를 위한 것이었다. 그러나 예수 그리스도는 행동적인 의가 지배적인 유대교의 개념을 확대하여 성품의 의righteousness of nature를 포함시켰다. 예수 그리스도는 율법 요구의 수행자로서 유일한 메시아이고 죄인들에게 더 큰 의를 주는 자로서 그들을 마음에서 의로 행하게 했다.[76] 그렇다면 '의'에 대하여 좀 더 깊이 살펴보자. 성경에서 '의'와 관련된 어휘로는 '바르(의인)와 아브라르(의인들)'가 있다. 그런데 '아브라르'라는 어휘가 꾸란에도 여러 차례 나온다. 수라 82:13절에서 살라피 주석가는 아브라르를 알라를 두려워하고(뭇타낀) 신실한(싸디끄) 신자라고 했고 순니 주석가는 바르를 믿는 자들 중에서 선행을 행하는 자라고 했다. 수라 3:193에서는 살라피 주석가는 아브라르를 이슬람율법을 잘 지키는 자라고 하고 순니 주석가는 알라에게 순종하여 그를 기쁘게 하는 자라고 했다. 또 수라 76:5에서는 살라피 주석가는 아브라르를 알라와 무함마드에게 순종하고 신앙, 말, 실제 상황에서 신실한 자라고 하고 순니 주석가는 알라에게 순종하므로 그들의 신앙에서 신실한 자를 아브라르라고 했다. 이를 정리해 보면 꾸란의 주석가들이 '아브라르'를 알라에게 순종하고 신실한 자(싸디끄)라고 해석했고 특히 살라피 주석가들은 아브라르를 이슬람율법을 잘 지키고 신앙과 말 그리고 생활에서 진실한 자라고 하여 신실함과 행함으로 의인(아브라르)이 된다고 했다. 또 꾸란의 쌀리흐는 선

76_ Charles Edwin Condra, Salvation for the righteous: Jesus amid expectations of salvation in Second Temple Judaism, Dallas Theological Seminary, 2001, 324.

한 행동을 하는 사람(수라 2:62, 2:82, 4:57, 7:42, 10:9, 13:29, 18:88, 20:75, 21:94)을 가리켰다.[77]

꾸란에는 '쌀리흐, 아브라르' 이외에 '타끄와'라는 어휘가 나오는데 수라 2:197에서 순니 주석가는 타끄와를 알라의 진노를 두려워하여 비르birr를 행함이란 뜻이고 살라피 주석가는 알라를 두려워하여 알라가 명령한 것과 금한 것에 순종하는 것이라고 했다. 수라 5:2에서 타끄와를 순니 주석가는 종교와 세상일에서 그의 주인을 해롭게 하는 것을 두려워함이란 뜻이고 이 구절에 나오는 비르birr는 선을 행하는 것을 확대함이란 의미이다. 그래서 타끄와는 좋은 윤리에서 나온 선한 행동으로 알라에게 가까이 다가가는 것을 가리킨다. 그러므로 비르와 타끄와는 사회적인 안내의 기둥이고 종교와 세상에서 개인과 민족에게 도움을 주는 행동이다. 살라피 주석가는 타끄와는 알라와 무함마드가 명한 것을 행하고 금한 것을 버리는 것이고 비르는 알라와 무함마드에게 전적으로 순종한다는 의미이다. 결국 순니 주석가들은 타끄와를 알라의 진노를 두려워하여 비르birr만을 행하는 것이라고 했고 살라피 주석가들은 알라와 무함마드가 명한 것을 행하고 금한 것을 피한다는 의미로 이해했다.

유대교의 경전 타나크Tanakh는 의로운 자가 되라고 하고 꾸란에서는 각 개인에게 쌀리흐가 되라고 한다. 그러면 안전의 장소를 얻는다는 것이다. 꾸란과 시편에서 이 두 구절은 종말론적인 기대를 반영하고 있

77_ 꾸란 21:48-49에서 "쌀리흐"는 알라를 두려워하는 자이고 두려움으로 심판의 날을 기다리는 자이다. 수라 21:101에서 알라를 진실로 예배하는 사람이고 그 "쌀리흐"의 예로는 이브라힘, 누흐, 다우드, 술라이만, 이싸의 어머니 마르얌 등이 있다. 수라 4:34에서는 쌀리흐의 여성은 남편에게 순종하는 여성이고 수라 2:177에서 쌀리흐는 알라와 마지막 날 등을 믿는 자이다. 수라 51:15-19에서 쌀리흐는 파라다이스의 기쁨을 누리는 자이고 선한 행실을 살았던 사람이고 일찍 그들의 기도를 시작하는 사람이어서 잠을 적게 자는 자이고 자신의 재산으로 남에게 베푸는 사람이다. 수라 76:5-12에서 쌀리흐는 알라의 허락을 받은 사람이고 알라의 불쾌함을 두려워하는 사람이며 예배의 신성함을 지키는 사람이다. 수라 46:15-16에서 쌀리흐는 그 밖의 미덕으로 부모 등에게 감사할 줄 아는 사람이고 회개하는 사람이다.

고 정도는 다르지만 둘 다 이 땅의 경험에 대한 구체적인 용어로 표현되었다. 구약에서 의인은 모든 율법적·도덕적 책무를 다 완수하는 사람이다. 신약에서 예수그리스도는 마태복음 5:10에서 의를 위하여 핍박을 받는 자는 천국이 저희 것이라고 했다. 여기서 천국이란 말은 땅을 상속한다거나 하나님을 본다거나 하늘에서 상을 받는다는 말과 동의어이다.[78] 예수는 당시 다양한 유대 그룹이 생각하는 의와 자신이 생각하는 의에 대한 기준이 다르다고 했다. 그래서 마태복음 5:20에 너희의가 바리새인과 서기관보다 더 낫지 못하면 결단코 천국에 들어가지 못하리라고 했다. 예수를 따르는 사람들의 의와 바리새인, 서기관의 의가 대조가 되고 있다. 마태복음 6:1에서 사람들에게 보이려고 의를 행치 말라고 하고 마태복음 7:21에서 하나님의 뜻대로 하는 자라야 천국에 들어갈 수 있다고 했다. 즉 형식주의와 외식을 거부하고 있다. 율법해석에 대하여 당시 유대인의 다른 그룹과 다르게 해석하라고 요구한다. 그러므로 '의'가 당시 종파적 분리의 가장 중요한 분기점이 되었다. 유대 공동체 안에서 예수를 따르는 사람들의 삶의 기준이 바로 의였다. 예수가 말하는 의는 참된 의였고 대다수 사람들이 이런 의를 거부했다. 대다수 사람들은 예수를 따르는 사람들과 다르게 의를 해석했다. 마태복음 5:20에서 의의 기준은 양적인 문제가 아니었다. 인간이 정통 토라에 의하여 정해 놓은 율법을 얼마나 따랐느냐가 중요한 게 아니었다. 양이 아니라 질의 문제였다. 예수를 따르는 사람들의 의가 바리새인과 서기관을 뛰어넘은 것은 예수를 따르는 사람들의 의와 유대의 다른 그룹들이 생각하는 의의 개념과 다르게 정의되었기 때문이다. 물론 신약에서도 당시 청중이 이해 하는 개념에 근거했기 때문에 아직 의로운 행동이 요구되었다. 그러나 예수는 의를 사람의 내적인 성품inner nature을 포함하는 말로 이해했다. 행위conduct는 성품nature으로부터 흘러나온다. 예수는 내적인 의가 중요하다고 하면서 이 내적인 의가 메시아로

78_ Charles Edwin Condra, 앞의 글, 308.

서 자신과 연결된다고 했다.[79] 성경의 이런 내적인 의와 다르게 유대교와 이슬람에서 의는 율법적인 행위를 요구한다. 우리말 사전에서 '의'는 사람으로서 지키고 행하여야 할 바른 도리이므로 우리말의 '의'는 밖으로 드러난 행위를 강조한다.

종교적 의례를 중시하는 이슬람은 인간의 노력에 의존하고 예배에서는 눈에 보이는 것들(메카의 카아바의 돌, 사탄을 상징하는 돌기둥에 조약돌 던지기 등)과 의식(매일 규정된 의식에 따른 기도)을 강조한다. 그러나 기독교 복음의 영성은 영적으로 체험하는 삶이고 복음의 목적은 그리스도를 믿음으로 살아가는 삶이다. 그리스도를 믿음으로 의로워진 사람은 내적인 변화를 체험하고 이런 변화는 성령의 능력으로 이뤄진다. 그런데 무슬림과 유대인들은 그리스도의 영을 거부한다.

79_ 위의 글, 312.

CHAPTER 06

비무슬림의 개인적 지위와 종교 간 대화

1 비무슬림의 개인적 지위

이슬람 국가에서 재산에 관한 것은 무슬림이든지 기독교인이든지 이슬람 법정에서 다루고 개인적 지위에 관한 것은 종교별로 서로 다른 법정에서 다룬다. 샤리아(이슬람율법) 법정은 무슬림을 위한 것이고 밀라(인종적 종교적 그룹) 법정은 기독교인과 유대교인들에게 할당되었다. 종교법에서 개인 지위법 문제가 서로 갈등을 일으키면 무슬림에게는 이슬람 샤리아가 적용되고 기독교인에게는 기독교의 법이 그리고 유대인에게는 모세의 율법이 적용된다. 개인 지위법이란 이탈리아 법에서 12-13세기에 등장했는데 일반법general law과 로마법과 국내법local law 사이에 갈등이 있었다. 로마 법학자들이 로마법과 국내법에서 개인지위법이란 말을 만들었다. 개인지위법이란 개인에 관한 것이고 물질적인 지위physical status는 재산에 대한 것이다. 이집트에서 1955년에는 어떤 특별한 조건이 충족될 때만 기독교인의 법을 적용했다. 당시에는 누구에게나 종교를 선택하도록 자유를 준다는 헌법 462조가 있었으나 실제로는 그렇게 적용되지 않았다.

(1) 기독교인의 밀라와 따와이프(교회, 교단)

기독교인은 여러 교파로 나뉘지 않고 하나였다. 그러다가 메시야에 대한 문제에서 기독교인이 서로 나뉘었다. 하나는 메시야가 신성만 있다고 했고 다른 하나는 신성과 인성이 있다고 했다. 그러나 기독교가 시작될 때부터 메시야에게 인성과 신성이 있다는 것이 널리 퍼졌다. 5세기 야곱파는 메시야가 신성만을 가졌다고 했다. 야곱파는 하나님 자신이 이 땅에 내려오셔서 인간을 죄로부터 구하려고 했다고 믿었다. 이집트에서도 많은 사람들이 이 교리를 믿었는데 이들 기독교인들이 콘스탄틴 교회와 독립된 정교회를 세웠다. 콘스탄틴 교회(로마 교회)는 451년 소아시아 칼케돈 공의회에서 메시야가 신성과 인성을 가졌다고 했다. 그때부터 이집트 교회는 콥트 정교회로 불렸다. 그리고 콥트어를 예배어로 교회에서 사용했고 알렉산드리아 시가 콥트교회의 중심지가 되었다. 아랍인과 이슬람에 대한 비잔틴의 인식은 7세기부터 9세기까지 상당히 일관적이었다. 비잔틴의 입장은 아랍인들이 야만적이고 선천적으로 악하다고 묘사했다. 그 당시에는 아랍 무슬림들이 비잔틴과 기독교의 적이었다. 아랍 무슬림이 기독교인 지역을 침입한 것은 반칼케돈 교회들의 이단적인 사상이 하나님의 진노를 불러일으킨 것이라고 설명했다. 비잔틴 제국 안에서 종교적 충돌은 기독교를 약화시켜서 아라비아에서 새로 등장한 무슬림의 위협을 통합된 힘으로 막아내지 못했다. 비잔틴 제국이 아랍 무슬림들의 침입을 당한 것은 칼케돈 교회들이 반 칼케돈 교회들을 이단heresy으로 몰았기 때문이었다. 그래서 아랍 무슬림들이 이집트의 콥트 기독교를 침입했을 때 콥트인들은 아랍인들에게 중립적이거나 심지어 적극적으로 도왔다. 칼케돈 교회들의 핍박을 받는 것보다 정복하는 아랍 무슬림을 도우면 칼케돈 교회들의 핍박을 피할 수 있을 것이라고 생각했다. 콥트인들은 이집트를 정복한 무슬림들을 야만인이라고 불렀다.[1] 시리아의 기독교인들도 이슬람을 잘못 이해했다. 다마스커스의 요한은 우마위야조 칼리파를 위하여 일했다.[2] 그는 이슬람을 기독교의 이단으로 오해했고 이런 오해는 나머지 기독교인들에게 상당한 영향을 주었다.

압바시야조의 역사학자 알따바리와 알발라두리는 정통칼리파 시대를 찬양하고 그 대신 우마위야조는 정통성이 없다고 했다. 그것은 우마위야조를 전복시킨 압바시야 조의 정통성을 강화하기 위함이었다. 무슬림들은 시리아에서 당시 기독교인들을 존대하지 않았다. 무슬림들은 기독교인들이 경전을 변질시켰으므로 그들의 경전이 불완전하다고 했다. 무슬림들은 그 당시 기독교인들 사이에 신학적 논쟁이 진행되고 있었다는 것을 알아차리지 못하고 그들이 만난 기독교가 기독교의 참 모습이라고 생각했다. 무슬림들의 이런 편견은 오늘날까지 무슬림들에게 내려오고 있어서 무슬림들이 진지하게 기독교와 성경을 읽어 보려고 하지 않았다.

11세기 기독교세계는 큰 분열이 있었는데 서방교회와 콘스탄틴에 자리한 동방 교회가 기독교 세계에서 교황자리를 두고 의견이 갈렸다. 결국 1054년에 이들 두 교회는 분리가 되었다. 가톨릭교회는 보편적이라는 말을 써서 가톨릭이라고 부르고 정교회는 올바른 견해를 가지고 있다는 뜻으로 정교회라고 불렀다. 시간이 지남에 따라서 동방교회라는 명칭이 정교회라는 명칭으로 바뀌고 서방교회라는 말 대신에 가톨릭이란 말이 더 많이 사용되었다. 이렇게 정교회와 가톨릭이 나누어진 뒤, 16세기 마틴 루터에 의해서 프로테스탄트(개신교)가 생겨났다. 그들의 선교사들과 미국 사람들의 선교로 프로테스탄트가 동양(아랍)으로 퍼져갔다. 개신교는 교황과 같은 종교의 수장을 인정하지 않고 모든 개인이 성경을 해석할 수 있다고 했다. 이 같은 세 교회(정교회, 가톨릭교회, 개신교)가 이집트에 자리를 잡았고, 각 교회에는 여러 교단들이 생겨났다.

1_ Nicholas F. Smith, The People of The Book: Perceptions of Religion during the Arab Conquest of Syria, College of Charleston and the Citadel, 2011, 75-76.

2_ 위의 글, 77.

(ㄱ) 정교회는 네 개로 나뉜다. 콥트 정교회(이집트 출신), 그리스 정교회(그리스 출신), 아르메니아 정교회(아르멘 출신), 시리얀 정교회(시리아 출신).

(ㄴ) 가톨릭에는 7개의 교단이 있는데 콥트 가톨릭(이집트인), 그리스 가톨릭(그리스인), 아르멘 가톨릭(아르멘인), 앗시리아 가톨릭(시리얀), 마론 가톨릭(레바논 출신), 칼단 가톨릭(유럽인), 라틴 가톨릭(유럽 사람들) 등이다. 이들 교단은 모두 로마에 있는 교황에게 속해 있었다. 이들 사이에 교리의 차이가 없었고 역사적이고 지역적인 차이도 없었으나 종교의 예전은 서로 달랐다.

(ㄷ) 프로테스탄트에는 여러 교단이 있고 이집트 법에서는 그들 모두를 하나의 교단으로 부르고 '인질리야 와따니야(전국 복음 교회)'라고 했다.

아랍 국가에는 7세기 이슬람이 확산되기 전에 기독교인들이 여러 지역에 교회를 가지고 있었다. 지금도 이라크, 시리아, 레바논, 팔레스타인, 요르단, 이집트, 수단 등에는 국가가 허가해준 교회 건물들이 그대로 남아 있다. 그러나 아랍 기독교인들은 이들 교회 안에서만 신앙생활을 할 수 있고 교회 건물 밖에서는 신앙 활동이나 전도를 할 수 없다.

이집트, 장로교회

아랍 교회를 잘 모르는 사람들은 외국인이 아랍 교회에서 일하는 것을 이슬람 국가가 금하고 있다는 잘못된 정보를 갖는다.

아랍 이슬람 국가에 존재하는 아랍 기독교인들은 1700만 내지 2천만 명인데 이들 중에서 정교회가 72%이고 가톨릭이 20% 그리고 개신교가 8%이다. 아랍 국가들 중 카타르, 쿠웨이트, 바레인, 아랍에미리트, 튀니지, 모로코, 오만, 예멘 등에는 특정 지역이나 또는 주요 도시에 외국인들을 위한 교회들이 있다. 모로코에는 가톨릭, 정교회(그리스 정교회, 러시아 정교회), 성공회, 복음 교회가 있다. 그리고 리비아에는 벵가지와 트리폴리에 가톨릭, 정교회(그리스 정교회와 콥트 정교회), 성공회 등이 있다.[3] 튀니지에는 가톨릭, 정교회(러시아 정교회, 그리스 정교회), 성공회, 프랑스 개혁교회 등이 있고 알제리에는 로마 가톨릭, 복음 교회가 있고 30-50개의 지하 교회들이 있다. 아라비아반도로 가보면 예멘에는 로마 가톨릭, 성공회, 힌두교, 유대교 등이 있고 오만에는 수도 무스카트에 정부가 허락한 갈라와 루이에 가톨릭교회와 프로테스탄트 교회가 있다. 아랍 에미리트에는 샤르자, 두바이, 아부다비, 아즈만에 아랍 복음 교회와 인도 복음 교회가 있고 가톨릭교회는 아부다비, 두바이, 자발 알리, 샤르자에 있다. 가톨릭교회가 아라비아의 북부(바레인, 쿠웨이트, 카타르)에 교구를 설립하여 아랍인이 아닌 제3국의 교인들의 신앙생활을 돕고 있고 쿠웨이트에는 성공회와 정교회(아르메니아, 콥트, 그리스 정교회) 등이 있다. 2007년 아랍 복음주의 학자들이 내놓은 『현대 아랍 신학』이란 책은 여러 가지 주제의 글들이 포함되어 있었는데 아랍 신학자들의 주석적인 글들이 최초로 시도되었다.[4] 그러나 아랍 신학이 이슬람 문화 속에서 무슬림 도전에 대한 반응으로 기술되다보니 건설적

3_ 야수아 알말리크 교회와 성프란시스 가톨릭교회, 미스라타의 콥트 정교회 등이 있다.

4_ 아랍 기독교인들은 『그리스도 복음의 참 의미』란 책을 무슬림들 책 장식을 넣어 만들었는데 아랍 교회 안에서는 이 책을 사용하지 않는다. 『알키탑 알샤리프』는 무슬림을 위하여 성경의 일부 용어를 꾸란의 용어로 바꾸어 번역했다. 유난yunan은 유누스yunus로 바꾸었고 야수아(예수)를 이싸Isa로 그리고 유한나(세례요한)를 야흐야yahya로 바꾸었다.

인 신학이 되지 못했고 신학적인 글보다는 교훈적인 글들이 더 많았다.

(2) 유대인의 밀라와 따와이프(교단)

유대교는 여러 교단이 아닌 하나의 종교로 시작했다. 모세에게 하나님이 내려 주신 토라를 믿고 8세기까지 하나의 교회로 계속되었다. 그러나 8세기에 유대교는 랍비 유대교(라바니트)와 낭독자 유대교(까라이트)[5]로 나뉘었는데 그 원인은 탈무드 때문이었다. 탈무드는 토라에 있는 것이 구전으로 선대에서 후대까지 내려와 나중에 기록되었다. 그런데 랍비 유대교는 하나님은 우리가 잘 알고 있는 토라만 모세에게 전해준 게 아니고 그의 후세 사람들에게 구전으로 전하라고 명령한 다른 법들도 하나님이 내려주었다고 말했다. 이 법들을 미쉬나라고 부르고 그 뜻은 제2의 법이라는 말이다. 랍비 유대교에게 토라는 2개인데 문서화된 토라와 구전으로 내려온 미쉬나이다. 이 두 가지는 변질이나 망각이 우려되어 문서화되었다. 그 뒤 유대 학자들은 미쉬나에 대한 해설서를 썼는데 그것을 게마라(보충서)라고 했다. 탈무드는 미쉬나를 담고 있는데 미쉬나는 제2의 토라 또는 구전 토라라고 한다. 게마라는 학자들의 해설이고 미쉬나의 보충서이다. 탈무드는 텍스트에 해당하는 미쉬나와 그 해설에 해당하는 게마라로 되어 있다. 랍비 유대교는 토라를 믿는 것처럼 탈무드도 믿는다.

까라이 유대교는 하나님이 모세에게 원래 토라만 내려주었다고 믿는다. 그래서 이들은 탈무드를 믿지 않았다. 까라이라고 한 것은 그들이 글로 된 것을 읽는 것만 믿었다는 뜻이다. 구두로 내려온 토라가 아닌 글로 내려왔던 토라만 믿는다는 것이다. 까라이는 토라 본문 그리고 이성적인 증거와 과학적인 문법에 의한 설명에 의존하므로 그들은 무즈타히드들이다. 랍비 유대교는 이즈티하드(율법을 추론할 수 있는 능

5_ 랍비 유대교는 산헤드린의 법적 결정에서 구전 토라oral torah가 탈무드로 성문화된 것으로 간주하나 낭독자(까라이) 유대교는 하나님이 모세에게 내려주신 모든 신적 계명은 구전 율법oral law이 제외된 채 문서화된 토라 속에 들어 있다고 믿는다.

력을 갖춘 학자의 독자적인 판단)의 문을 닫고 미쉬나나 게마라에 기록된 것으로 법을 만들었다.

기독교의 교단들이 많아진 것과 다르게 유대교의 교단은 많지 않다. 까라이 유대교는 하나의 교단이고 랍비rabbaniyyun 유대교는 두 개의 교단(따이파)으로 나뉘어 있다. 하나는 세파라딤이고 다른 하나는 아슈케나짐이다. 세파라딤은 동양(아랍)과 북아프리카와 안달루시아에서 온 유대인들이고 아슈케나짐은 유럽에서 온 유대인이었다. 이집트에 살았던 유대인들은 랍비 유대교이고 세파라딤의 하캄Hakam(랍비)이 있다.[6]

1955년 법의 462조가 통과되었을 때 이집트에는 무슬림이 아닌 14개의 비무슬림 따이파가 있었다. 4개의 정교회, 7개의 가톨릭, 프로테스탄트 1개, 랍비 유대교 하나와 까라이 유대교 하나 등이었다. 14개 교단은 각각 개인지위법과 관련된 분쟁을 해결하기 위하여 밀라 의회majlis millah(인종 종교적 집단의 회의)를 만들었다. 종교관련 사건이 생기면 이들 해당 종교의 법적 문제는 일반 법정으로 보내는 대신 그들 교단의 종교 율법에 따라 재판하였다.[7]

아랍 국가에 사는 유대인들은 1948년 80만 정도이었고 1969년에는 10만 명 정도이었다. 레바논에는 5000명이 살았고 1948년 이전에는 13만 명의 유대인이 이라크에 살았으나 1969년 3000명으로 줄었다. 시리아는 1948년 4만 명의 유대인이 살았으나 1969년 3500명으로 줄었고 아랍 에미리트에는 2500명의 유대인이 살았다. 1991년 이스라

6_ Jabir Mahjub Ali, Durus fi al-'ahwal al-shakhsiyyah lilmisriyyin ghayr al-muslimin, jamiat al-qahirah, 30.

7_ 2012년 말 이집트 새 헌법이 통과되면서 이집트 국민은 이슬람, 기독교, 유대교 세 종교만을 허용한다는 헌법 조항에 따라 바하이교의 자녀들이 이집트 정부가 운영하는 각급 학교에 입학 혹은 등록할 수 없게 되었다. 2013년 이슬람주의 정권이 축출을 당해 과도 정부가 새 헌법 개정을 준비하고 있다. 1960년대 이집트 정부는 바하이 교인의 재산을 몰수하고 예배 장소로 사용하려던 나일강 유역의 땅도 몰수한 바 있다. 당시에 이집트 정부는 바하이들이 이스라엘에 충성한다는 혐의를 받았다. 그래서 1967년 전쟁 이후 바하이 교인들이 6개월간 구금되기도 했다.

엘에 사는 유대인들 중 57%가 중동에서 온 유대인들이었고 한때는 70%에 육박하기도 했다. 1947년 팔레스타인에는 60만 명의 유대인들이 살았고 모든 아랍 국가에 사는 유대인들은 시온주의를 반대하는 결의안을 채택했으며 아랍인들 사이에 시온주의 운동은 아주 미약했다. 1949년 시리아 정부는 시리아에 사는 유대인들이 당국의 허락 없이 이스라엘로 이주하면 처형하겠다고 했다. 1964년에 아랍인들은 보편적 가치로서의 유대교와 정치・민족적 운동으로서 시온주의를 구별했다. 튀니지에는 로마시대부터 살았던 유대인들이 1948년 이전에 11만 명이었고 2011년 수도 튀니지에 700명과 제르바 섬에 1000명이 살았다. 제르바에는 2000년 이상의 역사를 가진 알가리바 회당이 있어서 2013년 튀니지 태생의 이스라엘 유대인들이 이 회당을 순례하였다. 아랍의 봄 이후 튀니지 이슬람주의 정당의 당수인 라쉬드 알간누쉬가 제르바에 살고 있는 유대인들에게 특사를 보내 유대인들의 신변에는 위협이 없을 것이라고 했다. 모로코에는 1948년 이전에 25만 내지 35만 명의 유대인들이 살았고 1967년 6만 명의 유대인으로 줄었다. 2004년에는 마라케쉬에 260명, 카사블랑카에 3000 내지 4000명이 살았다. 모로코 태생의 이스라엘 거주민은 전체 이스라엘 인구의 15%를 차지했다. 알제리 유대인의 역사는 1세기로 거슬러 올라가고 14세기에는 스페인 태생의 유대인들이 알제리로 이주했다. 1870년 프랑스 시민권을 획득한 알제리 유대인들은 1962년 독립 후 프랑스로 이주했고 일부는 이스라엘로 갔다. 1990년대 알제리 내전으로 그때까지 남아 있던 유대인들이 알제리를 떠났고 1994년 이슬람 무장 단체의 비무슬림에 대한 전쟁 선포로 회당들이 방치되었다. 수도 알제리, 오란, 콘스탄틴 등에 유대인 몇 가족이 살고 있다. 예멘의 유대인들은 1949년과 1950년 사이에 대부분 이스라엘로 수송되었다. 예멘의 유대인들과 아람어를 사용하는 쿠르드 유대인들은 회당에서 히브리어와 아람어 타르굼(번역)으로 토라를 읽는 전통을 유지해 왔다. 20세기 초에 예멘의 유대인은 5만 명 정도 살았으나 지금은 몇백 명 정도가 사아다와 라다아에 살고 있다.

2013년 60명의 예멘 유대인들이 비밀리에 카타르를 거쳐 이스라엘로 이주했고 400명 정도 남아 있다. 현재 이집트에는 100여 명, 바레인에는 40명, 쿠웨이트에는 4가족, 튀니지에는 2000명 정도, 시리아에는 250명, 레바논에는 50명(1986년 통계), 예멘에는 500명, 리비아에는 6명, 모로코에는 2만 명의 유대인들이 산다.

아랍에서 태어난 유대인들 중 유명한 사람들로는 이집트에서 태어난 영국의 역사학자 바트 예오르Bat Ye'or,[8] 알제리에서 태어나 노벨상을 받은 프랑스 물리학자 끌로드 코헨 탄누쥐Claude Cohen-Tannoudji, 이라크에서 태어나 영국 옥스포드대학교 교수이자 역사학자인 아비 쉴라임Avi Shlaim, 레바논의 유대인 은행가 에드몬드 사프라Edmond J. Safra, 그리고 예멘의 유대인 왕(힘야르 조) 라비아 븐 무다르Rabiah ibn Mudhar와 무함마드의 1대 추종자였던 예멘 출신의 와흡 븐 무납비흐Wahb ibn Munabbih가 있다. 와흡은 하디스학자이고 유대교와 기독교에 근원을 둔 이야기들을 무슬림들에게 구술해 주었다.

2 이슬람의 종교 간 대화

1990년대 학자들이 종교 간 대화interreligious에서 이슬람을 논하는 것이 증가하면서 종교 간 평화에도 관심을 두었다. 그러다가 2001년 9/11 테러 이후 이슬람과 기독교 간 대화에 관심이 집중되었다. 학계는 종교 간 대화를 종교적이고 철학적인 설명을 하고 기독교 이슬람 종교 간 대화의 성격에 초점을 두던 일보다는 평화 만들기[9]와 연결 짓는 일로 진행되었다. 그리고 종교 간 대화가 더 확대되어 갈등이 해결되기를

8_ Bat Ye'or, Islam and Dhimmitude: Where Civilizations Collide(2001), The Decline of Eastern Christianity: From Jihad to Dhimmitude(1996), The Dhimmi: Jews and Christians Under Islam(1985).

9_ 평화 만들기Peacebuilding는 갈등 방지, 갈등 관리, 갈등 해결, 화해 혹은 변화를 포함한다.

바랐다. 이것은 종교학의 분야에서 정치학 분야로 종교 간 대화의 관심이 바뀌었다. 압둘 아지즈 사이드Abdul Aziz Said,[10] 무함마드 아부 니메르Mohammed Abu-Nimer[11] 등의 정치학자들도 꾸란과 하디스 구절을 인용하여 기독교인과 무슬림 간의 종교 간 대화의 정당성을 찾았으나 이들의 방어적인 태도는 오히려 종교 간 대화에 대한 이슬람의 담화를 제한하였다. 평화와 종교 간 대화를 서로 연결지었음에도 적대적이거나 폭력적 환경에서는 종교적인 것보다는 사회적인 여건이 종교적인 대화에서 잠재적인 장애를 유발시켰다. 종교 간 대화와 평화만들기를 연결시켜 보려는 관심이 있었음에도 내적으로는 무슬림의 종교적인 커뮤니티 안에서 그리고 외적으로는 정치학이나 종교학에서 종합적이고 체계적인 담화가 실패했다.

1996년 아타울라 싯디끼Ataullah Siddiqui의 종교 간 대화에 대한 연구를 보면 대화에 대한 무슬림 입장과 참여는 특별한 경우에만 반응했다. 국가의 수뇌부와 무슬림 국가들이 후원한 종교 간 대화에 초점을 둔 학술대회가 있었는데 그 모임은 '우리와 너 사이의 공통된 말A Common Word Between Us and You'이었다. 이런 주제로 공식 홈페이지가 생겼고 그 홈페이지에는 선언문과 유대인 · 기독교인의 응답에 대한 내용이 소개되었으나 무슬림의 응답은 없었다. 이 학술지에 논문을 낸 9명의 저명한 무슬림 학자들 중 아무도 무슬림 · 기독교 간의 종교 간 대화를 옹호하는 학자의 글을 인용하지 않았다. 종교 간의 대화를 지지하는 다른 학자들과의 연계성도 없었다.[12] 이들이 이슬람 담화라는 말을

10_ Abdul Aziz Said, Nathan C Funk, and Ayse S Kadayifci, Peace and Conflict Resolution in Islam: Precept and Practice, Lanham, MD: University Press of America, 2001.

11_ Abu-Nimer, Nonviolence and Peacebuilding in Islam: Theory and Practice, Gainesville, FL: University Press of Florida, 2003.

12_ 이슬람 측에서 종교 간의 대화는 요르단의 타 종교 연구를 위한 왕립연구소Royal Institute for Inter-Faith Studies(RIIFS, 1994)와 이집트 알즈하르의 대화 센터(makaz al-hiwr, Center for Dialogue, 2010)가 있다. 2012년 요르단의 아랍 사상 포럼Arab Thought Forum(Muntada al-Fikr al-Arabi)과 이집트 알아즈하르의 대화 연구소가 상호 공동 협력을 위한 의정서를 교환했다. 요르단의 왕세자 하산 븐 알딸랄과 알아즈하르

사용했으나 종교 간의 대화만을 위해 쓴 논문은 없었다.[13] 한마디로 일회성 대회였다.

최근 무슬림 지성들 중 자말 바다위(Muslim and non-Muslim Relations: Commonly Misunderstood Qur'anic Texts, 2010)와 따리끄 라마단(Western Muslims and the Future of Islam, 2004)이 종교 간의 대화에 대하여 현대적인 해석을 시도했다. 그러나 이스마일 라지 알파루끼Al-Faruqi(Islam and Other Faiths, 1998), 무함마드 탈비Talbi(Religious Liberty in Liberal Islam, 1998), 사이드 파들룰라Fadlullah(Dialogue and Dispute, 2010), 무함마드 누라인 아샤파Ashafa(The Pastor and the Imam, 1999), 페트훌라 귤렌Gülen (Dialogue is a Must, 2003), 유수프 알까라다위al-Qaradawi는 주로 전통적인 해석에 더 많이 치중했다. 알파루끼와 귤렌은 바다위와 라마단과 같이 현대적인 해석을 했지만 그렇다고 무슬림들이 기독교의 역사적인 내러티브와 기독교인들의 무슬림에 대한 비우호적인 성향을 분리시키지 말라고 했다.

무하이 앗딘Muhaiyaddeen(Islam and World Peace, 1987)은 종교적인 담화에 참여하지 않았다. 그의 논지는 종교적인 틀보다는 철학적인 틀에 근거했다. 무하이 앗딘, 귤렌, 바다위와 알파루끼는 종교 간의 대화를 참가자들이 서로를 받아들이는 것을 발전시키는 도구로 생각했다. 알파루끼는 에큐메니칼에 초점을 두었다. 무하이 앗딘은 종교 간에 서로 용납하는 것에서부터 우주적인 사랑에까지 확대하도록 촉구했다. 이 네 명의 학자들은 다른 종교를 갖는 사람들도 무으민(믿는 자)이라고 칭했는데 이는 보편주의자적인universalist 평등성을 나타낸다.[14]

종교 간 대화를 주창하는 사람들 중 탈비는 보편주의와 배타주의의 관점을 결합하였다. 이것은 같은 인간으로서 서로를 관련시켜주는

의 쉐이크 아흐마드 알따입이 아랍의 사상, 학문, 문화 분야에서 서로 공통된 관심사에서 협력의 길을 공고히 하기로 했다.

13_ Laura Elizabeth Provencher, A Critical Analysis of The Islamic Discourse of Interfaith Dialogue, University of Arizona, 2010, 11.

14_ 위의 글, 108.

각 종교의 특이한 부문을 강조한 것이다. 각 개인은 자신의 종교적 신앙을 선택할 자유가 있다고 했다. 그들에게 사람은 동등하므로 서로를 정죄하지 말라고 했다. 이것은 종교상대주의religiorelative 의식을 반영하는 것이다.

알까라다위와 파들룰라는 배타주의적인 담화를 통하여 해당 종교 안에 있는 사람들의 일치의 중요성을 강조했다. 이들의 담화는 탈비의 보편적 배타주의자와 다르다. 이들은 비무슬림들을 '믿지 않는 사람(비신앙인)'이라고 했다. 종교 간 대화는 종교적 관용을 용이하게 해주는 도구로 기여한다고 생각했지만 종교들은 동등하지 않은 것으로 생각했다. 종교들이 서로 얽혀 있다고 보기 보다는 서로 별개의 것으로 보고 보편주의적인 담화를 위한 분명한 동질성이 없다고 말했다. 기독교인과 대화에 참여하는 무슬림들은 기독교인을 개종시키려 하지 말고 그 대신 그들에게 알라의 길을 가르쳐야 한다고 주장했다. 이런 담화는 종교우월주의religiocentric에 해당한다.[15] 2011년 1월 이집트 알렉산드리아에 있는 교회에 폭발물이 터져서 20여 명 이상이 사망했다. 이 사건 이후 이집트에서는 기독교와 이슬람 간의 종교적인 대화를 위하여 정부 주도로 '이집트 가족의 집bayt al-'ailah al-misriyyah(2011)'[16]이란 기구를 알아즈하르에 설치하였다. 무슬림 학자와 콥트 종교인 그리고 기독교의 대표들과 사상가들이 모여서 기독교와 이슬람 간 건설적인 대화와 신뢰의 다리를 놓자고 했으나 이것 역시 이슬람 종교 우월주의를 드러내고 있었다.

따리끄 라마단은 그의 배타적인 담화의 독특한 면을 제시했는데 그에게 대화는 종교적인 다양성을 위한 신의 의지를 받아들이고 종교 간의 관용을 만들어내는 것으로 생각했다. 바다위는 모든 사람이 신에

15_ 위의 글, 108.

16_ 아랍어 '바이트'는 흔히 우리가 아는 집, 혹은 가족 혹은 시의 한 행 등을 의미하나 아파트의 전체 건물을 가리키기도 한다. 다시 말하면 이집트의 기독교인과 무슬림을 하나의 대가족의 집과 비유한 것이다.

게 이르는 길을 가고 있고 신의 자비와 지혜의 표시로서 다양성을 받아들이라고 했다. 따리끄 라마단은 신의 피조물들을 서로 받아들이는 것의 결과가 다양성이므로 관용을 촉구하고 관용은 사회적인 안정을 가져다준다고 했다. 관용에 초점을 둔 것은 종교 우월주의와 종교 상대주의 간의 과도기적인 단계를 나타내는 것이다.

무슬림과 비무슬림의 종교 간 동등성에 차이가 있다고 본 파들룰라와 알까라다위는 종교우월주의 견해에 더 가깝다. 공통점과 차이점에 근거하여 종교 간의 대화를 더 철저히 검토하자는 아샤파는 종교상대주의에 더 가깝다. 종교 상대주의와 종교 우월주의 간의 과도기적인 스팩트럼에서 종교적인 관용을 부르짖으면 이것은 종교 배타주의이다.

종교 간 대화를 옹호하는 사람들에게 올빼미파와 비둘기파가 있다. 비둘기파인 무하이앗딘은 어떠한 폭력도 지지할 수 없다고 했으나 올빼미파인 알까라다위는 유익과 비용을 계산하므로 무력 또는 대화 간에 균등한 기회가 있다고 했다. 그러나 모든 무슬림들은 지하드와 폭력이 종교 간 대화의 장애가 된다고 동의하였다. 파들룰라는 종교 간의 대화를 이슬람에 대한 오해에 대항하여 싸우는 지하드로 간주했다. 그는 무슬림과 평화적으로 공존하기 위해서는 정의와 관용이 있어야 한다고 했다. 바다위와 라마단은 지하드와 카피르를 좀 더 명확히 하면서 이 두 용어는 종교 간 대화의 장애가 된다고 했다.

귤렌Gülen은 꾸란을 인용하여 기독교인이 악하고 부패를 퍼뜨리고 불결하고 거짓말쟁이고 강퍅하고 병든 마음을 가진 자라고 했다. 그는 오늘날 무슬림들이 기독교인 식으로 살아서는 안 된다고 했다. 그는 무슬림과 기독교인 간의 긴밀한 관계를 나타내는 우호적인 꾸란 구절도 언급했다. 그러나 알파루끼, 바다위와 라마단은 이런 내용을 직접적으로 언급하지 않았으나 기독교인들의 십자군과 식민주의를 떠올리면서 기독교인과 구별되게 살라고 무슬림에게 요청했다.[17] 그리고 이들은 기

17_ Laura Elizabeth Provencher, A Critical Analysis of The Islamic Discourse of Interfaith Dialogue, 110.

독교인과 기독교를 구분지었다. 알까라다위는 용서라는 주제를 수라 60:7절(알라가 너와 너의 적 사이에 애정을 가져다 주신다)과 관련지었고 라마단과 탈비, 바다위는 용서라는 주제를 수라 49:13절(알라가 너희들을 인종과 부족들로 만들어 서로 인정하도록 했다)과 관련시켰다. 알까라다위는 대화를 직접적으로 지지하는 구절로 수라 29:46(가장 좋은 방법이 아니고서는 경전의 백성과 논쟁하지 말라)과 몇 개의 하디스 구절을 인용했다.

탈비는 알라가 종교적 다양성을 창조했다고 하면서 종교 간의 대화는 그 자체가 그 다양성을 관리하는 수단이라고 했다. 그는 무슬림과 기독교인은 선한 일에서 경쟁한다고 했다. 알까라다위는 알라가 사탄과 대화했다면 무슬림이 기독교인과 대화할 수 있다고 했다. 탈비는 종교들이 커뮤니티의 유익을 위하여 창조되었기 때문에 대화는 태생적으로 지원된다고 했다. 그는 사람은 남을 심판할 권리가 없고 알라만 가능하므로 기독교인들이 믿는 자(신앙인)가 아니라고 정죄할 수 없다고 했다. 귤렌과 무하이앗딘은 무슬림과 기독교인이 같은 신에 대하여 최고의 이해를 추구하는 사람들이므로 종교 간 대화를 요청할 수 있다고 했다. 바다위와 알파루끼는 종교 간의 대화에서 보편적인 기반을 공유하는 경전의 백성은 이런 대화에 참여할 수 있다고 했다. 아샤파는 무슬림과 기독교인 간의 공통점은 종교 간의 신학적 차이가 고려되므로 대화의 촉진제로 작용한다고 했다.

귤렌이 주장한 가르침의 기본 원리는 인애와 사랑이었다. 귤렌은 종교 간의 대화에 관심이 있었다. 헌팅턴의 문명의 충돌이 주목을 받고 있었을 때 귤렌은 대화가 필요하다고 보았다. 그가 바티칸의 교황을 만나자 터키의 강경 세속적 무슬림들과 급진적 이슬람주의자들이 그를 비난했다. 급진적인 이슬람주의자들은 이런 방문이 굴욕이라고 생각하였으나 귤렌은 그들의 이슬람이 참 이슬람이 아니라고 했다. 이를 계기로 터키 언론인과 작가협회가 이브라힘 심포지엄을 터키의 우르파에서 열었다. 터키 무슬림들에게 우르파는 예언자 이브라힘의 출생지로 간주되었다. 그리고 우르파에 종교 간 대학interfaith university이 설립되었다.

그는 여러 가지 반대에도 불구하고 사업가를 통하여 아르메니아 수도 예레반Yerevan에 학교를 세웠다. 또 모스크바에 고등학교를 세웠고 그리스에도 고등학교를 세웠다. 그는 종교 간 적대감을 줄이려면 사람과 문화 간의 다리를 놓아야 한다고 했다. 귤렌의 대화 활동이 전 세계로 퍼져서 대화 연구소, 문화 교류 센터, 루미 포럼 등을 열었다. 그는 대화 활동으로서 종교 간 대화interfaith와 문화 간intercultural 대화를 이끌었다. 유대교, 기독교, 이슬람의 대화의 출발을 위하여 아브라함(이브라힘)의 종교라는 개념을 강조하였다. 2002년 텍사스에서 결성된 세계 평화를 위한 종교 간 대화 연구소Institute of Interfaith Dialog for World Peace는 종교 간, 문화 간 대화를 이끄는 선두 주자들 중 하나였다. 그런데 이 모임에 참여하는 사람들 중 상당수는 귤렌의 사상의 영향을 받은 터키 무슬림들이었다.

그렇다면 무슬림의 갈등 해결방법은 무엇인가? 비둘기파에 속하는 무슬림들이 적대적인 행위와 폭력이 진행되는 상황에서 종교 간의 대화를 시도할지라도 매파나 올빼미파와 의견을 나누는 데에는 리스크가 많다. 그러나 폭력이 사라지고 갈등이 어느 정도 해소되면 종교 간의 대화가 개인 간에 자연스럽게 이뤄진다. 무슬림 커뮤니티가 갈등의 해소 방법으로 종교 간의 대화를 추구한다면 그것은 공존의 중요성을 인식한다는 무슬림 커뮤니티의 태도를 반영하는 것으로 볼 수 있고 이런 경우 종교 간 대화의 우호적인 결과를 낳을 수도 있다. 인간 사회에서 갈등은 인간의 다양성이 가져다 준 자연적인 결과이다. 신앙, 사상, 행동, 욕망이 각각 달라서 어쩔 수 없이 서로 오해를 하게 된다. 특정 종교의 고유한 성격 때문에 사람들이 나뉘기도 한다. 유대교와 기독교, 이슬람이 종교 간의 대화를 연다고 해서 서로 간의 차이를 말끔히 씻어낼 수 없다. 그 대신에 종교 간의 대화는 소통의 채널을 열어주고 불화의 틈을 건너는 다리로서의 역할을 해 줄 수 있다.

갈등은 인간의 다양성에서 비롯된다. 종교가 다르고 신앙과 사상과 욕망이 각각 다르기 때문에 오해를 낳게 된다. 종교가 다르면 사람들이 나뉘게 된다. 심지어 동일 종교 이슬람 안에서 시아 무슬림과 순니 무슬림 사이에 높은 장벽이 있다. 타 종교와의 대화는 서로가 다름을 묵살할 수 없다. 그 대신 커뮤니케이션의 채널을 열어두고 서로 갈라진 틈을 건너려는 수단으로서 대화를 사용할 수 있다. 이슬람 사회에는 서로 갈등을 유발하는 '남으로 대하기othering'가 많았다. 아랍 무슬림들에게 '남'이 되는 사람들은 부족사회에서는 다른 부족이었으나 금세기에는 나와 다른 종교를 가진 사람과 나와 다른 종파에 속한 사람이어서 이들과 갈등의 골이 깊어져가고 있다.

무슬림들이 종파가 다른 동료 무슬림들을 남으로 대하는 것은 무슬림의 본능에 따른 것이다.[18] 살라피 무슬림들은 동료 무슬림과 공통된 말보다는 서로 간의 차이를 첨예화하고 기독교인들에게 차별과 박해를 한다. 리버럴 무슬림들은 공통된 말을 찾아 대화하기를 원한다. 스리랑카의 수피 무슬림 무하이 앗딘muhay al-din과 같은 강한 비둘기파와 유수프 알까라다위와 같은 올빼미파는 타 종교에 대한 폭력을 지지하지 않았다. 그러나 지하드와 폭력을 수용하는 무슬림들은 타 종교에 대하여 극히 배타적이다. 파들룰라Fadlullah는 무슬림과 평화적으로 공존하려는 자는 이슬람의 정의와 관용을 받아들여야 한다고 말했다. 무슬림 형제단의 창설자 하산 알반나의 손자 따리끄 라마단(1960-)은 이슬람 경전의 재해석을 주장하고 또 지하드와 카피르의 범위를 명확히 하자고 했다. 왜냐하면 이 두 어휘는 타 종교와의 대화에서 늘 장애로 작용해 왔기 때문이다. 그는 무슬림과 비무슬림 간의 전통적인 해석에 영향을 주는 정치적, 사회적, 문화적인 요소를 확인하기 위해서 꾸란과 하디스가 다시 조사되어 과거 역사적인 정황에 의하여 영향을 받은 꾸란 해석과 본래 이슬람 신앙을 반영하는 해석 간의 차이를 구별해내야

18_ 미국의 공격을 받은 이라크가 1995년 세계의 타 종교인들을 바그다드로 불러 미국의 잔인한 공격을 성토하였고 2003년 이란 역시 세계의 타 종교인들을 테헤란으로 불러 평화대회를 가졌다. 그러나 이런 이슬람 국가의 포럼은 자국의 어려움을 외부에 호소하려는 목적이 더 강해서 진정한 종교 간 대화라고 볼 수 없다.

한다고 했다.[19]

따리끄 라마단은 꾸란의 2:39, 6:35, 10:99절은 알라가 원하는 대로 종교의 다양성을 말해주는 구절이라고 했다. 그는 종교적인 다양성을 다루기 위한 도구로서 종교 간 대화를 제시했다. 그는 꾸란에서 대화를 반대하는 구절을 피하는 것은 '정직하지 못하다'고 했다. 꾸란 구절들 중에는 카피르라는 주제가 포함되어 있고 믿지 않는 자의 운명을 결정해 주는 구절도 있다고 했다. 그는 카피르와 같은 아랍어 단어의 잘못된 해석을 지적했다. 이 단어는 진리를 거절한다는 의미 이상의 것을 포함하고 있었다. 다시 말하면 카피르는 꾸란을 최종 계시의 말씀으로 받아들이지 않는 유대교인과 기독교인을 가리키기도 했다.[20] 인류사회에서 타 종교와의 공존을 강조하는 비둘기파 무슬림들의 영향으로 무슬림들이 타 종교에 대한 배타적인 행동을 숨겨 두고 있을 뿐이다. 터키의 페트훌라 귤렌(1940-)은 기독교, 유대교, 이슬람이 모두 같은 내용은 서로 받아들여서 같은 목적을 추구하자고 했다. 귤렌과 무하이 알딘의 공통적인 내러티브는 모두가 무슬림이 되라는 것이다. 그는 기독교인들을 악과 부패를 퍼뜨리는 자 그리고 불결하고 거짓말을 하는 자라는 꾸란의 지적을 언급하면서 무슬림들에게는 이런 식으로 살지 말라고 했고 무슬림과 기독교인 간의 좋은 관계를 위하여 꾸란에서 우호적인 구절들을 사용했다. 하디스에는 경전의 백성(기독교인, 유대교인 등)에게 지하드를 하라는 구절은 아주 극소수[21]라고 부연했다. 부카리 하디스에는 경전의 백성과 싸우라는 구절이 없다. 꾸란에 기독교에 대한 적대적인 구절이 있다고 하더라도 하디스가 꾸란의 주석서 역할을 하므로 꾸란은 무함마드의 하디스에 의하여 주석되는 것이 맞다고 주장했다. 그러나 무슬림들 중에는 입법의 자료로서 오직 꾸란만을 사용하

19_ Laura Elizabeth Provencher, A Critical Analysis of the Islamic Discourse of Interfaith Dialogue, University of Arizona, 2010, 87.

20_ 위의 글, 89-90.

21_ 위의 글, 67.

자는 무슬림(꾸르아니윤, quraniyyun)들이 있다.

팔레스타인의 이스마일 라지 알파루끼al-faruqi(1921-1986), 따리끄 라마단Ramadan, 바다위Badawi는 기독교인에 대하여 나쁘게 말한 꾸란의 내용을 직접적으로 언급하지 않았고 십자군의 기독교인과 식민주의 기억을 버리라고 하면서 기독교(종교)와 기독교인(사람)을 서로 구분하라고 했다. 이집트인 알까라다위는 수라 60:9절을 용서라는 주제와 관련지었고 라마단과 바다위는 수라 49:13절을 인용했다. 그리고 라마단과 알까라다위는 수라 29:46절을 대화를 지지하는 구절로 사용했다. 라마단은 알라가 종교적 다양성을 창조하였기 때문에 기독교와 이슬람이 선한 일에서 서로 경쟁하고 있다고 설명했다. 그는 타 종교에 대한 대화는 존재에 대한 인간의 태도라고 했다. 알까라다위는 알라가 사탄과 대화에 들어갔다면 무슬림도 기독교인과 대화를 해야 한다고 주장했다. 탈비Talbi는 종교는 인류 공동체의 유익을 위하여 창조되었으므로 대화는 태생적으로 지원되는 것이라고 했다. 그는 정죄하고 판단하는 것은 인간이 아니라 신이 하는 것이므로 기독교인들을 '믿지 않는 자unbeliever'라고 말할 수 없다고 했다. 귤렌과 무하이 앗딘은 종교 간의 대화 특히 이슬람과 기독교 간의 포럼에서 동일한 신의 더 높은 이해를 추구했다. 바다위와 알파루끼는 기독교인들을 꾸란에서 말하는 경전의 백성people of the Book으로서 종교 간의 대화라는 보편적인 가치를 강조했다.

요르단의 가지ghazi 왕자는 종교 간의 대화의 결정체로서 기독교와 이슬람 안에 있는 서로 공통된 말들을 강조하였고 종교 간의 신학적 차이는 부각시키지 않았다. 이슬람 학자들이 시작한 2007년의 '공통된 말'은 아랍 이슬람 국가 전체에 큰 반향을 불러일으키지 못했다. 당시 이슬람이 서구에서 악의 종교와 테러의 종교로 낙인찍히고 있을 때 이슬람의 이미지를 바꿔 보려는 자구책에서 이런 포럼이 이뤄졌기 때문에 이슬람 사회 안에서 이런 타 종교와의 대화가 풍성하지 못했다.

▌3▌ 이슬람 국가에서 딤미와 소수 종교

무슬림들이 이슬람은 역사를 통하여 다른 종교에 대하여 관용했고 박해가 없었다고 말하곤 했다. 그러나 이런 주장의 근거는 이슬람 초기 어느 한 시기에 이슬람이 잠시 보여 주었던 것이지 지난 1400년간 무슬림들이 기독교나 유대교에 대하여 보여준 태도를 반영한 것은 아니다. 이슬람 국가에 살고 있는 유대교인과 기독교인은 무슬림들이 관용을 보여주고 박해를 하지 않는다는 말에 수긍하지 않는다. 더구나 이슬람 국가에서 비무슬림들은 무슬림과의 사회적, 정치적, 법적 동등성을 가질 수 없었다. 그러나 무슬림들은 서구보다 이슬람이 소수 종교인의 권리를 더 많이 보호해왔다고 주장한다. 이슬람이 비무슬림에게 관용을 베풀었는지 혹은 박해를 했는지의 여부를 묻는 주제는 종교 간의 논쟁거리가 될 뿐 해결 방법이 없다. 무슬림 사회에서 비무슬림의 지위와 처우는 시대와 공간을 거치면서 아주 다양했다. 이슬람율법의 적용 역시 무슬림 세계를 통하여 일관적이지 않았고 그 법이 실제 무슬림의 삶에서 실천되는 것과는 거리가 멀었다. 그러므로 무슬림의 샤리아 법을 보라든가 혹은 이슬람의 경전 꾸란을 읽어보라든가 혹은 무슬림들이 쓴 책을 보라든지 하는 말은 무슬림들이 실제 삶에서 경전대로 그리고 이슬람율법대로 살지 못하는 것을 반증하는 말이다.

무함마드는 모든 일신교를 믿는 사람들에게 그가 예언자로서 인정받기를 바랐다. 622년 무슬림들은 유대인들과 공적인 동맹을 했으나 일부 유대 부족들의 충성이 의심되자 무함마드는 그들을 추방하거나 살해했다. 오늘날 무슬림들은 메디나 법령이 꾸란에 근거한 정치적인 공동체(움마)의 청사진이라고 널리 받아들이고 있고 메디나에서 움마의 시민은 무슬림과 비무슬림이었다. 꾸란은 반복적으로 비무슬림과 친구관계를 갖는 것이 합법적이라고 했다. 수라 3:28, 5:51, 29:46, 60:89은 비무슬림들이 믿는 자(무슬림)를 공격하지 않는 한 그들을 공평하고 예절에 맞게 처우하라고 했다. 그러나 당시 무슬림들은 소수 종교인이었고 비무슬림이 다수로서 그들 이웃에 살고 있었다. 이슬람 초기에 무슬림들과 음식을 나누거나 혼인이 금지되는 다신 숭배자와 그 반대로 이것들이 가능하고 그들의 보호가 가능한 경전의 백성으로 구분되었다. 그러나 이슬람이 확장되면서 경전의 백성People of the Book이 유대교인과 사비인, 기독교인 이외에 조로아스터교와 심지어 불교도 포함되었다. 하나피 법학파는 비아랍인 이교도pagans까지 보호를 확대하였고 말리키파는 꾸라이쉬 족에 속하지 않는 아랍 다신교도 포함시켰다. 그 결과 다신교의 범주가 갈수록 줄어들었다. 그러나 이슬람 이후에 발달한 이란의 바하이와 인도, 파키스탄의 아흐마디야를 이슬람 다수는 배교자로 분류했다. 이슬람 법이론에 의하면 배교자들이 회개할 때까지 그들과 싸우거나 개종시키거나 죽여야 했다. 반면에 경전의 백성은 수라 2:256(종교에 강요가 없다)[22]에 따라 보호 계약(딤마)에 의하여 그들의 생명, 재산, 신체, 이동의 자유, 종교적 생활의 자유가 보장되었다. 무슬림의 보호를 받기 위해서는 세금이나 공물 등을 내는 조건이 뒤따랐다. 이런 세금 제도에 따라 토지세(카라즈)와 인두세(지즈야)가 경전의 백성에게 부과되었다. 그러나 딤미의 권리와 의무는 법학파마다 달랐다. 순니 법학파 중에서 가장 리버럴한 하나피(오스만 제국의 지배적인 법학파)는 딤미(보호받는 자)들이 재산과 형법 등 여러 부분에서 무슬림과 동등한 권리를 가졌다고 했으나 상속과 증인 등 가족법 분야에서는 그들과 동등한 권리가 아니라고 했다. 이런 법적 규정의 주된 목적은 무슬림과 비무슬림 사이의 경계를 미리 정해 놓자는 것이었다. 그런데 수라 9:29(지즈야를 내고 복종에 동의할 때까지 알라와 마지막 날을 믿지 않는 경전의 백성과 싸워라)에 대한 해석에서 무슬림 법학자들은 이 구절은 비무슬림들이 무슬림 통치에 항복해야 한다는 말이라고 했다.

무슬림들에게 타 종교에 대한 규정은 2대 칼리파 우마르(634-644)의 이름을 딴 우마르 협약al-shurūt al-ʿUmarīyyah을 따랐는데 이 규정은 8

22_ 어느 종교에 입교하는 데 강요가 없다. 혹은 교리를 강요하는 것은 유익이 없다(무함마드 사이드 딴따위의 주석).

세기 전에는 공식화되지 않았다. 이 규정은 비무슬림들에게 의상, 머리 모양, 예배, 가옥의 높이, 교회들과 회당의 건축과 보수, 동물의 사용 등 여러 가지 제약을 두었다. 이런 규정으로 인하여 무슬림들은 딤미들이 누구인지 금방 알 수 있게 되었고 결국에는 이 규정이 딤미들을 차별하는 협약이 되었다. 시아 사상과 법은 비무슬림들을 의식적으로 더럽다고 취급했고 사회적인 교류와 결혼이 금지되었다. 그러나 실제 삶에서는 울라마(종교학자)의 요구를 따르지 않는 사람들도 있었다. 이슬람 국가 안에서 딤미들은 비무슬림 세력들과 더 많이 긴밀하게 관련되었다. 이런 상관관계는 현대까지도 이어지고 있다. 그러나 딤마의 법적 규범은 20세기까지 이슬람 사회 안에서 규범적인 힘으로 남아 혹시 딤미 중에서 누가 법학자들이 규정한 법 테두리를 벗어나 더 나은 지위를 누리고 있으면 그를 이슬람 주류사회가 비난하고 나섰다. 우마위야조 스페인과 파띠마조 이집트에서는 무슬림, 기독교, 유대교가 조화로운 공존을 보여주었으나 20세기 이후부터 이집트에서는 콥트 기독교와 이슬람 간의 충돌이 잦았다. 콥트와 무슬림 간의 충돌은 자주 폭력으로 변질되었고 이런 폭력은 주로 이집트 남부 시골 지역에서 일어났다.[23]

유대교, 기독교, 이슬람 등 세 종교 간의 공동체 관계가 악화된 때는 13세기부터였다. 몽고의 침입과 십자군의 예루살렘 공격은 무슬림

23_ 이집트에서 사회적 불안과 종교적 폭력은 항상 정치적 파워 게임 특히 정권과 이슬람주의자 그룹과 연관되었다. 안와르 알사다트 통치 때 기독교인들은 이슬람주의자들의 공격 대상이 되었는데 알사다트는 좌익과 학생운동가들과 싸우는 데 이슬람주의자들을 이용하였다. 후스니 무바라크 통치 동안에는 정권에 의하여 억압된 이슬람주의 그룹이 기독교인들을 공격 대상으로 삼았다. 이슬람주의 강경파로 인한 콥트의 불안감과 정부에 대한 콥트인의 의존력을 강화시키려고 일부러 무바라크가 경찰이나 보안원을 동원하여 종교적 폭력을 일으켰다고 말하는 사람도 있었다. 그런데 콥트인에 대한 공격 뒤에는 국가의 시녀 역할을 하던 경찰이 진상을 규명하지 않고 어물쩍 넘어갔다. 콥트인에게 대한 공격이 남부 이집트에 집중되었지만 종교 간 폭력은 동서로 확대되어 알렉산드리아, 카이로, 델타, 심지어 시나이까지 퍼져갔다. 가끔은 부족이나 가족 간의 라이벌 싸움이 콥트 기독교와 무슬림 간의 갈등으로 번졌고 또 무슬림과 기독교 미혼 청춘남녀들의 사랑과 연애, 교회 건축에 대한 무슬림들의 반대 등이 충돌의 원인이 되었다.

들에게 많은 상처를 남겼다. 이슬람이 점차적으로 확산되면서 이미 중동에서 딤미의 주민들이 줄어들고 있었고 다수의 딤미들이 소수로 전락했다. 그러나 딤미의 공동체 구조는 손상되지 않았다. 무슬림 통치에 대한 복종의 대가로 비무슬림들은 개인의 지위법, 예배, 교육에서 상당한 자치를 누렸다. 비무슬림들은 무슬림과 분리된 종교적, 법적, 사회적, 교육적인 기관과 자선 기관을 독립적으로 가지고 있었다. 모로코와 이란에서 특정 시기를 제외하고는 비무슬림들은 대부분의 지역에서 거주와 직장 때문에 무슬림과 격리될 수 없었다. 그러나 일터에 가면 인종 종교적인 구분이 이뤄졌다. 비무슬림은 이슬람 사회에서 보완적인 경제적 역할과 기능을 했고 그들 중 일부는 무슬림들에 의하여 불결하고 천하고 불쾌한 사람들로 받아들여졌다. 대부분 비무슬림들은 무슬림 사회에서 개인으로서가 아닌 기독교나 유대교 등 종교 공동체의 일원으로 가입되어 있었다. 이 원칙은 19세기에 오스만 제국의 밀라 제도에서 가장 분명하게 나타났는데 밀라는 터키말로 밀렛millet이고 그 뜻은 인종 종교적 집단ethnoreligious group 혹은 인종 종교적 공동체를 가리킨다. 이것은 국가가 법적으로 인정한 종교 공동체를 통하여 국가가 행정적인 통제를 하였는데 가령 그리스 정교회, 아르메니아 기독교, 랍비 유대교 등에서는 성직자가 수장이 되어 그들만의 자치를 하였다. 그리고 무슬림 사회에서 그들의 정치적인 권리는 거부되었고 무슬림과 동등한 지위는 부여되지 않았다. 19세기 유럽의 영향과 식민지 확장 그리고 이주와 사회적인 차이와 문화적인 변화는 이슬람 사회에서 딤미의 법적 지위와 딤미 공동체의 입지에 영향을 주기 시작했다. 1839년과 1856년에 반포된 오스만제국의 개혁은 무슬림과 비무슬림 간의 법적 평등을 선포하였고 지즈야는 징병이나 세금 지불로 대체되었다. 그러나 종교 공동체 구별의 표시가 되었던 종교적인 개인 지위법은 유지되었다. 오스만제국과 페르시아 제국에서는 유럽 열강들이 특정 종교 공동체의 보호자 역할을 떠맡았다. 개별적으로 기독교인과 유대교인은 서구로부터 교육의 기회와 경제적인 기회를 얻으려고 힘썼고 심지어 외국인 여권으로 법적 보호를 받으려 했다. 그리고 자신이 살고 있는 나라에서 외세의 도움으로 외국인에게 주는 치외법권이란 특권을 얻으려 했다. 그런데 소수 공동체 안에서 점차 부상하는 상업적 그리고 전문직종의 중산층이 성직자를 도전하기 시작했다. 소수 공동체에서는 자신들에게 주어진 신분에서 벗어나려고 했으나 사회 문화적인 변화와 더 긴밀해진 접촉 때문에 무슬림과의 마찰과 경쟁이 늘었고 때로는 폭력으로 치달았다. 종교적이고 인종적인 신분의 수직적인 역할은 빼앗기고 대신 사회 계층의 수평적인 요소가 그 자리를 대신했다. 무슬림 세계에서 유럽 식민주의 활동이 증가할수록 중개자로서의 비무슬림의 역할이 증가하였고 이로 인하여 비무슬림의 경제적인 진보가 활성화되면서 비무슬림들은 무슬림 통치자보다는 식민지 체제에 더 의존했다. 그런데 민족주의와 독립운동은 식민지에 의존하려던 비무슬림의 입장을 난처하게 했다. 서구 식민주의자들이 아랍에서 떠난 뒤 민족주의를 강조한 공동체는 국민들nations로 바뀌었고 밀라는 소수 종교minority가 되어 있었다. 이집트의 와프드 당과 같은 민족주의 운동은 종교적인 차이를 극복하고 민족 통일의 깃발 아래 무슬림과 기독교와 유대교를 하나로 묶고자 시도했다. 민족주의와 종교 간의 결속은 전혀 와해되지 않았으나 1970년대부터 정치적 이슬람이 부상하면서 비무슬림들은 새로운 상황에 직면하게 되었다.

오늘날 무슬림 국가들이 만든 대부분의 헌법에는 종교, 성, 인종과 상관 없이 모든 국민이 동등하다고 써 있다. 이들 국가들은 이슬람을 국교로 선포하고 샤리아(이슬람율법)를 입법의 주요 원리라고 공표했다. 21세기 이슬람주의의 영향하에 비무슬림의 의혹과 염려는 더 커졌다. 지하드 조직과 살라피 그리고 타크피리들은 비무슬림에게 적대적이었고 그들 중 일부는 비무슬림에게 다시 딤마(보호계약) 규제를 복원하자고 주장한다. 이런 주장의 근거로 이븐 타이미야와 인도・파키스탄의 아부 알아알라 마우두디 그리고 이집트의 무슬림 형제단 사이드 꾸뜹을 지목했다. 이븐 타이미야(1328년 사망)는 무슬림 공동체에 도움이 되는 경우에만 비무슬림에게 관용을 베푼다는 조건을 달았다. 일부 무슬림들은 소수 종교인에 대한 공격은 물론 그들이 정권을 쟁취하고자 소수 종교인에게 폭력도 서슴지 않았다. 1차 세계 대전 동안에 기독교인 소수(그리스, 아르메니아, 앗시리아)는 오스만 제국 하에서 엄청난 핍박을 받았다. 아르메니아인 150만 명이 살해되었고 이라크, 이집트, 레바논에서 기독교인들은 혹독한 고통을 당하면서 지즈야를 냈다. 그러나 일부 무슬림 지성들은 샤리아의 문자적 적용보다는 샤리아의 정신을 살려서 비무슬림과 무슬림이 법적 그리고 정치적 동등권을 갖는 방안을 모색하였다. 이들의 관심은 국민의 통합을 유지하고 종교 간 폭력과 종파적인 폭력으로 치닫는 공동체의 분란이나 종파나 견해를 바꾸려는 싸움(피트나)을 피하기 위함이었다. 그들은 이슬람 국가에서 소수종교인이 투표를 하고 정치적인 결정에 참여하도록 시민권citizenship을 허용하였으나 소수 종교인이 정부의 최고위층, 군인, 법조인이 되는 것은 막았다. 이런 개념을 아랍어로 '무와따나'라고 하는데 글자 그대로의 의미는 비무슬림에게 무슬림과 같이 와딴(고국)을 공유하도록 같은 동포로 간주한다는 말이다. 그런데 소수종교인들이 무와따나를 획득해도 무슬림과 동일하게 법적・정치적 지위를 공유하는 시민citizen은 아니었다. 이슬람 국가에서 비무슬림은 2등 국민이다. 무와따나는 모든 사람들에게 국민으로서 당연히 할 일을 주는 것이지 동등한 권리를 강조한 것이 아니다.

아랍 이슬람 국가에서 이슬람 종교를 제외한 비무슬림의 숫자는 공식적인 통계가 없다. 레바논은 1932년 이후 기독교인의 공식적인 수치를 발표하지 않고 있으나 기독교인은 대략 전 인구의 25%(1926년 84%)이고 이집트 역시 1986년 이후 이집트 기독교인의 숫자를 밝히지 않는다. 오랜 세월 레바논이 내전에 휩싸이다보니 레바논의 많은 기독교인들이 조국을 떠났고 이라크 역시 2003년 이후 무슬림들의 박해와 교회에 대한 공격으로 이라크를 떠난 기독교인들이 많고 이집트 역시 아랍 혁명 이후 일부 기독교인들이 이집트를 떠났다. 아랍 무슬림들은 왜 이슬람 국가에 살지 않고 비이슬람 국가(카피르)에 살려고 이집트를 떠나느냐고 했다. 2012년 9월 이집트 무르씨 대통령은 콥트 기독교인들을 '이집트 국민'들이라고 불렀으나 2013년 1월 CNN과의 인터뷰에서는 콥트 기독교인들을 '소수종교'aqalliyyah'라고 했다. 또 리버럴 무슬림들은 기독교인들이 무쉬리크mushrik가 아니라고 했으나 살라피들은 기독교인들을 카피르라고 했다.

이집트에서 2012년 헌법 개정을 위한 기초위원회에는 가톨릭, 콥트 정교회, 그리고 복음 교회(따이파 인질리야)가 각각 한 사람씩 대표가 참여했다. 그 뒤 이집트 기독교인들은 헌법개정을 위한 기초위원회가 민주주의를 시행하지 않는다고 헌법 기초 위원회에서 탈퇴하였다. 이집트 기독교인들은 무슬림들이 만든 이집트 헌법 안에 '시야다 릴라(신의 주권)'라는 지극히 높은 이름을 넣어 알라를 인간이 만든 헌법 수준으로 낮춘 것은 잘못이라고 했다. 적어도 신의 주권은 인간이 만든 모든 헌법보다 위에 있어야 한다는 것이 이집트 기독교인들의 생각이었다. 다시 말하면 무르씨 대통령이 알라의 율법을 헌법 안에 집어 넣는 것을 우회적으로 비꼬는 말이었다. 이집트 변호사 아딜 라마단은 '이집트 사회의 여러 부문에서 교회는 악의 장소 혹은 블랙매직이 시행되는 장소'로 인식된다고 했다.

2012년 11월 4일 이집트에서 118대 콥트 교황이 선출되었다. 오랫동안 기독교계가 통합 예배 역할법dawr al-ibadah al-muwahhadah(기독교인들이 이슬람 국가에서 자유롭게 교회를 짓도록 허용하는 법)이 통과되기를 바랐다. 이 법이 통과되지 않아 그 동안 종교 간 증오ihtiqān tayfī가 많았다. 이집트에서 기독교가 1952년 혁명 이후부터 국가와 사회에서 주변으로 몰리기 시작했다. 1999년 콥트 정교회 교황 시누다 III (1971-2012)는 이집트 콥트인들의 정체성을 보존하기 위하여 결혼을 해체할 수 있는 근거를 제한하는 통합 개인 지위법을 제안했으나 의회를 통과하지 못했다. 1938년 콥트 정교회의 개인 지위법은 기독교인의 성경에 근거하지 않고 당시 콥트 정교회 평신도 리더들이 이슬람개혁주의자들의 입법에 영향을 받아 만든 법이므로 교회에 합당하지 않다고 했다. 일부 기독교인은 1938년 법이 중세 콥트 정교회의 자료들에 근거한 것이라고 주장하였고 시누다 교황이 이혼의 근거를 제한한 것은 정치적 이슬람이란 강풍 속에서 기독교 공동체의 정체성을 보존하기 위함이라고 했다. 콥트 기독교인의 재혼과 개인 지위법은 성경 말씀대로 간음을 제외하고는 이혼이 허용 안 된다. 그런데 이집트에서는 법적으로 무효가 될 혼인들이 이뤄졌었다.

2012년 이집트에서 살라피 무슬림들은 성탄절날 무슬림들이 기독교인들에게 성탄인사를 하는 것과 성탄절 행사에 참여하는 것을 금했다. 바바 누엘(노엘은 프랑스어로 성탄절을 가리킴)은 이슬람에서 비드아(혁신)에 해당한다고 했다. 그들은 이슬람율법적으로 무슬림 집에 성탄절 트리를 놓는 것을 금한다고 했다. 그러나 세속적 무슬림들은 성탄절 장식과 트리를 더 많이 샀다. 이집트 공화국 무프티는 이집트 국민 간의 불일치를 없애고 온건 중도 이슬람을 퍼뜨려서 종교적 과도한 세력과 극단에 맞서자고 했다. 그는 '마르얌에게 준 알라의 칼리마kalimah allah allati alqaha ila alsayyidah maryam'인 알마시흐의 탄생을 축하한다고 하였다. 이슬람주의자 유수프 알까라다위는 기독교인들에게 성탄절날 인사하는 것은 이슬람교가 추구하는 선행birr 중의 하나라고 하면서 인사를 하라고 했다.

아랍 이슬람 국가에서 소수 인종과 소수 종교는 부당한 일mazlūm을 당했다. 이슬람의 타 종교에 대한 태도는 시대가 바뀔 때마다 서로 달라졌다. 후대의 무슬림 전승과 달리 초기 무슬림들은 유대교인과 기독교인을 종교적으로 문화적으로 이슬람에 동화시키기 위하여 그들에게 우호적이었다. 무슬림의 집단적인 종교적 정체성이 정치적인 권력과 결합하자 무슬림들은 비무슬림 소수를 차별하는 정책으로 바꾸었고 이슬람의 종교적 라이벌과 대항하여 이슬람이 다른 종교보다 위에 있다고 했다. 무슬림들은 의상, 머리 모양, 명절, 장례의식, 몸짓언어도 소수 종교인과 다르게 했다. 그리고 무슬림들은 은연중에도 기독교인과 유대교인을 소수 종교인이라고 불렀다.

4 비무슬림 사회에서 소수의 무슬림

무슬림이 이슬람을 떠나서 이슬람을 그만두는 것을 배교(릿다)라고 하는데 무슬림 형제단의 유수프 알까라다위는 이집트 TV 방송과의 대화에서 '만일 이슬람이 처음부터 릿다(배교)에 대한 처벌(사형)을 적용하지 않았더라면 이슬람은 지구상에 존재하지 않았을 것'이라고 말했다. 오늘날 10억이 넘는 무슬림들의 1/5은 비무슬림 국가에서 종교적 정치적인 소수다. 그러나 아랍 이슬람 국가에서는 신뢰할 만한 인구조사 통계가 없어서 무슬림 인구의 정확한 수치는 알 수 없다. 문제는 대부분의 아랍 국가 통계에서 인종적 혹은 종교적 구분이 없어서 소수 종교의 통계는 정확히 알 수 없다. 심지어 비교적 작은 소수파 무슬림들(시아파 등)의 통계도 정확하지 않다. 예를 들면 중국은 소수 무슬림이 혹자는 1460만 명이라고 하고 또 다른 통계에는 1억 4천만 명이라고 하여 이 둘 사이의 편차가 너무 크다. 무슬림이 다수인 국가에서는 무슬림의 수와 통계는 어느 정도 알 수 있으나 소수 종교인들의 숫자는 이슬람 정부가 밝히지 않는다. 그 이유는 소수 종교인의 수적인 증가가 이슬람 국가의 관심사와 맞물려 있기 때문이다. 1990년대 무슬림 소수 공동체는 세계 무슬림 인구의 1/3이라고 했는데 1994년 12억 총 무슬림 인구 중에서 33%가 비무슬림 사회의 소수 무슬림이었다. 세계 무슬림 인구는 계속 늘어났는데 2006년 비무슬림 국가에서의 무슬림 인구는 20%로 줄어들었다. 그 이유는 새로이 독립한 국가들이 출현하면서 소수 종교 분류에서 벗어난 국가들이 생겼기 때문이다. 세계 무슬림 소수들의 절반이 인도(47.5%)에 살고 그 다음이 중국, 러시아, 케냐, 카작 등에 살았다.

일반적으로 소수minority라는 말은 수적인 면에서 정의된 용어인데 비율로 보면 다른 공동체에 비하여 거주 인구가 적다는 것이다. 그러나 무슬림 소수가 소수의 비율을 가졌지만 수적으로는 중요한 공동체를 형성하기도 했다. 아랍 이슬람 국가에서 무슬림이 소수인 나라는 없다. 두 번째 소수라는 말의 정의는 이데올로기적 소속이란 점에서 정의될 수 있다. 주변의 다수의 사람들과 이념과 가치가 달라서 소수라고 불리기도 한다. 유럽과 북미의 무슬림은 종교적 혹은 정치적 소수민이다. 이스라엘에 사는 팔레스타인 무슬림들도 소수 종교인이다. 일반적으로 소수는 정치적으로 2등 국민이다. 그런데 특정 소수는 문화, 인종, 종족, 종교들의 특징이 서로 결합된 경우가 있다.

무슬림들에게 '움마'는 공통의 환경이나 특징을 갖는 일단의 거주민을 가리킨다. 그래서 움마는 자주 공동체community, 백성people, 국민nation, 세대generation 등으로 번역되었고 꾸란에서 움마의 의미는 다음과 같았다.

(ㄱ) 이브라힘과 같은 신앙을 가진 사람들의 그룹(수라 16:120)
(ㄴ) 특정 시기와 맞물려 정의되는 커뮤니티(수라 7:34, 11:8)
(ㄷ) 더 큰 공동체 안에서 더 많이 헌신된 사람들의 그룹(수라 7:159)
(ㄹ) 상황적으로 통합된 사람들의 그룹(수라 28:23)
(ㅁ) 공통된 신앙, 율법, 관습에 근거한 공동체(수라 5:48)

이처럼 공통된 신앙과 율법, 경험에 근거한 공동체로서의 움마라는 말이 무슬림들에게 사용되면서 무슬림 움마는 알라의 한 분 되심, 무함마드의 예언자 되심, 이슬람율법에 의한 법치, 이슬람의 공통된 역사를 서로 경험하는 것에 근거를 두었다. 꾸란에서 무슬림 움마는 알라에게 복종하고 무함마드를 메신저로 보낸 알라의 인도를 따르는 사람(수라 2:143)들이다. 메디나에서 이슬람 국가가 창설된 후 하나의 움마를 갖는 것을 추구했다. 이슬람 전통에 따르면 모든 무슬림들은 하나의 움마에 속하고 모든 비무슬림들은 같은 영토 안에 살고 있어도 무슬림 움마 밖에 있다고 강조했다. 무슬림의 수가 지배적인 영토 안에서 비무슬림이 살면 그들은 딤미(보호받는 자)의 권리와 책임을 다해야 했다. 딤미는 동일한 이슬람의 영역 안에서 살고 있는 비무슬림들이고 무슬림의 보호 아래 다르 알이슬람(이슬람의 영역) 안에서 사는 자들이다. 비무슬림도 무슬림처럼 땅을 상속받아 이 땅에서 살도록 알라가 창조했다고 무슬림들은 말했으나 팔레스타인 무슬림들은 정치적으로 갈등이 깊어진 이스라엘을 지구상에서 없어져야 할 인종이라고 했다.

역사를 통하여 무슬림 소수는 다음 두 가지 중 하나를 선택하라고 권장되었다. 비무슬림 사회에서 무슬림 소수가 생존의 위협을 받으면 무슬림 소수는 무슬림을 더 환영하는 땅으로 이주하거나 그들의 생존을 위하여 지하드를 해서라도 상대를 위협하고 제재를 가해야 한다(수라 9:20)는 것이다. 움마 의식은 무슬림 신앙과 이슬람 교리가 내재된 통합적인 부분이다. 인도에서 무슬림들이 전체 인구의 10%가 되지 못했는데 천년 이상 인도를 통치했다. 수세기 동안 비무슬림 국가에 사는 무슬림들은 박해나 핍박을 당하지 않았다. 한국에서는 소수 무슬림들이 여러 영역에서 사회적으로 폭넓게 일하고 있다. 21세기 무슬림들은 이슬람에 대한 외부자들의 종교적 편향이 많다고 전제하고 이슬람을 평화적인 종교로 재편집하려고 했다. 그 편집과정에서 논리적으로 역사적으로 전혀 사실에 맞지 않는 글들을 쏟아냈다. 무슬림의 국제적인 테러는 2011년 아랍 혁명이 일어나기 전 여러 차례 전 세계를 불안하게 했고 9/11 이후 미국에 입국하는 외국인들에 대한 검열이 강화되어 입국 수속이 너무 불편했다. 특히 이슬람 국가를 여행한 비자가 여러 개 찍힌 여권을 가진 여행객의 미국 입국도 까다로웠다. 무슬림들은 세계 곳곳에서 다른 종교 그룹과 달리 사회 정치적으로 결속하여 공동체(움마)를 형성하기 때문에 한국의 다문화 정책에서도 이런 점에 유의할 필요가 있다.

5 암만 메시지, 파트와 헌장, 공통된 말

(1) 암만 메시지와 무슬림이란?

사우디아라비아 압둘라 븐 압둘아지즈 국왕은 2012년 21차 이슬람 법연구회(알마즈마아 알피끄히 알이슬라미)에 참석하여 지금 이슬람 국가들이 타크피르와 따이피야(종교적, 종파적)의 피트나(움마의 일치와 반대되는 말로서 공동체의 분란이나 종파나 견해를 바꾸려는 싸움) 문제에 빠져 있다고 했다. 사우디아라비아 동부 지역의 대다수 주민인 시아파들이 정부를 향하여 차별을 당하고 있다고 시위를 하는 것을 본 압둘라 국왕은 일부 이슬람 국가들이 현재 정국이 불안하고 악의적인 공격이 계속되면서 문화 정치적인 변화를 맞고 있다고 했다. 그들에게 불어오는 이런 변화에 대한 두려움이 이슬람에도 영향을 주고 있다고 덧붙였다. 그는 지금의 이슬람 안에서의 문제를 피트나라고 규정하고 새로운 변화와 더불어 나타나는 가장 위험한 도전이라고 하면서 그중 가장 위험한 것은 타크피르의 피트나(움마의 불일치)와 종파적 전도(다아와 따이피야)의 피트나라고 했다. 아랍 이슬람 국가들이 자신과 종교적 및 종파적 견해가 다르면 상대를 카피르로 몰아가는 현상인 타크피르가 너무 많이 퍼져 있다. 더구나 자신들의 이슬람 종파로 무슬림들을 모으려고 하면서 무슬림 안에서 종파 간의 분란이 계속되고 있는데 그 대표적인 나라가 이라크이다. 2003년부터 이라크에서 순니 무슬림과 시아 무슬림 간의 종파적 싸움이 극에 달하고 있고 무슬림 간의 살육이 일어나자 이를 진정시키기 위하여 2004년 전 세계 이슬람 학자들을 암만으로 불러 모았다. '이슬람이 무엇인가? 타크피르를 어떻게 막을 것인가? 누가 파트와를 발행할 권리가 있는가'라는 질문에 대한 답을 모으고자 2004년 요르단의 수도 암만에 이슬람학자들이 모였다. 이들 이슬람 학자들이 결의한 내용을 모아서 요르단 국왕 압둘라 븐 알후세인의 이름으로 암만 메시지Amman Message(리살라 암만)가 발표되었다. 그 내용은 이슬람의 진실haqiqah이 무엇인가? 참 이슬람이란 무엇인가를 규정하는 것이었고 그 내용은 이슬람의 순니 법학파(하나피, 말리키, 샤피이, 한발리) 중 그 어느 하나를 따르거나 시아파의 이슬람법학파인 자아파르나 자이디를 따르거나 혹은 이바디Ibādi 법학파를 따르거나 자히리Zahiri 법학파를 따르는 사람을 '무슬림'이라고 규정한다는 것이었다. 이렇게 무슬림이라고 확정된 사람들에게 타크피르를 하는 것은 허용되지 않고 그의 피나 명예나 재산을 범해서도 안 된다고 했다.

이집트에서는 알아즈하르의 쉐이크가 발령한 파트와에 근거하여 알아쉬아리 교리를 따르는 자와 참 타싸우우프(수피즘)를 수행하는 자와 올바른 살라피 사상을 가진 자를 카피르라고 해서는 안 된다고 했다. 그리고 알라와 무함마드를 믿고 믿음의 기둥들arkan al-iman과 이슬람의 다섯 가지 기둥들arkan al-islam을 인정하고 아주 분명한 이슬람의 종교적 교리를 부인하지 않는 사람을 카피르라고 해서는 안 된다고 했다.

2004년 암만 회의에서 이슬람의 8개 법학파 소속의 학자들은 위와 같은 이슬람의 기본적인 정의에 동의하였다. 모두가 알라가 한 분이라는 것을 믿고 꾸란은 알라가 내려준 알라의 말이고 무함마드는 모든 인류의 예언자이고 메신저인 것을 믿는다고 했다. 무슬림들은 모두 이슬람의 다섯 기둥에 대하여 동의하였는데 그것은 두 문장으로 된 신앙공표(샤하다타인)와 의식적인 기도(쌀라), 구빈(자카), 라마단 달의 금식(싸움), 알라의 집에로의 순례(핫즈 알바이트)이다. 그리고 암만에 모인 이슬람 학자들 모두가 믿음의 기초에 대하여 동의했는데 알라, 그의 천사, 그의 경전들, 그의 메신저들, 심판의 날, 선과 악의 신적 운명론을 믿었다. 8개 이슬람 법학파madhhab들의 울라마(이슬람학자들)이 이슬람교의 근본과 원리(우술)가 아닌 종교의 가지(푸루으)에서만 불일치를 보였다. 옛날에 울라마들 사이에 이런 부차적인 의견 차이는 좋은 일이라고 여겼다. 이슬람 안에서 이슬람 법학파를 인정한다는 것은 파트와 발행에서 기본적인 방법론을 준수한다는 것을 의미한다. 각 이슬람 법학파들이 설정한 필수적인 자격을 갖추지 않고는 아무나 파트와를 발행할 수 없다. 아무도 무제한의 이즈티하드를 내놓을 수 없고 새로운 이슬람 법학파를 만들 수도 없다. 물론 무슬림들은 샤리아의 원리와 해당 법학파가 세워놓은 파트와 방법론을 떠나게 하는 파트와를 발행해서도 안 된다. 위 암만 메시지는 이슬람 역사상 처음으로 모든 이슬람 종파와 법학파들이 한 자리에 모여 이슬람이 무엇인가에 대한 공통분모를 찾아본 것이고 특별히 타크피르 문제와 이프타(파트와 발행)에 대한 내용이 주요 골자였다. 다시 말하면 이슬람 안에서 법학파끼리의 차이점이 너무 부각되면서 무슬림 상호 간의 불신과 갈등 그리고 살륙이 일어났던 시대적 산물이라고 하겠다.

(2) 메카의 파트와 헌장과 이슬람율법

이슬람 역사상 처음으로 무슬림 리더들이 2009년 사우디아라비아의 메카에 모여 파트와(이슬람 법적 견해) 헌장Mecca's Fatwa Charter을 발표하였다. 170명 이상의 이슬람 학자들이 메카의 무슬림 세계 연맹에 모여서 파트와에 대한 국제회의를 열었다. 사우디아라비아는 혼란스럽고 공인되지 않은 파트와를 억제하기 위하여 파트와 헌장을 작성하는 데 동의했다. 그 이유는 일부 무슬림들이 꾸란과 순나(무함마드의 가르침)를 잘못 해석하고 위조한 것 때문에 이슬람내 분열을 야기시켰기 때문이다. 메카에서는 파트와를 발행하는 규칙들을 세분화하였다. 2009년 사우디아라비아에서 개최된 파트와에 대한 이슬람학자들의 국제 회의를 마치는 최종 발언에서 여러 권고사항을 모아 파트와 헌장으로 발표하였다. 이 헌장이 파트와 발행의 가이드라인이 될 것이라고 했다. 결국 4일간 이슬람 학자들이 모여서 현대 사회 상황에 맞는 파트와 발행의 중요성을 강조한 것이다. 그리고 꾸란과 무함마드의 하디스 등 텍스트를 깊이 연구하지 않고 발행하는 파트와는 상당한 위험을 자초한다고 했다. 파트와를 발행하는 데 올바른 방법과 잘못된 파트와가 주는 위험성을 경고했다. 또 이슬람 국가들이 무슬림의 특별한 문제를 논의하는 데 도움을 받을 수 있는 자격 있는 무프티들의 수를 충분하게 확보하는 것도 이런 문제를 해결하는 데 선결 조건이 된다고 의견의 일치를 보았다.

2008년 악명 높은 파트와가 발행되어 아랍과 서구 언론에 분노를 일으켰다. 미키 마우스를 죽이라는 파트와, 요가를 금지하라는 파트와, 이스라엘에 대하여 우호적인 발언을 한 위성 TV 방송인을 죽이라는 파트와 등이었다. 메카 회의에서는 이슬람율법을 악명 높게 위반한 자가 아니면 그를 카피르로 부르지 말라는 새로운 가이드라인을 제시하였다. 그리고 이슬람율법에 따라 재판할 수 없는 특정 사건은 함부로 파트와 결정을 하지 말라고 했다. 또 유혈과 학살을 부추기는 파트와는 무슬림들이 따르지 말라고 이 헌장이 권고했다. 이 헌장은 무슬림들이 이해하는 데 애매모호한 것을 피하기 위하여 파트와는 반드시 문서로 작성하라고 하였다. 이 회의에서 언론사들이 잘못된 파트와를 선전하는 일이 없어야 된다고 주의를 주고 공인되지 않고 권위가 없는 파트와를 유포하는 것을 금했다. 이 헌장은 무프티(이슬람법을 해석하는 종교 법학자)의 지위 요건을 언급하였는데 무프티는 무슬림 남자이어야 하고 파트와가 발행되는 나라의 상황을 잘 알아야 한다고 했다. 그리고 그의 파트와 텍스트는 실제 생활 속에 적용할 수 있는 것이어야 하고 과거 무프티들의 방법론을 잘 숙지하고 있어야 한다고 했다. 2004년 요르단의 암만 메시지를 이슬람의 각 연구기관과 대학에서 학습하도록 하게 한 것처럼 2009년 메카의 파트와 헌장도 이슬람 교육기관에서 현대의 파트와를 편집하여 수업에 활용하라고 하였다. 그리고 참석자들은 이슬람율법에 따라서 현대의 무슬림들의 문제를 해결하기 위하여 각 국가마다 무프티들을 임명하라고 권고했다. 이집트의 알아즈하르는 같은 해 2009년 파트와를 발행하는 것을 규정하는 법을 정부가 통과시켰다. 그리고 적절한 절차를 거쳐 공인받지 않고 파트와를 발행하는 것을 유죄라고 하여 법률로 금하였다. 사우디아라비아의 파트와 헌장에 이어 이집트는 국회에서 이와 관련된 법안을 상정하였고 그 내용은 공인된 기관의 허락 없이 파트와를 발행하는 것을 법으로 금한다는 것을 처음으로 입법화했다. 그동안 이슬람 국가에서 파트와 발행이 남발되었는데 알아즈하르의 연구센터 사무장 알리 압둘라는 파트와를 발행하기 위해서는 여러 가지 지켜야 할 요건이 있다고 했다. 그는 언론이 잘못된 파트와를 유포하는 데 중요한 역할을 했다고 하면서 서구화된 파트와, 즉 미혼의 커플이 대학 내에서 포옹하고 키스하도록 허용하는 파트와는 법에 저촉된다고 하였다. 최근에 나온 파트와의 일례를 하나 들어보자.

2013년 3월 말 이집트의 다르 알이프타(파트와를 공식적으로 발행하는 기관)가 꾸란 구절과 아잔(알려진 문구로 기도하러 오라는 호출)을 핸드폰 통화 연결음(naghmah, rannah)으로 사용하는 것을 금하는 파트와를 발행했다. 그 이유는 인간 중에서 가장 낫고 가장 우수한 예언자 무함마드에게 알라가 내려준 꾸란은 알라의 말Kalām allāh이라고 했다. 꾸란은 다른 책과 다르게 귀하게 다루라고 했다. 그래서 어떤 책도 꾸란 위에 올려 놓을 수 없는데 꾸란을 모든 것 위에 두는 것은 알라의 말이 다른 말보다 우선하기 때문이다. 그런데 만일 통화 연결음에 사용된 꾸란 일부 구절이 그 다음 구절과 연결되어야 완벽한 뜻을 나타낼 경우 그 일부 구절을 통화 연결음으로 사용하면 본래 의미가 다른 의미로 바뀌게 된다. 아잔을 통화 연결음으로 사용할 수 없는데 그 이유는 아잔이 기도 시간이 되었음을 알리는 것이라서 이 소리를 듣고 통화 연결음과 모스크의 실제 아잔과 혼동을 일으킨다고 설명했다. 물론 이것들 대신에 만일 원한다면 이슬람 노래나 예언자(무함마드) 찬가madā'ih를 통화 연결음에 맞게 조절해서 사용할 수 있다는 파트와를 발령했다.

(3) 공통된 말과 종교 간 대화

2002년 도하Doha에서 종교 간 대화에 전 세계의 종교인, 학자, 국가의 공직자들이 모여 종교적인 가치인 평화와 생명 존중에 대한 회의를 가졌다. 2008년 회의에서는 꾸란에 뿌리를 둔 종교 간의 대화가 강조되었다. 이란의 아야톨라 하타미는 동서 간의 대화를 강조하여 문명 간의 대화에 치중했다. 2006년에는 바티칸 교황에 대한 공개 서한의 연장선상에서 무슬림 학자들이 기독교 지도자들에게 '우리와 너 사이의 공통된 말common Word between us and you'이란 서한을 보냈다. 무슬림들은 기독교인과 무슬림 간의 공통적인 원리는 신이 하나이고 신을 사랑하고 이웃을 사랑하라는 것이라고 했다. 무슬림과 기독교인 간의 종교적인 유대를 갖는 꾸란 구절로서 60:8, 3:113-115, 3:64, 5:48을 제시했다. 꾸란 60:8(너의 신앙 때문에 너와 싸우지 않는 자를 친절하고 공정하게 대하는 것을 알라가 금하지 않는다)은 무슬림이 전쟁 중이지 않은 한 기독교인에게 적대하지 않는다는 것으로 해석했다. 그리고 2008년 예일 대학교의 응답에서 이 두 신앙 간의 부인할 수 없는 차이가 있다고 발표하면서 "기독교와 이슬람이 서로 다른 종교이며 이런 차이들 중 일부는 전혀 최소화하지 못하였다"고 말하였다. 그러나 무슬림들은 유대교인들에게 자주 적대적이었다. 꾸란 2:65은 "안식일을 어긴 유대인들을 원숭이가 되게 했다"고 했고 수라 5:60에서는 "알라가 노여워한 자와 저주한 자들 중에서 원숭이와 돼지가 되게 했다"고 했다. 수라 5:51에서는 무슬림들에게 "유대교인과 기독교인과 친구 삼지 말라 그들은 서로 친구들이다"고 했다. 알라가 세 신들 중의 세 번째라고 말하는 자들이 카피르(수라 5:73)이고 알라가 알마시흐 븐 마르얌이라고 말하는 자도 카피르(수라 5:72)라고 했다. 그러나 기독교인들은 사실 하나님의 각 위격이 세 신들 중의 세 번째라고 하지 않는다. 다시 말하면 꾸란이 기독교 진리를 잘못 이해하고 있었다. 꾸란은 수라 5:82에서 "이슬람에 가장 적대적인 사람은 유대교yahud를 믿는 사람과 알라를 다른 신성과 결부시키는 사람들"이라고 했다. 꾸란에서 알라를 다른 신성과 결부시키는 무쉬리쿤은 기독교인이었다. 기독교인들이 예수 그리스도를 하나님이라고 믿었기 때문이다. 결국 꾸란을 읽고 있으면 꾸란의 일부 구절들이 반유대, 반기독교라는 것을 금방 알 수 있다.

종교 간 대화를 반대하는 무슬림은 유대교인과 기독교인들이 무슬림과 대화하는 것을 흡족해 하지 않기 때문에 그들과 대화하는 것은 의미가 없다고 했다. 이들은 꾸란이 어떤 수를 써서라도 유대교인과 기독교인을 피하라고 가르치는 꾸란 구절 5:51절을 인용하였다. 다른 무슬림들은 종교 간 관계와 협력을 거절하는 꾸란 구절로서 2:120절(네가 그들의 종교를 따르지 않은 한 유대교인과 기독교인은 너를 흡족해 하지 않을 것이다)을 인용하였다. 로버트 스펜서Robert Spencer와 같은 서구의 논증학자들은 이 구절이 이슬람이 관용적이지 않다는 증거가 되는 구절이라고 했다.

무함마드 샤피끄Shafiq는 이 구절이 바로 유대교인이나 기독교인과 대화하는 것을 거부하게 하는 구절로 이해했다. 수라 2:120은 자주 무슬림들이 기독교인이나 유대교인을 불신하는 것을 정당화하는 구절로 사용하였다. 하산 알반나의 손자 따리끄 라마단은 이 구절은 유대교인과 기독교인들이 이슬람을 거부한다는 근거와 이들의 이중 잣대, 식민지, 개종, 팔레스타인 문제의 근거가 되는 구절이라고 무슬림들이 모스크나 회의에서 사용한 것을 자주 들었다고 했다.[24] 따리끄 라마단은 이 구절이 마음과 정신으로 표현된 완전하고 절대적인 만족을 가리킨다고 하면서 유대교인과 기독교인들도 무슬림처럼 그들 자신의 메시지의 진

이집트, 수피들의 모임

24_ Mun'im A. Sirry, Reformist Muslim Approaches to the Polemics of the Quran Against Other Religions , University of Chicago, 2012, 286.

리를 확신하므로 그들이 신앙과 진리를 서로 나눌 때 상대에 대하여 완전한 만족을 갖는다는 의미라고 했다. 그러나 라마단은 이 구절이 갖는 다양한 측면을 깊게 탐구하지 못했다. 꾸란이 기록된 당시의 컨텍스트가 오늘날 컨텍스트에서 어떻게 재해석될 수 있는지를 설명하지 않았다.[25] 개혁적인 무슬림reformist들은 이 구절의 컨텍스트에 별로 관심을 두지 않았다. 그러나 초기 꾸란 주석가 알따바리는 이 구절의 컨텍스트를 짧게 설명하였는데 유대교인과 기독교인들이 신의 참된 안내가 그들에게만 있다고 하면서 무슬림에게 그들의 종교를 따르라고 요청했다고 한다. 이 구절은 무함마드가 그들의 주장에 어떻게 반응할 것인지를 가르쳐주는 구절이라고 했다. 이븐 알자우지al-jawzi(1200년 사망)는 이 구절을 예루살렘에서 카아바로 기도의 방향을 바꾼 것과 관련지었다. 메디나의 유대인과 나즈란의 기독교인들이 무함마드에게 그들의 기도 방향으로 기도하자고 했으나 무슬림들이 기도의 방향을 바꾸자 유대교인과 기독교인들이 기뻐하지 않았다고 했다. 위 두 가지 주석을 보면 무함마드에게 유대교인과 기독교인과 관계를 끊으라는 구절이 아니고 다만 그들의 요구를 만족시킬 수 없다고 가르치고 있는 구절이다.

무함마드 후세인 따바따바이(1904-1981, 이란의 주석가와 철학자)는 "말하라. 알라의 인도가 (유일한) 인도이다"라는 말에서 인도Huda는 꾸란을 가리킨다고 했다. 그의 해석에 따르면 참 안내(인도)는 무함마드가 가져다준 것뿐이라고 했다. 그는 꾸란은 꾸란에 의해서 주석하라고 주장했는데 꾸란이 스스로 말하게 하는 방법론istintaaq을 제시했다. 까시미qasimi는 이 구절에서 알라의 안내(인도)는 이슬람을 가리킨다고 해석했다. 아자드Azad는 올바른 길을 따르는 자는 올바르게 인도된 자라고 했다. 함카hamka는 무함마드에게 유대교인이나 기독교인이 되라고 하니 무함마드가 그들에게 알라의 인도가 유일한 인도라고 했다는 것이다.[26] 꾸란 2:120은 개종에 대한 구절은 아니라는 것이다. 그러므로 이

25_ 위의 글, 287.

26_ 위의 글, 291.

구절을 이슬람이 종교 간의 대화를 제한한다고 하는 말로 이해해서는 안 된다[27]고 했다. 사실 종교 간의 만남은 상대를 개종시키려는 목적이 아니라 상대의 견해를 존중하고 상호 공존의 길을 모색하는 것이라고 했다.[28]

그리고 다수 무슬림 국가에서 소수 종교인의 종교적 권리와 자유는 학자들의 많은 관심을 받아왔으나 의견들이 충돌하고 있다. 이슬람이 비무슬림을 관용적으로 처우했다는 증거로 인두세와 딤미제도를 언급하는데 서구학자들은 이 두 가지가 비무슬림들을 무슬림들이 차별대우한 증거라고 했다. 무슬림 국가에서 살고 있는 비무슬림을 딤미라고 한 것은 무슬림들이 그들을 2등 국민으로 생각한 것이라고 볼 수 있다. 이슬람 학자들은 무와따나(시민권)를 강조하면서 지즈야(인두세)와 딤미를 없애려고 했다. 개혁적인 무슬림들은 이슬람이 본성상 폭력적인 종교가 아니라는 것을 보여주려고 우호적인 꾸란 구절들을 사용했다. 그러나 급진적인 무슬림들은 이런 구절들을 논증적인 도구로서 유대교와 기독교를 반대하는 구절로 사용했다. 꾸란의 여러 가지 다른 주석이 꾸란 해석에서 다양한 접근과 다양한 관측을 하도록 해 주었다. 윌프레드 스미스Wilfred Cantwell Smith는 꾸란에는 확정된 의미가 없다고 했다. 윌프레드 스미스는 꾸란의 진짜 의미는 어느 한 가지 의미가 아니고 끊임없이 변화를 주는 흐름 속에서 의미들의 다이내믹한 과정을 보여준다고 했다. 칼리드 아부 알파들Khaled Abu el Fadl은 이슬람의 어느 텍스트이든지 의미의 개연성이 있다고 했다.[29] 그러므로 기독교인과 유대교인을 아울리야로 삼지 말라는 말로 해석하는 꾸란 주석은 종교 간의 관계에 비추어 볼 때 다시 해석될 필요가 있다. 꾸란 3:29에서 왈리(복수형은 아울리야)의 의미는 사랑하는 자, 친구, 돕는 자의 뜻이다. 함카는 아울리야에게 정치적인 의미를 주어 아울리야를 리더들이라고 번역했고 무

27_ 위의 글, 292.

28_ 위의 글, 293.

29_ 위의 글, 295.

아위야는 칼리파가 되기 전에 자신을 왈리 알샴(샴지역의 통치자)이라고 하였고 이집트를 침입한 아므르 븐 알아스는 자신을 왈리 미쓰르(이집트의 통치자)라고 불렀다. 올리버 레어만Oliver Leaman은 아울리야의 군사적인 의미를 받아들여 보호자 혹은 관리자라는 말이지 친구라는 의미는 아니라고 했다.

성경을 주석하는 사람은 해당 어휘가 들어 있는 전체 내용을 다 읽어보아야 하고 그 내용이 어느 장르에 속하는지를 결정하고 문법과 의미론을 고려하고 역사적, 문화적 배경은 물론 그 내용을 더 큰 컨텍스트에서 살펴보아야 한다. 꾸란을 주석할 경우 아랍어를 잘 아는 것만으로는 해당 구절의 의미를 아는데 불충분하고 그와 관련된 사건이나 환경, 즉 해당 구절이 내려온 배경, 무효화시키는 구절과 무효가 된 구절, 일반적인 것과 특수한 것을 알아야 하고 이런 것들을 발견하고 이해할 수 있는 능력이 뛰어나야 한다.

찾아보기

【ㅇ】

【ㅍ】

【ㅎ】